国家社会科学基金项目“供给侧结构性改革下资源再配置的绿色效应研究”
（项目编号：16BJY057）结项成果

Research on the Green Effect of Resource Reallocation under Supply-side Structural Reform

供给侧结构性改革下资源再配置的绿色效应研究

计志英 著

上海遠東出版社

图书在版编目(CIP)数据

供给侧结构性改革下资源再配置的绿色效应研究/
计志英著. —上海：上海远东出版社，2024
ISBN 978-7-5476-1989-6

Ⅰ. ①供… Ⅱ. ①计… Ⅲ. ①资源配置—研究—中国
Ⅳ. ①F124.5

中国国家版本馆 CIP 数据核字(2024)第 055678 号

责任编辑 程云琦
封面设计 李 廉

国家社会科学基金项目“供给侧结构性改革下资源再配置的绿色效应研究”(项目编号:16BJY057)结项成果

供给侧结构性改革下资源再配置的绿色效应研究
计志英 著

出 版 上海遠東出版社
(201101 上海市闵行区号景路 159 弄 C 座)
发 行 上海人民出版社发行中心
印 刷 上海新华印刷有限公司
开 本 710×1000 1/16
印 张 25.25
字 数 414,000
版 次 2024 年 2 月第 1 版
印 次 2024 年 2 月第 1 次印刷
ISBN 978-7-5476-1989-6/F·728
定 价 88.00 元

序　　言

近年来，全球极端气候事件频发，让人们深刻感受到以全球变暖为主要特征的气候变化给自然生态环境和人类经济社会带来的多方面影响和挑战。在2021年联合国气候变化大会上，秘书长古特雷斯称气候变暖是真正事关人类生死存亡的考验。导致全球气候变暖的主要原因之一是环境污染和生态环境遭到破坏，这也是生产领域资源配置低效率和非效率的一个外在表现。为解决我国面临的严重结构性失衡，2015年党中央提出"加强供给侧结构性改革，提高供给体系的质量和效率"的战略。在此背景下，本书从资源配置的视角挖掘造成环境污染的原因，并探索绿色发展的策略。

本书以资源错配对环境的影响及供给侧改革下资源再配置的绿色效应为研究对象，包括资源错配对我国生态环境的影响效应、传导机理以及资源再配置的绿色效应和提升策略。具体研究内容主要包括以下几个方面。

第一，"供给侧改革-资源再配置-绿色发展"的概念框架构建与分析。

本部分研究内容包括：供给侧结构性改革的历史背景、理论内涵与政策路径的分析与阐述；对我国近20年来学术界关于绿色发展的研究成果进行梳理，把握我国绿色发展的研究现状与发展趋势；以供给侧结构性改革的战略选择为逻辑出发点，根据"目标驱动力途径"的逻辑线路，构建"供给侧改革-资源再配置-绿色发展"的概念框架；通过将绿色要素引入四部门经济的总供给总需求模型，进一步推导出 $IS-LM$ 模型，分析供给侧改革下通过资源再配置实现绿色发展的逻辑框架。

第二，资源错配与我国环境污染：内生逻辑及传导机制。

本部分研究内容包括：运用空间计量经济方法分析我国空气污染和水污染的空间分布现状，揭示污染的空间分布规律、特征和影响因素；在分析我国资源错配的制度基础和资源错配对环境污染的传导机制基础上，将资源错配因素和污染产出要素引入多部门非均衡增长模型，分析资源错配加剧环境污染的内生逻辑，以及部门经济非均衡下资本扩张对环境污染的影响。

第三，资源错配对我国环境污染影响的实证分析。

本部分主要运用空间计量模型及面板数据模型，实证分析资源错配对污染排放和环境效率的动态影响，分析我国资源错配的宏微观基础、形成机制以及对环境污染的传导机制。具体包括：行业间资源错配对环境效率的影响；资源空间再配置及空间集聚对环境的影响；产业空间转移的碳排放效应；要素市场扭曲对环境效率的影响。

第四，供给侧改革下资源再配置的绿色效应与环境监管策略研究。

本部分研究内容包括：基于纠正扭曲的要素再配置对碳减排的影响；供给侧改革下环境规制对绿色全要素生产率的影响；供给侧改革下基于隐含碳的贸易部门碳减排策略；全球价值链升级的碳减排效应；供给侧改革与重污染行业的环境监管。

第五，绿色发展目标下的资源再配置对经济的动态影响。

本部分研究内容包括：分析绿色发展的资源再配置策略对宏观经济的短期冲击和长期动态影响机制，以及绿色发展目标下环境规制对经济波动和经济增长的影响，最后给出绿色发展的政策建议。

本书能够顺利出版，首先要感谢国家哲学社会科学基金项目(16BJY057)对本研究的资助，还要感谢上海远东出版社编辑团队，正是他们细致、严谨的工作，才得以让本书顺利呈现给大家。

受限于个人能力，本书中难免有纰漏之处，恳请读者海涵，并多加指正。

计志英

2024 年 1 月于上海

目　　录

图目录

表目录

第一章　导　论

第一节　研究背景

自 2013 年以来，随着我国大范围持续雾霾天气的爆发，环境污染已成为各级政府和国民关注度最高的公共问题之一。人类活动，尤其是工业生产对自然环境的过度索取所造成的环境污染超出了生态的自我净化能力。随着工业化的发展，空气污染问题日趋严重，污染物包括氨氮、二氧化硫、氮氧化物。工农业生产及生活排放等导致的河道水体污染问题和土地污染问题同样十分突出。《2017 中国生态环境状况公报》显示，“2017 年，中国 70.7％的城市空气质量指数超标，Ⅳ类及以下的水质断面占全国地表水的 32.1％，生态环境质量评估为‘一般’及以下的县域占国土面积的 58.0％”。总之，我国面临着较为严峻的环境污染形势，且环境污染呈现出范围大、程度深和不可逆的显著特点，污染治理任重道远。

我国经济尚未成功实现从传统的依靠资源投入推动经济增长的发展模式转型，而现有人口规模、消费水平及生产方式对资源的消耗过快，对生态环境带来了持续的压力。2008 年金融危机爆发，我国政府为应对突如其来的外部冲击和经济增速回落，采取了扩张性的财政政策以化解危机冲击。然而，生态资源过度消耗、经济需求与生态供给的矛盾激化、生态系统严重失衡等问题随之爆发（范小云等，2015）。改革开放以来，《中华人民共和国环境保护法》等 30 余部相关法律法规、《排污费征收使用管理条例》等 90 余个行政条例先后被制定，但环境污染事件不断见诸媒体，很多环保法律法规形同虚设，现实证明我国传统的“先污染后治理”的末端治理模式和“谁污染谁治理”的分散治理原则的低效性。

党的十八届三中全会把“推行环境污染第三方治理”作为加快生态文明

建设的重点任务，党的十九大报告提出供给侧结构性改革的战略。同时，我国经济社会面临着一系列的结构性失衡，以及资源环境面临较大的承载压力等问题。国内学者李志青(2016)建议，通过供给侧改革来去除低效产能和落后产能的杠杆，提高成本收益性价比，补市场经济短板以提振绿色产业，发挥提高绿色发展的关键作用。维护生态环境应从源头抓起，只有“治本清源”，才能对环境污染起到釜底抽薪的作用，避免爆发危及生存的大规模环境危机。

第二节　研究意义与研究价值

一、研究意义

在传统增长模式难以为继、经济转型尚未明朗、企业经营如履薄冰的现实背景下，借助以行政手段为主的选择式“关停并转”来治理环境问题，操作空间有限。当前严重污染问题的爆发既是生产领域资源配置低效率和非效率的一个外在表现，也是政府长期监管缺位所造成的现实后果。2015 年党中央为解决我国面临的严重结构性失衡，提出“加强供给侧结构性改革，提高供给体系的质量和效率”的战略。在此背景下，本研究从资源配置的视角挖掘环境污染的原因，并探索绿色发展的策略，对于消化产能、稳定增长和弥补环境短板均具有重要的现实意义。

二、研究价值

本研究的学术价值体现在以下方面：在供给学派、非均衡增长理论和可持续发展理论基础上，构建“供给侧改革-资源再配置-绿色发展”的理论分析框架，探究资源再配置的环境影响效应及其内在传导机制，丰富环境经济学的理论基础；从资源错配的新视角，解释和研究环境污染的供给侧根源及解决机制，丰富经济学关于市场失灵和外部性的理论，为环境经济学领域的研究提供新思路。

本研究的应用价值体现在以下方面：从经济学理论层面对我国供给侧改革及绿色发展目标进行诠释，加深对进一步改革的理论认识，并推进可持续发展的实践；在科学评估资源错配对我国环境质量和环境效率的影响程度及影响机制的基础上，实证测度资源再配置的环境优化效应，提出资源再配置的具体策略，在供给侧改革的背景下为我国绿色发展和污染治理提供科学依据与政策支持，提升供给侧改革的绿色效应。

第三节 国内外相关研究动态的梳理

一、关于资源再配置的研究动态梳理

资源再配置这一研究主题在学术界受到关注，最早开始于 Clark 和 Kuznets 等人的研究，他们对资源在不同产业之间再配置的动态特征及其与经济增长率之间的协同变化进行了统计性描述，随后学者们主要从宏观的角度就调整产业结构和资源再配置对生产率和经济增长之间的关系进行实证研究(Maddison，1952；Kuznets，1973)。随着研究的进一步深入，学者们从宏微观相结合的视角将研究重点落在企业之间的资源再配置对行业以及整体生产率增长的动态影响上，从微观探寻整体生产率的波动以及经济增长的机理(Foster et al.，2008)。相较而言，国内学者较晚涉足资源再配置的研究领域，但是在研究脉络上借鉴了国外的研究成果，主要从宏观层面的不同经济体制下资源再配置方式(周叔莲、郭克莎，1993)、我国资源再配置的机制(宋全启，1992)，以及微观层面资源再配置与生产率之间的关系(简泽，2011)等方面展开。

在资源再配置研究领域，围绕资源错配展开研究是一个重要分支和热点。在这一领域，有影响力的研究成果是 Hsieh 和 Klenow(2009)关于中印两国资源错配对生产率影响的比较研究。在这一研究成果的基础上，国内外学术界对资源错配问题进行了大量的实证研究，也有学者专门针对中国的资源错配问题进行深入探讨，如 Brandt et al. (2013)发现如果对要素进行更加有效的配置，可以在很大程度上使中国的 GDP 和 TFP 得到显著提升。除此之外，学者们对国别间的资源错配问题给予了特别的关注，研究发现，资源错配是造成发达及不发达经济体之间 TFP 或真实人均收入巨大差距的关键原因之一(Vollrath，2009；Restuccia and Rogerson，2008)。那么导致资源错配的因素有哪些？研究证实，信息不完全、企业家优势和资本市场的不完善、高关税等政策扭曲、对知识产权缺乏保护、缺乏健全的法律制

度等因素均会导致资源错配(Buera et al.,2011;Ranasinghe,2014)。国内学者(陈斌开等,2015;靳来群等,2015)则从政府干预、高房价、所有制差异、行政垄断等因素解释我国资源错配的原因。

二、关于生态环境的研究动态梳理

由于环境统计数据可得性的限制,直到20世纪90年代初,环境经济学才进入规范的实证研究阶段。在这一领域的研究成果中,最具代表性的是Grossman和Krueger(1991)的研究,他们提出了污染和人均收入之间存在非线性关系的环境库兹涅茨曲线(EKC)假说。然而,随着国际分工的深入与要素流动规模的扩张,由此伴随的污染转移及“南-北”环境不平等问题无法在封闭经济条件下的环境问题研究框架中得到解释。因此,学术界将研究重点转向开放条件下将国际贸易和FDI对环境的影响予以考虑(Antweiler et a1.,2001),包括以Copeland和Taylor(2004)“污染天堂”假说为基础的研究(Cole et al.,2006),关于环境标准的“竞次效应”研究(Porter,1999)和“污染晕轮”效应的研究(Grey and Brank,2002),国内学者也对这些研究假说进行了相关的实证检验(于峰、齐建国,2007;盛斌、吕越,2012),但是由于样本选择、研究方法等不同而没有得到一致的结论。

以EKC假说为基础的研究主要是在经济学视野下以污染物排放为研究对象展开的,学术界也从管理学角度基于DEA模型展开环境效率评价。较早是Färe et al.(1996)将全要素生产效率进行分解得到环境效率指标,并将其引入污染指数和投入-产出效率指数中,从而构建了后来被广泛应用于实证研究的环境效率指数,随后在关于环境效率的评价研究中DEA方法广受欢迎并受到普遍运用。国内学者关于环境效率的研究方法上有Meta-frontier效率函数(沈能、王群伟,2015)和Super-SBM模型(宋马林等,2012)等。

三、关于资源再配置的绿色效应研究动态梳理

国内外学术界关于资源再配置给经济发展带来绿色效应的主题研究较少,邓晓兰、鄢哲明(2014)是一个例外。较多学者在空间经济学视角下重点关注经济集聚对工业污染(或减排)的影响,陆铭和冯皓(2014)认为,这也是在研究中长期被严重忽视的方向。关于空间集聚对环境污染的影响,学术界存在不同的观点,一种观点认为环境污染会因为经济的集聚而加重(He et al.,2014),这主要是因为经济集聚会带来产能扩张,并且导致能源消费需求增加;另一种观点则认为经济集聚能够缓解环境的污染(Zeng et al.,2009;陆铭、冯皓,2014),原因是集聚会促进环保技术改进和治污的规模经济效应。除了这两种极端的观点之外,还有一些折中的观点,认为集聚与环境污染之间的关系是不确定的(张可、汪东芳,2014)。

通过文献梳理可以发现,国内外对资源再配置和生态环境的研究已取得丰硕成果,为本研究奠定了良好的理论基础和实证参考。但是通过对现有研究进行分析,我们发现目前的成果尚存在一定的局限性,主要表现在以下几个方面。第一,在供给侧改革的新背景下,对我国生态环境问题的学术研究还有待充实。现有研究主要借鉴国外实证研究的框架和方法,从投资、国际贸易等需求侧进行验证和解释,尚未就供给侧将我国当前产能过剩、结构性失衡融入生态环境的研究中。第二,有必要建立供给侧改革与绿色发展的理论分析框架。现有文献主要以国外环境经济学研究理论为基础,并沿袭了传统的学术脉络,对结构错配、环境污染、供给侧改革、绿色发展等各要素的逻辑联系和内生机制等关注较少,亟须在供给侧改革推进中思考绿色发展研究架构的"破"和"立",构建适应我国改革与发展的理论分析框架。第三,在资源再配置与生态环境的交叉领域,研究不够深入和细致。现有文献重点在宏观层面研究产业空间集聚对生态环境的影响,鲜有从不同生产要素流动和再配置的角度对生态环境问题进行深入细致的实证研究。

第四节 研究内容与思路

一、研究对象和总体框架

本研究以资源错配对环境的影响及供给侧改革下资源再配置的绿色效应为研究对象,包括资源错配对我国生态环境的影响效应、传导机理以及资源再配置的绿色效应和提升策略。本研究在综述大量文献的基础上,构建"供给侧改革-资源再配置-绿色发展"的概念分析框架,并基于相关统计数据进行科学规范的实证分析,具体研究框架和内容主要包括以下几个方面。

(1)“供给侧改革-资源再配置-绿色发展”的概念框架构建与分析

本部分研究内容包括:①供给侧结构性改革的历史背景、理论内涵与政策路径的分析与阐述。从我国经济新常态的现实背景和供给学派的理论渊源,全面解析供给侧改革的来龙去脉和时代内涵,提升对供给侧改革的整体性认识;②对我国近20年来学术界关于绿色发展的研究成果进行梳理,以可视化的方式进一步探究绿色发展研究领域的主题和热点,从而把握我国绿色发展的研究现状与发展趋势;③以供给侧结构性改革的战略选择为逻辑出发点,以经济发展面临的三大矛盾为历史出发点,根据“目标-驱动力-途径”的逻辑线路,构建“供给侧改革-资源再配置-绿色发展”的概念框架,并对核心要素间内在联系、影响机理、传导途径等进行分析;④通过将绿色要素引入四部门经济的总供给总需求模型,进一步推导出 $IS-LM$ 模型,分析供给侧改革下通过资源再配置实现绿色发展的逻辑框架。

(2)资源错配与我国环境污染:内生逻辑及传导机制

本部分研究内容包括:①运用空间计量经济方法分析我国空气污染和水污染的空间分布现状,揭示污染的空间分布规律、特征和影响因素;②在分析我国资源错配的制度基础和资源错配对环境污染的传导机制基础上,将资源错配因素和污染产出要素引入多部门非均衡增长模型,分析资源错配加剧环境污染的内生逻辑,以及部门经济非均衡下资本扩张对环境污染的影响。

(3)资源错配对我国环境污染影响的实证分析

本部分主要运用空间计量模型及面板数据模型,实证分析资源错配对污染排放和环境效率的动态影响,分析我国资源错配的宏微观基础、形成机制以及对环境污染的传导机制。具体包括:①行业间资源错配对环境效率的影响;②资源空间再配置及空间集聚对环境的影响;③产业空间转移的碳排放效应;④要素市场扭曲对环境效率的影响。

(4)供给侧改革下资源再配置的绿色效应与环境监管策略研究

本部分内容包括:①基于纠正扭曲的要素再配置对碳减排的影响;②供给侧改革下环境规制对绿色全要素生产率的影响;③供给侧改革下基于隐含碳的贸易部门碳减排策略;④全球价值链升级的碳减排效应;⑤供给侧改革与重污染行业的环境监管。

(5)绿色发展目标下的资源再配置对经济的动态影响

本部分内容包括:分析绿色发展的资源再配置策略对宏观经济的短期

冲击和长期动态影响机制，以及绿色发展目标下环境规制对经济波动和经济增长的影响；最后，给出绿色发展的政策建议。

二、研究的重点

本研究的重点是：①结合我国经济新常态背景，构建“供给侧改革-资源再配置-绿色发展”的概念分析框架；②运用投入产出模型和 DEA 模型，从污染排放和环境效率两方面实证分析与评估资源再配置的绿色效应；③提出促进绿色发展的资源再配置具体策略。

三、研究目标

本研究的目标是：基于供给侧改革的视角，在多部门非均衡增长模型中，通过引入资源再配置和污染产出等因素，进行理论和实证研究，为我国当前结构性改革与实现绿色可持续发展提供理论依据和实证支持。具体目标如下。

（1）构建“供给侧改革-资源再配置-绿色发展”的分析框架，为绿色发展和环境治理的研究提供新视角和理论基础；

（2）定量分析资源错配和要素市场扭曲对污染排放和环境效率的负面影响；

（3）评估资源再配置对污染排放的潜在影响和环境质量的提升效应，并从分行业和分地区研究其对环境效率的影响效应，促进非平衡发展理论与环境经济学的交叉研究；

（4）从资源再配置的视角，提出我国供给侧改革背景下绿色发展的对策，提升改革的绿色效应。

四、研究思路

本研究在我国经济进入新常态、环境承载能力接近上限、污染问题集中爆发的背景下，结合非均衡增长理论和模型，就资源再配置对环境的影响进行理论推演，并从供给侧改革的视角出发，运用投入产出模型和计量方法对资源再配置的绿色效应进行实证测度，提出新常态下绿色发展和环境治理的新对策。

本研究的基本思路如图 1.1 所示。

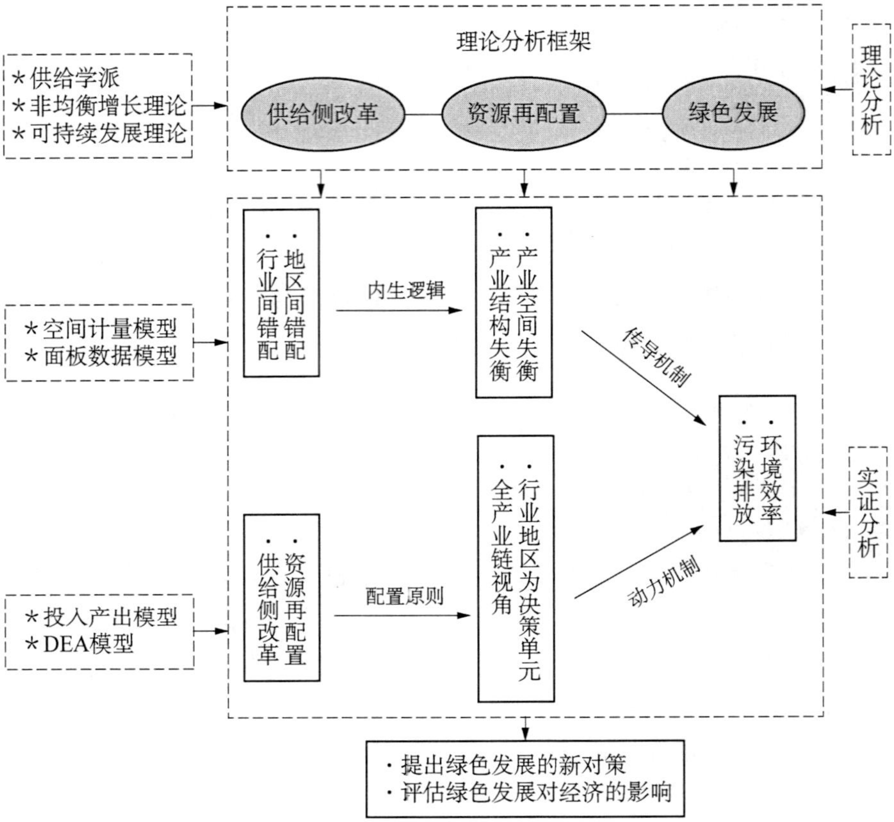

图 1.1 本研究的逻辑框架图

五、创新之处

本研究的创新之处主要表现在三个方面，即研究视角、研究内容和研究方法的创新。首先，在研究视角方面，与环境经济学现有相关研究不同的是，本研究从供给侧改革新背景和资源再配置的新视角科学系统地研究我国环境问题的供给侧根源、资源再配置的绿色效应和具体策略。其次，在研究内容方面，本研究构建了“供给侧改革-资源再配置-绿色发展”的概念框架，在此框架下，论证了资源错配和要素市场扭曲对环境污染的影响，据此从供给侧改革的视角提出纠正资源错配和要素市场化配置的政策建议。最后，在研究方法方面，本研究采用面板数据模型、空间计量模型、非竞争型投入产出模型等计量方法，科学规范地论证了本研究的相应论点。

第二章 “供给侧改革-资源再配置-绿色发展”的概念框架构建与阐释

第一节 供给侧结构性改革的背景与政策路径

一、供给侧结构性改革的内涵和背景

关于对供给侧结构性改革内涵的认识，目前国内学者因考察视角的不同而形成不同的界定。一是从供给侧改革对于生产率提升的视角。根据沈坤荣(2016)的界定，供给侧结构性改革促进经济发展的机制，主要是通过发挥市场机制的关键作用，从供给端和生产端两个方面解放生产力，从而使全要素生产率得以全面提高，由此产业竞争力和经济效率得到大幅改善。二是基于要素市场改革的视角。刘世锦(2016)认为，供给侧结构性改革是以改革为手段，疏通阻碍要素流动的环节，使要素得以畅通无阻地流动。也就是说，通过纠正要素市场的扭曲和优化资源配置，从源头上彻底解决当下面临的供给和需求不匹配的问题，使供需在更高水平上实现新的平衡。三是基于制度供给的视角。供给侧结构性改革主要通过有效的制度供给，通过制度保障经济发展方式从投资驱动向效率驱动的转变，从而实现供给体系质量和效率的整体提升(贾康，2016；吴敬琏，2016)。

习近平总书记在党的十九大报告中提出，必须坚持质量第一、效益优先的原则，以供给侧结构性改革为抓手，推动经济高质量发展，实现质量、效率和动力变革(张志元、李维邦，2018)。由此我们可以认为，供给侧结构性改革的核心内涵，是将供给侧作为切入点，通过一系列的深化改革来提高供给体系的质量和效率，围绕结构调整这一核心，提升供给侧的能力和水平，最终实现满足社会需求的目的。我国的供给侧结构性改革战略，是党中央针

对我国经济社会发展面临的新形势、出现的新情况、遇到的新瓶颈而提出的重大改革措施，具有深刻的现实背景和历史渊源。

背景之一是，供给与需求不匹配的矛盾突出。自改革开放以来的四十多年中，经济的快速发展将我国从一个低收入国家带入中等收入国家的行列，并且经济总量达到了仅次于美国的全球第二位置，彻底改变了改革开放之初的物质极度贫乏局面，发展到如今的物质相对富足，我国经济成就举世瞩目。但是，经济运行中也日益暴露出一些深层次的问题，其中突出表现之一是在生活水平大幅提升所带来的消费结构快速升级的背景下，人民对物质的需求由追求数量向追求品质转变，以高端消费为目标的品质消费需求快速崛起。而与此相对的是，商品的供给结构没能跟上居民对品质消费需求的增长，从而形成了供给与需求不匹配的矛盾，大规模海外代购的崛起就是这一矛盾的体现。要解决这对矛盾，迫切需要我国通过供给端的结构性改革，推动供给结构向高级化转型升级，提升供给结构对需求结构高端化的适应性，实现经济形态和经济发展方式转变。

背景之二是，经济结构性下行压力增大。我国经济经过几十年的高速发展，不管是其外部环境还是内部结构，都运行到了新的阶段，面临着新的问题，突出表现为短期与长期、外部与内部的矛盾交织，周期性与结构性问题同时存在。自从 2008 年为应对金融危机的外部冲击，我国实施了积极的财政政策和货币政策，但是随后几年经济下行压力并未得到根本性缓解，而扩张性需求政策对实体经济的边际刺激效应呈递减趋势，大量资金并没有进入实体经济，而是流向诸如金融和房地产领域进行投机，呈现出风险积聚的负面效应。国内外经济运行的实践充分说明，以需求侧管理为主的宏观调控政策，无法适应结构性问题突出的经济新形势。因此需要从供给端入手，把供给侧结构性改革作为宏观政策的着力点，通过解决经济中的结构性矛盾，实现经济新常态下的内外供需新平衡。

背景之三是，资源环境对经济发展的约束不断趋紧。一直以来我国面临的一个基本国情是人口众多，而人均资源相对不足。过去几十年我国经济高速增长依赖于大量资源消耗的粗放发展模式，这一发展模式越来越接近于资源和环境条件的约束边界以及生态承载力的极限，也使环境污染问题变得尤为突出。在党的十九大报告中，明确提出把打好污染攻坚战作为未来我国经济社会发展过程中的重要任务。供给侧改革与环境保护相互促进、相辅相成，环境保护既是改革的目标，也是改革的助推器。环保部顺应国家的大战略，在2016年出台了《关于积极发挥环境保护作用促进供给侧结构性改革的指导意见》。在中央和地方环保部门的督促与推动下，各地相继关停了很多排放不达标、污染严重的企业，但我国并没有摆脱依然严峻的环境污染形势，在污染的治理和预防上依然任重道远。

背景之四是，全球经济增长乏力。全球需求自从金融危机后出现疲软，全球陷入低增长困境，面临着复苏乏力的问题。在世界经济步入调整期的同时，结构性问题也在全球经济发展中日益凸显。与此同时，新一轮科技革命推动世界主要经济体，特别是新兴国家谋求在新时期国际分工中的有利地位及国际规则制定的话语权，因此必然要求重构全球价值链。总之，全球经济面临的症结主要来源于缓慢的结构性改革。对于中国经济而言，要适应并利用全球经济的调整期，并提升中国在全球价值链重构及国际分工中的地位，就需要抓住变革的主动性，勇于从供给侧自我革新，进行结构性改革。

二、供给侧结构性改革的政策路径

供给侧结构性改革的最终目标是实现产品的供给由数量的增长向品质的提升转变，从而满足人民群众更高质量的需求。在新常态下，我国面临更多的是亟须结构变革、技术创新和制度创新等才能解决的事关经济增长质量的问题。因此，供给侧结构性改革主要通过纠正要素市场扭曲、推动供给结构调整的途径，一方面实现有效供给的扩大，另一方面促进供给结构对需求侧变化的灵活适应，在微观层面上更好地满足人民群众物质升级的需要，在宏观层面上以调整供给结构为抓手，改善全要素生产率，从而实现经济的健康发展（贾康，2015）。在周期性和结构性矛盾并存的经济格局下，如何有效破解经济发展困局与治理经济长期发展过程中积累的沉疴，供给侧结构性改革要以破解这些经济问题作为出发点和政策的着力点。因此，短期政策与长期改革的路径对于成功实施供给侧结构性改革都是必不可少的，只有这样才能激发出经济长期稳定发展的持续动力。

自金融危机以来，我国经济一直面临着一系列复杂并具有很强挑战性的国内外新形势。例如，需求侧表现出来的投资和出口的疲软，传统产业往往呈现出成本较高、品质欠佳等特点，无法满足消费者日益升级的高端需求，存在供需的不匹配问题，也导致一些行业出现产能过剩等严重问题，这些问题阻碍了经济质量的提升和新需求的创造。因此，需要在中国经济新常态的背景下实施供给侧改革的重大战略举措。针对新常态下我国经济表现出的长短期问题不断交织，结构性改革的政策出发点既需要着眼于供给侧的短期问题，更需要考虑长期因素的冲击和调整，这样才能保障和推动我国经济的可持续增长。

（一）供给侧结构性改革的中短期政策路径

2008年金融危机之后，我国经济面临着从高速增长向高品质发展的换挡，从以规模扩张、要素投入驱动实现数量追赶为特征的传统发展模式，切换到以结构优化升级、技术创新驱动实现品质追赶为特征的新发展模式。在传统发展模式下我国经济实现了30年的快速增长，同时也积累了能源、资源和环境压力以及金融市场、商品市场等方面一系列的突出问题，如能源缺口的放大及对能源进口的依赖度上升，二氧化硫、二氧化碳等污染排放持续增加等生态问题（段文斌，2009）。自改革开放以来，我国金融业发生了革命性的变化，并取得了有目共睹的成就。但是金融业目前的市场结构、产品和经营理念创新还不能满足经济高质量发展对金融服务的要求。在大宗商品市场方面，在2009年需求端极度宽松的刺激政策下，需求刺激的边际效应不断下滑并逐渐失效。总之，我国经济同时面临着供给端和需求端的问题，但主要在供给端。因此，中短期的政策路径需要围绕供给端和需求端两个方面进行展开，可以2015年中央经济工作会议以来制定“三去一降一补”的经济工作部署为切入点，首先着力解决高端供给不足和低端供给过剩的结构性问题，提高供给效率以及供给与需求的匹配度。

（二）供给侧结构性改革的长期政策路径

实施供给侧改革的长期政策路径，关键是以质量型增长政策组合的实施为保障，实现产业和产品结构的优化升级；控制成本，降低资源环境代价；改善基础环境和服务品质，提高国民经济素质和经济增长质地，实现经济的转型升级。具体政策组合主要涵盖以下几个方面。

1. 产业政策

在供给侧结构性改革的过程中，通过实施产业政策促进健全创新市场的建立，实现创新信息共享，打造出有利于创新的环境，支持创新活动的开展；对不利于创新的垄断行业进行革新，加快要素在城乡和产业之间的顺畅流通，促进产业的转型升级。对于新兴高技术产业和高附加值产业，要发挥产业政策的重点培育和支持作用，促进产业结构的高级化。鼓励研发活动、自主开发和产学研结合，依靠自动化、信息化和智能化的技术，提升制造业的附加值和竞争优势，促进制造业向高端国际价值链升级（任保平，2017），鼓励新兴的生产性和生活性服务产业的发展，培养服务人员创新意识，促进第三产业的发展。另一方面，全力打造具有创新能力的关键产业，补齐当前传统产业的短板，优化产业结构。同时，产业政策也要加大对创新知识和技术产权的保护力度，保障创新主体的受益能力和合法权益，激发企业的创新活力和持续创新的积极性（李娟伟、刚翠翠，2017）。

2. 财税政策

首先，发挥财税政策的精准发力和定向支持的优势，促进创新型企业快速成长，边际上推动产业结构的优化调整。张淑翠和许正中（2017）指出可以设置财税专项资金，以税收优惠、财政补贴和政府采购等多种方式，构建多层次、宽领域的财税政策体系，保障产业优化升级。其次，财税政策需要加快税负改革的速度，对创新创业企业进行结构性减税，同时采用财税政策激励企业加大研发力度，提升高技术企业的品牌意识（任保平，2017）。最后，财税政策要从节能环保的角度出发，提高产业环保力度。通过推进和加快资源税的改革，全面理顺资源税费关系，促进资源使用效率的提升和资源的科学合理利用。特别地，资源税要作为一种专门用于节能环保的税种，与政府一般性税收分开，实行单独管理和使用，保障资源税特定作用的落实，从而使资源产业实现优化升级（张淑翠、许正中，2017）。

3. 金融政策

供给侧结构性改革下金融政策的制定和实施要致力于金融体系的完善，服务于资本市场的规范，为创新创业营造友好的金融环境，尤其要为创新型中小型企业提供更便利的融资渠道，以金融产品创新服务于中小型企业的金融需求（任保平，2017）。金融政策要在整体上完善央行利率体系，建立健全的金融监管与考核制度，适当降低对企业特别是非国有企业的融资约束条件。通过加强金融创新、股权与产权交易等方式，提高直接融资比例，满足企业直接融资需求，切实减少企业融资成本。利用资本市场的大力改革，引导社会资金和金融资金向实体经济流动，实现金融资本真正意义上服务于实体经济的目标（刘元春，2016）。

4. 人口和土地政策

在劳动要素供给方面，结构性改革政策需要充分考虑和适应我国人口变化的大趋势，维持劳动力要素的禀赋优势。通过加强教育，实现人力资本的积累和提升;同时还需要优化教育资源的空间配置,向贫困地区倾斜公共教育投资资源,阻止贫困的代际传递,并进一步提升人力资本。继续深化改革限制劳动力自由流动的户籍制度,稳步提升城镇化率(刘卫红,2016)。在土地要素方面,通过改革现有土地制度,提高土地的利用效率,根据人口流动方向调整土地供给政策,合理推进城市化进程。完善建设用地市场,实现城乡统一和农村土地承包关系的长久稳定,提高土地使用效率(刘卫红,2016)。

5. 环境政策

供给侧结构性改革在环境政策方面首先需要完善服务生态文明的法治体系,让经济主体自觉遵循"绿色"发展理念。通过环境和生态方面的立法,为环境保护提供法律支持和依据,并且对高污染企业进行严格依法规制,加快污染企业技术改造的速度;严格监督执法部门和企业,培育非政府组织的力量,发挥其保护环境的积极作用。此外,加强环境基础设施建设,降低环境污染对居民生活和健康带来的损害,增加对居民的生态补偿,弥补环境污染和生态质量下降给居民健康等方面带来的伤害,营造出城市发展和居民生活相互促进的氛围(李娟伟、刚翠翠,2017)。大力扶持"三高"企业的技术升级和改造,通过节能产品惠民等手段促进居民绿色消费(张淑翠、许正中,2017);政府部门通过制定绿色采购清单,促进绿色产品和绿色能源的推广;建立统一的排污权交易市场,发挥市场机制在污染减排中的作用,提高减排政策的效率。

6. 区域政策

在供给侧结构性改革背景下,通过采取区域性差异化政策,促进企业整体空间布局的调整优化和产业的空间转移,激励资源和要素向高回报区域自然流动。以新技术、新能源、新材料等产业发展为主导,打造科技、金融等产业深度融合的示范性科技园区,有效整合区域资源,促进产业的转型升级和区域创新体系的建立(任保平,2017)。供给侧结构性改革要做到因地制宜,不同地区因其不同的要素禀赋结构、产业结构等,需要有选择性地实施不同的政策和措施。此外,在坚持绿色、可持续经济原则的前提下,中西部地区通过有选择地接收部分劳动密集型、资源密集型企业的转移,促进东中西部制造业的协调发展。

供给侧结构性改革的政策重心需要着力于深化市场经济体制改革,落实市场在资源配置中的作用,建立创新发展机制,大力推动创新战略,促进创新政策和其他政策的改革融合(任保平,2017)。通过落实创新、绿色、协调的发展理念,化解低端过剩产能,提升高端产业价值,激发微观创新活力,提升经济增长质量、效益与全要素生产率(张淑翠、许正中,2017)。要从要素端和生产端改革入手,消除不合理的制度障碍,调整和优化结构,进一步激发经济主体活力,推动我国经济持续高质量健康发展。

第二节 基于共词分析法的绿色发展研究现状

本部分采用文献计量学中的共词分析法,对我国近 20 年来关于绿色发展的研究成果进行整理和分析,并以可视化的方式展示绿色发展研究领域的主题和热点,从而把握我国绿色发展的研究现状与发展趋势,为研究提供参考。

一、数据和研究方法

以 CNKI 期刊数据库为数据源,来源类别为核心期刊、CSSCI、SCI、EI,检索主题为“绿色发展”,检索时间跨度为 2000—2020 年,一共检索 1 186 篇文献,删除重复的记录,最后得到 1 170 篇有效文献构成分析的基础。

共词分析的原理在于对词汇共同在文献中出现的次数进行统计分析并分层聚类,以此确定这些词汇之间的亲疏程度,从而判断它们所代表主题的结构变化。在分析过程中,可以利用可视化技术对这些高频关键词进行聚类分析和基于图形可视化的直观展示,将该学科领域的研究热点、研究主题与脉络结构清楚地展现出来。我们利用 SATI3.2 对所选文献的关键词进行统计并形成共词矩阵,然后在此基础上进行网络统计分析,从而形成绿色发展领域的知识图谱。

二、研究结果分析

首先对所选取的文献进行关键词的词频统计,我们以关键词出现频数 10 次为阈值,将频次最多的前 32 个关键词选取出来作为绿色发展领域的高频关键词代表,并按照词频由高到低对其进行编码,结果如表 2.1 所示。

表 2.1　国内绿色发展研究领域的高频关键词

序号	关键词	词频	序号	关键词	词频
1	绿色发展	251	17	绿色增长	15
2	绿色经济	122	18	工业绿色发展	15
3	绿色经济发展	61	19	绿色消费	14
4	生态文明	56	20	应对气候变化	14
5	可持续发展	49	21	可再生能源	12
6	低碳经济	38	22	建设生态文明	12
7	生态文明建设	36	23	中国造纸协会	12
8	绿色低碳发展	29	24	绿色发展模式	11
9	科学发展观	28	25	GDP	11
10	低碳发展	24	26	绿色新政	10
11	绿色发展战略	24	27	节能减排	10
12	绿色发展指数	24	28	工业化	10
13	绿色转型	24	29	低碳技术	10
14	循环经济	21	30	“十二五”	10
15	经济发展方式	19	31	经济发展方式转变	10
16	发展之路	18	32	中国	10

因此，我们可以将 32 个高频关键词构建为行列均为 32 的共词矩阵，限于篇幅选取部分进行展示，如表 2.2 所示。其中对角线上的数字表示对应的某一关键词本身在文献中出现的次数，非对角线上的数字表示对应的两个关键词同时在文献中出现的次数。

表 2.2　部分关键词的共词矩阵

	绿色发展	绿色经济	绿色经济发展	生态文明	可持续发展	低碳经济	生态文明建设	绿色低碳发展	科学发展观
绿色发展	251	7	4	23	10	6	3	0	6
绿色经济	7	122	8	3	18	5	0	0	0

（续 表）

	绿色发展	绿色经济	绿色经济发展	生态文明	可持续发展	低碳经济	生态文明建设	绿色低碳发展	科学发展观
绿色经济发展	4	8	61	0	0	5	3	0	1
生态文明	23	3	0	56	1	2	0	0	3
可持续发展	10	18	0	1	49	3	0	0	0
低碳经济	6	5	5	2	3	38	0	3	1
生态文明建设	3	0	3	0	0	0	36	1	3
绿色低碳发展	0	0	0	0	0	3	1	29	0
科学发展观	6	0	1	3	0	1	3	0	28

为了深入挖掘关键词之间的内在关系，我们将共词矩阵转换为相关矩阵，结果如表 2.3 所示。在相关矩阵中的数值越大，表示两个关键词之间的相似度越高，联系越紧密。

表 2.3 部分高频关键词的相关矩阵

	绿色发展	绿色经济	绿色经济发展	生态文明	可持续发展	低碳经济	生态文明建设	绿色低碳发展	科学发展观
绿色发展	1	0.0016	0.001	0.0376	0.0081	0.0038	0.001	0	0.0051
绿色经济	0.0016	1	0.0086	0.0013	0.0542	0.0054	0	0	0
绿色经济发展	0.001	0.0086	1	0	0	0.0108	0.0041	0	0.0006
生态文明	0.0376	0.0013	0	1	0.0004	0.0019	0	0	0.0057
可持续发展	0.0081	0.0542	0	0.0004	1	0.0048	0	0	0
低碳经济	0.0038	0.0054	0.0108	0.0019	0.0048	1	0	0.0082	0.0009
生态文明建设	0.001	0	0.0041	0	0	0	1	0.001	0.0089
绿色低碳发展	0	0	0	0	0	0.0082	0.001	1	0
科学发展观	0.0051	0	0.0006	0.0057	0	0.0009	0.0089	0	1

由表 2.3 可知，较多关键词之间并不存在相关性，为避免较多不相关的高频词对后续统计和计算的干扰，我们用 1 减去相关系数，将相关矩阵转换为反映两词间相异程度的矩阵，结果如表 2.4 所示。

表 2.4 部分高频关键词的相异矩阵

	绿色发展	绿色经济	绿色经济发展	生态文明	可持续发展	低碳经济	生态文明建设	绿色低碳发展	科学发展观
绿色发展	0.000	0.998	0.999	0.962	0.992	0.996	0.999	1.000	0.995
绿色经济	0.998	0.000	0.991	0.999	0.946	0.995	1.000	1.000	1.000
绿色经济发展	0.999	0.991	0.000	1.000	1.000	0.989	0.996	1.000	0.999
生态文明	0.962	0.999	1.000	0.000	1.000	0.998	1.000	1.000	0.994
可持续发展	0.992	0.946	1.000	1.000	0.000	0.995	1.000	1.000	1.000
低碳经济	0.996	0.995	0.989	0.998	0.995	0.000	1.000	0.992	0.999
生态文明建设	0.999	1.000	0.996	1.000	1.000	1.000	0.000	0.999	0.991
绿色低碳发展	1.000	1.000	1.000	1.000	1.000	0.992	0.999	0.000	1.000
科学发展观	0.995	1.000	0.999	0.994	1.000	0.999	0.991	1.000	0.000

为了进一步识别关键词之间的亲疏远近关系，我们采用分层聚类方法，得到绿色发展领域的高频关键词，主要可以分为三类，即绿色发展的路径探索、绿色发展的评价研究和绿色发展的内涵探讨。第一类是绿色发展的路径探索，包含关键词：绿色低碳发展、应对气候变化、绿色经济发展、可再生能源、绿色新政、生态文明建设、建设生态文明、发展之路。第二类是绿色发展的评价研究，包含关键词：低碳发展、低碳技术、科学发展观、经济发展方式转变、绿色发展指数、GDP、“十二五”、绿色发展模式、工业化、绿色转型、绿色发展战略等。第三类是绿色发展的内涵探讨，包含以下这些关键词：绿色发展、生态文明、低碳经济、节能减排、可持续发展、绿色增长等。基于降维的思想，多维尺度分析用平面距离反映对象间相似度，从而将对象之间复杂的内在联系通过低维空间进行展示。利用关键词相异矩阵进行多维尺度分析，可以得到与聚类分析基本一致的结果。

社会网络分析是以图形的方式将节点以及节点之间的关系形象地展示出来，这里借鉴社会网络分析的基本原理和方法，将绿色发展相关的高频关键词构建成共现网络，并对节点之间的关系进行分析(图略)。原始矩阵的共现关系通过节点的大小与其在共词网络中出现的频数而在社会网络图谱中完整展现出来，揭示其在整个网络中的地位和作用。网络密度等定量指标，有助于我们明确绿色发展领域研究主题的总体概貌及内部结构。若共现网络的密度值越大，表明绿色发展领域各研究主题之间的关系越密切。通过分析，该共现网络密度为 0.766 1，标准差为 1.852 9，说明密度水平较高。分析显示点的度值中心度排在前十位的关键词分别为：绿色发展、绿色经济、绿色经济发展、低碳经济、可持续发展、生态文明、科学发展观、生态文明建设、低碳发展和绿色转型。

通过对绿色发展相关文献的关键词提取和分析可以发现，绿色发展的研究范围较广，词频超过 20 的关键词数量较少。关键词聚类分析和多维尺度分析的结果显示，绿色发展研究主要呈现出三方面的研究热点：绿色发展的内涵探讨、绿色发展的评价研究与绿色发展的路径探索。

第三节 “供给侧改革-资源再配置-绿色发展”的概念逻辑与分析框架

一、“供给侧改革-资源再配置-绿色发展”概念框架的逻辑起点

逻辑起点是概念框架的基础和最底层的逻辑出发点。它既是组成概念框架的基本要素之一，同时又与其他要素存在逻辑关系，能够据此推导出其他的相关要素。确定“供给侧改革-资源再配置-绿色发展”概念框架的逻辑起点，可以从逻辑和历史两个角度挖掘要素间内在的联系和规律性。针对近三十几年经济发展中的积弊沉疴，党的十八大作出了进行供给侧结构性改革的战略选择，这是“供给侧改革-资源再配置-绿色发展”概念框架的逻辑出发点。另外，当前经济发展中面临的关于人民需求、资源约束、生态承载力三大矛盾是概念框架的历史出发点，这三大矛盾主要表现为以下方面。

第一，人民对美好环境的需求和污染日益严重的生态环境之间的矛盾。随着经济发展和收入水平的提高，人民对优美生态环境的需求日益提高，对

环境污染事件的关注度也不断上升,从40年前追求“温饱”到如今更注重“环保”。而经济的发展和对自然环境的过度索取,导致对生态环境造成巨大的破坏,如今的生态质量已经无法满足人民群众对美好环境的需求。

第二,经济可持续发展的要求和粗放式增长模式之间的矛盾。可持续发展已成为各国政府和企业追求发展的新模式,可持续发展理念建立在理性经济人和资源稀缺性的假设之上,在发展经济时要以保护环境和促进社会和谐、稳定和进步为前提。而中国传统的经济增长模式则是依靠大量的要素投入和扩张来驱动的增长模式,导致资源消耗高、成本高、产品附加值难以提高和经济效益较低。显然,在已经成为世界第二大经济体的当下,中国传统的粗放型增长模式与主流的可持续发展理念相悖,也会给地球生态资源造成巨大的负担。

第三,对资源环境的过度攫取与生态承载力之间的矛盾。社会经济活动规模、工业生产方式影响着资源环境承载力。尤其是科技发展水平、政策制度及管理体制等都会影响到社会对资源环境开发利用的方式、规模和速度,从而会影响当地的资源环境承载力。中国经济过去几十年粗放式发展模式下的快速增长,是以低成本的资源环境的过度使用为代价的。近几年生态环境的恶化和污染问题的凸显是经济发展中对资源的过度攫取与生态承载力之间矛盾的集中体现。

绿色发展的目标缘于以上三大矛盾,人民需求、资源约束、生态承载力是绿色发展的本原。供给侧结构性改革是绿色发展的契机,是实现绿色发展的驱动力。在供给侧改革的推动下,资源再配置是实现绿色发展的途径和抓手。

二、“供给侧改革-资源再配置-绿色发展”概念框架的构建

“供给侧改革-资源再配置-绿色发展”的概念框架,是涵盖在理论系统内的各个基本要素的有机集合体。这些具有抽象性、完整性特点的要素,既独立又统一,既相互影响又相互作用,在整体框架下有序组织,形成逻辑统一的分析工具。按照逻辑起点的研究思路,结合我国经济的发展目标和现状,我们认为,“供给侧改革-资源再配置-绿色发展”概念框架可概括为“目标-驱动力-途径”的逻辑线路,我国经济进入新常态后的目标是绿色可持续发展,在新的历史机遇期实现绿色发展的驱动力是供给侧结构性改革,具体实现绿色发展目标的途径是供给侧改革背景下通过资源的再配置。我们用

以下的概念逻辑和分析框架(见图 2.1)来对“供给侧改革-资源再配置-绿色发展”的相关要素和内在逻辑关系进行描述。如图 2.1 所示,在“目标-驱动力-途径”的逻辑架构下,从目标导向出发,可以通过自下而上和自上而下两条逻辑线来解读“供给侧改革-资源再配置-绿色发展”概念框架。前一个是生态环境问题的底层原因分析逻辑,解释为什么要在供给侧结构性改革的背景下,推进绿色发展的战略;第二个是绿色发展目标实现的途径逻辑,解释如何顺应供给侧结构性改革的历史机遇,通过资源再配置实现绿色发展。

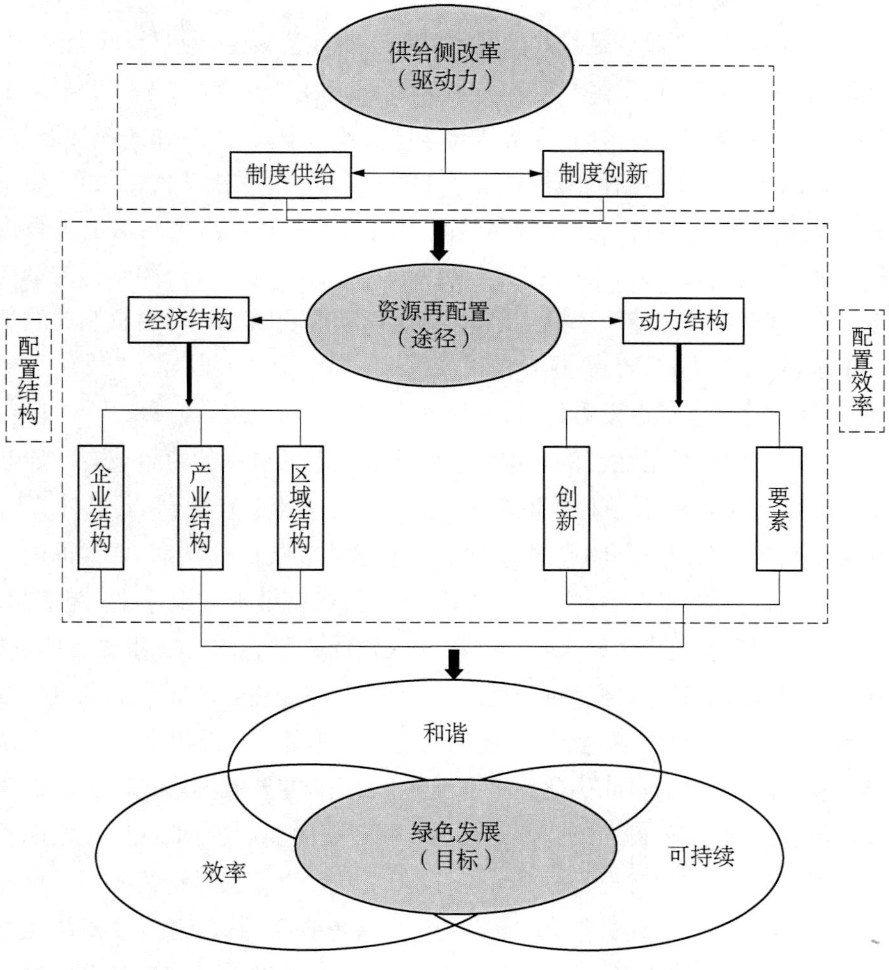

图 2.1 “供给侧改革-资源再配置-绿色发展”概念逻辑与分析框架

根据绿色发展的定义，绿色发展的目标可以用效率、和谐、可持续三个关键词概括，反过来，粗放式增长模式下生态环境问题突出的根源是低效率、冲突和不可持续。具体而言，要实现绿色发展的目标，需要从两个方面着手：一是提升环境效率，识别出传统模式下影响环境效率的因素，并以此作为改革的抓手，实现环境效率的提升；二是降低污染的排放，包括碳排放和其他工业污染排放，实现生产过程的绿色化。人类工业活动是造成环境污染的最关键最主要原因，因此通过降低工业污染排放和提升工业生产环境效率，对于实现绿色发展的目标具有重要意义。

供给侧结构性改革是在我国经济面临宏观经济减速、通缩风险上升，尤其是工业品出厂价格下降导致企业利润萎缩、政府的财政收入减少等一系列严峻形势（黄群慧，2016）、经济从高速增长转向中高速增长的"新常态"背景下提出的。关于供给侧结构性改革的阐释，理论界主要从供需和结构主义两个视角进行解释：第一个视角是基于供需矛盾及供需之间对应关系进行解释（吴敬琏，2016）；第二个视角是侧重对"结构"进行解析和阐释的结构主义框架（李佐军，2015）。概括地说，就是以结构的调整和体制机制的改革为手段，在要素供给、产品供给和制度供给三个层面实现满足人民群众需要、经济社会持续健康发展的目标（周密、朱俊丰、郭佳宏，2018）。

资源再配置是指在经济非均衡条件下通过市场机制的力量或者政府政策实现生产要素在部门间的重新分配。由于要素市场不完善，经济中既存在企业间或部门间发展的非均衡，也存在地区间发展的非均衡，要素的边际产出和有效使用率程度存在巨大差异。因此，经济资源在跨企业、跨部门、跨地区之间配置效率的改进对生产率和人均收入增长均具有重要影响（叶翠红、张建华，2016）。通过对包括资本、劳动力等传统生产要素资源的再配置和创新资源的再配置，实现企业的动态进入和退出、行业结构的动态调整，或者经济布局的空间优化。根据经济学理论，在要素的质量和投入数量保持不变的情况下，仅通过调整要素在不同效率的企业、行业或区域之间重新配置，就可以实现产出的提升，从而改善生产效率。从可持续发展目标而言，产品生产过程更加绿色化、市场中更多绿色产品的进入，以及高能耗高污染产品的退出都将影响总的绿色全要素生产率和环境效率。随着资源从高污染企业或行业向低污染企业或行业配置，资源的使用效率得以提高，经济发展与生态环境更加和谐，从而更加接近可持续发展的目标。

三、“供给侧改革-资源再配置-绿色发展”概念框架的基本要素辨析

（一）供给侧结构性改革：制度供给和制度创新

对概念框架核心要素的正确识别和把握是理解与运用该概念框架的基本前提。供给侧结构性改革的关键在于理清政府和市场的边界，在资源配置领域充分发挥市场机制的决定性作用，针对供给侧累积的资源配置扭曲导致的我国经济运行中“重大结构性失衡”，用改革的办法纠正资源配置的扭曲和低效率。具体来说，就是政府在给定制度环境、技术条件等约束下，从供给侧推动制度改革创新，强化制度供给的结构性改革。当经济进入新常态，原有一些滞后的制度体系便无法满足新时期的要求。因此，创新制度供给是面临经济形态转型升级背景下我国供给侧结构性改革的必然要求与实现路径。

制度供给和制度创新首先需要正确处理好政府、市场、企业三者之间的关系，并清晰界定三者的职能，保证市场主体活力的充分释放，以及市场机制在资源配置中的决定性作用得到充分发挥。其次，需要明确政府的权力边界并严格遵守，做到“不缺位、不越位、不错位”，严格遵循政府的权力清单和责任清单，将政府的资源聚焦在最有效的服务上，为市场的高效运行创造良好的制度环境（刘志彪，2017）。在操作层面，制度供给和制度创新需要以经济中存在的结构性和体制性矛盾与问题为出发点，紧扣转型升级的主线，围绕支持企业创新、大力发展先进科技、增加有效供给和实现可持续发展来制定产业发展规范，建立开放、规范的市场环境。具体来说，一是需要强化促进经济结构调整的制度供给，包括优化产品结构、产业结构和区域结构；二是需要强化创新驱动相关的制度供给，使创新成为经济发展的新引擎；三是需要强化生态环境保护相关的制度供给，实现经济发展和环境保护的相互促进。

（二）资源再配置的核心：配置效率、配置结构

当资源短缺与资源过剩并存时，提高资源配置效率、优化配置结构的资源再配置成为当务之急。解决好资源配置效率问题需要通过价格机制，将资源向高效益、低污染、低能耗的部门转移。另外，政府还需要发挥调控作用，建立健全资源配置体系，打造良好的资源合理配置环境，将生态效益和可持续发展纳入考核范围。除了市场和政府二者相互结合外，提高资源配置效率还需要公平的利益分配机制作为保障。通过建立合理的奖惩制度，

对于将资源配置转移到新型绿色产业的行业和行为给予优惠。

推进结构重组式资源再配置、优化配置结构则主要从三个层面入手，即推进行业、城乡、阶层结构配置重组。优化行业间资源配置需要处理好资源在农业、工业、服务业间的合理配置，打造生态农业、生态工业、生态服务业。生态农业要求合理利用自然资源、能源，提高现有农业技术，打造绿色农业生态系统；生态工业要求提高资源利用率、促进科技创新、推动节能减排、在环境承受范围内建立生态工业园；通过生态农业、工业带动生态服务业的发展，例如生态旅游，加强企业的责任环保意识。改进城乡资源配置结构需要从生态公平入手，在城镇化和区域经济协调发展的进程中，推动资源的公平合理配置。

（三）绿色发展的核心：效率、和谐、可持续

效率、和谐和可持续是绿色发展的三大核心，绿色发展作为全球经济发展的趋势已成为各方的共识。在发挥市场决定性作用的同时，政府进行必要的宏观调控；促进经济转型，提高企业经营效率，由高耗能、低效益转向低耗能、高效益的经营模式。和谐即人与自然和谐相处，企业、社会、个人树立绿色价值观，培养资源节约、环境保护的意识。可持续是指在满足现代人需求的前提下以不损害后代人满足需求的能力，即以促进可持续发展的目标下合理利用能源资源。

总之，制度创新、制度供给为政府职能转变和体制机制创新提供保证。资源配置效率的提高、资源配置结构的重置促进了资源更合理配置，为绿色发展提供要素和动力支撑。在效率、和谐、可持续三重作用下，实现绿色可持续发展。

四、供给侧改革的绿色效应传导途径

厘清了“供给侧改革-资源再配置-绿色发展”的核心要素，依据该概念框架，可以分析供给侧结构性改革对于优化资源配置、纠正产业发展失衡、提高资源配置效率，从而促进绿色新兴产业发展的效应，即供给侧结构性改革下资源再配置的绿色效应。

（一）供给侧结构性改革优化资源配置、纠正产业发展失衡

供给侧改革推行的一系列重大举措，一方面是通过市场淘汰和化解落后过剩产能，释放落后产能占用的资源，为资源的再配置创造良好的制度环境与条件；另一方面，通过制度创新推动产业转型升级，从而促进资源向高

效益绿色产业流动。

针对部分行业产能过剩形势严峻，供需结构严重失衡，企业面临着利润缩减、库存积压、资金流断裂的风险，供给侧结构性改革强调市场机制的发挥与技术进步的创新，通过价格机制，淘汰落后企业工业，通过技术进步，提高工业产品质量与改善工业生产体系，逐步化解落后产能。通过淘汰落后产能，可以释放落后产业占用的资源，提高资源流动性，释放经济活力，为资源再配置打下良好基础。

供给侧结构性改革提出政府必须完善产业政策，为产业转型升级、改善产业结构提供良好的制度与政策环境；进一步处理好第一、二、三产业之间的关系，发展生态工业、高端制造业以及生态服务业；制定合理的产业规划，立足于产业发展现状，建立产业补偿机制；打造绿色产业体系，促进绿色产业蓬勃发展。这样的结构性改革目标进一步推动了资源向高效益、低污染、生态产业的流动，通过“互联网＋”战略的实施，促进该类产业快速发展，并形成良好的循环促进经济机制。

（二）供给侧结构性改革提高资源配置效率

供给侧结构性改革强调通过价格机制达到资源配置最优化。在优化资源配置的同时，通过制度创新着力推进能源市场机制的建立和能源价格机制的发挥，促进资源配置效率和资源利用效率有效提升。通过制度创新推进金融、税收、土地等一系列深层次领域的改革，打造公平的制度条件与环境，促进资源有效分配，从而保证资源配置效率的进一步提高。制度创新要求推进体制机制改革，优化资源配置政策组合，通过行政法治手段调节涉及环境保护、社会福利等方面的资源配置；供给侧结构性改革下资源再配置并非单纯提高资源再配置速度，而是在提升资源再配置效率的同时，注重对资源环境的保护。通过建立资源环境保护的生态法律制度，对资源在不同产业、行业或地区间流动时加强监管，尤其是加强对自然资源利用的监管。

（三）供给侧结构性改革促进绿色新兴产业发展

供给侧结构性改革通过制度供给与制度创新，在市场出清僵尸产业的同时，优化资源向生态经济、循环经济转移，优化资源再配置，从而促进该类产业的发展。通过鼓励科技创新，提高资源配置效率，促进产业结构的转型和升级，为新兴绿色产业发展提供保障。供给侧结构性改革将长远可持续发展作为改革坚守的目标，必须发展高效益、低污染、低耗能的绿色产业，促进资源的可持续利用。

第四节　“供给侧改革-资源再配置-绿色发展”概念框架——基于 $IS-LM$ 模型的诠释

$IS-LM$ 模型是用于研究当商品市场和货币市场同时达到均衡时，利率和产出之间关系的模型，可以用于宏观经济政策效应的分析和评价。供给侧结构性改革通过调整和优化经济结构，实现劳动力、土地、资本等要素的最优配置和制度、创新等要素的供给，提升经济增长的质量。绿色发展是对传统发展模式的摒弃与创新，是将生态环境的容量和资源承载能力上限作为经济发展的约束条件，将生态保护和环境质量提升作为实现可持续发展重要目标的新型发展模式。本部分首先将绿色要素引入四部门经济的总供给总需求模型，在此基础上进一步推导出 $IS-LM$ 模型，分析供给侧改革下，通过资源再配置实现绿色发展的逻辑框架。

一、包含绿色要素的 $AS-AD$ 模型框架

(一) 包含绿色要素的总需求函数

假设绿色要素是消费、投资和政府购买的一部分，将消费 C 划分为绿色产品的消费C_A 和非绿色产品的消费C_B，投资划分为绿色产品的投资I_A 和非绿色产品的投资I_B，将政府购买划分为绿色产品的政府采购G_A 和非绿色产品的政府采购 G_B。

社会总需求 AD 可表示为：

$$AD = C + I + G + NX$$

投资函数表示为：

$$I = I_A + I_B$$

$$I_A = e_1 - d_1(A)i - \gamma P_A(A) - \varepsilon\tau$$

$$I_B = e_0 - d_0 i$$

其中 $e_i(i=0, 1)$ 称为自发性投资，$d_i(i=0, 1)$ 表示投资对利率的敏感度，且 $d_1(A) \geqslant d_0$。一般认为，绿色产品的提供者更具有社会责任且经营效率更高，而传统产品或污染产品更多地由传统企业提供，后者的投资对利率敏

感度相对更低。

政府购买可表示为：

$$G=\overline{G_A}+\overline{G_B}$$

净出口 NX 可表示为：

$$NX=\overline{NX_A}+\overline{NX_B}$$

消费函数可表示为：

$$C=C_A+C_B$$
$$C_A=\alpha_1+\beta_1(Y-TA+TR)-\omega P_A(A)-\mu\tau$$
$$C_B=\alpha_0+\beta_0(Y-TA+TR)$$

其中 $\alpha_i(i=0,\ 1)$ 为自发消费部分，$\beta_i(i=0,\ 1)$ 为边际消费倾向。P_A 为绿色要素(产品) 价格，τ 代表绿色要素税率，A 代表绿色产品数量。

分别将消费函数和投资函数对绿色要素供给量 A 求一阶导数，得到：

$$\frac{\partial C}{\partial A}=\frac{\partial C_A}{\partial A}=-\omega\frac{\partial P_A}{\partial A}>0$$
$$\frac{\partial I}{\partial A}=\frac{\partial I_A}{\partial A}=-i\frac{\partial d_1(A)}{\partial A}-\gamma\frac{\partial P_A}{\partial A}>0$$

即，绿色要素(产品)的供给量能够刺激相关的投资和消费需求。将各部门的需求函数代入总需求函数，得到：

$$\begin{aligned}Y&=C_A+C_B+I_A+I_B+\overline{G}+\overline{NX}\\&=\alpha_1+\beta_1(Y-TA+\overline{TR})-\omega_A P_A(A)-\mu\tau+\alpha_0+\beta_0(Y-TA+\overline{TR})\\&\quad+e_1-d_1(A)i-\gamma P_A(A)-\varepsilon\tau+e_0-d_0 i+\overline{G}+\overline{NX}\end{aligned}$$

整理得到：

$$\begin{aligned}Y=&(\alpha_0+\alpha_1+e_0+e_1)+(\beta_0+\beta_1)Y-(d_0+d_1(A))i-(\omega_A+\gamma)P_A(A)-\\&(\mu+\varepsilon)\tau+\overline{G}+\overline{NX}-(\beta_0+\beta_1)(TA-\overline{TR})\end{aligned}$$

因此，总需求水平 Y_D 由利率、税收、政府采购、绿色要素(产品)的供给量和税率决定。

$$Y_D = Y(i, A, \tau, \overline{G}, TA - \overline{TR}, A)$$
$$= \frac{1}{1-(\beta_0+\beta_1)}[\alpha_0 + \alpha_1 + e_0 + e_1 - (d_0 + d_1(A))i - (\omega_A + \gamma)P_A(A)$$
$$-(\mu+\varepsilon)\tau + \overline{G} + \overline{NX} - (\beta_0+\beta_1)(TA - \overline{TR})]$$

也就是说，政府可以通过财政、货币、绿色要素（产品）供给量和绿色要素（产品）的税率来影响总需求。

（二）包含绿色要素（产品）的总供给

总供给 Y_S 可表示为：

$$Y_S = C + S + T - \overline{TR}$$

税收包含绿色产品的税收和非绿色产品的税收，税收 T 函数表示为：

$$T = T_A + T_B = \tau(A \times P_A) + tY$$

（三）IS 曲线修正及政策效应讨论

在四部门模型中，均衡收入由以下方程决定：

$$Y_D = C + I + \overline{G} + \overline{NX}$$
$$Y_S = C + S + T - \overline{TR}$$
$$Y_D = Y_S = Y$$

整理得到储蓄 S 表示为：

$$S = I + \overline{G} + \overline{NX} - T + \overline{TR} = Y_D - C - T + \overline{TR} = S(Y_D, A, \tau)$$

将税收函数代入前面展开的总需求函数，并整理得到：

$$Y = \frac{1}{F}[E - (d_0 + d_1(A))i - (\omega_A + \gamma) \cdot P_A(A) - (\mu+\varepsilon)\tau + \overline{G} + \overline{NX} -$$
$$(\beta_0+\beta_1)\tau AP_A + (\beta_0+\beta_1)\overline{TR}]$$

其中，
$$F = 1 - (\beta_0+\beta_1)(1-t)$$
$$E = \alpha_0 + \alpha_1 + e_0 + e_1$$

Y 对 τ 求一阶导数：

$$\frac{\partial Y}{\partial \tau}=-\frac{\mu+\varepsilon}{F}-\frac{(\beta_0+\beta_1)AP_A}{F}\leqslant 0$$

因此,绿色产品税率上升对于经济的产出有负面影响。

二、加入绿色要素的 *IS* - *LM* 模型

假定货币供应总量为 MS，其中来自绿色产品需求的货币量为 MS_1，其他货币需求量为 MS_2，则有：

$$MS=MS_1+MS_2$$

假定绿色产品价格变化 P_A 对全社会物价水平 P^* 影响很小,即有：

$$P^*=f(P_0,P_A)\approx f(P_0)$$

包含绿色产品的货币市场均衡为：

$$MS/P^*=MS_1/P_A+MS_2/P_0$$
$$MS/P_A=L_1(Y,i)=k_1Y-h_1(A)i$$
$$MS/P_0=L_2(Y,i)=k_0Y-h_0i$$
$$MS/P^*=(k_0+k_1)Y-(h_0+h_1(A))i$$

$k_i(i=0,\ 1)$ 衡量货币需求对收入的敏感性，$h_i(i=0,\ 1)$ 衡量货币需求对利率的敏感性,且有 $h_1(A)\geqslant h_0$。 在经济转型的背景下,绿色产品相对于传统产品更具有奢侈品的特性,因此在这类产品上货币需求对利率的敏感性更高。

对以上方程整理得到 LM 曲线：

$$i=\frac{(k_0+k_1)Y-\dfrac{MS}{P^*}}{h_0+h_1(A)}$$

因此,引入绿色产品的 $IS-LM$ 方程组为：

$$\begin{cases}Y=Y(i,\ A,\ \tau,\ \overline{G},\ \overline{NX},\ \overline{TR})\\ i=i(Y,\ MS)\end{cases}$$

IS 方程：

$$Y=\frac{1}{F}[E-(d_0+d_1(A))i-(\omega_A+\gamma)\cdot P_A(A)-(\mu+\varepsilon)\tau+\overline{G}+\overline{NX}-(\beta_0+\beta_1)\overline{TR}]$$

$$Slope_{IS}=-\frac{F}{d_0+d_1(A)}$$

LM 方程：

$$i=\frac{(k_0+k_1)Y-\dfrac{MS}{P^*}}{h_0+h_1(A)}$$

$$Slope_{LM}=\frac{k_0+k_1}{h_0+h_1(A)}$$

供给侧结构性改革下随着产业的优化升级，绿色产品的比重会上升，在 IS-LM 模型中体现为两条曲线变得更加平坦，同时均衡产出增加(如图 2.2 所示)。也就是说，供给侧结构性改革推动了产品绿色化和产出的增长。

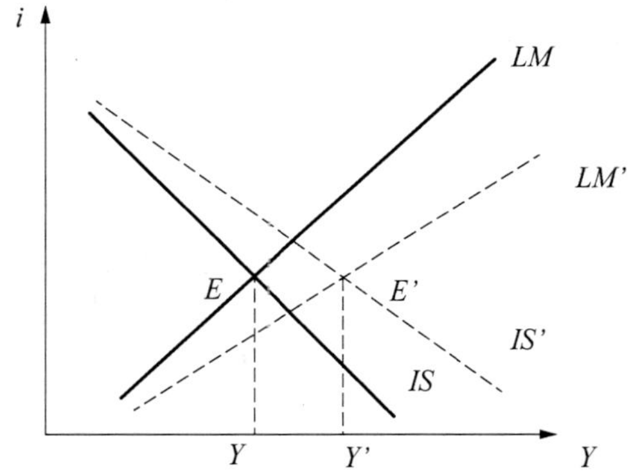

图 2.2　供给侧结构性改革与绿色发展

第五节　本章小结

本章首先分析了供给侧结构性改革的背景及其政策路径，其次运用文献计量学的共词分析法对我国近 20 年来绿色发展的研究成果进行梳理和分析，并以可视化的方式进一步挖掘绿色发展研究领域的三大热点：绿色发展的内涵探讨、绿色发展的评价研究、绿色发展的路径探索。

在此基础上，以党的十八大作出的供给侧结构性改革的战略选择为逻辑出发点，以经济发展中面临的关于人民需求、资源约束、生态承载力三大矛盾为历史出发点，本章构建了“供给侧改革-资源再配置-绿色发展”的分析框架，按照“目标-驱动力-途径”的逻辑线路，提出我国经济进入新常态后的目标是绿色发展，实现绿色发展的驱动力是供给侧结构性改革，具体途径是供给侧改革背景下资源的再配置。通过对该概念框架基本要素进行辨析，厘清了“供给侧改革-资源再配置-绿色发展”的核心要素。

在概念框架构建的基础上，利用 $IS-LM$ 模型对该逻辑框架进行理论阐释，进一步分析了供给侧结构性改革对于优化资源配置、纠正产业发展失衡、提高资源配置效率，促进绿色新兴产业发展，即供给侧结构性改革下资源再配置的绿色效应。

第三章　我国污染现状:空间分布特征与影响因素

随着经济发展和工业化程度的加深,环境污染问题受到越来越多的关注。根据世界卫生组织的统计,空气污染导致全球每年将近 700 万人失去生命。而在这些污染物中,颗粒物 PM2.5 和颗粒物 PM10 超标情况最为严重(丁哲等,2016)。我国被列入空气污染严重的国家之列,并承受着空气污染带来的代价和严峻考验。严重的空气污染不仅损害人民群众的健康状况,并造成巨大的经济损失。据估计,仅北京地区的雾霾就导致每年大约 700 亿元水平的经济损失(汪丁丁,2016)。

随着我国各地污染情况加重和污染物成分日趋复杂,由二氧化硫、碳氧化物、总悬浮颗粒物折合成的 API 空气污染指标已经不能准确反映空气污染状况。例如,2011 年全国陆续出现 API 指数表现很好,而雾霾却很严重的现象。这是由于细颗粒物(PM2.5)、臭氧(O_3)、一氧化碳(CO)这些污染物增加影响了空气质量,但未被纳入评价体系。为了适应新形势下空气污染监测的需求,2012 年由中国环境保护部制定并出台了新的《环境空气质量标准》,纳入并重新规定了这些指标的排放标准,而且还将空气污染指数修改成空气质量指数 AQI。AQI 指标按照一定的计算方式将其他六种指标折合成综合指标,从而可以更全面更客观地表征空气质量状况。

由于工业化、城市化的加速,我国除面临空气污染问题之外,水污染问题也异常突出,不仅可用水数量减少、水生生物受到威胁,还给人们身体健康和日常生活带来很大的危害。水环境污染长期以来一直是全国环境安全中最为突出的问题,水污染事件发生的频率在各种环境污染事故中一直处于首位。近 30 年来尽管我国政府在水污染防治方面已经出台一系列法律法规,但并没有有效遏制水污染的发展趋势。

鉴于缺乏翔实的土壤污染数据，本章通过对我国空气污染和水污染的空间分布进行研究，揭示污染的空间分布规律、特征和影响因素，在供给侧结构性改革的背景下，为改善我国环境污染问题提出相关政策建议。

第一节　国内外相关研究现状

一、关于大气污染的相关研究

国内外关于大气污染的研究主要是从三个方面展开的：一是关于污染现状的研究；二是关于影响因素的研究；三是关于联防联治的研究。

（一）关于污染现状的研究

这一方面的文献以 AQI、API 以及粗颗粒物（PM10 和 PM2.5）为研究对象。如高会旺等（2014）收集了 73 个重点城市 2007—2012 年的 API 日均值数据，分析 API 指数的时空分布特征，以及 API 受区域分布和季节变化的影响。刘华军和杜广杰（2016）发现，中国城市空气质量存在空间非均衡以及空间自相关性。肖悦等（2017）通过对 86 个重点城市的研究表明，京津冀、西北以及中部省份长期处于高污染状态；南部沿海、云贵和青藏高原地区长期处于空气质量较佳状态，部分地区如河北、山东、河南、江苏污染在加重。李名升等（2013）在对我国 2002—2012 年地级以上城市 PM10 污染进行时空格局分析的基础上指出，我国 PM10 空间分布格局没有发生明显改变，仍然是“北重南轻”，尤其在北方城市供暖期间差异更加明显。重污染区域的城市数量显著下降，由重污染城市连片变为零星点状分布。马黎和梁伟（2017）在运用莫兰指数以及 LSM 模型对空气质量空间特征进行分析后发现，我国城市空气污染表现出较强的空间溢出效应，空间集聚特征明显。国外学者对于我国 AQI 以及各分项污染物的研究发现，可吸入颗粒物的分布受时间的影响，不同的季节以及不同气候对污染水平有显著影响。Jiunn-Der Duh（2008）发现 SO_2 和 PM10 随着城市的发展会出现非线性下降，而 NO_2 的波动浮动却比较大。

（二）空气污染的影响因素研究

这一方面的文献主要从两个视角进行研究：一是从自然或社会的视角，

如气象、生活方式、能源结构等分析污染的原因;二是从经济的视角,如FDI、工业化、对外贸易、经济发展等方面进行研究。李茜等(2013)分析经济发展对空气污染的影响,发现 SO_2 与人均 GDP 之间呈倒 U 形关系,而 NO_2、PM10 与人均 GDP 之间呈 U 形关系,第二产业比例、建成区面积都与主要污染物成正相关。根据 Grossman 和 Krueger(1991)提出的环境库兹涅茨曲线假说,初始阶段一个地区的环境污染会随着经济增长而加剧,二者关系在经济发展到一定程度后出现拐点,随着经济发展,环境污染趋于缓和。文献研究表明,能源结构、城镇化、FDI 和出口商品结构都是导致城市空气质量恶化的原因。向堃和宋德勇(2015)基于省级面板数据分析PM2.5的空间特征以及 GDP 总量、人口总数、能源结构对其分布的影响,发现 PM2.5 呈现出空间上的相关性以及地区之间的异质性特征。蔺雪芹和王岱(2016)发现,社会经济要素对大气质量的影响方向和强度会受到很多其他因素的影响。如 Qu 等(2010)的研究表明,我国城市空气污染指数在空间分布上存在明显的南北方分界线,即秦岭至淮河一线,这是由于分界线两边的降雨分布存在明显差异,这证明了降雨在影响空气污染区域分布中起着重要作用。Fang et al.(2015)的研究证明,由于在空间上不均衡的城镇化发展水平,导致大气污染存在显著的地区差异。

(三) 空气污染的防治政策研究

大气的流通并不会因为人为划定行政边界而受到影响(王金南等,2012),因此需要地区之间的联防联治,但是由于大气环境资源具有公共产品的特点,导致联防联治存在困难。针对如何联防联治,蔺雪芹和王岱(2016)认为,污染治理不是简单地全面遏制经济发展和控制城镇化水平,而要综合分析当地的资源环境基础和发展现状特征,选取关键要素,抓好治理重点和方向。

二、关于水污染的相关研究

国内外文献关于水污染的研究主要从水污染治理、经济发展与水污染关系和水污染的空间密度特征等方面展开。

(一) 关于水污染治理的研究

这方面的文献着重分析水污染治理不足的原因,提出新的治理方法。叶汉雄(2011)以湖北省第二大淡水湖梁子湖为例,剖析了梁子湖湖水污染治理困难的原因,即治理主体不足、各主体之间信任度不足和合作机制不够完善。陈雯(2012)研究发现,用于治理水污染的固定资产投资不仅会直接降低水污染排放系数,且对地区的经济增长产生促进作用,但这种投资不利于贸易条件的改善;水污染税对于有害物质的排放具有明显的抑制效果,也会遏制重点污染企业的扩张,从整体上促进整个经济体向清洁化的方向发展。张颖(2013)研究表明,省级政府的规制对当地污染有着显著影响,而地理位置则会影响政府的规制效率,由于上游地区规制强度相对较低,因此污染有通过"搭便车"效应而被转嫁给下游地区的倾向。

(二) 关于经济发展与水污染关系的研究

许正松和孔凡斌(2014)发现,江西省的环境污染与人均GDP之间呈N形曲线关系,工业增加值占GDP比重越高,环境质量会随着经济发展先恶化,恶化到一定程度后改善,然后再恶化。除此之外,研究结果还表明:工业增加值占GDP比重与环境污染之间存在着显著的正相关性,即污染物排放随着工业化进程的推进不断增加;贸易开放程度存在着对环境污染的正面影响,即江西省出口额的增加加剧了其环境污染,这印证了江西省符合"污染避难所"假说,即跨国公司通过向欠发达地区投资,从而转移污染。王火根等(2013)的研究发现,导致我国环境污染的最主要原因是经济发展的推动,我国绝大多数的环境污染均来自经济规模的扩张;另外,市场开放尤其是贸易部门的开放对环境污染也有显著的影响,随着对外贸易的发展,特别是加工贸易比重的提升,环境污染会变得更加严重;我国工业产业比重过高也是污染增加的一个重要原因;科技进步能够通过提高能源和资源的利用效率,减少相同产出下的资源损耗和污染产生。

(三) 关于水污染的空间密度特征研究

王新成等(2014)探究了我国主要污染物的空间分布和水污染格局,发现主要污染物如汞、铅等具有明显空间自相关性的空间分布,且这些污染物的扩散程度与分布和地区经济发展水平有着密切关系,人口活动密集的地区其水污染程度也明显比其他地区高。张静等(2018)探究了工业水污染的地理分布特征和行业分布特征,认为应当根据水污染空间密度,对不同地理区域、不同行业制定并采取有针对性、适应情况的水污染防治措施,对排放量位于前列的行业和地区,加大水污染管控工作并提出更加严格的治理方案。

第二节　我国城市空气污染的空间分布特征

一、数据来源和方法

（一）样本与数据来源

本章选取我国第一阶段实施空气质量新标准的 74 个重点城市为研究对象，分析样本城市 AQI 以及 6 项污染物 SO_2、NO_2、PM10、PM2.5、CO、O_3 的空间分布及其演化特征。本研究将 74 个城市分为 6 个区域，用空间统计模型即莫兰指数和分布演进模型即高斯核密度函数进行空间分布上的相关性分析和演进过程分析。空气质量数据来自全国城市空气质量实时发布平台，包括第一阶段实施空气质量新标准的 74 个城市空气日报数据，然后转换为年度均值进行实证。这 74 个城市位于京津冀、长三角、珠三角等重点区域，于 2013 年开始按照新标准进行监测。本部分选取 2014—2017 年的逐日空气数据共 516 632 个，缺失率为 9.9%，采用临近时间点取均值的方法对缺失数据进行填补，共得到完整数据 567 728 个。行政区数据来自中国基础地理信息数据中心的 1∶400 万中国基础地理信息数据库。

根据我国行政区域划分并结合本研究数据的特征，将 74 个城市分为 6 个区域，具体见表 3.1。

表 3.1　74 个城市划分办法

区域名称	包含的城市	城市数
东北及山东地区	沈阳、大连、长春、哈尔滨、济南、青岛	6
京津冀	北京、天津、石家庄、唐山、秦皇岛、邯郸、邢台、保定、张家口、承德、沧州、廊坊、衡水	13
黄河中游以及西北	郑州、太原、呼和浩特、西安、兰州、西宁、银川、乌鲁木齐	8
华中和东南沿海	上海、南京、无锡、徐州、常州、苏州、南通、盐城、扬州、镇江、泰州、宿迁、杭州、宁波、温州、嘉兴、湖州、绍兴、金华、衢州、舟山、台州、合肥、连云港、淮安、丽水、武汉、长沙、南昌	29
西南	重庆、成都、贵阳、拉萨、昆明、南宁	6
珠三角	广州、深圳、珠海、惠州、东莞、肇庆、佛山、中山、江门、海口、福州、厦门	12

(二) 空间实证方法

1. 空间权重矩阵

w_{ij} 表示区域 i 与区域 j 之间的距离，根据相邻原则设定 0－1 空间权重矩阵，即如果地区 i 和地区 j 有共同的边或顶点，则认为两者相邻，w_{ij} 设为 1，否则设为 0。若存在个别地区处于孤立状态，即周围没有与其他区域相邻接的情况，那么就按照最接近原则，把该区域和它距离最近的区域设定为邻接关系。

2. 全局自相关

空间正相关是指变量的高值与高值聚集在一起，低值与低值聚集在一起；反之，如果高值与低值集聚在一起，则称为空间负相关；如果变量的高值与低值的分布随机，则不存在空间相关性。为描述样本城市空气质量的整体分布状况，采用莫兰指数对城市大气污染的空间相关性进行实证考察，表示如下：

$$\begin{aligned}\text{Moran's I} &= \frac{n\sum_{i=1}^{n}\sum_{j=1}^{n}w_{ij}(x_i-\bar{x})(x_j-\bar{x})}{\sum_{i=1}^{n}\sum_{j=1}^{n}w_{ij}\sum_{i=1}^{n}(x_i-\bar{x})^2} \\ &= \frac{\sum_{i=1}^{n}\sum_{j=1}^{n}w_{ij}(x_i-\bar{x})(x_j-\bar{x})}{s^2\sum_{i=1}^{n}\sum_{j=1}^{n}w_{ij}}\end{aligned} \tag{3.1}$$

其中，样本方差 $s^2=\frac{1}{n}\sum_{i=1}^{n}(x_i-\bar{x})^2$；$\bar{x}=\frac{1}{n}\sum_{i=1}^{n}x_i$；$n$ 为城市总数；w_{ij} 为空间权重矩阵的 (i, j) 元素；$\sum_{i=1}^{n}\sum_{i=1}^{n}w_{ij}$ 是所有空间权重元素之和。若对空间权重矩阵进行行标准化处理，那么所有空间权重元素之和为 n，原式可以写成：

$$I=\frac{\sum_{i=1}^{n}\sum_{j=1}^{n}w_{ij}(x_i-\bar{x})(x_j-\bar{x})}{\sum_{i=1}^{n}(x_i-\bar{x})^2} \tag{3.2}$$

其中，x_i 表示第 i 个城市的大气污染观测值。莫兰指数揭示了各城市空气污染程度的全局空间自相关性，通过绘制莫兰散点图可以帮助我们更加直观地呈现局域的空气污染空间集聚特征。显著性检验则可通过标准化检验来完成，Z 统计量的计算公式如下：

$$Z=\frac{I-\mathrm{E}(I)}{\sqrt{\mathrm{Var}(I)}} \tag{3.3}$$

当置信水平为 95%时，$|Z|>1.96$ 代表空间自相关显著。

3. 局部空间自相关

局部自相关用以下局部莫兰指数来表达，可以用来度量一个区域的空气质量特征与邻近区域空气质量特征的相关程度：

$$\text{Local Moran's I}=\frac{(x_i-\bar{x})}{s^2}\sum_{j=1}^{n}w_{ij}(x_j-\bar{x}) \tag{3.4}$$

式中，x_i、x_j 分别表示城市 i 和城市 j 的空气质量观测值；n 为城市总数。局部空间自相关常用莫兰散点图来呈现。

4. 非参数核密度估计

假定随机变量 x 的密度函数为 $f(x)$：

$$f(x)=\frac{1}{Nh}\sum_{i=1}^{n}\left\{\frac{X_i-x}{h}\right\} \tag{3.5}$$

式中，N 为观测值个数；X_i 为独立同分布的观测值；x 为均值；K 为核函数；h 为带宽。利用估计得到的核密度分布图来分析空气污染的空间分布特征，提供污染水平高低、污染空间差异和极化程度等相关信息。

二、我国空气污染的空间分布特征

(一) AQI 分布情况

根据 2015—2017 年的 AQI 分布图(由于篇幅所限，AQI 空间分布图省略)，全国主要城市空气污染呈现出显著的空间分异性，我国大气污染最严重的城市主要位于北部沿海地区，尤其是京津冀及周边城市，南部沿海的空气质量最佳，长三角和长江中游地区的污染也相对严重，总体呈现出南方和西部地区污染程度轻、北方和东部地区污染程度重的空间格局。只有西安市始终属于重度污染的范围，并且污染情况没有改善。2015 年西安的 AQI 年均值接近 257，2016 年为 277，2017 年为 275。2015 年轻度污染的城市有 14 个，占 14.9%，分别是郑州、邢台、邯郸、衡水、沧州、天津、北京、沈阳、石家庄、廊坊、唐山、济南、乌鲁木齐、保定。北京、天津、河北地区城市占 11 个。2016 年轻度污染的城市仍为 14 个，分别是郑州、邢台、邯郸、衡水、沧州、天津、北京、石家庄、廊坊、唐山、济南、乌鲁木齐、保定、大连。京津冀地区中的11个城市仍然列在其中。2017年西安仍为重度污染城市,轻度污染城市为石家庄、唐山、衡水、济南、常州、乌鲁木齐、保定、太原、郑州、邯郸、大连、徐州、沧州。污染区仍然集中在京津冀地区,但是相比2015年和2016年,轻度污染的城市已有一些改善,海口、江门、厦门、惠州、中山、深圳、珠海常年空气质量优。总体来看,污染级别较高的城市1个,占样本城市的0.0135%,空气质量指数为轻度污染的城市为14个,占样本城市的19%左右,且大多集中在京津冀地区。空气质量指数为良的城市占80%左右。可见,我国空气污染呈现空间类聚特征,并较前些年有所改善。

(二) 分项污染物分析

因篇幅所限,各污染物的空间分布图省略。2017年NO_2指数在25～35的城市共25个,大多分布在东部沿海地区,污染指数超过45的城市有22个,占29.7%,分布在京津冀地区和成都、西安、合肥、乌鲁木齐等城市。NO_2的空间分布整体呈现出"中间污染重外围污染轻"的特点。在O_3的空间分布图中,指数超过65的城市有31个,长三角以及周边占的数量最多,为22个,其次是京津冀地区有5个城市,其他为拉萨、西宁、银川和郑州,低于45的城市只有成都市,其他都集中在45～65之间。在SO_2污染指数中,浓度超过40的城市有2个,整个南部地区的浓度都处于0～15这个范围。在样本期内,PM10和PM2.5指标情况不容乐观。

总的来讲,分项污染物的分布也呈现明显的空间集聚特征。除了O_3严重污染的部分城市集中在长江三角洲城市圈,其他5项污染物的严重污染城市基本都集中在京津冀地区及其周围,珠三角、拉萨、南宁等在内的南部地区、东北以及山东总体污染不严重,长三角地区除了O_3污染较为严重,其他污染物指数相对处于合理区间。西部两个城市拉萨和乌鲁木齐比较,拉萨的大多数污染物指标都较低,而乌鲁木齐的空气质量不及拉萨。从各个污染物的值和分布看,SO_2的污染情况总体较好,O_3的污染值虽然没有超过国家标准,但是O_3对人体的危害很大,PM10和PM2.5的污染情况比较严重。O_3的空间集聚程度最不明显,其次是NO_2,其他4项污染物都呈现较为明显的空间集聚特征。

（三）全局空间相关性分析

如表 3.2 所示，从各指标全局莫兰指数可以看出，所有指标 P 值都小于 1%，Z 值都大于 1.65，说明具有很强的统计显著性。所有指标的莫兰指数都为正值，即都呈空间正自相关性。2015 年 AQI 莫兰值约为 0.306，2016 年为 0.246，2017 年为 0.206。由此可以看出：①我国城市的空气污染存在空间相关性以及空间非均衡性的特征，这些特征是由于城市空气污染的空间正相关性导致的；②随时间推移，不仅 AQI 的莫兰值呈下降趋势，各分项污染物的指数值也在逐年下降，表明大气污染联防联控取得了一定的成效，空间相关性对于大气污染空间集聚特征的解释能力逐渐减弱。从分项污染物的全局莫兰指数可以看出，PM10 和 PM2.5 具有最大的莫兰指数值，紧接着是 CO 和 SO_2，而 NO_2 和 O_3 的莫兰指数值最小，表明它们的空间相关性不如其他几个污染物强，这也验证了前文从空间分布图中得到的结论。

表 3.3 为分区域各项污染物排放的全局莫兰指数，可见东北及山东地区的莫兰指数绝对值最大，为−0.491。分项污染物中除了 O_3，其他污染物的莫兰指数都很显著且均为负；京津冀 AQI 的莫兰指数值较高，但它的分项污染物 NO_2、CO、O_3 的空间相关性较低，且没有通过 5%的显著性检验，该地区的污染物空间相关性主要是由 PM2.5 和 PM10 推动形成的。也就是说，在对该地区的联防联控中，应该首先关注粗颗粒污染的地区间流动；黄河中游以及西北地区的 AQI 莫兰指数为−0.122，六项污染物均呈现负相关，说明该区域的各项污染物空间分布差异不大；华中和华南沿海地区，NO_2 几乎不存在空间相关性，而 O_3 却呈现很强的空间正相关；西南地区的 AQI 的莫兰值为−0.232，PM2.5、PM10、NO_2 的相关性较强，其余三项相关性较弱；珠三角的 AQI 的莫兰值只有−0.051，在 10%的显著性水平下显著。

（四）局部相关性分析

根据 2017 年各指标的局部莫兰指数和散点图（限于篇幅，图略），PM10、PM2.5 以及 SO_2 的局部莫兰指数值非常大，且大多集中在第一和第三象限。PM10 的莫兰值超过 0.64，PM2.5 和 SO_2 的局部莫兰指数超过 0.5。这说明这 3 项污染物都是“H－H（高-高）”和“L－L（低-低）”聚集模式。NO_2 和 O_3 的聚集特征不明显。从 AQI 三年的结果来看，AQI 散点图显示大多数点都在第一象限和第三象限，但是第三象限集聚的数量多于第一象限，也就是大多数城市都属于“L－L（低-低）”类型，并且随着时间的推

表 3.2　2015—2017 年 74 个城市全局莫兰指数表

2015	Moran's	z-score	p-value	2016	Moran's	z-score	p-value	2017	Moran's	z-score	p-value
AQI	0.306	8.530	0	AQI	0.246	7.504	0	AQI	0.206	6.388	0
PM2.5	0.388	10.060	0	PM2.5	0.377	9.781	0	PM2.5	0.300	7.836	0
PM10	0.468	12.050	0	PM10	0.466	11.98	0	PM10	0.397	10.242	0
SO_2	0.362	9.472	0	SO_2	0.322	8.511	0	SO_2	0.307	8.164	0
NO_2	0.146	3.998	0	NO_2	0.189	5.054	0	NO_2	0.135	3.722	0
CO	0.326	8.546	0	CO	0.305	8.073	0	CO	0.292	7.748	0
O_3	0.177	4.758	0	O_3	0.199	5.327	0	O_3	0.263	6.907	0

表 3.3　六个区域的全局莫兰指数表

区域名称	AQI	PM2.5	PM10	SO_2	NO_2	CO	O_3
东北及山东地区	−0.491***	−0.642***	−0.295***	−0.513***	−0.671***	−0.660***	0.332
京津冀	0.390***	0.338***	0.510***	0.181***	−0.028*	0.039*	−0.001*
黄河中游以及西北	−0.122***	−0.167***	−0.204***	−0.046***	−0.159***	−0.084***	−0.274***
华中和东南沿海	0.267***	0.205***	0.153***	0.270***	0.050	0.392***	0.430***
西南	−0.232***	−0.399***	−0.299***	−0.007***	−0.346***	−0.182***	0.100***
珠三角以及南部沿海	−0.051*	0.047***	−0.053***	−0.054***	0.208***	0.227***	0.413***

注：* 表示 10%的显著性水平；*** 表示 1%的显著性水平

进，出现了从第一象限向第三象限集聚的趋势。这表明我国城市的空气污染类型具有从“H－H”集聚走向“L－L”集聚的趋势，即相邻城市的空气质量得到了协同好转。根据分区域2017年AQI的莫兰散点图，可以分析这六个区域内各自空气污染的聚集差异。我们发现京津冀地区以及华中和东南沿海地区是属于显著的“H－H”和“L－L”并存的聚集模式，而东北以及山东、黄河中游以及西南的散点图表明，这些区域呈现空间相关性不显著的“L－H”模式。珠三角地区以及南部沿海呈正相关，莫兰值为0.147。

三、我国空气污染分布的动态演进

（一）各指数在核密度估计下的空间分布特征

本部分利用2017年数据并利用高斯函数测算核密度估计图，研究AQI及分项污染物的分布特征。根据核密度图（图略），AQI以及各分项污染物均呈单峰分布，说明各污染物的分布比较集中于某一值区间。O_3的峰值最大，其次是CO，O_3的核密度分布图的中心位于坐标轴靠右侧，这表明O_3的地区间分布差异最大，而且我国城市O_3的污染总体比较严重。峰值第二的CO的核函数分布图最靠近坐标轴左侧，SO_2的峰值最小、宽度最大，表明CO的整体污染程度最轻，SO_2的空间分布差异最不显著。PM2.5与NO_2、AQI、PM10的核函数中心位置都在右侧，它们的宽度基本相同，峰高差异不大，表明这些指标的城市间分布情况基本相同，均处于污染水平较高的范围。

（二）分布演进过程分析

根据动态分布演进图（图略），这3年的AQI指数主要处于50～100之间，且峰值几乎没有变化。其中，2015年的函数中心位置稍微偏右，这表明2015年的污染情况相对后两年较严重，2016年与2017年的污染情况基本相同，核函数下拖尾较长且幅度较小且趋于0，表明这3年AQI指数值超过150的城市数量极少。CO的峰值相较于AQI更大，且核函数分布较宽并呈拖尾现象，表明CO的地区间差异较大，但无极端值出现。2017年CO出现了不显著的双峰分布，函数中心位置稍向右移动，函数峰值几乎没变，这说明在污染水平上几乎无改变，只是在分布情况上更加集中于分布在两个值的区间。

NO_2的动态演进特征同样呈现出不显著的右拖尾现象，说明有少数城市的NO_2值偏高，随着时间推移，右拖尾现象在减弱。2017年函数峰值相较前几年高,且中心位置基本不变,表明 NO_2 高污染的城市数量在减少,污染排放的分布更加向均值集中。

然而根据 O_3 的分布动态演进特征,核密度峰值有逐年上升趋势,中心位置逐渐靠右,右拖尾现象更加明显,表明 O_3 的总体污染情况在加重,污染严重的城市数量在增加。SO_2 的核密度函数整体向左上方移动,表明 SO_2 的整体污染程度有所下降,且极端污染区域城市数量减少,说明地区间差异在变小。PM10、PM2.5 的动态演进过程和 SO_2 很接近,地区间的分布差异在变小。

根据各污染物排放指标的动态演进特征可以看出,我国空气质量整体有所改善,地区之间差异在变小,但个别指标有恶化的趋势。

(三) 六大区域大气污染分布比较

从空间视角对比我国六大区域 AQI 的核密度分布图可以发现:①珠三角以及南部沿海地区和西南地区的核密度中心位置最靠左,分布均为单峰核函数且无右拖尾现象,表明这些区域总体污染水平最低,并且没有极端污染城市;②京津冀的 AQI 核函数图呈现双峰分布,且这两个区间的中心位置都很靠右,表明该地区的 AQI 数值集中在两个区间内,在六个区域中,京津冀和黄河中游以及西北地区的污染最为严重。除了京津冀,其余地区都属于单峰分布,都只有一个集中分布的区间。京津冀地区和黄河中游及西北地区的函数图宽度都较大。黄河中游以及西北地区有较长的右拖尾,表明该地区严重污染城市的现象比较严重;③华中和东南沿海的空气质量水平总体属于良,该地区的核函数宽度较小,峰值的高度在六个地区中属于第二,无右拖尾现象,表明分布情况比较集中。东北与山东地区的 AQI 污染指数集中在良和轻度之间,核函数图的峰值较小,也是属于集中分布。

第三节　我国水污染的空间分布特征与影响因素

一、我国水污染的空间分布特征

本部分数据来源于 2003—2015 年《中国城市统计年鉴》,包含我国 278 个地级市及以上城市的工业废水排放量,构建空间权重矩阵所用城市经纬度数据由矢量地图提取得到。

根据分省的水污染数据可以发现(限于篇幅,分省的水污染分布图略),江苏是全国水污染的重灾区,有地理和经济两方面的原因:一方面是因为江苏地处长江流域下游的汇集处,导致水污染的集聚,长三角是全国的重要经济中心区域,又靠近北方资源大省;另一方面是第二产业在江苏经济中占有50%以上的比重,而且中小企业众多,随意排放污水的情况较为普遍。地方政府已经意识到了水污染的严重性,因此在2016年出台了江苏省水污染防治工作方案。从水污染的空间分布来看,污染程度与城市的产业发展密切相关,因此,经济发达的南方省份与一些资源大省水污染相对更加严重。资源型省份如山东同样属于水污染严重的地区,山东省工业发展迅速,农业生产和矿产加工占比较高,而且山东作为仅次于广东的人口大省,面临着水资源总量不足、地区分布不平衡的问题,属于严重缺水地区。河南和浙江的水污染处于较为严重的第三梯队,河南的严重水污染主要缘于工业的高速发展、化肥农药使用和城市人口的剧增这三个方面的原因。浙江省印染、造纸和化工等行业的发展规模位居全国前列,这些行业的化学需氧量排放总量占浙江省所有工业污染源化学需氧量排放总量的60.2%,因此,高污染产业比重的高低直接决定了地区水污染的严重程度。

通过构建每年的空间权重矩阵,可以得到各年莫兰散点分布图(图略)。每一年的莫兰指数均大于0,说明我国城市水污染具有一定的空间自相关性,由于经济活动具有明显的区域集聚特征,导致水污染也具有集聚特征。一般来说,工业占比越高、社会经济活动越密集的城市,水污染越严重。纵向来看,2003—2015年我国城市水污染的莫兰指数呈现先上升后下降的趋势,这一特征与城市污染规制强度、地区经济发展和区域间污染治理的协同性直接相关。

由此,我们可以得到如下结论:①我国城市水污染的空间自相关性指数为正,但数值较低,说明城市之间水污染存在较小的空间正相关性;②各年度莫兰指数从趋势上呈现先上升后下降的态势,这可能是由于各城市监管不一致而导致的,监管较严格的城市水污染改善较为明显,而其他城市可能会成为污染型产业转移的目标,导致无法实现整体上环境质量改善的预期目标。从我国水污染空间分布,可以看出以下特点:①江苏省因地理环境及其经济环境连续3年成为水污染最为严重的省份,所以政府在防治水污染时,应着眼于制定一些符合江苏省地方特色的政策,使政策能够更好地被落实和实施,改善江苏省的水污染情况;②总体上看,南方的经济发展虽然比北方快，但是南方的水污染情况也比北方更差，其中的原因可能是因为南方拥有较多的现代化产业，由于治污技术的不成熟，这些产业排放的污染物质已经严重损害了环境质量和人们的身体健康，因此政府应当研究如何在不影响经济增速的情况下，解决南方水污染较为严重的问题；③除江苏省外，广东省、山东省、河南省和浙江省也都存在着严重的水污染问题，造成这四个省份污染严重的原因各不相同（广东省拥有大量的外来务工人员，生活污水的数量较多，因此对生活污水的处理是广东省政府在接下来的发展中需要着重考虑的问题；山东省是许多著名工业企业总部的所在地，因此工业废水的数量较多，政府应当出台严格的条例管理这些制造企业，除此之外，山东省的水资源稀缺也是亟待解决的一大重要问题；河南省工业的高速发展和化肥农药的滥用是其水污染严重的主要原因，因此政府若想解决这一问题，应当从工业和农业两个方面双管齐下；由于浙江省水污染的主要源头是其发达的印染、造纸和化工产业，因此政府在治理水污染时，应当从这三个主要产业下手，研究如何在保证不影响这三个产业发展增速的情况下做到对环境友好）。

二、我国水污染的影响因素分析

（一）模型设定

参考现有研究文献（朱平辉等，2010；张宇等，2014），将以下影响因素加入回归方程：①经济发展水平，以不变价 GDP 和人均 GDP（$PGDP$）表示；②水资源禀赋（WS），选择当年的城市供水总量反映当地的水资源禀赋，以考察水资源禀赋对于水污染排放的可能影响；③外商直接投资（FDI），用当年实际使用外资金额占地区名义生产总值的比重表示；④技术进步（TEC），用当年科学技术支出占当年名义科学技术支出的比重表示；⑤产业结构（SI），用工产值占地区 GDP 的比重表示。

基于以上变量，建立如下静态面板多元回归模型：

$$Plu_{i,t} = \alpha_1 GDP_{i,t} + \alpha_2 WS_{i,t} + \alpha_3 FDI_{i,t} + \alpha_4 TEC_{i,t} + \alpha_5 PGDP_{i,t} + \alpha_6 SI_{i,t} + \mu_i \tag{3.6}$$

式（3.6）中，$Plu_{i,t}$ 表示地区 i 在时期 t 的污水排放量；$GDP_{i,t}$ 表示地区 i 在时期 t 的 GDP 水平，所用 GDP 数据均为以 2003 年价格为基准计算的实际 GDP，单位为万元；$WS_{i,t}$ 表示地区 i 在时期 t 的供水总量，单位是万吨；

$FDI_{i,t}$ 表示地区 i 在时期 t 的外资引入，以当年汇率转化为人民币表示的总量后占当年名义 GDP 的比重；$TEC_{i,t}$ 表示地区 i 在时期 t 的科学技术支出占当年名义 GDP 的比重；$PGDP_{i,t}$ 表示地区 i 在时期 t 的人均 GDP，单位为元；$SI_{i,t}$ 表示地区 i 在时期 t 的第二产业产出占当年名义 GDP 的比重。

考虑到经济发展模式的稳定性，水污染排放具有惯性特征和路径依赖性，即前期水污染可能会对本期造成影响，因此为了有效刻画水污染的连续和动态性特征，将水污染强度的滞后一阶值作为解释变量，构建动态面板数据模型，该模型的突出特点是具有通过控制固定效应以克服反向因果和变量遗漏问题的优点，从而消除内生性的偏差，使估计结果更可靠。现构建水污染动态面板数据模型如下：

$$Plu_{i,t}=\delta_1 Plu_{i,t-1}+\beta_1 GDP_{i,t}+\beta_2 WS_{i,t}+\beta_3 FDI_{i,t}+\beta_4 TEC_{i,t}+\beta_5 PGDP_{i,t}+\beta_6 SI_{i,t}+\mu_i+v_{i,t} \tag{3.7}$$

（二）数据来源与变量说明

这部分实证研究的数据来源于 2003—2015 年《中国城市统计年鉴》，包含了我国 241 个地级及以上城市的 GDP、供水总量（万吨）、外资引入（万美元）、科学技术支出（万元）、人均 GDP（元）、第二产业占 GDP 百分比。2003—2015 年各年汇率和 2003 年价格指数数据来源于国家统计局网站，我国 2016 年的用水总量及构成取自中华人民共和国水利部官方网站。主要变量的含义解释和数据来源如表 3.4 所示。

表 3.4　主要变量的解释和数据来源

变量	解释	数据来源
Plu	水污染程度，用当年工业废水排放量表示（万吨）	《中国城市统计年鉴》《中国统计年鉴》
GDP	经济发展，用以 2003 年为基准的实际地区生产总值表示（万元）	
FDI	外资引入，用当年实际使用外资金额占名义地区生产总值百分比表示（百分比）	
TEC	科学技术支出，用当年科学技术支出占当年名义科学技术支出百分比表示（百分比）	

（续　表）

变量	解释	数据来源
WS	水资源禀赋，用当年供水总量表示（万吨）	
SI	第二产业占比，用第二产业占 GDP 的比重表示（百分比）	
PGDP	人均收入，用实际人均地区生产总值表示（元）	

各变量的描述性统计和多重共线性检验结果见表 3.5 和表 3.6，经检验可知最大的方差膨胀因子为 4.06，远小于临界值 10，因此我们可以将多重共线性的问题排除。

表 3.5　变量描述性统计

Variable		Mean	Std. Dev.	Min	Max	N
Plu	overall	8 439.392	10 385.12	17	152 800	N=3 133
	between		9 470.43	110.69	66 430.46	N=241
	within		4 301.78	−21 391.07	128 433.8	T=13
GDP	overall	1.12e+07	1.50e+07	411659	1.91e+08	N=3 133
	between		1.39e+07	833 258.9	1.24e+08	N=241
	within		5 933 067	−5.07e+07	7.81e+07	T=13
WS	overall	16 863.39	31 507.3	0	349 481	N=3 133
	between		30 894.96	1 193.69	307 270.1	N=241
	within		6 470.59	−76 877.46	89 094.54	T=13
FDI	overall	3.811 508	10.67	0.003	239.67	N=3 133
	between		8.43	0.06	95.24	N=241
	within		6.57	−87.16	148.24	T=13
TEC	overall	0.17	0.27	2.80e−06	5.96	N=3 133
	between		0.12	0.02	0.88	N=241
	within		0.24	−0.49	5.57	T=13
PGDP	overall	23 850.94	20 245.8	0	184 135.8	N=3 133
	between		16 818.85	5 440.531	88 067.51	N=241

(续　表)

Variable		Mean	Std. Dev.	Min	Max	N
	within		11 318.24	−23 429.82	141 773.8	T=13
SI	overall	49.07	10.26	2.66	85.92	N=3 133
	between		9.24	17.10	81.16	N=241
	within		4.52	17.97	65.47	T=13

表 3.6　多重共线性检验结果

Variable	VIF	1/VIF
GDP	4.06	0.246 497
WS	2.95	0.338 489
PGDP	2.14	0.467 144
FDI	1.14	0.875 991
TEC	1.14	0.876 525
SI	1.11	0.898 812
Mean *VIF*	2.09	

(三) 我国水污染的影响因素分析

1. 固定效应模型回归

本部分利用 Stata14，采用地区固定和时间地区双固定模型进行回归，并将样本分为全样本、东部地区样本和非东部地区样本单独进行回归，表 3.7 报告了上述几种回归的结果。

根据全样本回归结果(1)和(2)，从各解释变量的回归系数和显著性可以看出，外资引入、产业结构、水资源禀赋和人均 GDP 对于水污染的影响较为显著，其中外资引入对于城市水污染排放具有显著负面的影响。一方面可能随着跨国公司的直接投资引进，更为洁净的技术广泛运用到生产工艺上，从而改善了水污染状况；另一方面，跨国公司对国内企业的溢出效应和示范作用，从整体上改善城市水污染程度，这在一定程度上也支持了“污染光环”假说，肯定了外资引入对于我国水污染情况改善的积极作用。产业结构对水污染具有显著的正面影响，这说明城市中工业比重越高，水污染越严

表 3.7　固定效应回归结果

变量	(1)	(2)	(3)	(4)	(5)	(6)
	Full sample	Full sample	Eastern	Eastern	Non-Eastern	Non-Eastern
GDP	−1.45e−5 (1.99e−5)	−2.97e−5 (2.10e−5)	6.36e−5** (2.82e−5)	3.89e−5 (2.98e−5)	−4.46e−4*** (3.36e−5)	−4.74e−4*** (3.43e−5)
FDI	−39.04*** (12.48)	−40.80*** (12.46)	−67.30** (30.39)	−57.33* (30.58)	6.964 (9.547)	3.557 (9.551)
TEC	39.37 (369.4)	225.6 (384.6)	−1016.9 (1057.5)	−1644.5 (1144.5)	331.6 (268.2)	374.2 (276.5)
SI	48.94*** (17.22)	27.26 (19.55)	136.8*** (35.80)	87.09** (39.03)	14.41 (14.98)	−12.22 (17.37)
WS	0.0684*** (0.0109)	0.0694*** (0.0112)	0.0766*** (0.0160)	0.0834*** (0.0165)	0.0611*** (0.0138)	0.0673*** (0.0141)
PGDP	−0.0294*** (0.0102)	−0.0175 (0.0115)	−0.0519*** (0.0139)	−0.0450*** (0.0159)	0.117*** (0.0180)	0.0950*** (0.0234)
City-FE	Y	Y	Y	Y	Y	Y
Year-FE	N	Y	N	Y	N	Y
_cons	5890.9*** (989.8)	6197.6*** (1079.8)	3477.0* (2071.4)	4821.1** (2165.4)	5824.5*** (790.5)	6828.2*** (924.3)
N	3132	3132	1507	1507	1625	1625
R^2	0.1491	0.1360	0.2444	0.2224	0.2396	0.2641

注：括号内数字为标准误，* 表示在 10%的水平下显著，** 表示在 5%的水平下显著，*** 表示在 1%的水平下显著

重。水资源禀赋对水污染具有显著的正向影响，其原因在于更充沛的水资源储量往往会促使当地经济发展更多地发挥禀赋优势，增加水资源的投入，从而导致更多地排放污水(杨骞、王弘儒，2016)。人均 GDP 对于水污染的影响程度也较为显著，这在一定程度上验证了环境库兹涅茨曲线的后半段，环境质量随人均收入的逐渐增加而上升。研究表明，随着人均收入的不断增加，人们的环保意识增强，更好的环保技术和清洁技术不断被开发使用，生产工艺向环境友好型转化，从而使生产过程更加绿色。

基于东部区域的城市样本数据回归结果(3)和(4)显示，同样外资引入、产业结构、水资源禀赋和人均 GDP 对于水污染的影响较为显著，且系数方向与全样本的回归结果一致。而中西部区域的城市样本数据回归结果(5)、(6)显示，水资源禀赋和人均 GDP 对水污染有显著影响，但是人均 GDP 的影响为正，这可能缘于中西部地区经济发展水平低于东部地区，人均 GDP 与污染排放的关系尚处于环境库兹涅茨曲线的前半段。

2. 动态 GMM 估计

考虑模型中可能存在的内生性问题，通过构建动态面板数据模型，进行差分 GMM 和系统 GMM 估计，得到结果如表 3.8 所示。

$L.Plu$ 和 $L2.Plu$ 分别代表被解释变量的一阶和二阶滞后，两者均显著，说明水污染具有动态的路径依赖特征。Sargan 检验结果显示，均不能拒绝“所有工具变量都有效”的原假设，表示可以进行动态 GMM 估计。AR(1)和 AR(2)检验的 P 值显示，可以接受扰动项无自相关假设，说明 GMM 的估计是一致的。以系统 GMM 估计结果进行分析，根据全样本估计的结果，GDP 水平、外资引入、产业结构和人均 GDP 对水污染具有显著影响，并且影响的方向和前文静态模型一致，除了水资源禀赋在动态模型中不显著，另外，东部区域和中西部区域的估计结果也基本与前文一致，这说明实证结果是稳健的。

第四节　本章小结

本章首先以空气质量指数(AQI)及 PM2.5、PM10、SO_2、CO、NO_2、O_3 六种大气主要污染物浓度指标，对我国 74 个城市的大气污染空间分布格局进行了实证分析和考察，并根据空间聚集性将行政区划分为六个区域进行

表 3.8　动态 GMM 回归结果

变量	差分 GMM			系统 GMM		
	Full sample	Eastern	Non-eastern	Full sample	Eastern	Non-eastern
L. Plu	0.364*** (0.0266)	0.257*** (0.0394)	0.734*** (0.0377)	0.444*** (0.0185)	0.320*** (0.0245)	0.751*** (0.0242)
L2. Plu	0.146*** (0.0265)	0.0726* (0.0382)	0.199*** (0.0375)	0.238*** (0.0180)	0.183*** (0.0240)	0.173*** (0.0219)
GDP	1.56e−4*** (3.10e−5)	2.02e−4*** (4.73e−5)	−9.54e−6 (5.55e−5)	2.93e−4*** (2.39e−5)	3.64e−4*** (3.17e−5)	3.49e−5 (3.01e−5)
FDI	−69.61*** (18.95)	−205.8* (106.3)	−45.33*** (7.781)	−45.19*** (17.53)	−267.9*** (77.78)	−40.02*** (6.886)
TEC	10.54 (486.6)	−1319.6 (1453.6)	346.1 (223.9)	−604.2 (492.7)	−3111.4** (1341.6)	219.0 (219.6)
SI	−6.612 (39.76)	166.1** (82.96)	−19.34 (21.92)	−98.17*** (37.49)	−331.6*** (71.29)	−28.42 (18.80)
WS	0.0184 (0.0224)	0.0367 (0.0397)	0.0122 (0.0140)	0.00250 (0.0105)	−0.0530 (0.0181)	0.00774 (0.0118)
PGDP	−0.172*** (0.0181)	−0.186*** (0.0263)	−0.0101 (0.0289)	−0.206*** (0.0159)	−0.147*** (0.0216)	−0.0343 (0.0216)

（续　表）

变量	差分 GMM			系统 GMM		
	Full sample	Eastern	Non-eastern	Full sample	Eastern	Non-eastern
_cons	6911.7*** (2091.3)	2195.7 (4595.8)	1516.8 (1070.2)	−246.5 (1898.1)	−11190.0*** (3535.4)	2182.1** (942.3)
Wald 检验 p 值	0.0000	0.0000	0.0000	0.0000	0.0000	0.0000
Sargan 检验 p 值	0.231	0.145	0.653	0.256	0.178	0.389
AR(1)检验 p 值	0.0251	0.0447	0.0000	0.0263	0.0355	0.0000
AR(2)检验 p 值	0.0838	0.6208	0.5891	0.1250	0.1461	0.4861
N	2408	1158	1250	2650	1275	1375

注：括号内数字为稳健标准误，* 表示在 10%的水平下显著，** 表示在 5%的水平下显著，*** 表示在 1%的水平下显著

区域空间相关性研究，在此基础上采用核密度估计方法揭示城市大气污染的地区差异及分布动态演进，经过分析得到以下几点发现：第一，我国城市的空气污染空间分布呈现出显著的非均衡特征，其中东北地区的城市是我国大气污染最为严重的地区；第二，在具体空间特征上，主要表现为正向空间相关和空间集聚特征，但城市大气污染的空间相关程度存在着地区间的差异。具体而言，东北地区、西北地区城市之间在大气污染特征上的空间自相关程度较低，而东部沿海、西南地区及长江中游地区的城市之间在大气污染上的空间自相关程度较高；第三，根据核密度估计结果，城市空气污染程度在样本期内呈下降趋势，这说明在环境治理、产业升级等作用下城市空气质量整体趋好。

然后，本章以我国 278 个城市为研究样本，通过空间计量和多元回归方法分析我国水污染的空间分布特征及影响因素。研究得到如下发现：一是我国水污染具有一定空间自相关性，以及经济活动的区域集聚性所导致的水污染集聚特征；二是水污染存在明显的空间差异，如江苏在样本期限内都是水污染最为严重的省份（主要是由于江苏作为长江流域的汇集处这一特殊地理位置和处于全国经济中心这一经济环境共同作用），南方地区的水污染程度明显比北方地区更严重（这是由于南方的工业更加密集，企业产生的大量污染物导致南方水污染情况恶化），山东省、河南省等资源大省的水污染程度也较为严重；三是水污染的影响因素中，GDP 水平、外资引入、产业结构、水资源禀赋和人均 GDP 对水污染影响较为显著。

第四章 资源错配与环境污染:内生逻辑及传导机制

第一节 资源错配的相关研究

Hsieh 和 Klenow(2009)开启了从资源配置角度分析企业 TFP 及经济增长的先河,随后国内外学者从两个方面展开了大量的实证研究。

一是关于资源错配对全要素生产率及技术的影响研究。如姚战琪(2009)从部门间资本配置效率的角度分析,论证了资源错配不只是影响产出,而且技术的进步和产业结构的升级等都会受到资源错配的负面影响。若能消除这些导致错配的因素,那么我国的总产出和技术水平都会有所提高。另外,陈永伟和胡伟民(2011)、聂辉华和贾瑞雪(2011)、罗德明等(2012)、袁志刚和解栋栋(2011)分析了资源错配对全要素生产率的影响。张佩和马弘(2012)利用我国的企业层面数据研究发现,缺乏充足的廉价资本不是造成中国全要素生产率损失的主要原因,而微观层面上的信贷错配才是造成生产率损失的根本原因。Restuccia et al.(2008)和 Alfaro et al.(2008)指出,由于中间投入和劳动要素在部门间存在错误配置,造成国家间的全要素生产率产生巨大的差异。Banerjee 和 Moll(2010)从不同贸易对象的技术水平和经济发展程度对东道国资源配置效率所造成影响的角度,分析了资源错配对经济结构、技术进步产生的影响。

二是关于资源错配原因的研究,现有的文献主要从政府的行政管制、偏向性的税收政策、借贷约束以及金融市场发育滞后等角度来讨论分析。Restuccia 和 Rogerson(2008)通过分析指出,不同企业部门制定的特定政策和制度会引起企业间的资源错配,并且会造成不同企业产出品价格的相对变化,对资本积累、企业总产出和全要素生产率产生负面影响。Dennis 和

Iscan(2011)指出，相比其他行业，农业部门拥有明显的偏向性政策，而这会对整个经济的资源配置造成影响，从而对人均收入水平、产业结构变化和经济增长速度产生影响。Peek 和 Rosengren(2005)指出，银行对不同企业实施差异性的借贷政策是导致企业间资本错配的重要原因。由于我国特殊的制度环境，其资源配置方式与其他国家存在差异，Dollar 和 Wei(2007)通过对我国 12 400 家企业的研究，发现在国有和非国有企业、部门和地区之间存在系统性的资本误置。聂辉华、贾瑞雪(2011)通过分析和分解企业全要素生产率的离散程度，衡量了我国制造业资源扭曲的严重程度，发现国有企业内部接近于零的资源配置效率是造成制造业资源错配的主要因素。周黎安、赵鹰妍和李力雄(2013)结合中国工业企业数据库和地级市层面的官员数据，研究证实了地方官员的晋升激励虽然有助于地区经济的增长，但是会对地区的资源配置效率产生负面影响。邵宜航、步晓宁等(2013)利用1998—2007 年中国工业企业数据研究发现，企业规模也是影响资源配置的显著因素。

第二节　我国资源错配的政策性基础

在市场机制的最优状态下，不同要素的边际产出价值相等。而在现实经济环境下，要素之间边际产出价值存在差异，即资源存在错配。资源错配是抑制生产率提升和产出增长的重要原因之一，由于要素无法按照市场规律进行有效配置，导致经济系统运行效率低和社会产出受损。我国资源错配的关键成因在于渐进改革模式下的金融市场扭曲、劳动力市场分割、所有制歧视和偏向性产业政策等。

一、金融市场扭曲

资本是企业生产中最为重要的投入要素之一，金融市场是否有效运作对企业获取资本的成本存在显著影响，并进一步影响企业的资源配置效率，金融市场改革滞后对于资源错配的影响主要来自两个方面。

第一，金融体系发育不健全。我国金融市场改革滞后于商品市场，阻碍了市场调节和促进资源有效配置功能的发挥。金融体系发育尚不健全，导致利率和资产价格难以反映资金真实成本，使金融要素难以按照效率原则进行分配,从而带来金融资源错配。在市场化改革的推动下,我国银行业逐步完成了向现代银行体系的过渡,四大国有商业银行实行股份制改革,使银行业整体实力大幅提升、治理结构更加稳健、抗风险能力明显增加。但是,国有商业银行由于体制、历史等原因具有较强的垄断势力,使其在信贷资金的分配上拥有更强的主导权与主动性。因此,对国有企业的偏向性会加剧实体企业之间的金融资源错配。

另外,在直接融资市场,由于信息不对称、市场监管不足等也会导致资源错配。韩汉君、燕麟(2017)认为股票市场由噪声交易者主导,一级、二级市场存在信息不透明和信息不对称问题,上市公司通过频繁的盈余管理或具有偏向性的分析报告,投资者无法获取真实信息,导致股票定价效率降低,影响资本有效流动和配置。高开娟(2017)认为存在无效投资的可能性,在信息不透明的环境下,资本流动以及较高的委托代理成本可能诱使无效投资的发生。此外,二级市场中个人投资者的噪声交易对一级市场投资者的投资理念带来负面影响,同时证券监管机构对于虚假信息披露的监管不力,进一步导致股票市场价格扭曲。资金配置低效且股价与内在价值发生偏离,使得部分业绩不佳的企业有机会优先获取市场资金支撑,从而导致金融资源错配。

第二,金融市场的摩擦。实现资本要素有效配置是金融市场的重要功能,完善的市场中交易成本非常低,而金融市场的摩擦会对资金的需求方增加成本,同时降低供给者的利得。因此,金融摩擦会提高市场中企业的外部融资成本,也提高了潜在企业的进入门槛,对潜在进入企业以及企业新技术采用、企业家的投资运营决策产生影响,带来效率损失。Song et al.(2011)研究发现,所有制歧视会通过金融摩擦影响资金配置效率。相比国有企业,私有企业尤其是中小企业在外部融资上存在明显的劣势,从而导致资本在企业间错配。金融摩擦也会通过异质性借贷成本、借贷约束等多种途径影响资源在企业间的配置效率,微观层面信息不对称与不完全契约下的受限执行导致市场不完全,企业间竞争和部门间的资源再分配加剧资源错配(李欣泽、陈言,2018)。借贷市场普遍存在着信息不对称问题,致使借贷成本增加或借贷规模受限,导致信贷资源错配。同时,契约通常具有不完全性特征,限制金融契约执行的有效性,为降低损失风险,投资者存在“王朝式管理”的倾向(Caselli and Gennaioli,2013),阻碍资金流向更高效的部门而引起资源错配。张佩和马弘(2012)通过研究发现,利率非市场化和借贷约束对信贷错配存在直接影响,尤其在发展中国家更为显著。

二、劳动力市场分割

劳动力市场分割的结果就是二元劳动力市场，它会限制劳动力向高效部门的流动，造成劳动力配置扭曲，效率降低。根据新古典经济理论，假设工资具有充分的弹性，在完全竞争的统一劳动力市场中，劳动力可以自由流动，达到有效配置。但是现实中劳动力市场因制度、空间等原因被分割，从而形成劳动力资源错配。

我国户籍制度长期以来阻碍了劳动力，尤其是高技术人才的自由流动和高效统一的全国性劳动力市场的形成。经济发展的空间差异导致东部地区发展水平和生产效率均高于中西部地区，而长期以来户籍制度的壁垒阻碍高素质劳动力的转移，导致城市层级体系偏离帕累托最优状态（梁琦等，2013）。近 10 年来，我国户籍制度的改革取得了重大突破，很多城市纷纷降低了落户门槛，促进了人口的迁徙，然而特大城市的高准入门槛依然对人口流动存在极大的限制。制度环境的束缚使农村劳动力大量转移，导致城市内部出现二元结构，即劳动力市场的多重分割问题。另外，杨昕（2015）提出，农村转移劳动力会降低我国劳动份额占 GDP 的比重，这一问题可以归因于受户籍制度限制的人群收入低于边际生产率，即劳动力市场中的“户籍歧视”。户籍政策导致非户籍人口在劳动力市场中存在被歧视的不公平待遇，无法获得均等的工资待遇、社会保障，从而阻碍人力资本的自由流动，导致劳动力错配。

地方政府保护等因素也阻碍了劳动力在不同部门或地区间有效流动，形成市场分割，导致劳动力资源的空间错配。王熙麟（2017）研究发现，我国人力资本长期存在省际错配，且错配水平的收敛不能导致资源配置效率的提高。同时，地方政府为 GDP 政绩而采取以邻为壑的政策，这一竞争关系会造成市场分割。改革开放强化了原本的地域性优势，使东部地区与中西部地区的差距愈发突出。阳晓伟（2013）指出，中西部地区经济发展相对落后是限制劳动力自由流动的原因之一。此外，地区间不平等的工资待遇以及不均衡的教育水平会对劳动力市场造成影响，加剧市场分割，抑制了统一的劳动力市场形成（陈勇、柏喆，2020）。不公平的教育体系也会导致劳动力的科学文化素质分化，受教育程度较低的劳动者难以胜任较高级别或技术型工作岗位，这一问题在农村地区尤为突出，严重制约了农村劳动力向城市的迁移。市场的分割也阻碍了其他生产性要素的合理畅通流动，导致整体的资源配置效率降低。此外，市场的不完全竞争会放缓行业的发展，导致行业间无法达成竞争机制下的优胜劣汰模式，以及“外延型错配”(Yang，2011)。

三、所有制歧视

一些行业政策或市场准入对国有企业存在倾斜与偏向性保护，即所有制歧视现象。政府通过对部分行业准入设限并对生产要素等资源配置进行干预，赋予部分国有企业在行业中的垄断性权利，例如石油、电网、铁路等行业，阻碍了市场化竞争。政策干预导致国有企业与私有制企业面临生产要素价格差异化以及不同的边际产出水平。研究证明，我国不同所有制的企业之间，长期存在要素价格的差异和资源错配问题(Zhao，2002；Allen et al.，2005；韩剑、郑秋玲，2014；周睿，2016)。我国长期以来实行的计划经济与高度国有化，政府职能部门与一些国有企业之间存在盘根错节的关联(靳来群等，2015)，地方政府为了达到税收和财政的目标，通常会在行政管理中对国有企业存在偏向性保护，使其免于市场公平竞争下的价格压制，对其他所有制企业施加进入市场的壁垒，形成垄断行业。同时，在进行土地、能源等国有生产要素分配时，相对其他所有制企业通过市场获取生产要素，政府趋向于利用其支配权为国有企业提供成本较低的生产要素。

另外，在市场结构方面也存在所有制的差异，李系等(2014)从企业上下游“垂直结构”的角度研究发现，上游产业主要被国有制企业所垄断，而私有制企业基本在下游产业市场进行自由竞争。国有企业的垄断与所有制歧视导致经济发展结构不平衡，使要素的相对价格产生严重扭曲，经济产出增长与产业结构转型受限。在产品市场不完全竞争的条件下，国有企业的行政性垄断势力对资源有效配置产生冲击。行政垄断进一步加深产品市场的不完全竞争，阻碍了市场竞争机制对资源的有效配置，造成资源错配。当垄断企业的要素价格与边际产出不相等且存在着较大的差距时，资源没有遵循效率原则进行有效分配，同时企业产出水平下降，会进一步引发行业间的结构失衡。

我国的金融资源配置也具有明显的“所有制偏好”特征，由于政府的行政权力与国有银行的垄断地位，以及它们所具有的“所有制偏好”特征，造成信贷资源配置中存在着对民营企业的所有制歧视，从而导致金融资源在企业间的错配。例如银行业由于受到国有银行的主导，影响了银行信贷资源的流向，造成不同所有制企业之间存在差异化的融资机会和融资成本。研究表明，我国的国有企业受惠于金融业资本管制政策，在市场中私有制企业和新兴产业相对处于劣势地位，存在着资本从低效率部门流向高效率部门的障碍，导致资本价格扭曲与资源错配（王林辉、袁礼，2012）。政策对国有企业的倾斜与保护最终会造成行业全要素生产率的下降，长此以往不利于经济的健康发展。

四、偏向性产业政策

靳来群（2015）认为，不同所有制部门之间产生资源错配，最重要的原因是政府干预，由于政府的产业政策往往存在倾斜性和偏向性，从而导致资源配置的不平衡。政府影响资源配置的政策工具主要是税收及补贴。税收方面主要通过改变税率、税收总量和调整税收结构来实现政策目标，对于目标产业而言，税收金额涵盖在生产要素的价格中，税率的改变会直接影响要素成本，而成本结构的变动使资源配置方式产生变化。补贴则是政府直接干预经济部门的另一种重要方式。政府为了支持某些政策性企业的生产和经营，通常会发放特定的企业补贴，包括直接支付的明补政策，以及出口退税、财政贴息等暗补政策，导致生产要素的相对价格扭曲，同时保护被补贴的低效率企业免受淘汰，造成企业及其所在行业更严重的资源错配。竞争机制是通过优胜劣汰的方式对资源配置进行优化，在完全竞争的市场中，依据效率原则使资源能够在部门间自由流动，最终集中在高效率部门，同时竞争又能促进企业的生产部门进行效率改进，从而达到不断提升资源的配置。王文等（2014）通过研究企业层面的微观数据发现，产业政策对行业竞争的影响程度与资源错配问题存在关联性，促进行业竞争的政策对于降低资源错配程度、提升资源配置效率有积极作用。钟廷勇和安烨（2014）研究发现，我国存在多方面产业政策引起的错配问题，如财政补贴等政策导致地区资源错配。Peek 和 Rosengren（2005）指出，东亚经济体中凸显的“僵尸企业”现象可以归因于“债务延期”政策而导致的资源错配问题，这些政策带来全要素生产率的降低和产出损失。

第三节　资源错配对环境污染的传导机制

在经济发展过程中广泛存在的由政府主导的资源配置方式，一方面快速推动了工业化和城镇化，但另一方面相伴而来的资源错配问题导致的资源利用效率低下、经济结构失衡等会加重环境污染。具体的传导机制包括以下方面。

第一,资源错配降低能源利用效率加重环境污染。过去几十年我国经济增长一直依赖于粗放型发展模式,再加上我国行政监督和环境规制体系还不够完善,一些具有政府关联背景的企业往往能以较低的成本获得生产要素,导致资源没有得到有效配置(杨其静,2011)。尤其是国有企业全要素生产效率低于其他企业,并且国有企业内部的资源重置效应接近于零,但是往往在资源获取上拥有优先权(聂辉华、贾瑞雪,2011)。因此,资源错配违背了市场将有限资源优先分配给生产效率更高企业的原则,从而降低了资源的利用效率。其次,要素价格扭曲会带来粗放型经济增长模式被锁定的风险。在要素价格被低估的情况下,企业会以增加资源的投入量来获取更多的利润,从而抑制企业技术创新的动力和能源利用效率的提升,导致经济发展模式的粗放型锁定(林伯强、杜克锐,2013)。总之,资源错配会抑制能源利用效率的提升,阻碍企业技术的进步,增加单位 GDP 的能耗,从而产生更多的污染排放。

第二,资源错配降低企业生产率加重环境污染。不健全的市场机制加剧资源配置的扭曲程度,从而影响企业的生产率。Hsieh 和 Klenow(2009)的研究发现,如果中国的制造企业可以像美国的企业一样,将资源配置给高生产率的企业,那么中国的全要素生产率可以提高 30%～50%,而印度制造业的资源配置效率如果达到和美国一样的水平,可以使其全要素生产率提高 40%～60%。Brandt et al.(2012)采用 1998—2006 年中国制造业企业数据,通过对全要素生产率的增长率进行分解后发现,如果市场中不存在限制企业自由进入和退出的因素,并且资源可以从低生产率的国有企业向高生产率的非国有企业流动,那将进一步提高中国企业的全要素生产率。资源错配程度的差异造成全要素生产率的差异,进而造成地区经济的差异。Klenow 和 Rodriguez-Clare(1997)、Hall 和 Jones(1999)通过对多国经济增长研究后也证实,全要素生产率在各国之间的差异是人均收入显著差异的主要原因,而不是劳动者人均物质或人力资本之间的差异。因此,资源错配会造成地区经济的差异,而在人均收入较低的地区,政府为了发展经济会减少治理污染的资金投入,或降低环境规制水平吸引污染密集型产业,阻碍了环境质量的改善。此外,由于资源错配降低了企业生产率,从而抑制企业技术研发和污染治理方面的支出,不利于企业长期的技术进步和绿色生产,进而加剧环境污染。

第三,资源错配抑制产业结构升级加剧环境污染。西方产业发展理论和新古典经济学理论表明,资源配置和产业结构之间既相互影响,又相互制约。如果产业结构更加合理化,那么有利于资源在各行业、各部门、各企业之间更有效的配置,而资源在部门间的重新配置促使产业结构高级化。在有效市场环境下,生产要素会从生产效率低的部门向生产效率高的部门流动,同时会推动工业产品升级,工业生产也会从一般消费品向资本品及耐用消费品依次递进,通过要素的转移实现产品的升级并进一步推动产业结构的升级。若劳动力资源可以实现有效配置,那么在资源有限的情况下,当新兴行业的生产率提高,劳动力则会从传统行业中分离出来进入新兴行业,实现整个市场的最大产出,同时给新行业带来利润,吸引资本的流入,使新的行业得以发展,实现产业升级。因此,资源错配时会加剧产业结构失衡(楼东玮,2013),或者说粗放式产业结构会被锁定(余泳泽等,2018)。资源错配抑制了产业结构的升级和资源利用效率的提高,对生态环境产生负面影响。此外,由于资源不能得到有效配置,阻碍产业结构的高级化,从而抑制第三产业和高新技术行业的发展,不利于降低经济的污染排放强度。

第四节　资源错配加剧环境污染的内生逻辑:多部门非均衡增长模型分析

经济发展中的二元分化依然存在,如城乡之间、东西部地区间以及国有企业与非国有企业间发展差距等,其中有历史原因,也与要素市场分化扭曲有关。这既会制约我国经济的可持续发展,也会抑制生态质量的提升。根据前文分析,资源错配在我国经济系统中存在一系列的制度基础,是伴随着经济发展进程普遍存在的事实,而我国经济一直以要素扩张作为增长的推动力。这部分以二元经济发展过程中资本扩张为例,利用多部门非均衡增长模型,分析资源错配加剧环境污染的内生逻辑。

一、部门经济非均衡发展下的要素扩张

参考 Pi 和 Chen(2016),假设经济体存在发展不均衡的两个部门,较发达部门为 R,欠发达部门为 P。我们将该经济体的总产出标准化为 1,并假

设其中发达部门产出比重为 ε，欠发达部门产出比重为 $1-\varepsilon$，两个部门的产出函数分别为：

$$Y_R = A_R k_R^{\alpha} l_R^{\beta} g_R^{\gamma} \tag{4.1}$$

$$Y_P = A_P k_P^{\alpha} l_P^{\beta} g_P^{\gamma} \tag{4.2}$$

其中，Y_R 表示较发达部门的产出，Y_P 表示欠发达部门的产出，A_R、A_P 分别表示较发达部门和欠发达部门的产出效率，k_R、k_P 分别代表发达部门和欠发达部门的资本投入，l_R、l_P 分别表示发达部门和欠发达部门的劳动投入，g_R、g_P 分别表示政府对发达部门和欠发达部门的政策倾斜力度，例如政府加大对西部地区资金投入与公共服务，将会在很大程度上推动西部经济发展。α、β、γ 分别表示两个部门资本、劳动和政策倾斜力度的产出弹性。同时，由于部门间经济发展不均衡，资本价格及劳动力价格在发达部门和欠发达部门间也存在着差异。将两部门的资本价格分别用 r_R、r_P 表示，两部门的劳动力价格分别用 w_R、w_P 表示。为实现各自产出最大化，两个部门的目标函数和约束条件可以表示为：

$$\min C_{k_i l_i} = r_i k_i + w_i l_i \tag{4.3}$$

$$\text{s. t} \quad Y_i = A_i k_i^{\alpha} l_i^{\beta} g_i^{\gamma} \quad i = R,\ P \tag{4.4}$$

构建拉格朗日函数：

$$LR = r_i k_i + w_i l_i - \lambda (A_i k_i^{\alpha} l_i^{\beta} g_i^{\gamma} - Y_i) \tag{4.5}$$

由式(4.5)分别对 k_i、l_i 进行一阶求导，并整理可得：

$$\frac{k_i}{l_i} = \frac{\alpha w_i}{\beta r_i} \tag{4.6}$$

发达地区和欠发达地区之间存在要素禀赋的差异，以及因区域间经济发展水平不同而导致对要素需求的不同。在快速工业化阶段，较发达地区对于劳动力的需求往往较大，同时有比较丰富的资本予以支撑，但是欠发达地区因资本存量不足以及工业基础薄弱，出现劳动力过剩。在发展战略上，发达地区和欠发达地区之间也存在显著不同，假设欠发达地区政府更倾向于实施以资本扩张为手段的赶超型发展战略，地方政府会通过政策补贴和低息贷款等方式，以政策为支撑，依靠人为手段压低欠发达地区的资本价格，优先发展资本密集型产业。因此，对于受政府政策偏向的优先发展项目，欠发达地区的资本劳动力价格比低于发达地区，结合式(4.6)，可进一步得到：

$$\frac{k_P}{l_P} > \frac{w_R}{r_R} \tag{4.7}$$

这说明由于要素价格的扭曲，导致资源的错误配置或者低效配置，会进一步推动资本扩张。越是在落后部门，要素价格的扭曲程度更加严重，因此落后部门会不顾资源基础，向一些没有资源基础的行业投入大量资金，即要素价格扭曲使得落后部门资本扩张程度更严重。为了实施赶超战略，落后部门倾向于选择资本-劳动比更高的产业，在要素价格扭曲的背景下，劳动要素更倾向于选择向发达部门进行流动，最终会导致：

$$\frac{w_P}{r_P} > \frac{w_R}{r_R} \tag{4.8}$$

进一步地，

$$\partial\left(\frac{k_i}{l_i}\right) \Big/ \partial\left(\frac{w_i}{r_i}\right) > 0 \tag{4.9}$$

该式表明，资本会随着要素价格扭曲程度的增大而更趋扩张。与此相对应，由于劳动力价格的扭曲，落后部门提供的就业机会也越少，这进一步导致劳动力向发达部门移动。现假设发达部门本来拥有的劳动力数量为 L_R，落后部门转移到发达部门的劳动力数量为 L_P，则发达部门的劳动总数为 $L_R + L_P$。

发达部门总就业量为：$\varepsilon l_R + (1-\varepsilon) l_P$

由此得到落后部门转移到发达部门劳动力的就业概率为：$(\varepsilon l_R + (1-\varepsilon) l_P)/(L_P + L_R)$，

失业的概率为：$1-(\varepsilon l_R + (1-\varepsilon) l_P)/(L_P + L_R)$。

假设由落后部门到发达部门的劳动力转移交易成本为 T，

则劳动力转移的期望收益为：

$$\begin{aligned} E = & [(\varepsilon l_R + (1-\varepsilon) l_P)/(L_P + L_R)] \times w_R + \\ & [1-(\varepsilon l_R + (1-\varepsilon) l_P)/(L_P + L_R)] \times 0 - T \end{aligned} \tag{4.10}$$

根据收益的均衡条件 $w_P = T$，可得：

$$L_R + L_P = [\varepsilon l_R + (1-\varepsilon) l_P] \times w_R/(w_P + T) \tag{4.11}$$

由 $l_P < l_R$ 得,

$$\frac{\partial(L_R + L_P)}{\partial\varepsilon} = \frac{(l_R - l_P)w_R}{w_P + T} > 0 \tag{4.12}$$

由此可以得出以下结论:一个经济体的落后部门产出比重越小,该经济体所有资本的扭曲越严重,即部门间经济非均衡增长越严重,资本扩张扭曲程度越高。

二、部门非均衡下的要素扩张对环境污染的影响

在前文模型结论的基础上,进一步运用理论模型分析资本扩张扭曲对环境污染造成的影响。

一个国家的实际环境污染水平主要受到无环境规制下的污染排放水平、政府对环境规制的强度及其他因素的影响。参考 Copeland 和 Taylor(2004),假设我国实际环境污染水平 P 服从柯布-道格拉斯(C-D)函数形式:

$$P = AR^{\alpha}E^{\beta} \tag{4.13}$$

其中,P 表示实际环境污染水平,R 表示政府对环境规制的强度,包括环境制度及环境污染的治理,系数 α 表示实际环境污染水平与政府环境规制强度的关系。若 $\alpha=0$,表明实际环境污染程度与环境规制强度不相关;若 $\alpha>0$,说明实际环境污染水平与环境规制强度呈现正相关关系;若 $\alpha<0$,则表明实际环境污染水平与环境规制强度之间呈现负相关关系,即政府对环境的规制程度越强,实际环境污染程度越轻。E 表示自然生产状态下的环境污染水平,即无政府环境规制下的环境污染水平,该变量主要与企业生产规模相关。系数 β 表示企业在生产过程中主动减排的环保意识及社会责任感,其取值为 $0\leqslant\beta\leqslant1$,当 $\beta=1$ 时,代表企业将生产过程中的所有污染全部排放,不实施任何减排措施,当 β 值越小时,代表企业的环保意识及社会责任感越强,即对生产过程中污染物的排放比例越小。A 表示其他可能会对实际环境污染水平产生影响的因素。

参考 Dean et al.(2009)的模型,企业生产过程中造成的环境污染排放 E 主要与产出 Y 相关,此外,E 还与生产过程中的技术投入 T 有关。技术投入的增加会促进污染减排,降低环境污染水平。假设 E 服从常数弹性(CES)生产函数形式:

$$E=(\delta_1 Y^{-\rho}+\delta_2 T^{-\rho})^{-\frac{m}{\rho}} \tag{4.14}$$

其中，$0<\delta_1,\delta_2<1;\rho\geqslant-1$，而生产过程中的技术投入与企业的资本投入即资本扩张有关，可表示为：

$$T=\lambda\cdot K \tag{4.15}$$

其中，$\lambda>0$。由此，政府规制下的实际环境污染水平为：

$$P=A\cdot E^{\alpha}\cdot[\delta_1\cdot Y^{-\rho}+\delta_2\cdot(\lambda\cdot K)^{-\rho}]^{-\frac{m}{\rho}\beta} \tag{4.16}$$

对式(4.16)取对数，得：

$$\ln P=\ln A+\alpha\ln E-\frac{m}{\rho}\cdot\beta\cdot\ln[\delta_1\cdot Y^{-\rho}+\delta_2\cdot(\lambda\cdot K)^{-\rho}] \tag{4.17}$$

对式(4.17)在 $p=0$ 处进行泰勒一阶展开，整理得：

$$\begin{aligned}\ln P=&\ln A+\alpha\ln E+\ln(\delta_1+\delta_2)+\frac{m}{\rho}\cdot\beta\cdot\frac{-\delta_1}{\delta_1+\delta_2}\ln Y\\&+\frac{m}{\rho}\cdot\beta\cdot\frac{-\delta_2}{\delta_1+\delta_2}\ln\lambda+\frac{m}{\rho}\cdot\beta\cdot\frac{-\delta_2}{\delta_1+\delta_2}\ln K\end{aligned} \tag{4.18}$$

在式(4.18)中，系数 $\frac{m}{\rho}\cdot\beta\cdot\frac{-\delta_2}{\delta_1+\delta_2}$ 反映了资本扩张对环境污染的影响，若该系数大于0，则表示资本扩张会加重环境污染。

本节第一部分分析了部门非均衡发展下的资本扩张，接着分析资本扩张对环境污染的影响，运用柯布-道格拉斯生产函数进行理论分析。由此得出结论，落后部门产出比重越小，该经济体资本的扭曲严重性也越高，在扭曲的条件下，资本扩张会对环境污染产生影响。

第五节　部门经济非均衡下资本扩张对环境污染的影响

一、模型、变量及数据来源

为了检验部门经济发展非均衡下资本扩张对环境污染的影响，根据现有研究基础设定面板数据模型如式(4.19)和式(4.20)，第一个方程用来验证部门经济非均衡发展对资本扩张的影响，第二个方程则在环境库兹涅茨模型的基础上加入资本扩张变量，用于检验资本扩张对环境污染的影响。

$$Capital_{it} = C_1 + \beta_1 \times Bal_{it} + \beta_2 \times SIP_{it} + \beta_3 \times TIP_{it} + \beta_4 \times POP_{it} + \beta_5 \times EGR_{it} + \beta_6 \times EOL_{it} + \mu \quad (4.19)$$

$$Pollution_{it} = C_2 + \gamma_1 \times GDP_{it} + \gamma_2 \times GDP_{it}^2 + \gamma_3 \times Cap_{it} + \gamma_4 \times SIP_{it} + \gamma_3 \times TIP_{it} + \gamma_4 \times POP_{it} + \gamma_5 \times EGR_{it} + \gamma_6 \times EOL_{it} + \varepsilon \quad (4.20)$$

其中，i 和 t 分别表示第 i 个地区、第 t 年份，β 和 γ 分别表示各影响因素的回归系数，μ 和 ε 是不可观测的扰动项，用来控制未包含在计量模型中的其他随机因素干扰。

在第一步模型中，*Capital* 是被解释变量，表示各省资本扩张程度，*Bal* 是核心解释变量，表示部门经济的非均衡程度，本部分用各省份农村产出占总产出的比重以及国有企业产出占企业总产出的比重来表示，其他为一系列控制变量。第二步模型以环境库兹涅茨假说为基础，其中 *Pollution* 是各省份环境污染程度，*Capital* 作为核心解释变量，表示各省份资本扩张。具体变量解释及数据来源如下。

（1）被解释变量。第一步回归模型的被解释变量是资本扩张程度（*Capital*），我们使用各省固定资本投资量来衡量；第二步回归模型的被解释变量是环境污染程度（*Pollution*），我们使用熵权法，根据各省人均工业废水、工业二氧化硫、工业烟尘和粉尘及工业固废排放量构建一个综合指标，来衡量各省环境污染程度。

（2）解释变量。第一步计量模型的核心解释变量是部门经济的非均衡增长（*Bal*），反映我国经济发展进程中的二元分化特征，这一特征可以体现在部门之间、区域之间、城乡之间等不同的方面，例如东部沿海地区与中西部地区间发展不均衡、城镇与农村间发展不均衡以及国有企业与非国有企业间发展不均衡等。基于本部分使用省级面板数据，因此用农业产出占总产出的比重（Bal_1）以及国有企业产出占所有企业产出的比重（Bal_2）来反映部门间经济发展的非均衡程度；第二步计量模型将第一步回归的被解释变量作为核心解释变量，即资本扩张程度（*Capital*），使用各省固定资本投资规模来衡量。

(3) 控制变量。根据现有相关研究，本章选取的一系列控制变量包括以下这些。①产业结构，产业结构反映国民经济中各产业部门之间的相互关系和数量比例，也是产出的技术组合方式的体现，产业结构的维持需要特定的要素投入结构的支撑，随着产业结构的转型升级，国民经济中资本和劳动力投入比例关系会发生调整，而产业结构的优化升级也会对生态环境带来影响。本章用 SIP 表示第二产业产值占 GDP 的比重和 TIP 表示第三产业产值占 GDP 比重控制产业结构因素的变化。②人口规模(POP)，在生产过程中劳动力和资本具有一定的替代关系，同样技术水平下劳动力禀赋的增加可以减缓资本的投入。另外在生态环境方面，有大量研究表明，城市化进程中人口集聚会对生态环境质量带来影响，Shaw(1992)的研究证实人口增长是导致环境质量下降的重要因素。因此，加入人口规模因素控制劳动力禀赋对资本扩张以及环境质量的影响。③经济增长速度(EGR)，经济增长决定了财富的积累以及对资本投入的偏好，进而影响资本扩张。经济增长也会提升人们对环境质量的关注和绿色发展的追求。④经济开放程度(EOL)，经济越开放的地区，工业发展和基本的积累往往越快。经济的开放也促进了 FDI 的流入，既可能导致国外污染产业的转移，或者出口贸易的上升对环境资源的消耗，也可能通过以跨国公司为载体引进先进技术，从而提高环境效率。因此，加入经济开放度反映市场的开放对资本积累和环境的影响，用进出口总额占 GDP 的比重来表示。

在数据来源方面，因西藏地区数据缺失较多而从样本中剔除，因此采用除西藏外全国 30 个省级面板数据，时间跨度为 2000 年至 2015 年。所有数据均来源于《中国统计年鉴》及《中国环境年鉴》，部分缺失数据从“中国环境保护数据库”补齐。各变量的描述性统计如表 4.1 所示。

表 4.1　各变量的描述性统计

变量	$Pollution$	$Capital$	Bal_1	Bal_2	SIP	TIP	POP	EGR	EOL
均值	1.4724	0.5718	0.1265	0.3056	0.4912	0.4141	4366.5	0.1139	0.3097
标准差	0.2	0.2199	0.0658	0.1748	0.1944	0.0788	2633.9	0.0258	0.3582
最大值	1.9986	1.3283	0.3645	0.8214	1.6086	0.7965	10849	0.238	1.6682
最小值	1.0015	0.2529	0.0045	0.013	0.1974	0.283	517	0.03	0.0152

二、环境污染指标测算方法

这里利用熵权法构建环境污染综合指数，通过用熵值法确定指标的权重，综合度量各项环境污染指标中所包含的信息，测算出该指标在总指标中所占权重，既考虑各指标间的相互影响关系，同时对环境污染的测度更加全面，避免了用单一指标来衡量环境污染水平所可能造成的偏差，使得结果更加科学合理。

本章首先选取人均工业废水、工业二氧化硫、工业烟尘和粉尘及工业固废排放量这四类环境污染物指标，采用熵权法计算环境污染综合指数。

三、模型估计及结果解释

利用固定效应回归模型，对方程(4.19)进行估计，结果如表4.2所示。

表4.2 部门经济非均衡对资本扩张的影响估计结果

VARIABLES	(1)	(2)	(3)	(4)
Bal_1	−0.912*** (0.0526)	−0.560** (0.0914)		
Bal_2			−0.582*** (0.0278)	−0.406*** (0.0333)
SIP		2.385*** (0.221)		2.172*** (0.169)
TIP		2.121*** (0.230)		1.772*** (0.200)
POP		−0.209 (0.307)		0.096 (0.191)
EGR		−0.00577 (0.0562)		0.130** (0.0513)
EOL		−0.252*** (0.0410)		−0.278*** (0.0363)
Constant	6.085*** (0.122)	−9.315** (3.709)	3.167*** (0.0402)	−11.80*** (2.149)

（续　表）

VARIABLES	(1)	(2)	(3)	(4)
Observations	480	480	480	480
R-squared	0.401	0.578	0.493	0.657

注：括号内数字为标准误，* 表示在 10%的水平下显著，** 表示在 5%的水平下显著，*** 表示在 1%的水平下显著

回归结果(1)和(2)是用农业产出占总产出比重反映地区之间在城乡发展不平衡上的差异，回归结果(3)和(4)则是用国有企业产出占所有企业产出的比重来反映地区之间在部门间发展非均衡程度的差异。列(1)和(3)为未加控制变量的回归结果，列(2)和(4)为加入控制变量后的回归结果。根据表 4.2 中列(1)和(3)的结果可以发现，在未加入控制变量的情况下，核心解释变量反映城乡发展不平衡的 Bal_1 和反映部门经济间发展非均衡的 Bal_2 的估计系数均在 1%的统计水平下显著为负，加入其他控制变量后，列(2)和(4)结果表明，核心解释变量的系数符号未发生改变，反映城乡发展不平衡的 Bal_1 系数在 5%水平下显著，反映部门经济间发展非均衡的 Bal_2 的系数在 1%水平下显著。这一结果表明，资本扩张与经济的二元化发展方式有着显著的联系，且资本随着农村部门产出占比或国有部门产出占比的下降而扩张，即部门间经济非均衡程度越高的地区，越倾向于资本扩张。控制变量系数的估计结果表明，产业结构、市场开放及经济增长都会促进资本扩张。

表 4.3 表示对第二步回归模型的参数估计结果，通过逐步加入控制变量，得到结果分别为列(1)、(2)、(3)、(4)。结果表明，核心解释变量资本扩张的系数为正，且在 1%的统计水平下显著。逐步增加控制变量并不改变系数的方向及显著性水平。这说明资本扩张对环境污染排放造成影响，且资本扩张程度越高，环境污染水平越严重。

表 4.3　资本扩张对环境污染影响的估计结果

VARIABLES	(1)	(2)	(3)	(4)
GDP	1.629*** (0.227)	1.060*** (0.188)	1.326*** (0.257)	1.137*** (0.272)
GDP^2	−0.0850*** (0.0114)	−0.0531*** (0.00986)	−0.0663*** (0.0134)	−0.0560*** (0.0143)

（续 表）

VARIABLES	(1)	(2)	(3)	(4)
Capital	0.189*** (0.0391)	0.115*** (0.0169)	0.168*** (0.0423)	0.141*** (0.0431)
SIP		−0.00891 (0.0231)	−0.271** (0.114)	−0.177 (0.125)
TIP		−0.0976** (0.0487)	−0.508*** (0.120)	−0.391*** (0.126)
POP			−0.318** (0.144)	−0.337** (0.145)
EGR				0.0704** (0.0339)
EOL				−0.0579*** (0.0223)
Constant	−8.122*** (1.064)	−4.937*** (0.992)	−1.357 (2.092)	−1.026 (2.169)
Observations	450	450	450	450
R-squared	0.337	0.356	0.371	0.384

注：括号内数字为标准误，* 表示在 10%的水平下显著，** 表示在 5%的水平下显著，*** 表示在 1%的水平下显著

四、稳健性检验

考虑到回归模型可能会因遗漏变量或反向因果关系而带来内生性问题，为了检验结果的稳健性，我们对核心解释变量取一阶滞后项来做进一步的稳健性检验。参考高传伦和林涛(2016)，我们对回归方程中核心解释变量做一阶滞后处理，进行两步回归法。稳健性估计结果如表 4.4 和表 4.5 所示。

表 4.4 部门经济非均衡与资本扩张关系的稳健性检验

VARIABLES	(1)	(2)	(3)	(4)
$L.Bal_1$	−0.880*** (0.0531)	−0.566** (0.0902)		

（续　表）

VARIABLES	(1)	(2)	(3)	(4)
L. Bal$_2$			−0.552** (0.030 8)	−0.344*** (0.036 0)
SIP		2.379*** (0.235)		2.446*** (0.187)
TIP		2.141*** (0.240)		2.068*** (0.217)
POP		−0.296 (0.310)		0.250 (0.207)
EGR		−0.007 79 (0.056 5)		0.072 9 (0.054 4)
EOL		−0.252*** (0.041 2)		−0.284*** (0.038 1)
Constant	6.056*** (0.124)	−8.609** (3.775)	5.801*** (0.101)	−13.35*** (2.454)
Observations	450	450	450	450
R-squared	0.396	0.570	0.434	0.615

注：括号内数字为标准误，* 表示在10%的水平下显著，** 表示在5%的水平下显著，*** 表示在1%的水平下显著

表4.5　资本扩张对环境污染影响的稳健性检验

VARIABLES	(1)	(2)	(3)	(4)
GDP	−0.062 1** (0.028 8)	−0.041 8 (0.029 0)	0.052 5 (0.035 4)	0.074 0** (0.036 4)
GDP^2	−0.000 216** (0.000 105)	−0.000 310** (0.000 135)	−0.000 303** (0.000 132)	−0.000 222* (0.000 131)
L. Capital	0.253*** (0.042 7)	0.233*** (0.043 9)	0.164*** (0.045 6)	0.134*** (0.045 2)
SIP		−0.278* (0.165)	−0.466*** (0.167)	−0.352** (0.172)
TIP		−0.642*** (0.157)	−0.724*** (0.154)	−0.514*** (0.159)

（续 表）

VARIABLES	(1)	(2)	(3)	(4)
POP			−0.628*** (0.142)	−0.588*** (0.140)
EGR				0.132*** (0.0336)
EOL				−0.0642*** (0.0231)
Constant	0.0346 (0.202)	3.379*** (1.192)	8.889*** (1.703)	7.107*** (1.726)
Observations	420	420	420	420
R-squared	0.244	0.292	0.327	0.359

注：括号内数字为标准误，* 表示在10%的水平下显著，** 表示在5%的水平下显著，*** 表示在1%的水平下显著

表4.4为第一步回归结果，显示回归模型的核心解释变量系数符号仍然均为负，且均在1%显著性水平下显著。当加入一系列控制变量后，核心解释变量的系数符号仍未发生改变，且反映城乡发展不平衡的 Bal_1 滞后项系数在5%的统计水平下显著，反映部门经济间发展非均衡的 Bal_2 的滞后项系数仍在1%显著水平下显著。

表4.5表示第二步回归结果，显示资本扩张的一阶滞后项作为核心解释变量时，系数符号仍为正且在1%的显著性水平下显著。当逐渐增加控制变量时，系数变化不大且仍保持显著，说明以上回归估计结果是稳健的。

第六节　本章小结

本章在回顾资源错配相关研究成果的基础上，从渐进改革模式下的金融市场扭曲、劳动力市场分割、所有制歧视和偏向性产业政策等四个角度分析我国资源错配的制度基础，并进一步分析了资源错配对环境污染的传导机制，资源错配通过抑制能源利用率、限制企业生产率的提高、不利于产业结构的升级等，加剧环境污染。在此基础上，本章利用多部门非均衡增长模

型，分析资源错配加剧环境污染的内生逻辑，推导出部门间经济非均衡增长越严重，资本扩张扭曲程度越高，此时资本扩张对环境污染造成影响越大。

最后以中国省级面板数据，实证分析部门经济非均衡发展下资本扩张对环境污染的影响。分析结果证实，部门间经济增长非均衡越严重，资本扩张扭曲程度越高，资本扩张会进一步加剧环境污染的结论，并且该结论通过稳健性检验。

第五章　行业间资源错配对环境效率的影响

第一节　行业间资源错配程度的测度

一、资源错配程度的测度方法

在资源可以充分自由流动且完全竞争的市场，要素会从投资回报率低的部门向回报率高的部门流动，实现"有效配置"，而资源错配则是偏离了这一状态。现实经济中，由于存在垄断势力、政府管制、市场分割、对外贸易、信息非对称等因素，资源的自由流动受到限制，经济会偏离帕累托最优状态，使得资源错配成为常态。Hsieh 和 Klenow(2009)认为，资源错配表现为各生产要素间的边际报酬不相等，即如果企业的要素投入比例不发生偏差，那么企业间的产出和生产率都是一致的，否则企业可以通过纠正资源错配来提升总产出。从宏观上看，资源错配会导致要素市场扭曲，阻碍产业结构优化。Restuccia 和 Rogerson(2008)认为像中国这样的发展中国家，随着产业结构的变迁，如果要素不能实现有效配置，就会产生因资源错配而导致的效率损失。

基于资源错配的现实存在和微观表现，本章参考 Hsieh 和 Klenow (2009) 和邵宜航、步晓宁等(2013)，利用参数法对资源错配程度进行测算。

假定完全竞争的最终产品 Y，需要由 S 个行业的中间品 Y_S 生产得到，则生产最终产品的代表性企业的柯布-道格拉斯(CD)生产函数：

$$Y=\prod_{S=1}^{S} Y_S^{\theta_S}\text{，其中，}\sum_{S=1}^{S}\theta_S=1 \tag{5.1}$$

由企业成本最小化可以得到：

$$P_S Y_S=\theta_S PY \tag{5.2}$$

其中，P_S 为行业产品 Y_S 的价格，P 为最终产品的价格，$P=\prod_{S=1}^{S}(P_S/\theta_S)^{\theta_S}$（最终产品的价格标准为 1 ）。行业产出 Y_S 是该行业所有 M_S 个异质产品 Y_{Si} 的 CES 效用函数形式加总：

$$Y_S=(\sum_{i=1}^{M_S}Y_{si}^{\frac{\sigma-1}{\sigma}})^{\frac{\sigma}{\sigma-1}}\quad(\sigma>1\text{ 为替代弹性})\tag{5.3}$$

假设产品具有差异性，企业具有垄断特征，投入要素为资本 K 和劳动 L，根据柯布-道格拉斯生产函数得到：

$$Y_{si}=A_{si}K_{si}^{\alpha_s}L_{si}^{1-\alpha_s}\tag{5.4}$$

其中，α_s 表示行业 s 的资本份额，$\alpha_s=1-\dfrac{wL_{si}}{P_{si}Y_{si}}$

根据 Hsieh 和 Klenow (2009)，将边际产出扭曲定义为 τ_Y，τ_Y 越大表示在产品市场上受到的限制越大；将影响资本相对于劳动的边际产出的扭曲定义为 τ_K，τ_K 越大，表示融资成本越高，企业在信贷市场受到限制。企业利润函数为：

$$\pi_{si}=(1-\tau_{Y_{si}})P_{si}Y_{si}-(1-\tau_{K_{si}})RK_{si}-\omega L_{si}\tag{5.5}$$

利用上述设定，从企业推算到行业：

$$L_s=\sum_{i=1}^{M_s}L_{si}=L\frac{(1-\alpha_s)\theta_s\left[\sum_{i=1}^{M_s}\frac{P_{si}Y_{si}}{P_sY_s}(1-\tau_{Y_{si}})\right]}{\sum_{s'}^{s}(1-\alpha_{s'})\theta_{s'}\left[\sum_{i=1}^{M_{s'}}\frac{P_{s'i}Y_{s'i}}{P_{s'i}Y_{s'i}}(1-\tau_{Y_{s'i}})\right]}\tag{5.6}$$

$$K_s=\sum_{i=1}^{M_s}K_{si}=K\frac{\alpha_s\theta_s\left[\sum_{i=1}^{M_s}\frac{(1-\tau_{Y_{si}})P_{si}Y_{si}}{(1+\tau_{K_{si}})P_sY_s}\right]}{\sum_{s'}^{s}\alpha_{s'}\theta_{s'}\left[\sum_{i=1}^{M_{s'}}\frac{(1-\tau_{Y_{s'i}})P_{s'i}Y_{s'i}}{(1+\tau_{K_{s'i}})P_{s'i}Y_{s'i}}\right]}\tag{5.7}$$

将行业 s 中的 i 企业生产率定义如下，以衡量企业实际产出的效率：

$$TFPR_{si}\triangleq P_{si}A_{si}=\frac{P_{si}Y_{si}}{K_{si}^{\alpha_s}(\omega L_{si})^{1-\alpha_s}}\quad\left(A_{si}=\frac{Y_{si}}{K_{si}^{\alpha_s}(\omega L_{si})^{1-\alpha_s}}\right)\tag{5.8}$$

则行业 s 的全要素生产率为：

$$TFP_S = \left[\sum_{i=1}^{M_s} (A_{si} \times \frac{\overline{TFPR_s}}{TFPR_{si}})^{\sigma-1} \right]^{\frac{1}{\sigma-1}} \tag{5.9}$$

$$\overline{TFPR_s} = \left[\frac{\alpha_s}{R} \sum_{i=1}^{M_s} \frac{(1-\tau_{Y_{si}})P_{si}Y_{si}}{(1+\tau_{K_{si}})P_sY_s} \right]^{-\alpha_s} \left[(1-\alpha_s) \sum_{i=1}^{M_s} \frac{(1-\tau_{Y_{si}})P_{si}Y_{si}}{P_sY_s} \right]^{\alpha_s - 1} \tag{5.10}$$

在有效配置下，不同企业的边际产品相同，全要素生产率为：

$$\overline{A_s} = (\sum_{i=1}^{M_s} A_{si}{}^{\sigma-1})^{\frac{1}{\sigma-1}} \tag{5.11}$$

根据各行业的 TFP_S 和 $\overline{A_s}$ 的比，以及 $Y = \prod_{S=1}^{S} Y_S^{\theta_S}$ 的生产函数，可以推出经济实际生产率 TFP 与有效配置下的生产率 $TFP_{efficient}$ 之比：

$$\frac{TFP}{TFP_{efficient}} = \prod_{i=1}^{s} \left[\sum_{i=1}^{M_s} (\frac{A_{si}}{\overline{A_s}} \frac{\overline{TFPR_s}}{TFPR_{si}})^{\sigma-1} \right]^{\frac{\theta_s}{\sigma-1}} \tag{5.12}$$

式(5.12)从全要素生产率的角度衡量了资源错配的程度，其值越小表示资源错配越严重。当 A 和 $TFPR$ 服从对数正态分布的时候，式(5.12)有二阶近似解：

$$\frac{TFP}{TFP_{efficient}} = e^{-\frac{\sigma}{2}\left[\sum_{i=1}^{s} \theta_s var(\log TFPR_{si}) \right]} \tag{5.13}$$

由式(5.13)可以看出，可以用 $TFPR$ 方差来表示资源错配程度，原因是行业的对数 $TFPR$ 方差越大，表明实际生产率 TFP 越偏离有效配置下的生产率 $TFP_{efficient}$，资源错配程度越严重。

二、分行业资源错配程度的测算与分析

(一) 数据来源与处理

测度资源错配的原始数据来自国家统计局公布的“全部国有及规模以上非国有工业企业数据库”。本章指标包括 2000—2007 年所有企业的行业代码(二位数)、固定资产年平均净值、工业增加量、本年应付工资总额。本部分参考 Feenstra et al.(2014)剔除异常值，主要的剔除标准如下：①剔除总资产、固定资产、工业增加值、应付工资小于 0 或者缺失的企业；

②剔除总资产小于流动资产或固定资产的企业；③剔除就业人数小于10人的企业；④根据所使用的样本范围剔除所使用的关键指标额，包括工业增加值、固定资产年平均净值和本年应付工资总额前后0.5%的企业。在剔除异常值后，最终得到包括我国36个行业的接近200万个观测值（表5.1）。

表5.1　36个行业代码、名称及简称

代码	行业名称	简称	代码	行业名称	简称
6	煤炭开采和洗选业	煤炭采洗业	26	化学原料及化学制品制造业	化学制品业
7	石油天然气开采业	油气开采业	27	医药制造业	医药制造业
8	黑色金属矿采选业	黑矿采洗业	28	化学纤维制造业	化纤制造业
9	有色金属矿采选业	有色采洗业	29	橡胶制品业	橡胶制品业
10	非金属矿采选业	非金采洗业	30	塑料制品业	塑料制品业
13	农副食品加工业	农副加工业	31	非金属矿物制品业	非金制品业
14	食品制造业	食品制造业	32	黑色金属冶炼及压延加工业	黑金加工业
15	饮料制造业	饮料制造业	33	有色金属冶炼及压延加工业	有色加工业
16	烟草制品业	烟草制品业	34	金属制品业	金属制品业
17	纺织业	纺织业	35	通用设备制造业	通设制造业
18	纺织服装、鞋、帽制造业	服鞋制造业	36	专用设备制造业	专设制造业
19	皮革、毛皮、羽毛(绒)及其制品业	皮毛制品业	37	交通运输设备制造业	交运制造业
20	木材加工及木、竹、藤、棕、草制品业	木材制品业	39	电气机械及器材制造业	电器制造业
21	家具制造业	家具制造业	40	通信设备、计算机及其他电子设备制造业	通信设备制造业
22	造纸及纸制品业	造纸业	41	仪器仪表及文化、办公用机械制造业	仪器制造业

（续　表）

代码	行业名称	简称	代码	行业名称	简称
23	印刷业和记录媒介的复制	印刷业	42	工艺品及其他制造业	工艺品制造业
24	文教体育用品制造业	文体制造业	44	电力、热力的生产和供应业	电热力供应业
25	石油加工、炼焦及核燃料加工业	油料加工业	45	燃气生产和供应业	燃气供应业

（二）资源错配程度的测算与分析

根据 Hsieh 和 Klenow（2009）的假设，我们将企业间的工业增加值的弹性系数设为 $\sigma=3$，这一假设数据是保守的弹性估计。由于无法确切知道每个企业的真实产出 Y_{si}，我们根据收益和需求弹性对其进行测算：$Y_{si}=(P_{si}Y_{si})^{\frac{\sigma}{\sigma-1}}$，其次用固定资产净值表示 K_{si}，用工业增加值表示 $P_{si}Y_{si}$，用本年应付工资总额表示 wL_{si}，将相应的数据代入公式，得出的结果即为实际生产率 TFP 与有效配置下的生产率 $TFP_{efficient}$ 之比，即资源错配程度。

测算结果显示，2000 年至 2007 年的行业平均资源错配指数分别为 0.420 843、0.393 889、0.364 196、0.471 112、0.419 144、0.437 714、0.513 16 和 0.510 612。可见，从 2000 年至 2002 年，行业总体资源配置效率下降，资源错配程度提升。而在 2002 年至 2007 年之间，行业总体资源配置效率有所提高，要素在市场中的流动更为合理。

图 5.1 是 2000—2007 年我国 36 个行业的资源错配指数趋势图。由此可见，行业资源错配指数分布在 0.1～0.7 之间，数值越低表示资源错配程度越严重。根据测算结果，平均资源错配指数低于 0.3 的行业有电热力供应业、非金制品业、化学制造业、农副加工业和纺织业。电热力供应业资源错配严重的主要原因可能是该行业长期自然垄断，资本进入该行业受到很大的限制。农副加工业和纺织业资源配置效率低下，主要是由于这两个行业都为低技术含量的劳动密集型行业，劳动报酬和资本回报率在近几年不断被压缩，使得行业的资本流入放缓。

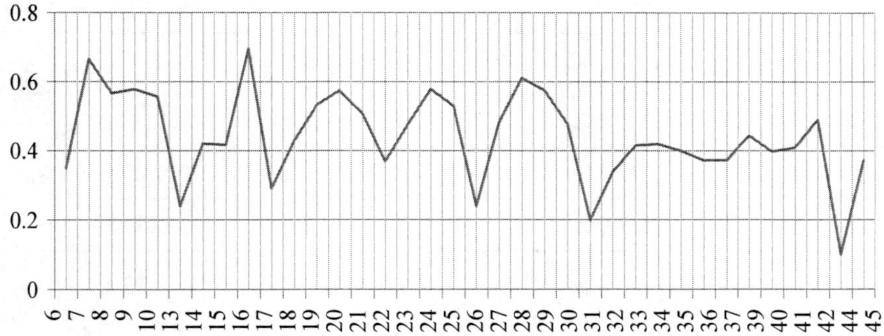

图 5.1　分行业 2000—2007 年间平均资源错配指数

第二节　行业间资源错配对污染强度的影响

一、数据来源与变量说明

本部分所用数据来自中国规模以上工业企业数据库、《中国环境统计年鉴》《中国能源统计年鉴》以及《中国工业统计年鉴》。参考国内外学者关于环境污染影响因素的研究，并结合工业行业的特点，构建面板数据模型，以环境污染综合指数为基础测算分行业污染强度，并作为被解释变量。环境污染综合指数测算利用熵权法计算六类环境污染物排放得到的综合指数，原始数据来源于《中国环境统计年鉴》。

在回归模型中，资源错配程度（*Allocation*）为核心解释变量，同时纳入其他控制变量，主要包括：环境规制强度（*ERI*），用污染治理投资占总投资的比重表示；能源结构（*ESTR*），用煤炭终端消费量占能源消费总量的比重表示；国有经济比重（*PROP*），用国家资本占实收资本比重来表示；外资水平（*FDI*），用实收资本中港澳台与外商资本之和所占比重表示；技术进步（*R&D*），用分行业科技活动经费支出占产品销售收入的比重表示。各变量的描述性统计结果如表 5.2 所示。

表 5.2　描述性统计结果

变量	*E*	*Allocation*	*ERI*	*ESTR*	*PROP*	*FDI*	*R&D*
均值	2.8027	0.4412	0.0044	0.3851	0.2609	0.2769	0.0135

（续　表）

变量	E	$Allocation$	ERI	$ESTR$	$PROP$	FDI	$R\&D$
标准差	0.4238	0.1783	0.0120	0.1958	0.2244	0.1846	0.0080
最小值	2.5112	0.0373	0.0000	0.0279	0.0051	0.0026	0.0020
最大值	4.4884	0.8019	0.1318	0.8354	0.9516	0.7041	0.0360

二、计量模型建立与参数估计

设定面板数据计量模型如下：

$$E_{i,t}=\beta_1 Allocation_{i,t}+\beta_2 ERI_{i,t}+\beta_3 ESTR_{i,t}+\beta_4 PROP_{i,t}+\beta_5 FDI_{i,t}+\beta_6 R\&D_{i,t}+\mu$$

其中，i 表示行业，t 表示年份，$\beta_1 \sim \beta_6$ 分别表示各影响因素的回归系数，μ 为干扰项。

根据分行业平均环境污染综合指数，将 36 个行业分成重污染行业和轻污染行业，其中重污染行业（平均环境污染综合指数大于 3.0）包括煤炭采洗业、有色采洗业、造纸业、化学制品业、非金制品业、黑金加工业和电热力供应业。其余 27 个行业为轻度污染行业（平均环境污染综合指数小于 3.0）。分别对全样本（共 288 个样本）、重度污染行业（共 56 个样本）和轻度污染行业（共 232 个样本）进行回归，结果见表 5.3。

表 5.3　资源错配对环境污染影响的回归结果

解释变量	全样本（FEM）	轻度污染（FEM）	重度污染	
			(1)	(2)
$Allocation$	-0.1067^{**} (0.0448)	-0.1340^{***} (0.0374)	-0.2933^{*} (0.1462)	-0.2733^{*} (0.1636)
ERI	0.1353 (0.5768)	0.2165 (0.4342)	0.1715 (2.6708)	
$ESTR$	-0.2339^{***} (0.0789)	-0.1629^{***} (0.0576)	-0.6146^{*} (0.4378)	-0.8510^{***} (0.2770)

（续　表）

解释变量	全样本（FEM）	轻度污染（FEM）	重度污染	
			(1)	(2)
PROP	0.0843 (0.0620)	0.0131 (0.0470)	0.2710 (0.3084)	
FDI	0.0793 (0.1783)	0.0210 (0.1266)	0.7001 (1.4271)	
R&D	4.0660** (1.8461)	2.7817** (1.3510)	11.1642* (10.7451)	−8.2691* (9.4915)
R^2	0.1197	0.1032	0.0981	0.0932
N	288	232	56	56

注：括号内数字为标准误，* 表示在 10%的水平下显著，** 表示在 5%的水平下显著，*** 表示在 1%的水平下显著

根据表 5.3，全样本回归结果表明，*Allocation* 在 5%的统计水平下显著为负，能源结构在 1%的显著性水平下显著为负。这说明实际生产率 *TFP* 与有效配置下的生产率 $TFP_{efficient}$ 之比越小，即资源错配越严重，污染强度越高。另外，能源结构中煤炭消耗比例越大，则污染排放强度越高。将行业按照污染程度划分为轻污染和重污染行业的回归结果表明，资源错配和能源结构都在 1%的统计水平下显著，技术进步在 5%的统计水平下显著，且系数符号与全样本回归结果一致。重污染样本的回归结果系数符号与前文一致，但是 *Allocation* 的系数绝对值更大，说明资源错配对污染强度的边际效应在重污染行业中更大。

第三节　行业间资源错配对环境效率的影响

一、环境效率的测度

DEA 方法在测量多项投入与产出决策单元(简称 DMU))的相对效率方面具有显著效果，利用 DEA 模型进行环境效率测度的研究中，通常将环境污染变化指标当作负产出，通过给非正变化值赋予一个足够大的正常量令之为正，再把它囊括入投入产出模型。或者是将环境污染变化指标当作

负产出，让该负变化指标具有弱可处置性。将环境污染作为负产出，对全国2000—2007年36个细分工业行业进行环境效率测度。

假定生产系统有 n 个评价对象，每个评价对象均有投入、期望产出和非期望产出3类投入产出向量，这些向量分别表示成 $X \in R^m$、$Y^g \in R^{s1}$ 及 $Y^b \in R^{s2}$，这里定义矩阵 X、Y^g、Y^b 如下：

$X=[x_1, \cdots, x_n] \in R^{m \times n}$，$Y^g=[y_1^g, \cdots, y_n^g] \in R^{s1 \times n}$ 以及 $Y^b=[y_1^b, \cdots, y_n^b] \in R^{s2 \times n}$，$X>0$，$Y^g>0$ 和 $Y^b>0$，处于不变规模报酬下的可计算的生产集 P 定义为：

$$P=\{(x, y^g, y^b)) \mid x \geqslant X\lambda, y^g \leqslant Y^g\lambda, y^b \geqslant Y^b\lambda, \lambda \geqslant 0\} \tag{5.14}$$

参考 Tone(2001)，强可处置性下的非期望产出的 SBM 模型定义为：

$$d=\min \frac{1-\frac{1}{m}\sum_{i=1}^{m}\frac{\overline{s_i}}{x_{i0}}}{1+\frac{1}{s1+s2}\left(\sum_{r=1}^{s1}\frac{s_r^g}{y_{r0}^g}+\sum_{r=2}^{s2}\frac{s_r^b}{y_{r0}^b}\right)}$$

$$\text{s.t. } x_0=X\lambda+\bar{s};\ y_0^g=Y^g\lambda-S^g;\ y_0^b=Y^b\lambda+S^b;$$

$$\bar{s} \geqslant 0, S^g \geqslant 0, S^b \geqslant 0; \lambda \geqslant 0 \tag{5.15}$$

此模型中为非线性规划，s 是投入、产出的松弛量，λ 是权重向量。目标函数 d 是关于 $\bar{s}$、S^g、S^b 标准递减，并且 $0 \leqslant d \leqslant 1$。对于特定的被评价单元，当且仅当 $d=1$，即 $\bar{s}=0$、$S^g=0$、$S^b=0$ 时是有效率的。如果 $d<1$，则被评价单元的效率较低，并且在投入产出指标上有改进需求。

选择规模以上工业企业数据测算环境效率，原始数据来源于历年国家统计年鉴，所用变量包括：①能源投入，以各行业年能耗量为基础数据（单位：万吨标准煤）；②劳动投入，以各行业年平均员工人数为基础数据（单位：万人）；③产出数据，以《中国统计年鉴》中各行业的年工业总产值为产出基础数据（单位：亿元），用分行业工业品出厂价格指数进行平减，得到以1990年为基期的不变价工业总产值；④负产出指标选择 SO_2 排放。

根据各行业面板数据，利用 DEA-solver 得到各工业行业的环境效率，限于篇幅，此处列出2003—2007年的环境效率值，如表5.4所示。

表 5.4　分行业 2003—2007 年环境效率值

行业代码	工业行业	2003 年	2004 年	2005 年	2006 年	2007 年
6	煤炭采洗业	0.079	0.076	0.092	0.079	0.103
7	油气开采业	0.064	0.083	0.112	0.118	0.130
8	黑矿采洗业	0.238	0.244	0.389	1.000	0.155
9	有色采洗业	0.276	0.282	0.281	0.254	0.494
10	非金采洗业	0.200	0.163	0.200	0.122	0.231
13	农副加工业	0.433	0.429	0.402	0.406	0.491
14	食品制造业	0.338	0.300	0.307	0.280	0.375
15	饮料制造业	0.484	0.377	0.367	0.341	0.465
16	烟草制品业	0.774	0.729	0.834	0.852	0.982
17	纺织业	0.254	0.232	0.211	0.205	0.220
18	服鞋制造业	0.674	0.607	0.573	0.561	0.614
19	皮毛制品业	0.847	0.747	0.767	0.708	0.801
20	木材制品业	0.380	0.334	0.289	0.211	0.309
21	家具制造业	0.889	0.951	0.921	0.903	0.971
22	造纸业	0.312	0.250	0.247	0.234	0.319
23	印刷业	0.315	0.351	0.372	0.407	0.393
24	文体制造业	0.751	0.558	0.627	0.618	0.608
25	油料加工业	0.120	0.119	0.129	0.134	0.143
26	化学制品业	0.108	0.109	0.107	0.103	0.111
27	医药制造业	0.316	0.309	0.307	0.280	0.382
28	化纤制造业	0.148	0.217	0.231	0.217	0.260
29	橡胶制品业	0.255	0.202	0.196	0.150	0.204
30	塑料制品业	0.302	0.281	0.235	0.232	0.283
31	非金制品业	0.213	0.164	0.148	0.156	0.173
32	黑金加工业	0.078	0.085	0.083	0.078	0.086

（续 表）

行业代码	工业行业	2003 年	2004 年	2005 年	2006 年	2007 年
33	有色加工业	0.208	0.207	0.181	0.184	0.181
34	金属制品业	0.186	0.206	0.182	0.185	0.235
35	通设制造业	0.297	0.391	0.331	0.326	0.386
36	专设制造业	0.361	0.328	0.318	0.329	0.405
37	交运制造业	0.502	0.426	0.439	0.513	0.604
39	电器制造业	0.622	0.616	0.663	0.731	0.801
40	通信设备制造业	1.000	1.000	1.000	1.000	1.000
41	仪器制造业	0.811	0.981	0.966	0.940	0.918
42	工艺品制造业	0.104	0.118	0.120	0.126	0.149
44	电热力供应业	1.000	1.000	1.000	1.000	1.000
45	燃气供应业	0.246	0.213	0.209	0.139	0.252
	均值	0.394	0.380	0.384	0.392	0.423

根据表 5.4，通信设备、计算机及其他电子设备制造业和电力热力的生产供应业的环境效率值为 1，说明这些行业位于前沿，环境效率最高。烟草制品业，皮革、毛皮、羽毛（绒）及其制品业，家具制造业，仪器仪表及文化、办公用机械制造业的环境效率值大于 0.7，这几个工业行业环境效率值居中，在发展中与环境相对协调。纺织服装、鞋、帽制造业，文教体育用品制造业等行业的环境效率值在 0.5～0.7 之间，与生产前沿仍有较大差距，环境效率提升的潜力较大。

二、行业间资源错配对环境效率的影响

（一）数据与变量说明

本部分使用 2000—2007 年中国 36 个工业行业面板数据，所有数据来自中国规模以上工业企业数据库、中国统计年鉴。被解释变量为环境效率指数（*Efficiency*），解释变量分别为资源错配程度（*Allocation*）及其他控制变量，包括：能源结构（*ESTR*），用能源消费总量中终端煤炭消费量的比重来表示；工业内部产业结构（*IS*），用各工业行业产值占工业总产值之比来表

示；外资水平（FDI），用外商和港澳台投资的工业企业总产值占规模以上工业总产值的比重来衡量；行业平均规模（AS），用分行业规模以上工业企业总产值除以对应行业中规模以上工业企业数量来表示；技术进步（$R\&D$），以分行业单位 GDP 能耗表示。

（二）模型与参数估计

设定面板数据计量模型如下：

$$Efficiency_{i,t}=\beta_0+\beta_1 Allocation_{i,t}+\beta_2 ESTR_{i,t}+\beta_3 IS_{i,t}+\beta_4 FDI_{i,t}+\beta_5 AS_{i,t}+\beta_6 R\&D_{i,t}+\mu$$

其中，i 表示工业行业，t 表示年份，$\beta_0\sim\beta_6$ 为待估参数，μ 是不可观测的随机干扰项。回归结果见表 5.5。

表 5.5　资源错配与环境效率之间相关关系的计量结果

	(1)	(2)	(3)	(4)
	Fixed	Fixed	Fixed	Random
Allocation	0.0379** (0.0155)	0.0213** (0.0094)	0.0372** (0.0170)	0.0165* (0.0086)
ESTR	−0.134*** (0.0464)	−0.104*** (0.0252)	−0.126*** (0.0473)	−0.102*** (0.0250)
IS	−0.00431 (0.00648)	0.00259 (0.00859)	0.00374 (0.00853)	−0.00182 (0.00623)
FDI	0.0726 (0.210)	0.432*** (0.160)	−0.00327 (0.251)	0.422*** (0.147)
AS	0.00514 (0.00363)	0.00426 (0.00312)	0.00526 (0.00381)	0.00328 (0.00300)
R&D	0.100*** (0.0320)	0.152*** (0.0279)	0.115*** (0.0356)	0.139*** (0.0258)
Industry fixed	Y	N	Y	
Year fixed	N	Y	Y	
_cons	0.327*** (0.0884)	0.315*** (0.0776)	0.382*** (0.103)	0.290*** (0.0720)

（续　表）

	(1)	(2)	(3)	(4)
	Fixed	Fixed	Fixed	Random
N	288	288	288	288
R^2	0.2304	0.2422	0.2651	0.2088

注：括号内数字为标准误，* 表示在 10%的水平下显著，** 表示在 5%的水平下显著，*** 表示在 1%的水平下显著

表 5.5 显示对计量模型的参数估计结果，列(1)～(3)分别为固定行业效应、固定时间效应和时间行业双固定的回归结果，列(4)为随机效应模型估计结果。由估计结果可知，衡量资源错配的变量 *Allocation* 的系数在每一列回归中显著为正，表明资源错配程度越严重(即实际生产率 TFP 与有效配置下的生产率 $TFP_{efficient}$ 之比越小)，环境效率越低，这一结果在固定效应和随机效应回归中表现出较强的稳健性。另外，控制变量中，以煤炭消耗比例表示的能源结构变量系数显著为负，表明煤炭消耗比例越高，环境效率越低。代表技术水平的 $R\&D$ 变量系数显著为正，表明技术水平的提升有利于促进环境效率的提高。

第四节　本章小结

政府的行政管制、偏向性税收政策和产业政策、借贷约束以及金融市场发育滞后等都会导致资源错配，而资源错配不只是显著降低一个经济体的全要素生产率，而且会通过抑制能源利用率、阻碍企业生产率的提高、抑制产业结构升级，从而对生态环境产生负面影响。本章参考 Hsieh 和 Klenow (2009)，利用参数法以及工业企业数据库，对我国行业间资源错配进行测度，并进一步实证分析行业间资源错配对环境污染强度和环境效率的影响。本章研究得到如下发现。

第一，样本期内行业整体资源配置效率呈先下降后上升的趋势，平均资源错配指数低于 0.3 的行业有电热力供应业、非金制品业、化学制造业、农副加工业和纺织业。电力、热力的生产和供应业资源错配严重的主要原因

是该行业长期自然垄断，资本受到很大的限制。农副食品加工业和纺织业资源配置效率低下主要缘于低技术含量的劳动密集型行业特征，劳动报酬和资本回报率在近几年不断被压缩，使得行业的资本流入放缓。

第二，实际生产率 TFP 与有效配置下的生产率 $TFP_{efficient}$ 之比越小，即资源错配越严重，污染强度越高。另外，能源结构中煤炭消耗比例的提高也会推升污染排放强度。将行业按照污染程度划分为轻污染和重污染行业的回归结果表明，资源错配和能源结构都在 1%的统计水平下显著，符号与全样本回归结果一致。重污染样本的回归结果中资源错配的系数绝对值更大，说明资源错配对污染强度的边际效应在重污染行业中更大。

第三，进一步利用 DEA 方法测度环境效率，并将资源错配与环境效率进行回归，结果表明，资源错配程度越严重(即实际生产率 TFP 与有效配置下的生产率 $TFP_{efficient}$ 之比越小)，环境效率越低，以煤炭消耗比例表示的能源结构变量系数显著为负，表明煤炭消耗比例越高，环境效率越低。代表技术水平的 $R\&D$ 系数显著为正，表明技术水平的提升有利于促进环境效率的提高。

第六章　资源空间再配置及空间集聚对环境的影响

第一节　资源空间错配及空间集聚的环境效应

由于经济空间集聚和区域平衡发展二者间一直被认为是存在矛盾的，因此，“空间错配”问题被社会各界严重忽视了（陆铭，2019）。“有形之手”干预了资源的配置，导致其偏离市场经济规律的方向。不理解集聚效应对产业和经济发展的意义，那么一直被奉行的区域平衡政策最终必然导致资源的空间错配。董直庆、胡晟明（2020）研究发现，我国创新要素空间错配对创新效率具有显著的负面影响，若改善创新要素配置，将会使我国的整体创新效率年均提升约 0.7%。李宝礼、邵帅、张学斌（2020）研究了我国土地供给政策对环境污染转移的影响和作用机制，并发现了土地供给的空间错配显著提升供地指标充裕地区的工业二氧化硫和工业废水排放强度的事实。基于此，他们认为，意在促进区域间“平衡发展”的偏向型土地供给政策，导致土地空间配置的失衡，并阻碍土地资源利用效率的提高和整体环境质量的改善。

关于集聚的环境效应，现有研究主要有以下三种观点。

一是产业集聚会导致地区环境污染加剧。Esty 和 Geradin（1997）认为，发展中国家和发达国家之间的环境质量逐渐呈现两极分化的态势，这是由 FDI 流入产生的产业集聚“污染避难所”效应。Virkanen（1998）对芬兰地区的环境污染进行实证研究后发现，产业集聚是造成芬兰南部空气和水污染的重要原因。Frank（2001）对欧盟内 200 个城市的环境数据进行了实证分析，发现空气污染与产业集聚之间存在显著的正相关关系。Ren et al.（2003）研究了上海近 50 年的水体质量后发现，产业集聚是导致样本期内水体质量下降的主要原因。国内学者对产业集聚与环境污染的关系也进行了大量的研究，王树功和周永章(2002)研究了珠三角的集聚效应，认为这是造成城市土壤和水资源短缺、环境污染加剧的重要原因。于峰和齐建国(2007)从开放经济的角度对环境污染问题进行实证研究，并发现经济规模的扩大不利于环境保护。赵海霞等(2012)从生态环境容量的视角研究了集聚与环境的关系，发现过度的集聚会导致环境恶化和环境治理成本上升。张可和汪东方(2014)发现经济集聚与环境污染之间互相影响，经济集聚导致环境污染加剧，环境的恶化也会抑制经济集聚的进一步形成。

二是产业集聚可以改善地区的环境污染。陈建军和胡晨光(2008)发现，产业集聚带来的技术进步有利于环境的改善。Zeng 和 Zhao(2009)通过建立空间经济增长模型，发现制造业的集聚使得“污染天堂”效应得以减小。王海宁和陈媛媛(2010)发现集聚效应可以提高全要素能源效率，这意味着在同样条件下，污染物的排放减少了。闫逢柱、苏李和乔娟(2011)通过修正模型回归分析产业集聚和环境污染的关系，发现产业集聚在短期会降低环境污染。沈能和王群伟(2015)考虑了产业集聚带来的知识共享和创新提高等因素，发现碳生产率提高，而单个企业治理污染的成本降低。李顺毅和王双进(2014)通过实证研究也发现，我国工业污染的排放随着产业集聚程度的增加而降低。另外，也有学者研究发现，由 FDI 促进的地方集聚水平，会因为知识技术的引入而使得该地区环境污染得到改善。

三是产业集聚和环境污染之间不是简单的线性关系。如李伟娜、杨永福和王珍珍(2010)将制造业细分为 30 个行业进行面板数据回归，发现我国大气污染程度随着制造业集聚程度的加深先上升后下降再上升，呈现为“N”形曲线，而我国目前正处在集聚水平提高、环境污染下降的阶段。闫逢柱、苏李和乔娟(2011)发现产业集聚和环境污染在长期没有显著关系。李勇刚和张鹏(2013)分析了我国 31 省的面板数据，将全国划分为东部、中部和西部三个层面，发现产业集聚有利于降低环境污染，二者之间呈正“U”形关系，我国目前处于左侧下降过程中，但产业集聚产生的正向环境外部性对东部的污染改善作用明显好于中部和西部。原毅军和谢荣辉(2015)以技术创新与产业集聚的关联效应作为切入点，利用省级面板数据研究了产业集聚对环境污染的影响。研究表明，产业集聚与环境污染之间呈现出倒“U”形关系，拐点处正是技术创新的作用。另外，我国大部分省份位于曲线的左侧，而沿海城市相比于内陆城市则处在较高的位置,表明集聚程度尚未达到门槛值,环境正外部性尚无法体现。岳书敬、邹玉琳和胡姚雨(2015)研究了产业集聚与我国城市绿色发展效率的关系,发现产业集聚和绿色发展效率呈"U"形关系,说明产业集聚达到一定水平可以提升城市的绿色发展效率。

第二节 工业集聚对碳排放强度的影响

碳排放强度是衡量能源利用质量和利用效率的一个重要指标,是环境经济学相关领域的研究重点之一,也是发展中国家较为可行的减排约束指标(Jotzo and Pezzey,2007)。国外学者基于结构分解和指数分解的统计分析方法对碳排放强度进行研究(Ebohon and Ikeme,2006; Ang,2000; Greening,2004; Bhattacharyya,2010),有基于计量模型的碳强度实证检验(Davis,2003;Souza et al. ,2010;Stern and Jotzo,2010),还有学者通过研究不同产业的碳排放强度,提出通过能源品种的更替、重新配比以及技术的革新等方式降低碳强度的建议(Christie et al. ,2011)。与国外研究相比,国内研究更倾向于对本国分产业和分地区的实证,或通过运用结构分解和指数分解的统计分析方法进行研究(张友国,2010;沈小波等,2011;周五七和聂鸣,2012),或从空间经济学的角度识别我国碳排放强度的影响因素(姚奕和倪勤,2011;肖黎姗等,2011)。与本部分关联性较强的研究中,乜敏、赵洪海(2013)用协整检验的方法进行研究后发现,制造业集聚程度的提高有利于该产业碳排放强度的下降,随着集聚程度每增加1%,制造业碳排放强度将降低2.9172%;武俊奎、姜惠敏、王桂新(2012)则认为,产业集聚对碳排放具有"反弹效应"和"节能效应",而且具体影响效应"因城而异"。因此,学术界对此问题的研究尚未得到一致的结论。

由于我国地域广阔,社会经济发展不平衡,资源禀赋、劳动力、资本、生产结构、能源结构和技术水平等要素的地区差异明显,不同地区碳减排的潜力也不同,以往文献以区域同质性为假设前提,忽视了环境污染在地理空间上的相依性和空间溢出效应,因此会产生偏差(Anselin,2013)。因此,本章从空间计量经济学的视角,揭示我国地区间碳排放强度的空间相关性和集群现象,及其时空分布和动态演变的集群特征。在空间权重的构建方面,除了以邻近原则构建地理空间的基本权重矩阵之外,还考虑了地区间的经济联系和产业关联等因素，构建了反映经济和资源因素的其他三个综合权重矩阵，以捕捉地区之间通过能源消费结构、产业转移和收入差异等渠道产生的碳强度相互作用。

一、分地区碳排放强度的测算与空间特征分析

（一）碳排放强度的测算

本部分主要研究能源活动中化石燃料燃烧导致的二氧化碳排放，因此分别选取 9 种化石燃料的总产量（煤炭、汽油、柴油、天然气、煤油、燃料油、原油、电力和焦炭）作为化石燃料燃烧生产过程中二氧化碳排放的计算基础，原始数据来源于 2000—2016 年《中国统计年鉴》和《中国能源统计年鉴》。标准煤折算系数根据综合能耗计算通则 GB2589 - 81 的国家标准确定，碳排放系数值采用国家发展改革委能源研究所 2007 年公布的能源碳排放系数。

根据下式测算碳排放总量：

$$T_j = \sum_{i=1}^{9} E_{ji} \times f_i \times c_i$$

其中，T_j 代表第 j 省的碳排放总量；i 代表第 i 种化石燃料；E_{ji} 表示第 j 省对第 i 种能源的消费数量；f_i 为第 i 种能源标准煤折算系数；c_i 为第 i 种能源的碳排放系数。将碳排放总量除以 2000 年物价表示的地区真实 GDP，得到我国分省碳排放强度①。

（二）空间自相关分析

全局空间自相关和局部空间自相关方法可以用来分析我国工业碳强度的整体空间分异特征及局部集聚或极化特征，全局空间相关性一般使用全局莫兰指数进行检验，计算公式为：

$$\text{Moran's I} = \frac{n}{\sum_{i=1}^{n}\sum_{j=1}^{n} W_{ij}} \times \frac{\sum_{i=1}^{n}\sum_{j=1}^{n} W_{ij}(x_i - \bar{x})(x_j - \bar{x})}{\sum_{i=1}^{n}(x_i - \bar{x})^2}$$

其中，W_{ij} 是空间相邻权重矩阵，莫兰值的取值范围介于－1 到＋1 之间，大

① 限于篇幅，碳排放强度数据省略。

于 0 表示单元间关系越密切，存在空间正相关的集聚现象；小于 0 表示单元间差异越大或分布越发散，存在空间负相关的集聚现象；当莫兰值趋于 0 时，表示单元间相互独立，呈随机空间分布情形。对于全局莫兰指数，可以用 $Z(I)$ 进行空间自相关的显著性水平检验：

$$Z(I)=\frac{[I-\mathrm{E}(I)]}{\sqrt{\mathrm{Var}(I)}}$$

其中，$\mathrm{E}(I)$ 为莫兰指数的期望均值，$\mathrm{Var}(I)$ 为方差。

（三）我国地区间碳排放强度的空间特征分析

通过计算我国各地区碳排放强度可以发现，区域平均碳强度呈现出中西部和东北地区偏高、东南地区较低的空间分布格局。碳强度较高的地区集中在山西、宁夏、内蒙古、甘肃等省，而经济发达的东部沿海省市平均碳强度明显较低。碳排放强度的这一空间分布特征主要是由区域经济发展与高能耗产业的空间布局决定的，沿海省市的经济发展水平较高，高能耗高污染行业的规模较小，而中西部和东北地区则相反。

二、我国碳排放强度的空间相依性和集聚特征

为揭示碳排放强度的全局空间相关性，全局莫兰指数测算结果表明，在样本期内该指数均大于 0，且在 10%的统计水平下显著，表明碳排放强度在空间分布上具有显著的正相关性，证明了碳排放强度的空间集群特征，即相邻地区的碳排放强度具有空间上趋同的联系。样本期内全局莫兰指数呈现波动上升的趋势，表明在空间上趋于集中分布的地区，其碳强度也相似，即不同省市之间的碳强度存在空间相关性和明显的空间集群现象。

全局莫兰指数在测度地区间碳强度空间相依性时有一定的局限性，即部分地区碳强度的溢出效应与另外地区的回流效应，会降低全局莫兰指数的显著性。因此，为精确分析我国各省市的碳强度空间集聚特征，进一步计算局域莫兰指数散点图（见图 6.1）。

根据散点图 6.1 显示的 4 个象限碳强度空间集群模式，可以识别一个地区与邻近地区的关系。第一、第三象限空间自相关为正，代表区域间的集聚和相似性，而第二、第四象限空间自相关为负，则表示区域的异质性。

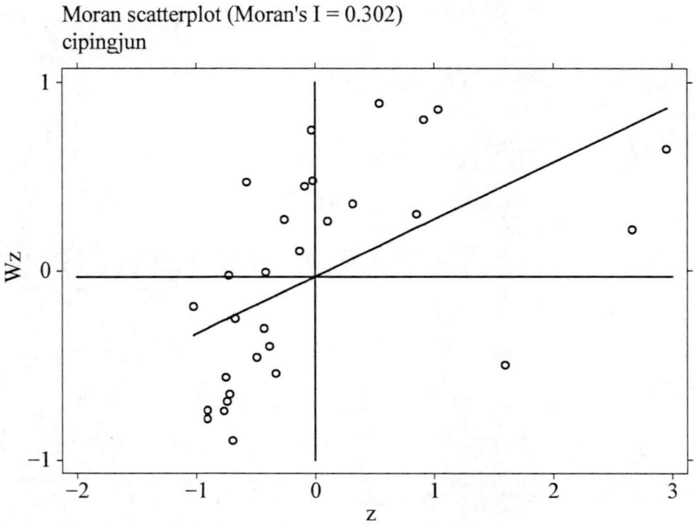

图 6.1　样本期内各省区平均碳强度局域莫兰散点图

表 6.1　样本期内各省区平均碳强度莫兰散点图解释

象限	省区	比例
高-高	河北、山西、辽宁、内蒙古、宁夏、甘肃、青海、新疆	26.67%
低-高	吉林、黑龙江、河南、广西、四川、陕西、重庆、云南	26.67%
低-低	北京、天津、上海、江苏、浙江、安徽、福建、江西、山东、湖北、湖南、广东、海南	43.33%
高-低	贵州	3.33%

为更直观清晰地解读我国各省市之间碳强度的空间相关模式，根据莫兰散点图的信息整理归纳得到省区的象限分布（见表 6.1）。表 6.1 显示，70%的省市显示出相似的空间关联，其中 26.67%的地区（8 个）在第一象限（高碳强度-高空间滞后），43.33%的地区（13 个）在第三象限（低碳强度-低空间滞后）。9 个地区（30%）显示了非相似值的空间关联，其中 8 个地区在第二象限，1 个省在第四象限，这表明地区间碳排放强度的空间相依性和差异性同时存在。

三、工业集聚对我国碳排放强度影响的空间计量实证

（一）变量与数据描述

本部分实证研究的变量选择基于环境压力评价的 STIRPAT 模型，该

模型的一般形式为：

$$I = aP^bA^cT^de \tag{6.1}$$

对式(6.1)取自然对数，得到：

$$\ln I = \ln a + b\ln P + c\ln A + d\ln T + \ln e \tag{6.2}$$

其中，I 表示环境压力，P 为人口规模，A 为富裕程度，T 为技术水平。a、b、c、d 分别为待估参数，e 为误差项。

接下来以碳排放强度作为反映环境压力的被解释变量，并根据 STIRPAT 模型及现有研究对解释变量进行相应改进与拓展。

(1) 鉴于本部分研究主题是工业集聚对环境的压力，因此模型中的 P 用工业集聚度表示，这是本部分实证关注的核心自变量。由于产业集聚对碳排放具有"反弹效应"和"节能效应"，工业的空间结构和布局与碳排放治理效率息息相关(武俊奎等，2012)，我们以工业区位基尼系数作为衡量各地区工业集聚的指标，各省的基尼系数用该省地级市 2003 年价格表示的规模以上工业产值计算，公式为：$Gini = \frac{1}{2n^2\overline{X}}\sum_{i=1}^{n}\sum_{j=1}^{n}|x_i - x_j|$。其中，$x_i$，$x_j$ 为某一省份 i 市和 j 市规模以上工业产值；$\overline{X}$ 为该省规模以上工业平均产值，n 为该省地级市个数。直辖市和自治区的工业区位集聚程度则用工业总产值的空间密度，即规模以上工业总产值除以行政区域土地面积来表示。

(2) 富裕程度 A 用反映经济发展水平的人均 GDP 表示($Pgdp$)，该变量用于捕捉经济发展对碳排放强度的规模效应。环境库兹涅茨曲线假说表明经济发展水平与污染排放有关。因此，本部分选择 2000 年物价表示的人均真实 GDP 衡量地区经济发展水平。

(3) 技术水平 T 用反映地区科技创新的 R&D 经费支出表示(*Technology*)，该变量用于捕捉科学技术的发展对碳排放强度的技术效应。生产工艺的进步、先进设备的引进和频繁的科研活动会对地区的节能减排和能源消耗产生促进的作用，这里选择 R&D 支出占地区 GDP 比重作为科技创新的代理指标。

(4) 根据我国经济外向型特征及制造业在全球价值链的地位，引入对外贸易依存度(*Open*)作为控制变量之一，该指标反映地区经济对进出口贸易的依赖程度，是衡量经济对外开放水平的重要指标。在市场开放的背景下，很多地区成为全球产业制造环节的承接地，同时也吸收了国外先进技术和管理。因此，市场开放可能会对本地区碳排放强度产生影响。孙欣、张可蒙(2014)的研究表明，对外开放能在较小程度上降低碳强度；王钰、张连城(2015)的研究则发现出口对碳强度没有影响。这里用进出口总额占地区GDP比重来控制经济开放对碳排放强度可能存在的潜在影响。

(5) 政府对工业企业环境污染排放的规制，反映了政府环境管理的水平和污染治理的决心，一方面有助于节能减排目标的实施，另一方面也会促进产业结构的优化转型，并且带动企业节能减排技术的创新和引进，提高企业能源利用效率，降低碳排放强度。陈德敏、张瑞(2012)研究发现，环境规制变量如环境科技投入、环境工业治理投资对于改善全要素能源效率意义重大。因此，为控制政府环境规制对碳排放强度的影响，引入污染治理(*Govern*)作为控制变量之一，用各省市工业污染治理占GDP比重来衡量。

对水平值变量碳排放强度、基尼系数、人均GDP取对数[①]，一方面是为了得到弹性系数；另一方面也是保证各变量的平稳性，得到稳健的回归结果。碳排放强度数据来自前文计算，自变量的原始数据来自各期《中国统计年鉴》。各变量的描述性统计如表6.2所示。

表6.2　各变量描述性统计

Variable	Obs	Mean	Std. Dev.	Min	Max
Carbon	510	1.5961	0.9801	0.353	6.5064
Gini	510	0.4884	0.4994	0	4.2878
Pgdp	510	26419.272	19216.1535	2759	114112.8
Technology	510	1.20006	1.01454	0.138	6.5784
Open	510	37.403	45.81081	3.573	189.4431
Govern	510	0.2034	0.15318	0.007	1.188

(二) 模型设定

1. 空间杜宾模型(Spatial Durbin Model，SDM)

空间杜宾模型的一般形式为：

$$Y = \rho WY + X\beta + \gamma WX + \varepsilon \tag{6.3}$$

① 样本中基尼系数出现0值，因此先将基尼系数变量加1再取对数，实际为$\ln(Gini+1)$。

其中，W 为空间权重矩阵，ρ 和 γ 反映来自邻近地区的影响，ε 是模型的残差项，且满足 $\varepsilon \sim N(0,\ \sigma^2 I)$。

将变量代入空间杜宾模型，可得：

$$
\begin{aligned}
\mathrm{Ln}(Carbon)_{it} = & \rho W * \mathrm{Ln}(Carbon)_{it} + \beta_1 \mathrm{Ln}(Gini)_{it} + \beta_2 \mathrm{Ln}(Pgdp)_{it} \\
& + \beta_3 Open_{it} + \beta_4 Govern_{it} + \beta_5 Technology_{it} \\
& + \gamma_1 W * \mathrm{Ln}(Gini)_{it} + \gamma_2 W * \mathrm{Ln}(Pgdp)_{it} + \gamma_3 W * Open_{it} \\
& + \gamma_4 W * Govern_{it} + \gamma_5 W * Technology_{it} + \varepsilon_{it}
\end{aligned} \tag{6.4}
$$

其中，ρ 度量了碳强度的空间溢出效应；$\beta_i(i=1,\ \cdots,\ 5)$ 分别度量工业集聚、经济发展、市场开放、政府污染治理力度、技术投入对碳排放强度的影响效应；$\gamma_i(i=1,\ \cdots,\ 5)$ 分别度量相邻地区的上述变量对本地区碳排放强度的空间溢出效应。

2. 空间滞后模型(Spatial Lag Model，SLM)

该模型主要考察各变量在一个地区是否具有空间溢出效应，其模型表达式为：

$$Y = \rho WY + X\beta + \varepsilon \tag{6.5}$$

其中，ρ 衡量空间相互作用；WY 为空间滞后因变量；X 是外生解释变量矩阵。将本部分的变量代入空间滞后模型，可得：

$$
\begin{aligned}
\mathrm{Ln}(Carbon)_{it} = & \rho W * \mathrm{Ln}(Carbon)_{it} + \beta_1 \mathrm{Ln}(Gini)_{it} + \beta_2 \mathrm{Ln}(Pgdp)_{it} \\
& + \beta_3 Open_{it} + \beta_4 Govern_{it} + \beta_5 Technology_{it} + \varepsilon_{it}
\end{aligned} \tag{6.6}
$$

其中，ρ 是空间回归系数，即相邻地区的碳排放强度 $W * Carbon$ 对本地区碳排放强度的影响程度和方向，反映碳排放强度的空间依赖作用；W 为 $n \times n$ 阶的空间权重矩阵；ε 为随机误差项向量。

3. 空间自相关模型(Spatial Autocorrelation Model，SAC)

SAC 模型被认为是 SEM 模型和 SLM 模型的结合，因为该模型同时考虑了被解释变量和随机干扰项中的空间相关性。SAC 模型的表达式为：

$$
\begin{aligned}
Y &= \rho WY + X\beta + \varepsilon \\
\varepsilon &= \lambda W\varepsilon + \mu
\end{aligned} \tag{6.7}
$$

其中，λ 表示 $n * 1$ 的截面因变量向量的空间误差系数，μ 表示随机误差且

满足条件 $E(\mu)=0$、$Cov(\mu)=\sigma^2 I$。

本部分构建的空间面板数据模型为：

$$\begin{aligned} Ln(Carbon)_{it} &= \rho W * Ln(Carbon)_{it} + \beta_1 Ln(Gini)_{it} + \beta_2 Ln(Pgdp)_{it} \\ &\quad + \beta_3 Open_{it} + \beta_4 Govern_{it} + \beta_5 Technology_{it} + \varepsilon_{it} \\ \varepsilon_{it} &= \lambda W \varepsilon_{it} + \mu_{it} \end{aligned} \tag{6.8}$$

$W * Carbon_{it}$ 表示邻近地区的碳排放强度加权之和，若参数 ρ 为正，表示正的溢出效应，即如果邻近地区的碳排放强度高，那么会推高本地区的碳排放强度；反之则表示负的溢出效益，即邻近省区的高碳强度会抑制本地区的碳强度。

4. 空间误差模型(Spatial Error Model, SEM)

该模型主要考察存在于误差扰动项中的空间依赖性，区域间也可能存在因要素波动通过某种空间传导机制波及其他地区而带来的空间溢出效应，如果误差的空间自相关性被忽略，可能会带来模型的设定偏误。空间误差的模型表达式为：

$$\begin{aligned} Y &= X\beta + \varepsilon \\ \varepsilon &= \lambda W \varepsilon + \mu \end{aligned} \tag{6.9}$$

其中，Y、X、W、ε 与空间滞后模型中的含义相同；λ 为 $n \times 1$ 阶的自回归参数，衡量样本观察值之间的空间依赖作用，μ 为正态分布的随机误差向量。将变量代入空间误差模型，得到：

$$\begin{aligned} Ln(Carbon)_{it} &= \beta_1 Ln(Gini)_{it} + \beta_2 Ln(Pgdp)_{it} + \beta_3 Open_{it} + \beta_4 Govern_{it} \\ &\quad + \beta_5 Technology_{it} + \varepsilon_{it} \\ \varepsilon_{it} &= \lambda W \varepsilon_{it} + \mu_{it} \end{aligned} \tag{6.10}$$

其中，ε 为随机误差向量项，SEM 的扰动项中包含着空间依赖关系，度量了相邻地区碳排放强度的外在冲击对本地区碳强度的影响；λ 表示 $n \times 1$ 的各地区碳强度截面向量空间误差系数，衡量了相邻地区碳排放强度的变化对本地区碳排放强度的冲击方向和程度；参数 $\beta_i(i=1, \cdots, 5)$ 分别度量工业集聚、经济发展、市场开放、政府污染治理力度、技术投入对碳排放强度的影响效应；μ 为服从正态分布的随机误差向量。

（三）权重矩阵的设定

空间权重矩阵 W 的确定有邻近原则和距离原则。本部分研究对象是全国 30 个省、直辖市和自治区，考虑到在空间分布上具有相邻性，且由于省级行政单元地理范围较广而确定中心坐标难度较大。因此，采用 Rook 邻近原则构建地理空间权重矩阵 W^D，即若两区域相邻，则权重值设为 1，否则为 0，然后对其进行行标准化。

在碳强度驱动因素模型的空间模型回归中，除了采用地理空间权重矩阵外，我们还构建了包含经济和资源因素的综合权重矩阵。原因在于，碳排放强度不仅受地理空间关系影响，在很大程度上也受各地区资源禀赋特征、产业结构状况和经济发展水平影响，这些因素既影响本地区碳排放强度，还通过产业的空间转移等方式影响其他地区的碳排放强度。参考孙耀华、仲伟周(2014)的方法，定义地区煤炭开采量占全国煤炭开采量比重与地区 GDP 占全国 GDP 比重的比值为资源禀赋系数 RE，并在此基础上构建资源禀赋矩阵 W^{RE}；定义各省工业产值占全国工业产值比重与各省 GDP 占全国 GDP 比重的比值为工业比重系数 IND，并在此基础上构建工业产值矩阵 W^{IND}；定义两省样本期内人均真实 GDP 均值之差为收入差距 $\overline{Pgdp}$，并在此基础上构建收入差异矩阵 W^{INM}。随后，将地理空间权重矩阵 W^D 分别和资源禀赋矩阵 W^{RE}、工业产值矩阵 W^{IND} 和收入差异矩阵 W^{INM} 相乘，得到三个综合空间权重矩阵 W^*_{RE}、W^*_{IND}、W^*_{INM}，公式如下：

$$W_{ij}^{RE}=\begin{cases}\dfrac{1}{|\overline{RE_j}-\overline{RE_i}|}, & j\neq i\\ 0, & j=i\end{cases}\qquad 其中,\overline{RE_i}=\frac{1}{17}\sum_{t=2000}^{2016}RE_{it}$$

$$W_{ij}^{IND}=\begin{cases}\dfrac{1}{|\overline{IND_j}-\overline{IND_i}|}, & j\neq i\\ 0, & j=i\end{cases}\qquad 其中,\overline{IND_i}=\frac{1}{17}\sum_{t=2000}^{2016}IND_{it}$$

$$W_{ij}^{INM}=\begin{cases}\dfrac{1}{|\overline{Pgdp_j}-\overline{Pgdp_i}|}, & j\neq i\\ 0, j=i\end{cases}\qquad 其中,\overline{Pgdp_i}=\frac{1}{17}\sum_{t=2000}^{2016}Pgdp_{it}$$

$$W_m^*=W_{ij}^D\times W_{ij}^m\qquad 其中,m=RE,\ IND,\ INM$$

为减少外在影响和便于结果的解释，通常对综合空间权重矩阵 W^* 进行行标准化。

（四）模型估计与结果分析

根据前文的探索性空间数据分析，我国省级碳强度具有显著的空间相关性。因此，我们以中国 30 个省、市、自治区为空间单元，分别用地理空间

权重矩阵 W^D、资源禀赋综合权重矩阵 W_{RE}^*、工业产值综合权重矩阵 W_{IND}^* 和收入差异权重矩阵 W_{INM}^*，运用 Stata12 进行分省碳排放强度空间计量模型的参数估计和分析，估计结果如表 6.3 和表 6.4 所示。

表 6.3 是以空间相邻矩阵和资源禀赋矩阵为权重的四类空间模型的估计结果。以空间相邻矩阵为权重的回归中，SDM 和 SAR 模型的估计结果显示，空间自回归系数 ρ 均大于 0，并在 1%的统计水平下显著，表示碳排放强度存在正的空间相关关系；SAC 模型中空间自回归系数 ρ 在 1%水平下显著大于 0，空间误差系数 λ 在 1%的水平下显著小于 0，表明碳排放强度存在正的空间相关性，空间误差存在负的空间相关性；SEM 模型的 λ 在 1%的统计水平下显著大于 0，表明邻近区域的空间误差存在着正的空间相关关系。总之，这两个空间系数在统计意义上显著，说明碳强度在地区之间存在较强的空间扩散(溢出)效应和空间依赖现象。四个模型的回归结果表明，反映工业集聚度的变量基尼系数估计参数均至少在 5%的水平下显著为负，表明工业集聚度与地区碳排放强度之间呈负相关关系，不同模型估计结果具有很强的稳健性，该变量的弹性系数在－0.304～－0.365 之间，这意味着工业集聚程度上升 1%，地区碳排放强度大约会下降 0.304%～0.365%；控制变量中以人均 GDP 表示的地区经济发展水平在 1%的水平下显著为负，表明在样本期内随着经济发展、人均 GDP 的上升，碳排放强度呈下降趋势，运用不同空间计量模型得到的弹性系数在－0.130～－0.369 之间，意味着人均 GDP 上升 1%，碳排放强度将大约下降 0.130%～0.369%；其他控制变量如对外贸易依存度(*OPEN*)、污染治理(*Govern*)、科技创新(*Technology*)在回归模型中均不显著。根据衡量统计模型拟合优良性的对数伪似然值(Log－Pseudolikelihood)、AIC 准则和 BIC 准则，在以空间相邻矩阵为权重的回归中，空间自相关模型(SAC)的拟合效果更优。

根据资源禀赋矩阵为权重的回归结果，空间自回归系数 ρ 和空间误差系数 λ 的方向及显著性并没有因空间权重矩阵的不同而改变，四个模型的回归结果显示，反映工业集聚度的基尼系数估计值均至少在 10%的水平下显著为负，用不同权重得到的估计值基本稳定，表明工业集聚度与碳排放强度之间呈稳健的负相关关系，控制变量中以人均 GDP 表示的地区经济发展水平在 1%的水平下显著为负，表明在样本期内随着经济发展、人均 GDP 的上升，碳排放强度呈下降趋势，其他控制变量均不显著。根据对数伪似然值、AIC 和 BIC 准则，空间自相关模型(SAC)的拟合效果更优。

表 6.3 空间模型回归结果(一)

Variable	W^{D}				W^{*}_{RE}			
	SDM	SAR	SAC	SEM	SDM	SAR	SAC	SEM
Ln(*Gini*)	−0.365*** (0.1375)	−0.337*** (0.1365)	−0.304** (0.1375)	−0.343*** (0.1345)	−0.332** (0.1436)	−0.321** (0.1335)	−0.236* (0.1284)	−0.351*** (0.1395)
Ln(*Pdgp*)	−0.232*** (0.0455)	−0.221*** (0.0404)	−0.130*** (0.0334)	−0.369*** (0.0475)	−0.266*** (0.0425)	−0.253*** (0.0425)	−0.132*** (0.0506)	−0.387*** (0.0374)
Open	0.0011 (0.0010)	0.0021 (0.0010)	0.0011 (0.0010)	0.0015 (0.0016)	0.0021** (0.0010)	0.0021** (0.0010)	0.0011** (0.0005)	0.0019 (0.0014)
Govern	0.1304 (0.1163)	0.1355 (0.1122)	0.1193 (0.0849)	0.1709 (0.1274)	0.1355 (0.1112)	0.1698 (0.1153)	0.1102 (0.0768)	0.1769 (0.1233)
Technology	−0.0526 (0.0506)	−0.0131 (0.0495)	0.0415 (0.0374)	−0.0313 (0.0596)	0.0152 (0.0495)	−0.0020 (0.0455)	0.0313 (0.0334)	−0.0081 (0.0536)
Cons	2.192*** (0.4448)			3.8382*** (0.4873)		2.6194*** (0.4175)		3.8863*** (0.3953)
ρ	0.4121*** (0.0890)	0.4382*** (0.0940)	0.6984*** (0.0768)		0.3122*** (0.0880)	0.3371*** (0.0859)	0.672*** (0.1112)	
λ			−0.568*** (0.1870)	0.404*** (0.0930)			−0.513*** (0.2022)	0.287*** (0.0900)
R-sq	0.8331	0.8189	0.8250	0.8048	0.8209	0.8179	0.8290	0.8088

（续　表）

Variable	W^{D}				W^{*}_{RE}			
	SDM	SAR	SAC	SEM	SDM	SAR	SAC	SEM
Log-Pseudo-likelihood	245.1675	327.4760	333.3459	223.8314	326.8492	234.9402	342.6562	223.1287
Hausman	3.2453	25.912***	0.0000	1.5569	16.532***	0.0708	0.0000	7.4511
AIC	−468.0930	−640.8021	−650.5178	−429.4627	−637.5265	−451.6845	−669.1405	−428.0574
BIC	−423.9831	−612.7267	−618.4388	−393.3801	−605.4475	−415.5918	−637.0614	−391.9748
N	510	510	510	510	510	510	510	510

注：括号内为稳健标准误，* 表示在 10%的水平下显著，** 表示在 5%的水平下显著，*** 表示在 1%的水平下显著

表 6.4　空间模型回归结果(二)

Variable	W^{*}_{IND}				W^{*}_{INM}			
	SDM	SAR	SAC	SEM	SDM	SAR	SAC	SEM
Ln(*Gini*)	−0.381*** (0.1375)	−0.391*** (0.1365)	−0.390*** (0.1415)	−0.401*** (0.1264)	−0.345*** (0.1335)	−0.347*** (0.1365)	−0.328** (0.2083)	−0.335** (0.1557)
Ln(*Pdgp*)	−0.241*** (0.0425)	−0.232*** (0.0384)	−0.165*** (0.0556)	−0.369*** (0.0455)	−0.240*** (0.0394)	−0.238*** (0.0384)	−0.155*** (0.0586)	−0.371*** (0.0394)
Open	0.0010 (0.0010)	0.0017 (0.0010)	0.0010 (0.0010)	0.0010 (0.0020)	0.0017 (0.0010)	0.0018* (0.0010)	0.0010 (0.0010)	0.0010 (0.0010)

（续　表）

Variable	W^*_{IND}				W^*_{INM}			
	SDM	SAR	SAC	SEM	SDM	SAR	SAC	SEM
Govern	0.143 6 (0.121 3)	0.148 6 (0.115 3)	0.143 6 (0.101 1)	0.173 9 (0.130 4)	0.125 4 (0.102 1)	0.136 5 (0.109 2)	0.135 5 (0.094 0)	0.165 8 (0.127 4)
Technology	−0.036 4 (0.050 6)	−0.022 2 (0.054 6)	0.042 5 (0.048 5)	−0.031 3 (0.060 7)	0.017 2 (0.049 5)	0.019 2 (0.048 5)	0.034 4 (0.037 4)	−0.014 2 (0.057 6)
Cons	2.344 1*** (0.418 6)			3.878 1*** (0.476 2)				3.869 0*** (0.416 5)
ρ	0.364 1*** (0.077 8)	0.400 3*** (0.003 0)	0.570 1*** (0.146 6)		0.345 0*** (0.078 9)	0.367 1*** (0.083 9)	0.584 1*** (0.155 7)	
λ			−0.301 1 (0.229 5)	0.378 2*** (0.086 9)			−0.376 2** (0.208 3)	0.295 1*** (0.100 1)
R-sq	0.829 0	0.816 9	0.820 9	0.804 8	0.825 0	0.820 9	0.828 0	0.805 8
Log-Pseud-olikelihood	240.346 0	324.523 9	326.680 4	223.347 1	329.483 9	327.177 8	333.005 2	220.368 7
Hausman	4.226 0	34.831 1***	0.000 0	1.081 8	21.852***	19.231***	0.000 0	4.509 1
AIC	−458.448 1	−634.897 9	−637.182 8	−428.492 1	−642.793 8	−640.205 6	−649.830 4	−422.537 3
BIC	−414.338 1	−606.822 4	−605.103 7	−392.409 5	−610.714 8	−612.130 2	−617.751 3	−386.454 8
N	510	510	510	510	510	510	510	510

注：括号内为稳健标准误，* 表示在 10%的水平下显著，** 表示在 5%的水平下显著，*** 表示在 1%的水平下显著

表 6.4 是以工业产值矩阵和收入差异矩阵为权重的四类空间模型的估计结果。结果显示，不管是以工业产值矩阵还是收入差异矩阵为权重，空间自回归系数 ρ 和空间误差系数 λ 的方向及显著性并没有因空间权重而改变，显示出碳排放强度在地区之间存在较强的空间扩散（溢出）效应和空间依赖现象。在 8 个回归结果中，反映工业集聚度的基尼系数估计值均至少在 5%的统计水平下显著为负，且用不同权重得到的估计值基本稳定，表明工业集聚度与地区碳排放强度之间呈负相关关系，体现出估计结果具有很强的稳健性特征，控制变量中以人均 GDP 表示的地区经济发展水平在 1%的水平下显著为负，表明在样本期内随着经济发展、人均 GDP 的上升，碳排放强度呈下降趋势，其他控制变量均不显著。综合对数伪似然值、AIC 和 BIC 准则，空间自相关模型（SAC）的拟合效果更优。

因此，综合以上表 6.3 和表 6.4 的空间计量回归以及模型选择的统计指标，针对四个权重下的空间自相关模型估计结果，我们发现，工业的空间集聚能显著降低碳排放强度，人均 GDP 与碳排放强度之间也呈显著负相关。乜敏、赵洪海（2013）针对集聚与碳强度关系的研究表明，制造业碳排放强度对产业集聚的长期弹性系数为－2.917 2，短期内制造业产业集聚程度对碳排放强度的弹性系数为－0.690 6，该文测度的弹性系数比本研究结果的绝对值更大，主要是该研究采用协整检验和误差修正模型进行的，未考虑到地区之间碳排放强度在空间上的相关性，对产业集聚的度量方法采用空间集聚指数（EG），而本研究则以空间基尼系数测度工业集聚程度，并且运用空间面板模型进行测度，考虑了地区之间碳强度的相依性。

第三节　工业集聚对环境效率的影响

一、环境效率的测算与分析

环境效率是度量污染物排放效率的重要指标，它表明实际污染排放和潜在污染排放之间的关系。环境效率介于 0 和 1 之间，越接近于 1，表示污染物的排放效率越高，为环境友好型；反之，环境效率越接近于 0，则表明污染物排放效率越低，即为环境破坏型。测算环境效率的方法较为多样，其中 DEA 方法是最为广大学者所接受和使用的。传统的 DEA 方法评价效率的原则通常是用尽可能少的投入获得尽可能大的产出，然而在评价环境效率时，由于存在大量的污染物，即非期望产出的出现，这就使得传统的 DEA 方法在评价环境效率时须经过适当的改进。

为将环境污染这一非期望产出纳入生产模型并且用 DEA 方法进行评价，学者提出了以下几种主要方法。第一种方法是将污染物变量直接作为投入之一，这种方法较为简便且十分有效，但这种方法显然与实际的生产过程不符。第二种方法是将非期望产出乘以－1，使得污染物变量作为一个负产出，但是这种方法存在线性规划无解的情况。第三种方法是将非期望产出的倒数作为期望产出的代理指标。相比于第一种，这种方法虽然测算出的环境效率偏差较小，但同样违背了实际的生产过程。一些学者又提出了方向性距离函数法，但这种方法也并未跳脱出 DEA 模型的径向和角度的度量方法，效率值仍然存在偏差。鉴于 DEA 模型在处理非期望产出时存在的困境，这里采用非径向和非角度的 SBM 模型。

（一）SBM－DEA 模型与改进

SBM－DEA 模型[①]是由 Tone 在 2001 年提出的，该模型假设生产系统中有 n 个决策单元，均存在三种投入产出向量，分别为 m 个投入向量 $x_{ij}(i=1, 2, \cdots, m)$，$s$ 个期望产出 $y_{rj}(r=1, 2, \cdots, s)$ 和 k 个非期望产出 $b_{uj}(u=1, 2, \cdots, k)$，具体的模型如下所示：

$$\min \rho = \frac{1-\dfrac{1}{m}\sum_{i=1}^{m}\dfrac{s_i^{x-}}{x_{i0}}}{1+\dfrac{1}{s+k}\left(\sum_{r=1}^{s}\dfrac{s_r^{g+}}{g_{r0}}+\sum_{u=1}^{k}\dfrac{s_u^{b-}}{b_{u0}}\right)} \tag{6.11}$$

s. t.

$$x_{i0}=\sum_{j=1}^{n}x_{ij}\lambda_j+s_i^{x^-},\ i=1, 2, \cdots, m$$

$$y_{r0}=\sum_{j=1}^{n}y_{rj}\lambda_j-s_r^{g^+},\ r=1, 2, \cdots, s$$

$$b_{u0}=\sum_{j=1}^{n}b_{uj}\lambda_j+s_u^{b^-},\ u=1, 2, \cdots, k$$

$$s_i^{x-},\ s_r^{g+},\ s_u^{b-},\ \lambda_j \geqslant 0.$$

① Tone, K. (2001). A slacks-based measure of efficiency in data envelopment analysis. *European Journal of Operational Research*, 130, 498－509.

由于 SBM－DEA 模型是非线性的，在实践中不便运用，因此，根据 Charnes-Cooper 的方法可以将此模型转化成线性规划。首先，我们将分子分母同乘以 $t(t>0)$。然后，增加一个约束条件，令分母等于 1，则分子即为效率值。根据以上变形，改进后的模型为：

$$\min \tau = t - \frac{1}{m}\sum_{i=1}^{m}\frac{ts_i^{x-}}{x_{i0}}$$

s. t.

$$1 = t + \frac{1}{s+k}\left(\sum_{r=1}^{s}\frac{ts_r^{g+}}{x_{r0}} + \sum_{u=1}^{k}\frac{ts_u^{b-}}{x_{u0}}\right)$$

$$x_{i0} = \sum_{j=1}^{n} x_{ij}\lambda_j + s_i^{x-},\ i=1,\ 2,\ \cdots,\ m$$

$$y_{r0} = \sum_{j=1}^{n} y_{rj}\lambda_j - s_r^{g+},\ r=1,\ 2,\ \cdots,\ s$$

$$b_{u0} = \sum_{j=1}^{n} b_{uj}\lambda_j + s_u^{b-},\ u=1,\ 2,\ \cdots,\ k$$

$$s_i^{x-},\ s_r^{g+},\ s_u^{b-},\ \lambda_j \geqslant 0,\ t > 0.$$

这样，通过变形我们将问题转换为了线性规划。

$$S_i^{x-} = ts_i^{x-},\ i=1,\ 2,\ \cdots,\ m$$

$$S_r^{g+} = ts_r^{g+},\ r=1,\ 2,\ \cdots,\ s$$

$$S_u^{b-} = ts_u^{b-},\ u=1,\ 2,\ \cdots,\ k$$

$$\Lambda_j = t\lambda_j,\ j=1,\ 2,\ \cdots,\ n$$

因此，SBM－DEA 被转换为线性规划模型：

$$\min \tau = t - \frac{1}{m}\sum_{i=1}^{m}\frac{S_i^{x-}}{x_{i0}} \tag{6.12}$$

s. t.

$$1 = t + \frac{1}{s+k}\left(\sum_{r=1}^{s}\frac{S_r^{g+}}{x_{r0}} + \sum_{u=1}^{k}\frac{S_u^{b-}}{x_{u0}}\right)$$

$$tx_{i0} = \sum_{j=1}^{n} x_{ij}\Lambda_j + S_i^{x-},\ i=1,\ 2,\ \cdots,\ m$$

$$ty_{r0} = \sum_{j=1}^{n} y_{rj}\Lambda_j - S_r^{g+},\ r=1,\ 2,\ \cdots,\ s$$

$$tb_{u0} = \sum_{j=1}^{n} b_{uj}\Lambda_j + S_u^{b-},\ u = 1,\ 2,\ \cdots,\ k$$
$$S_i^{x-},\ S_r^{g+},\ S_u^{b-},\ \Lambda_j \geqslant 0,\ t > 0.$$

假设我们将此线性规划的最优解定义为（τ^*，t^*，Λ_j^*，$S_i^{x-^*}$，$S_r^{g+^*}$，$S_u^{b-^*}$），则此 SBM 模型的最优解为：

$$\rho^* = \tau^*,\ \lambda_j^* = \frac{\Lambda_j^*}{t^*},\ s_i^{x-^*} = \frac{S_i^{x-^*}}{t^*},\ s_r^{g+^*} = \frac{S_r^{g+^*}}{t^*},\ s_u^{b-^*} = \frac{S_u^{b-^*}}{t^*}$$

其中，当 $\rho^* = 1$ 时，决策有效，$s_i^{x-^*} = 0,\ s_r^{g+^*} = 0,\ s_u^{b-^*} = 0$；参考集 $R_0 = \{j \mid \lambda_j^* > 0\}.(j \in \{1,\ 2,\ \cdots,\ n\})$。

因为 SBM 模型的最优解只由 $s_i^{x-^*}$，$s_r^{g+^*}$ 和 $s_u^{b-^*}$ 决定，所以决策单元的效率不会受到参考集以外的决策单元影响，不像其他效率值的计算是基于整个数据集的。SBM - DEA 的特点是目标函数中包含了松弛变量，它不仅解决了投入和期望产出的问题，也能解决环境效率存在的非期望产出的问题，比其他效率评价方法更能反映出效率评价的本质。

（二）研究样本与指标数据

本部分使用的数据是 2003—2016 年我国 30 个省、自治区和直辖市下属的 283 个地级城市的投入和产出数据。数据主要来源于历年的《中国城市统计年鉴》《中国环境统计年鉴》《中国区域经济统计年鉴》，对于相应的数据缺失，以各省的统计年鉴进行补充。投入和产出的变量定义如下：

（1）期望产出：用各地级城市每年实际 GDP 表示，所有城市的 GDP 都根据 GDP 平减指数折算到以 1995 年为不变价。平减指数根据 GDP 指数计算，以 30 个省、自治区、直辖市为单位，每个省、自治区、直辖市下属的地级城市采用统一的平减指数。

（2）非期望产出：非期望产出是指生产过程中产生的环境污染物排放，这里选取各城市每年的工业废水、工业 SO_2 和工业粉尘排放量为三个非期望产出，分别研究三种污染物的排放效率。

（3）劳动投入：基于数据的可获得性，选取各地级城市每年的单位从业人员作为劳动投入指标。

（4）资本投入：用每年各地级市的固定资本存量来表示，采用永续盘存法计算而得。参考柯善咨和向娟（2012）关于“1996—2009 年中国城市固定资本存量估算”的文献，将固定资产的投资建设周期假设为平均三年更为合理，因此，固定资本存量的表达式应为：

$$K_t = (1-\delta)K_{t-1} + \frac{1}{3}(I_t + I_{t-1} + I_{t-2}) \tag{6.13}$$

固定资本存量的估算需要当年投资序列 I、经济折旧率、初始资本存量 K 以及固定资产价格投资的总指数四个变量。参考柯善咨和向娟(2012)，采用全社会固定资产投资作为当年投资序列 I，经济折旧率 δ 为几何折旧模式，折旧年限取较为保守的建筑物 40 年和设备 16 年，初始资本存量 K 来自 Reinsdorf 和 Cover(2005)，固定资产价格投资的总指数则是以城镇集体单位和城镇三大类固定资产投资比重作为加权权重，结合固定资产投资价格指数，折算出以上年为 100 的固定资产价格总指数，再折算为以 1995 年为 100 的固定资产投资价格总指数，与 GDP 的平减保持一致，这一部分的相关数据来源于湖南大学经济与贸易学院经济数据研究中心。

将改进的 SBM－DEA 模型应用到本部分计算环境效率时，具体的计算方式如下：

$$\min \tau = t - \frac{1}{2}\left(\frac{S_0^{l-}}{l_0} + \frac{S_0^{c-}}{c_0}\right) \tag{6.14}$$

s. t.

$$1 = t + \frac{1}{4}\left(\frac{S_0^{g+}}{g_0} + \frac{S_0^{w-}}{w_0} + \frac{S_0^{a-}}{a_0} + \frac{S_0^{s-}}{s_0}\right)$$

$$tl_0 = \sum_{j=1}^{283} l_j \Lambda_j + S_0^{l-}$$

$$tc_0 = \sum_{j=1}^{283} c_j \Lambda_j + S_0^{c-}$$

$$tc_0 = \sum_{j=1}^{283} c_j \Lambda_j + S_0^{c-}$$

$$tg_0 = \sum_{j=1}^{283} g_j \Lambda_j - S_0^{g+}$$

$$tw_0 = \sum_{j=1}^{283} w_j \Lambda_j + S_0^{w-}$$

$$ta_0 = \sum_{j=1}^{283} a_j \Lambda_j + S_0^{a-}$$

$$ts_0 = \sum_{j=1}^{283} s_j \Lambda_j + S_0^{s-}$$

$$S_0^{l-},\ S_0^{c-},\ S_0^{g+},\ S_0^{w-},\ S_0^{a-},\ S_0^{s-},\ \Lambda_j \geqslant 0,\ t > 0.$$

假设我们将线性回归的最优解定义为 τ^*，t^*，Λ_j^*，S_0^{l-*}，S_0^{c-*}，S_0^{g+*}，S_0^{w-*}，S_0^{a-*}，S_0^{s-*}，那么此 SBM 模型的最优解为：

$$\rho^* = \tau^*,\ \lambda_j^* = \frac{\Lambda_j^*}{t^*},\ s_0^{l-*} = \frac{S_0^{l-*}}{t^*},\ s_0^{c-*} = \frac{S_0^{c-*}}{t^*},\ s_0^{g+*} = \frac{S_0^{g+*}}{t^*},$$

$$s_0^{w-*} = \frac{S_0^{w-*}}{t^*},\ s_0^{a-*} = \frac{S_0^{a-*}}{t^*},\ s_0^{s-*} = \frac{S_0^{s-*}}{t^*}$$

（三）测算结果及分析

利用 2003—2016 年的 283 个地级城市面板数据，选取 SBM - DEA 模型测算工业废水、工业 SO_2 和工业粉尘的排放效率，从区域、省际和地级市三个方面对三种污染物排放效率的结果进行分析。

1. 区域间工业废水排放效率分析

图 6.2 为 2003 年到 2016 年我国东部、中部、西部以及全国平均工业废水排放效率的走势图。按照区域经济规划，将全国 30 个省 283 个地级城市划分为东部、中部和西部三个区域①。

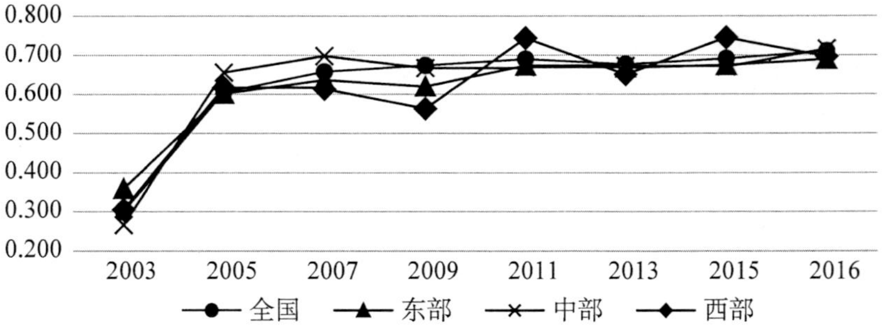

图 6.2　2003—2016 年我国区域工业废水排放效率

① 东部由北京市、天津市、上海市三个直辖市以及河北、辽宁、江苏、浙江、福建、山东、广东、广西、海南等 9 个省份下属的地级城市构成；西部由山西、内蒙古、吉林、黑龙江、安徽、江西、河南、湖北及湖南等 9 个省下属的所有地级城市构成；中部是由重庆市以及四川、贵州、云南、陕西、甘肃、青海、宁夏、新疆等 8 个省份的地级城市所组成。

从整体趋势来看，东部、中部和西部在工业废水的排放效率上差别不大，均从2003年较低的0.3上升至2016年的0.7左右，经历先快速增长后趋于稳定的变化过程。相比较而言，东部区域效率的提升较为稳定，形成一个逐渐增长的弧线，而中部和西部的增长则略有波动，呈现出起伏上涨的态势。在2003年到2016年间，区域环境效率最高的为2008年的中部，这可能与该年奥运会的举办相关，而在2008年之后，全国平均工业废水排放效率也基本稳定，没有显著上扬，表示经济与环境的协调发展达到了一个瓶颈，也难有动机促使环境效率的进一步提升。

由表6.5可知，从2003年到2016年，全国平均工业废水排放效率从0.300上升到了0.618，且基本显示出逐年稳步上升的态势，但是各省之间的差距较为明显。在2003年到2016年间的十多年内，全国工业废水排放效率最高的省份(市)为海南，平均每年的排放效率为0.904。从全国平均值来看，我国的工业废水排放效率尽管已经上升至0.618，但距离达到环境前沿面1.000仍具有相当大的差距，经济和环境协调发展的能力仍待进一步增强。从全国范围来看，仍有大部分省份工业废水的排放效率偏低，说明我国在环境保护方面的任务依然严峻。

表6.5 2003—2016年我国省级工业废水排放效率

	2003年	2005年	2007年	2009年	2011年	2013年	2015年	2016年	均值
北京	0.508	0.799	0.975	0.194	0.599	0.228	0.6	0.909	0.571
天津	0.301	1	0.298	0.232	0.501	0.167	0.502	0.534	0.426
河北	0.205	0.615	0.803	0.837	0.86	0.848	0.861	0.865	0.736
山西	0.243	0.849	0.782	0.749	0.699	0.767	0.7	0.749	0.687
内蒙古	0.32	0.911	0.711	0.737	0.847	0.733	0.848	0.978	0.757
辽宁	0.251	0.649	0.724	0.898	0.829	0.882	0.83	0.874	0.740
吉林	0.387	0.647	0.766	0.712	0.843	0.66	0.844	0.846	0.686
黑龙江	0.374	0.676	0.676	0.45	0.483	0.558	0.484	0.512	0.532
上海	0.273	0.214	0.325	0.333	0.411	0.972	0.412	0.373	0.408
江苏	0.347	0.635	0.533	0.738	0.83	0.708	0.831	0.888	0.685
浙江	0.494	0.458	0.467	0.585	0.552	0.584	0.553	0.476	0.499

（续 表）

	2003年	2005年	2007年	2009年	2011年	2013年	2015年	2016年	均值
安徽	0.282	0.575	0.597	0.608	0.683	0.601	0.684	0.69	0.574
福建	0.372	0.46	0.495	0.432	0.429	0.444	0.43	0.43	0.422
江西	0.156	0.549	0.659	0.695	0.6	0.677	0.601	0.656	0.563
山东	0.36	0.713	0.734	0.789	0.835	0.773	0.836	0.828	0.708
河南	0.228	0.65	0.688	0.716	0.774	0.72	0.775	0.752	0.650
湖北	0.238	0.571	0.646	0.632	0.485	0.651	0.486	0.594	0.543
湖南	0.166	0.484	0.765	0.715	0.619	0.692	0.62	0.671	0.597
广东	0.529	0.491	0.546	0.757	0.649	0.738	0.65	0.722	0.637
广西	0.181	0.469	0.75	0.649	0.598	0.688	0.599	0.512	0.543
海南	0.481	0.718	1	1	1	1	1.001	0.876	0.904
重庆	0.684	0.355	0.179	0.012	1	0.723	1.001	0.136	0.435
四川	0.194	0.514	0.666	0.683	0.774	0.617	0.775	0.759	0.613
贵州	0.247	0.861	0.45	0.53	0.673	0.564	0.674	0.69	0.595
云南	0.305	0.508	0.588	0.458	0.576	0.496	0.577	0.603	0.493
陕西	0.361	0.704	0.623	0.655	0.709	0.682	0.71	0.78	0.650
甘肃	0.244	0.648	0.725	0.621	0.672	0.581	0.673	0.666	0.597
青海	0.183	0.51	1	0.733	1	0.78	1.001	1	0.711
宁夏	0.294	0.461	0.611	0.377	0.606	0.423	0.607	0.644	0.488
新疆	0.234	1	0.684	1	0.69	1	0.691	1	0.795
全国平均	0.3	0.606	0.659	0.675	0.691	0.678	0.692	0.711	0.618

2. 工业 SO_2 排放效率分析

图 6.3 显示了从 2003 年到 2016 年我国三大经济区域以及全国平均工业 SO_2 排放效率的变动趋势。与工业废水的排放效率不同，三大区域在工业 SO_2 的排放效率上出现了明显的差异。首先，从整体来看，三个区域的工业 SO_2 排放效率的变动趋势还是相近的，都经历了比较大的波动，其中，2005 年的排放效率较高。比较东部、中部和西部的 SO_2 排放效率发现，东部的 SO_2 排放效率是最高的，中部其次，西部最低。

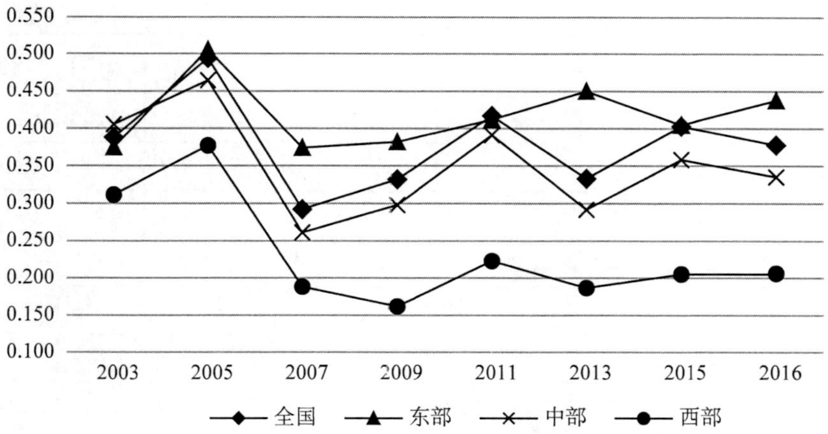

图 6.3　2003—2016 年我国区域工业 SO_2 排放效率

表 6.6 显示的是从 2003 年到 2016 年各省份工业 SO_2 的排放效率，与工业废水排放效率相比，工业 SO_2 的排放效率明显要低很多，以全国平均数据为例，全国工业 SO_2 的排放效率在 2003 年到 2016 年间平均为 0.366。从各省市级的数据看，鲜少有省级单位的工业 SO_2 排放效率可以达到 1.000，仅海南省在部分年份处在环境前沿面上。平均工业 SO_2 排放效率最低的四个省份为山西、贵州、宁夏和青海，分别为 0.121、0.093、0.195 和 0.167。这说明省际间的环境效率差距明显，落后省份具有相当巨大的减排潜力。

表 6.6　2003—2016 年我国省级工业 SO_2 排放效率

	2003 年	2005 年	2007 年	2009 年	2011 年	2013 年	2015 年	2016 年	均值
北京	0.444	0.008	0.443	0.127	0.077	0.144	0.127	0.146	0.254
天津	0.527	0.994	0.118	0.103	0.019	0.076	0.039	0.068	0.236
河北	0.334	0.522	0.332	0.349	0.472	0.356	0.439	0.408	0.385
山西	0.107	0.187	0.107	0.107	0.135	0.136	0.123	0.140	0.121
内蒙古	0.199	0.184	0.181	0.192	0.283	0.183	0.289	0.246	0.201
辽宁	0.269	0.418	0.277	0.272	0.369	0.245	0.35	0.308	0.295
吉林	0.398	0.407	0.231	0.291	0.548	0.266	0.427	0.357	0.331
黑龙江	0.489	0.63	0.281	0.196	0.301	0.223	0.266	0.255	0.330
上海	0.075	0.196	0.175	0.222	0.037	0.995	0.061	0.538	0.284

(续 表)

	2003年	2005年	2007年	2009年	2011年	2013年	2015年	2016年	均值
江苏	0.553	0.817	0.488	0.623	0.88	0.625	0.855	0.750	0.665
浙江	0.377	0.627	0.335	0.504	0.555	0.5	0.374	0.447	0.448
安徽	0.515	0.559	0.393	0.456	0.533	0.419	0.434	0.437	0.454
福建	0.33	0.448	0.27	0.222	0.472	0.259	0.397	0.338	0.340
江西	0.454	0.427	0.29	0.323	0.387	0.289	0.38	0.345	0.334
山东	0.392	0.429	0.334	0.334	0.488	0.338	0.385	0.372	0.355
河南	0.459	0.539	0.259	0.376	0.548	0.381	0.499	0.450	0.411
湖北	0.532	0.657	0.292	0.38	0.319	0.397	0.325	0.371	0.394
湖南	0.496	0.589	0.315	0.359	0.467	0.33	0.483	0.417	0.409
广东	0.417	0.575	0.427	0.546	0.541	0.567	0.586	0.587	0.542
广西	0.396	0.506	0.292	0.283	0.462	0.295	0.595	0.455	0.378
海南	0.385	0.525	1	1	0.57	1	0.649	0.835	0.738
重庆	0.727	0.353	0.3	0.007	0.349	0.254	0.01	0.142	0.296
四川	0.379	0.492	0.243	0.358	0.314	0.316	0.399	0.368	0.353
贵州	0.11	0.153	0.052	0.075	0.116	0.075	0.069	0.082	0.093
云南	0.439	0.601	0.232	0.258	0.305	0.261	0.394	0.338	0.342
陕西	0.256	0.393	0.166	0.18	0.271	0.183	0.28	0.242	0.246
甘肃	0.376	0.379	0.164	0.129	0.164	0.119	0.201	0.170	0.208
青海	0.158	0.257	0.155	0.143	0.21	0.153	0.2	0.187	0.167
宁夏	0.197	0.285	0.243	0.142	0.092	0.158	0.062	0.120	0.195
新疆	0.16	0.481	0.14	0.164	0.185	0.162	0.232	0.207	0.203
全国平均	0.388	0.494	0.292	0.332	0.417	0.333	0.403	0.378	0.366

3. 工业粉尘排放效率分析

图6.4显示的是从2003年到2016年我国三大经济区域与全国平均工业粉尘排放效率值的变化趋势。从图6.4可以看出，我国各经济区域的工业粉尘排放效率走势都是极不稳定的，东部在2010年达到了效率值的顶峰0.45，但在2012年又跌回了与2003年相近的0.20；中部和西部效率值最高

的年份为2008年，但效率值仅为大约0.23，而效率值最低的年份为2004年，不足0.10。从整个走势来看，东部的工业粉尘排放效率远远高于西部和中部，这表明东部城市在工业粉尘的减排上相对优势最为明显。而西部和中部城市工业粉尘的排放效率甚至低于全国平均水平。

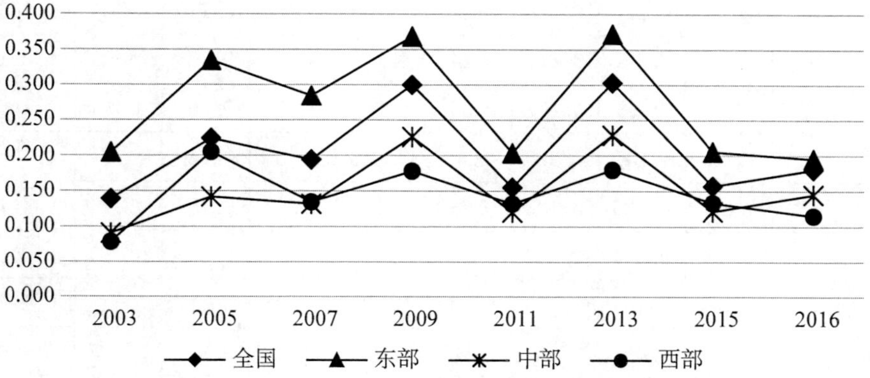

图6.4　2003—2016年我国区域工业粉尘排放效率

表6.7显示，在2003年到2016年之间，工业粉尘排放效率最高的省份依然是海南省，年平均排放效率为0.778。从各省级数据来看，工业粉尘排放效率最低的四个省份为山西、天津、贵州和青海，其工业粉尘的排放效率分别为0.049、0.099、0.083和0.085。

表6.7　2003—2016年我国省级工业粉尘排放效率

	2003年	2005年	2007年	2009年	2011年	2013年	2015年	2016年	平均
北京	0.19	0.185	0.149	0.188	0.24	0.190	0.242	0.108	0.200
天津	0.178	0.515	0.035	0.04	0.016	0.040	0.016	0.012	0.099
河北	0.092	0.216	0.255	0.385	0.083	0.389	0.084	0.144	0.229
山西	0.015	0.041	0.036	0.075	0.049	0.076	0.049	0.033	0.049
内蒙古	0.068	0.067	0.161	0.242	0.197	0.244	0.199	0.328	0.186
辽宁	0.058	0.136	0.113	0.213	0.109	0.215	0.110	0.134	0.139
吉林	0.057	0.061	0.058	0.076	0.143	0.077	0.144	0.228	0.101
黑龙江	0.132	0.173	0.13	0.157	0.133	0.159	0.134	0.110	0.146
上海	0.058	0.218	0.131	0.114	0.03	0.115	0.030	0.014	0.223

（续　表）

	2003 年	2005 年	2007 年	2009 年	2011 年	2013 年	2015 年	2016 年	平均
江苏	0.294	0.398	0.336	0.575	0.393	0.581	0.397	0.325	0.431
浙江	0.28	0.361	0.262	0.474	0.164	0.479	0.166	0.123	0.309
安徽	0.151	0.225	0.168	0.273	0.109	0.276	0.110	0.101	0.183
福建	0.225	0.35	0.211	0.241	0.125	0.243	0.126	0.111	0.231
江西	0.092	0.16	0.177	0.354	0.066	0.358	0.067	0.101	0.196
山东	0.197	0.249	0.356	0.43	0.218	0.434	0.220	0.211	0.304
河南	0.078	0.126	0.113	0.232	0.153	0.234	0.155	0.174	0.167
湖北	0.12	0.254	0.167	0.293	0.095	0.296	0.096	0.112	0.201
湖南	0.101	0.168	0.175	0.332	0.135	0.335	0.136	0.117	0.192
广东	0.361	0.497	0.342	0.481	0.366	0.486	0.370	0.427	0.430
广西	0.077	0.134	0.221	0.28	0.116	0.283	0.117	0.196	0.198
海南	0.443	0.757	1	1	0.58	1.010	0.586	0.537	0.778
重庆	0.121	0.303	0.261	0.024	0.174	0.024	0.176	0.037	0.190
四川	0.081	0.185	0.192	0.363	0.092	0.367	0.093	0.249	0.216
贵州	0.069	0.111	0.031	0.068	0.162	0.069	0.164	0.059	0.083
云南	0.168	0.344	0.157	0.226	0.117	0.228	0.118	0.152	0.209
陕西	0.057	0.126	0.107	0.217	0.085	0.219	0.086	0.176	0.157
甘肃	0.077	0.148	0.092	0.147	0.065	0.148	0.066	0.088	0.105
青海	0.031	0.095	0.124	0.131	0.035	0.132	0.035	0.042	0.085
宁夏	0.058	0.216	0.163	0.167	0.05	0.169	0.051	0.024	0.122
新疆	0.044	0.317	0.082	0.259	0.406	0.262	0.410	0.207	0.222
全国平均	0.139	0.224	0.194	0.3	0.155	0.303	0.157	0.180	0.219

二、产业集聚对环境规制效率的影响

（一）变量与数据

被解释变量为地级市环境效率，包含工业废水的排放效率、工业 SO_2

的排放效率以及工业粉尘的排放效率;核心解释变量为采用区位熵衡量的产业集聚程度。一般情况下,区位熵大于 1,表明该产业在该地区相对集中;区位熵小于 1,则说明该地区该产业的集聚程度不明显,低于全国平均水平,处于弱势。区位熵具体的计算公式如下:

$$LQ=\frac{X_{ij}/\sum_{i}X_{ij}}{\sum_{j}X_{ij}/\sum_{i}\sum_{j}X_{ij}} \tag{6.15}$$

其中,i 表示某种产业,j 表示某个地区,X_{ij} 则表示 j 地区 i 产业的相关指标;$\sum_{i}X_{ij}$ 代表 j 地区所有产业的相关指标;$\sum_{j}X_{ij}$ 代表全国范围内 i 产业的相关指标;$\sum_{i}\sum_{i}X_{ij}$ 代表全国所有产业所有地区的相关指标。相关指标一般可以用工业总产值、总资产、企业单位数、单位从业人数等指标来衡量。

在采用工业产值测度全国 283 个地级市的工业集聚程度时,由于《中国区域统计年鉴》和《中国城市统计年鉴》分别提供了城市的第二产业产值占比和全国的第二产业产值占比,在具体计算时,可以直接简化为两个数值的商。

其他控制变量包括:①地区经济发展水平,采用地区实际人均 GDP 来衡量;②城市化水平,采用城市非农业人口比例来反映,具体测算方法为每年城市非农人口数除以总人口数;③互联网的普及度,使用互联网宽带接入用户数来衡量互联网,为保证数据的平稳性,将此指标取对数值。鉴于互联网的普及会增强公众对企业污染行为的监督,因此预计互联网普及与环境效率正相关;④环境规制强度,很多文献已经证明环境规制强度与环境效率相关。由于数据的可获得性,使用工业固体废物综合利用率作为环境规制强度的代理变量。若地区的环境规制强度较大,则该地区的工业固体废物综合利用率比较高;⑤利用外资水平,使用当年实际使用外资金额与 GDP 的比值来衡量外资的利用水平;⑥研发支出强度,使用该城市当年的科学技术支出与 GDP 的比值来衡量该城市的研发支出强度。数据来自《中国城市统计年鉴》《中国人口和就业统计年鉴》《中国区域经济统计年鉴》和《地方城市年鉴》。

(二)门槛模型设定

地区的环境效率与集聚程度之间可能因为科技投入的不同而呈现出非

线性关系，因此，使用 Hansen(2000)的门槛面板模型来研究二者之间的关系，可以有效规避人为划分科技投入区间所产生的偏差。单一门槛的基本模型可以描述为：

$$y_i = \theta_1 x_i + e_i,\ q_i \leqslant \gamma \tag{6.16}$$

$$y_i = \theta_2 x_i + e_i,\ q_i > \gamma \tag{6.17}$$

其中，θ 为待估系数，e_i 是误差项，q_i 代表门槛变量，γ 是门槛值。根据 Hansen(2000)的解释，q_i 既可以是解释变量 x_i 当中的一个回归元，也可以选取一个独立的门槛变量，根据门槛值 γ 的不同，样本可以划分为两个区间，两个区间内解释变量 x_i 所对应的系数 θ 也有所不同。

模型(6.16)和(6.17)可以改写成单一的方程，首先，定义一个虚拟变量 $d_i(\gamma) = \{q_i \leqslant \gamma\}$，然后定义一个指数函数 $\{g\} = d_i(\gamma)$，令集合 $x_i(\gamma) = x_i d_i(\gamma)$，得到的单一方程为：

$$y_i = \theta x_i + \varphi_n x_i(\gamma) + e_i \tag{6.18}$$

其中，$\theta = \theta_2$，$\phi_n = \theta_2 - \theta_1$，将式(6.18)改写成矩阵形式，则得到式(6.19)：

$$Y = \theta X + \varphi_n X_r + e \tag{6.19}$$

在式(6.19)中存在三个回归参数，分别为 θ、ϕ_n 与 γ，在 γ 给定的情况下，θ 与 ϕ_n 是线性关系，运用最小二乘法对 Y 进行回归，可以得到如下残差平方和函数：

$$S_n(\gamma) = S_n(\theta(\gamma),\ \varphi(\gamma),\ \gamma) = Y'Y - Y'X_\gamma^*(X_\gamma^{*\prime} X_\gamma^*)^{-1} X_\gamma^{*\prime} Y \tag{6.20}$$

通过残差的平方和可以反推得到 γ 值，使式(6.20)最小的值就是估计得到的门槛值，即：

$$\hat{\gamma} = \underset{\gamma \in \Gamma_n}{\operatorname{argmin}} S_n(\gamma) \tag{6.21}$$

其中，$\Gamma_n = \Gamma \cap \{q_1, q_2, \cdots, q_n\}$，当门槛值确定后，其他参数值也可以相应获得。

检验门槛效果的显著性，以及门槛估计值的真实性对于门槛模型是否适合用来分析环境效率与经济集聚之间的非线性关系至关重要，这需要进一步检验。检验门槛效果是否显著是为了判断以门槛值划分的两个区间内,两组样本的估计参数是否显著不同,因此原假设为 $H_0:\theta_1=\theta_2$,并构造如下检验统计量 F:

$$F=n\frac{S_0-S_n(\hat{\gamma})}{S_n(\hat{\gamma})} \tag{6.22}$$

在式(6.22)中,S_0 是原假设下的残差平方和。由于 F 统计量的分布并非标准,Hansen(2000)提出使用自抽样法(Bootstrap)来获得其渐进分布,从而得出相应的概率值 P。与普通计量方法得出的概率值 P 相似,通过自抽样法得到的 P 值小于 0.1 时,代表在 10%的显著性水平下通过了 F 检验,依此类推。

在确定某一变量存在门槛效应后,可以继续进行第二个检验,检验门槛的估计值是否等于真实值,原假设为 $H_0:\hat{\gamma}=\gamma$,相应的似然比统计量 LR 可表示为:

$$LR_n(\gamma)=n\frac{S_n(\gamma)-S_n(\hat{\gamma})}{S_n(\hat{\gamma})} \tag{6.23}$$

式(6.23)的统计分布也是非标准的,当 $LR_n(\gamma)\leqslant c(\alpha)$ 时,不能拒绝原假设,从而可以计算出非拒绝域(Hansen,2000)。其中,α 表示显著性水平,$c(\alpha)=-2\ln(1-\sqrt{1-\alpha})$。

以上模型为只存在一个门槛时候的情况,当拒绝 F 时,表示至少存在一个门槛,但从计量角度来看,多重门槛是有可能存在的,因此还应该检验是否存在两个或更多的门槛值。双重门槛模型的研究方法为,假设已经估计出 $\hat{\gamma}_1$,然后对 $\hat{\gamma}_2$ 进行搜索,方法与单一门槛模型相似,但值得注意的是,$\hat{\gamma}_2$ 是渐进有效的,而 $\hat{\gamma}_1$ 却不是,因此可以固定 $\hat{\gamma}_2$,对 $\hat{\gamma}_1$ 进行再次搜索,得到优化后的 $\hat{\gamma}_1'$。三重门槛模型则是在确定有两个门槛值之后,再寻找第三个门槛,多重门槛依此类推,直到不能拒绝原假设为止。

这里的单一门槛模型设定如下:

$$Y_{it}=\mu_i+\alpha C_{it}+\beta_1 X_{it}I(Science_{it}\leqslant\gamma)+\beta_2 X_{it}I(Science_{it}>\gamma)+\varepsilon_{it} \tag{6.24}$$

其中,i 和 t 分别表示第 i 个城市和第 t 年;Y_{it} 表示被解释变量环境效率,包括工业废水的排放效率、工业 SO_2 的排放效率以及工业粉尘的排放效率;

X_{it} 表示解释变量集聚程度，采用前文所计算出的区位熵进行衡量；C_{it} 是一组对环境效率有影响的控制变量，主要包括地区经济发展水平、城市化水平、互联网宽带接入与用户数、环境规制强度、利用外资水平，α 为相应的系数向量；$Science_{it}$ 为门槛变量，为城市的研发支出强度；γ 为单一门槛模型的门槛值；$I(.)$ 为指示函数，μ_i 为用于反映地区个体效应，ε_{it} 为随机干扰项。

为了获得参数估计值，首先需要消除地区个体效应 μ_i，如：

$$Y_{it}^{*}=Y_{it}^{*}-\frac{1}{T}\sum_{t=1}^{T}Y_{it} \tag{6.25}$$

则式(6.25)变换为：

$$Y_{it}^{*}=\alpha C_{it}^{*}+\beta_1 X_{it}^{*}I(Science_{it}\leqslant\gamma)+\beta_2 X_{it}^{*}I(Science_{it}>\gamma)+\varepsilon_{it}^{*} \tag{6.26}$$

接下来，即可比照前文介绍的 Hansen 的单一门槛模型的方法计算求解参数。如式(6.19)所示，将各观察值进行叠加，则式(6.26)变换为：

$$Y^{*}=C^{*}(\gamma)\beta+\varepsilon^{*} \tag{6.27}$$

然后，对应式(6.20)，针对门槛值 γ 采用 OLS 估计，得到相应的残差平方和为：

$$S_1(\gamma)=\hat{\varepsilon}^{*\prime}\hat{\varepsilon}^{*}=Y^{*\prime}Y^{*}-Y^{*\prime}X^{*}(\gamma)'(X^{*}(\gamma)'X^{*}(\gamma))^{-1}X^{*}(\gamma)')Y^{*} \tag{6.28}$$

接下来，同式(6.21)所示，通过最小化式(6.28)对应的 $S_1(\gamma)$ 获得 γ 的估计值，即为：

$$\hat{\gamma}=\underset{\gamma}{\operatorname{argmin}}S_1(\gamma)$$

其他参数值同样可以得到：$\hat{\beta}=\hat{\beta}(\hat{\gamma})$、残差向量 $\hat{\varepsilon}^{*}=\hat{\varepsilon}^{*}(\hat{\gamma})$ 以及残差平方和 $\hat{\sigma}^2=\hat{\sigma}^2(\hat{\gamma})$，然后进行两步检验。

首先检验门槛效果的显著性，原假设为 $H_0:\beta_1=\beta_2$，备择假设为 $H_1:\beta_1\neq\beta_2$，检验统计量为：

$$F_1=\frac{S_0-S_1(\hat{\gamma})}{\hat{\sigma}^2}$$

然后，检验门槛估计值的真实性，原假设为 $H_0:\hat{\gamma}=\gamma$，相应的似然比统计量可表示为：

$$LR_1(\gamma)=\frac{S_1(\gamma)-S_1(\hat{\gamma})}{\hat{\sigma}^2}$$

此时，当 $LR_1(\gamma)\leqslant c(\alpha)=-2\ln(1-\sqrt{1-\alpha})$ 时，不能拒绝原假设，表明存在一个门槛值。然后，需要将模型扩展，检验是否存在第二个门槛，扩展后的模型为：

$$Y_{it}=\mu_i+\alpha C_{it}+\beta_1 X_{it} I(Science_{it}\leqslant\gamma_1)+\beta_2 X_{it} I(\gamma_1<Science_{it}\leqslant\gamma_2) + \beta_3 X_{it} I(Science>\gamma_2)+\varepsilon_{it} \tag{6.29}$$

假设单一门槛模型中估计出的 $\hat{\gamma}_1$ 为已知，对 γ_2 进行搜索，可得到：

$$S_2(\gamma_2)=\begin{cases}S(\hat{\gamma}_1,\gamma_2), & \hat{\gamma}_1<\gamma_2\\ S(\gamma_2,\hat{\gamma}_1), & \gamma_2<\hat{\gamma}_1\end{cases} \quad \text{以及}\ \hat{\gamma}_2=\underset{\gamma_2}{\operatorname{argmin}}S_2(\gamma_2)$$

如此，便可以寻找到第二个门槛，同样进行两步检验，看是否真实存在两个门槛值。多重门槛可以依次类推，因此不再赘述。

（三）模型估计与结果分析

1. 变量的描述性统计和平稳性检验

首先，对各个变量进行描述性统计，结果如表 6.8 所示。为了避免出现伪回归现象，使用三种面板单位根的检验方法对变量进行平稳性检验，分别为 LLC 检验（Levin、Lin and Chu，2002）、IPS 检验（Im、Pesaran and Shin，2003）和 Hadri 检验（Hadri，2000）。其中，LLC 检验和 Hadri 检验是相同根的检验方法，IPS 检验是不同根的检验方法；LLC 检验和 IPS 检验的原假设是含有单位根，Hadri 检验的原假设为不含有单位根。结果见表 6.9，表明变量均为平稳变量。

表 6.8　变量描述性统计

Variable	Obs	Mean	Std. Dev.	Min	P25	P50	P75	Max
$Effi\_water$	3 962	0.599	0.333	0.012	0.286	0.599	0.991	1.000
$Effi\_SO_2$	3 962	0.370	0.296	0.002	0.131	0.275	0.541	1.000

（续　表）

Variable	Obs	Mean	Std. Dev.	Min	P25	P50	P75	Max
Effi_dust	3 962	0.216	0.246	0.001	0.049	0.124	0.277	1.000
Agglom	3 962	1.065	0.249	0.058	0.885	1.071	1.216	1.971
PGDP	3 962	19 726.657	15 145.437	79.850	9 348.710	15 165.000	24 264.000	110 085.987
Non-rural	3 962	30.031	20.688	1.990	14.190	24.962	40.207	107.235
Internet	3 962	41.435	129.512	0.020	8.200	17.187	36.912	5 251.610
Solid	3 962	78.252	23.991	1.930	64.550	87.421	96.854	145.389
Foreign	3 962	2.238	2.676	0.000	0.529	1.316	3.072	43.275
Science	3 962	0.129	0.167	0.000	0.029	0.089	0.171	3.670
LnPGDP	3 962	9.771	0.716	4.380	9.143	9.730	10.198	11.768
LnInternet	3 962	2.916	1.219	−3.912	2.104	2.864	3.638	8.679

表 6.9　变量平稳性检验

Variables	LLC-T	Im-Pesaran-Shin	Hadri-LM	Results
Effi_water	−1 000***	−2.881 7***	23.473 8***	平稳
$Effi\_SO_2$	−97.722 4***	−1.463 8*	11.381 3***	平稳
Effi_dust	−3.3*e*+04***	−2.604 5***	15.665 5***	平稳
Agglom	−9.705 5***	−3.136 7***	55.406 0***	平稳
Ln PGDP	−15.454 4***	−8.854 8***	76.512 0***	平稳
Non-rural	−53.210 7***	−11.543 0***	53.154 8***	平稳
Ln Internet	−7.202 9***	−12.947 1***	64.724 1***	平稳
Solid	−43.007 7***	−6.735 5***	36.241 4***	平稳
Foreign	−5.5*e*+05***	−14.456 5***	34.193 3***	平稳
Science	−2.396 4***	−13.422 3***	42.951 4***	平稳

注：* 表示在 10%的水平下显著，*** 表示在 1%的水平下显著

2. 工业废水排放效率与集聚程度的回归结果

由于事先并不知道门槛的个数，因此依次在单一门槛、双重门槛和三重门槛的设定下对模型进行估计，得到的结果如表 6.10 所示。由表 6.10 可知，单一门槛和三重门槛效果都比较显著，采用“自抽样法”获得的 P 值分别为 0.011 和 0.099。但具体应该采用哪个门槛模型，我们需要借助似然比函数图进一步分析。

表 6.10　工业废水排放效率的门槛效果检验

模型	F 值	P 值	BS 次数	临界值		
				1%	5%	10%
单一门槛	17.755**	0.011	500	18.375	11.500	8.493
双重门槛	1.388	0.424	500	10.494	6.300	4.750
三重门槛	3.632*	0.099	300	11.156	6.022	3.465

注：* 表示在 10%的水平下显著，** 表示在 5%的水平下显著

如图 6.5 所示，在置信水平为 95%的情况下，临界值 LR 为 7.35，此时的门槛值为 0.040，置信区间为 0.031 到 0.067，我们获得了第一个门槛值，且这个门槛值真实显著。确定了第一个门槛值，我们可以继续寻找第二个门槛值，如图 6.6 所示。但从图 6.6 中我们可以看出，不存在位于临界值以下的置信区间，表明两步检验中的第二个原假设没有被拒绝，因此并不存在

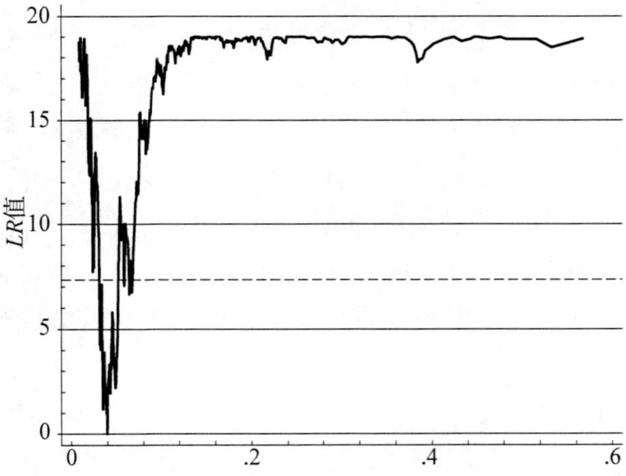

图 6.5　工业废水排放效率的第一个门槛估计值

第二个门槛值，我们可以得出结论，对于工业废水排放效率和集聚程度之间的关系我们应该采取单门槛模型，具体结果见表 6.11。我们根据这个门槛，可以将各地级城市按研发支出强度分为低研发投入（*Science*≤0.040）和高研发投入（*Science*>0.040）两种类型。

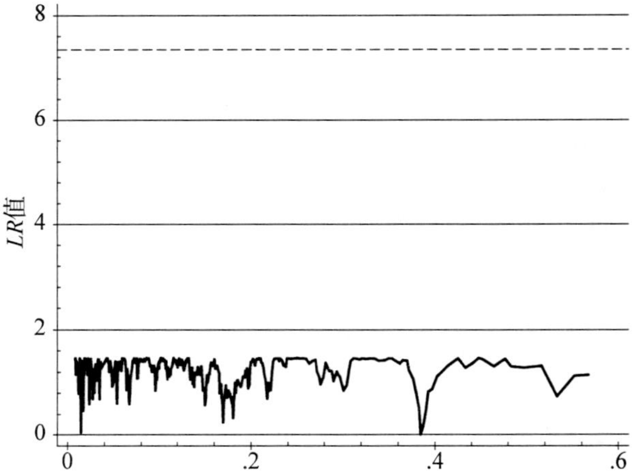

图 6.6　工业废水排放效率的第二个门槛估计值

表 6.11　工业废水排放效率的门槛值估计

	门槛估计值	95%置信区间
单一门槛模型	0.040	[0.031，0.067]

表 6.12 展示了各参数同方差和异方差设定下的系数估计值、标准误差、*t* 值以及 *P* 值。对于 5 个控制变量而言，我们发现，地区经济发展水平（*Ln PGDP*）与城市化水平（*Non-rural*）与工业废水排放效率显著正相关，而互联网因素（*Ln Intenet*）、环境规制强度（*Soild*）与利用外资水平（*Foreign*）与工业废水排放效率正相关但不显著。其中，地区经济发展水平、互联网因素与环境规制强度的符号与预测结果一致，城市化水平和利用外资水平事前未作出预测，但结果显示出各项指标的提高均有利于废水排放效率的提高。

接下来，我们重点看一下产业集聚与工业废水排放效率之间的关系。如表 6.12 所示，因为研发投入的程度不同，集聚程度和工业废水排放效率之间呈现出了相反的关系。在研发投入较少时，工业废水排放效率与集聚程度之间负相关，且非常显著；而当研发投入较大时，集聚程度和工业废水排放效率之间呈现出不显著的正相关关系。这表明，由于科技投入的不同，集聚程度与工业废水的排放效率之间的关系不同，与假设吻合。

表 6.12 工业废水排放效率回归的常规标准误与稳健标准误

Variable	OLS				White			
	Coef.	Std. Err.	*t*	*P*>|*t*|	Coef.	Std. Err.	*t*	*P*>|*t*|
Ln PGDP	0.3381	0.0295	11.141	0.0000	0.3284	0.0861	3.8103	0.0000
Non-rural	0.0051	0.0008	5.6321	0.0000	0.0047	0.0011	4.1901	0.0000
Ln Internet	0.0040	0.0123	0.3400	0.7350	0.0043	0.0227	0.1811	0.8540
Solid	0.0011	0.0004	0.2210	0.8280	0.0012	0.0005	0.1801	0.8580
Foreign	0.0028	0.0032	0.8301	0.4050	0.0028	0.0034	0.7902	0.4330
Agglom_Science_1	−0.0593	0.0149	−3.9821	0.0000	−0.0595	0.0231	−2.5700	0.0110
Agglom_Science_2	0.0667	0.0530	1.2611	0.2080	0.0668	0.0621	1.0700	0.2840

3. 工业 SO_2 排放效率与集聚程度的回归结果

表 6.13 显示的是工业 SO_2 排放效率与集聚程度回归结果中门槛效果检验的结果，结果显示，双重门槛和三重门槛模型分别在 5%和 10%的水平下显著。

表 6.13 工业 SO_2 排放效率的门槛效果检验

模型	*F* 值	*P* 值	*BS* 次数	临界值		
				1%	5%	10%
单一门槛	56.078	0.330	500	90.564	78.819	72.393
双重门槛	9.392**	0.011	500	10.428	5.113	3.750
三重门槛	5.752*	0.071	300	9.993	6.389	4.646

注：* 表示在 10%的水平下显著，** 表示在 5%的水平下显著

通过图 6.7 和图 6.8 的似然比函数图，我们发现该模型至少存在两个真实且显著的门槛，分别为 0.055 和 0.311。

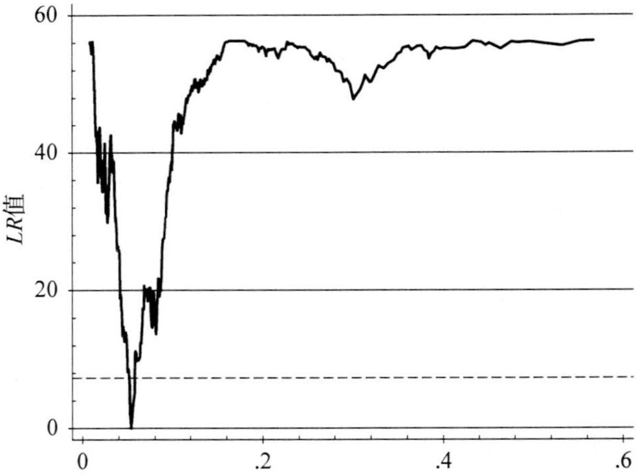

图 6.7 工业 SO_2 排放效率的第一个门槛估计值

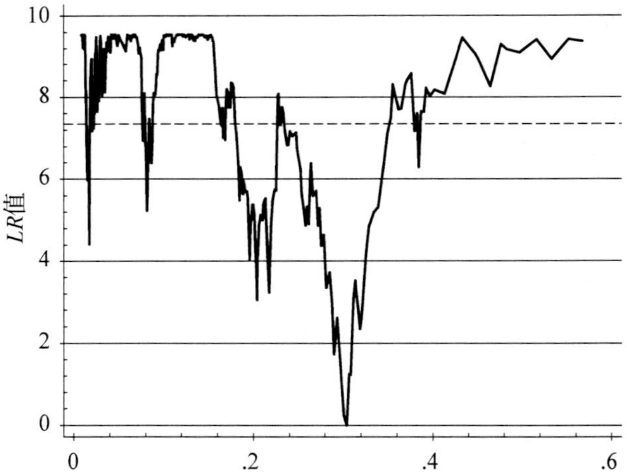

图 6.8 工业 SO_2 排放效率的第二个门槛估计值

由于第二个门槛值是渐进有效的，因此我们固定第二个门槛值，对第一个门槛值再次进行搜索，得到似然比函数图 6.9，发现优化后的第一个门槛值仍为 0.055。

在确定了两个门槛值之后，我们固定两个门槛值试图搜索第三个门槛值，并得到如图 6.10 的似然比函数图。如图 6.11 所示，第三个门槛值没有通过两步检验中的第二个假设检验，这表明，对于工业 SO_2 的排放效率和集聚程度之间的关系，我们应该采取双门槛模型，具体结果见表 6.14。根

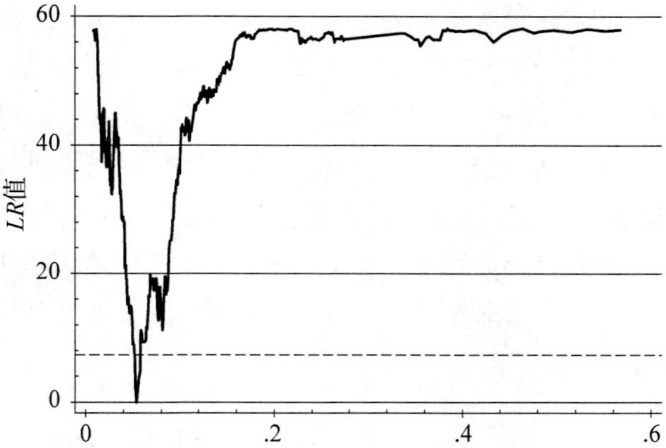

图 6.9　工业 SO_2 排放效率的第一个门槛估计值的再次搜索

据这两个门槛，可以将各地级城市按研发支出强度分为低研发投入（*Science*≤0.055）和中研发投入（0.055<*Science*≤0.311）和高研发投入（*Science*>0.311）三种类型。

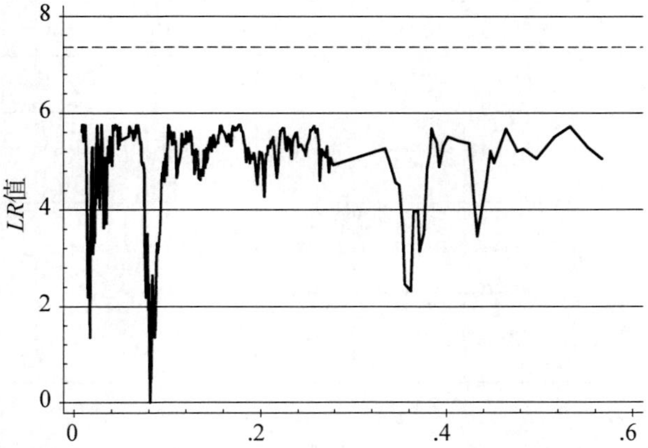

图 6.10　工业 SO_2 排放效率的第三个门槛估计值

表 6.14　工业 SO_2 排放效率的门槛值估计

	门槛估计值	95%置信区间
双重门槛模型	0.311	[0.014，0.385]
	0.055	[0.052，0.058]

由表 6.15 可知，变量地区经济发展水平（*Ln PGDP*）与互联网因素（*Ln Intenet*）与工业 SO_2 排放效率显著正相关，且比较显著，这与预期相符。而城市化水平（*Non-rural*）、环境规制强度（*Soild*）与利用外资水平（*Foreign*）与工业 SO_2 排放效率则为负相关，其中，仅利用外资水平的影响最为显著。这表明，在工业 SO_2 的排放上，政府的相关政策并没有起到监督的作用，反而导致环境效率的下降；外国直接投资的使用所带来的先进生产技术对工业 SO_2 的减排没有起到作用，而 SO_2 减排差的外资流入进一步导致 SO_2 排放效率的下降。

表 6.15　工业 SO_2 排放效率回归的常规标准误与稳健标准误

Variable	OLS				White			
	Coef.	Std. Err.	*t*	*P*>|*t*|	Coef.	Std. Err.	*t*	*P*>|*t*|
Ln PGDP	0.0680	0.0247	2.7500	0.0060	0.0680	0.0324	2.0900	0.0370
Non-rural	−0.0007	0.0007	−1.0200	0.3080	−0.0007	0.0009	−0.8400	0.4040
Ln Internet	0.0200	0.0103	1.9300	0.0540	0.0200	0.0124	1.6000	0.1100
Solid	−0.0002	0.0003	−0.5300	0.5970	−0.0002	0.0003	−0.5200	0.6070
Foreign	−0.0078	0.0027	−2.8600	0.0040	−0.0077	0.0029	−2.7100	0.0070
Agglom_Science_1	0.0897	0.0127	7.0500	0.0000	0.0895	0.0152	5.8800	0.0000
Agglom_Science_2	0.0545	0.0564	0.9600	0.3350	0.0543	0.0997	0.5500	0.5860
Agglom_Science_3	0.0382	0.0230	1.6600	0.0980	0.0382	0.0286	1.3400	0.1830

产业集聚与工业 SO_2 排放效率之间展现出了双重门槛效应。如表 6.15 所示，因为研发投入的程度不同，集聚程度和工业 SO_2 排放效率之间的关系有所不同。虽然在研发投入的三个阶段，工业 SO_2 排放效率与集聚程度之间均为正相关关系，但程度有所不同。在研发投入较少时，正相关关系非常显著；当研发投入到中级阶段，这种正相关关系非常不显著；当研发投入比较大时，正相关关系又变得比较显著了。这与假设并不吻合，但这可能是由于我国在集聚过程中所产生的技术效应对于减排工业 SO_2 无法起到良好的作用而导致的。

4. 工业粉尘排放效率与集聚程度的回归结果

表 6.16 显示的是工业粉尘排放效率与集聚程度回归结果中门槛效果检验的结果，结果显示，三个模型均在 5%的水平下显著。

表 6.16　工业粉尘排放效率的门槛效果检验

模型	F 值	P 值	BS 次数	临界值		
				1%	5%	10%
单一门槛	36.210**	0.030	500	43.038	30.788	27.944
双重门槛	5.838**	0.050	500	11.396	5.823	3.894
三重门槛	5.860**	0.020	300	7.831	4.842	3.129

注：** 表示在 5%的水平下显著

通过图 6.11 和图 6.12 的似然比函数图，我们可以确定第一个门槛值为 0.037，而第二个门槛值没有通过第二步检验，因此，我们应该采用单一门槛模型，具体的结果如表 6.17 所示，置信区间为 0.030 到 0.037，样本因此可以分为低研发投入（*Science* $\leqslant$ 0.037）和高研发投入（*Science* $>$ 0.037）两种类型。

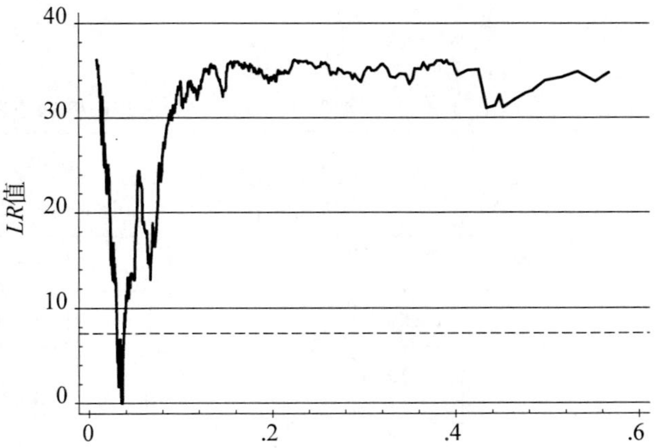

图 6.11　工业粉尘排放效率的第一个门槛估计值

表 6.17　工业粉尘排放效率的门槛值估计

	门槛估计值	95%置信区间
单一门槛模型	0.037	[0.030, 0.037]

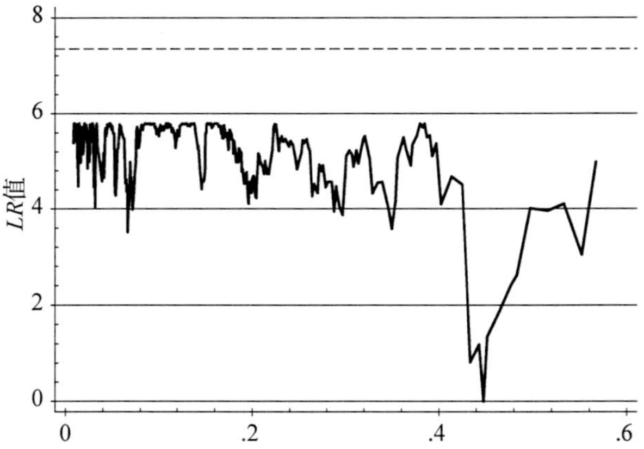

图 6.12 工业粉尘排放效率的第二个门槛估计值

由表 6.18 可知，变量地区经济发展水平（*Ln PGDP*）、城市化水平（*Nonrural*）与环境规制强度（*Soild*）与工业粉尘排放效率正相关，但仅环境规制强度一项比较显著；互联网因素（*Ln Intenet*）与利用外资水平（*Foreign*）与工业粉尘排放效率负相关，但并不显著。这表明，在工业粉尘的排放上，政府的相关政策起到了明显的监督作用，但外国直接投资的使用却使得工业粉尘排放效率下降。

表 6.18 工业粉尘排放效率回归的常规标准误与稳健标准误

Variable	OLS				White			
	Coef.	Std. Err.	*t*	*P*>|*t*|	Coef.	Std. Err.	*t*	*P*>|*t*|
Ln PGDP	0.0298	0.0200	1.4900	0.1390	0.0295	0.0247	1.1900	0.2340
Non-rural	0.0011	0.0006	1.8300	0.0640	0.0012	0.0006	1.6600	0.0980
Ln Internet	−0.0100	0.0084	−1.1900	0.2350	−0.0101	0.0098	−1.0200	0.3060
Solid	0.0006	0.0003	2.1800	0.0290	0.0006	0.0003	1.8600	0.0640
Foreign	−0.0031	0.0022	−1.3800	0.1690	−0.0031	0.0039	−0.7900	0.4290
Agglom_Science_1	−0.0568	0.0102	−5.5700	0.0000	−0.0568	0.0129	−4.4100	0.0000
Agglom_Science_2	0.0527	0.0361	1.4600	0.1440	0.0527	0.0467	1.1300	0.2600

产业集聚与工业粉尘排放效率之间显示出了单一门槛效应。如表6.18所示，因为研发投入的程度不同，集聚程度和工业粉尘排放效率之间的关系完全相反。在研发投入较少时，工业粉尘排放效率与集聚程度之间负相关，且非常显著；而当研发投入较大时，集聚程度和工业粉尘排放效率之间呈现出不显著的正相关关系。这表明，由于科技投入的不同，集聚程度与工业粉尘的排放效率之间的关系截然不同，与假设吻合。

第四节　本章小结

本章首先测度了我国各省能源消费碳排放强度，并构建地理空间权重矩阵、资源禀赋综合权重矩阵、工业产值综合权重矩阵和收入差异权重矩阵四个空间权重矩阵，利用空间计量模型实证检验了工业集聚对碳排放强度的影响效应，得到如下结论。

第一，我国碳排放强度总体呈现下降的趋势，东、中、西部地区之间始终存在碳排放强度的空间差异，呈现出中、西部和东北地区偏高、东南地区较低的空间分布格局；从动态角度来看，样本期间碳排放强度省际空间差异有先缩小后扩大的动态趋势。我国30个省、市、自治区的碳排放强度在空间分布上具有明显的正相关性和空间集群特征，相邻省区的碳排放强度特征具有类似的空间联系结构。全局莫兰指数呈现波动型上升的趋势，地区间碳强度的集聚程度增强。局域莫兰指数散点图显示，各省碳强度的空间局域相依性和差异性是同时存在的。

第二，工业集聚度与地区碳排放强度之间呈显著负相关关系，表明碳排放强度对工业集聚变化的弹性系数显著为负，估计结果对不同空间权重及不同模型具有很强的稳健性。

第三，以人均GDP表示的地区经济发展水平在1%的水平下显著为负，实证结果在不同模型下具有很强的稳健性。这表明在样本期内随着经济发展、人均GDP的上升，地区碳排放强度呈下降趋势，对外贸易依存度、污染治理、科技创新等其他控制变量均不显著。

第四，通过运用门槛模型进一步研究产业集聚与环境效率之间的非线性关系时，将科技投入作为门槛值进行回归发现门槛效应的存在。在科技投入达到门槛值之前，产业集聚与工业废水和工业粉尘为污染物的环境效率之间为显著负相关，而在科技投入达到门槛值之后，产业集聚与环境效率之间则显示出正相关关系。这表明，随着产业集聚度的上升，环境效率先下降后提高。

第七章　投入产出视角下产业空间转移的碳排放效应

第一节　相关研究综述

一、关于产业转移的相关研究

国内外学者关于产业转移的研究，主要集中在探究其动因以及模式上。

（一）有关产业转移动因的文献综述

国外学者对于产业转移动因的研究，主要有成本上升论、移入需求论、边际产业转移论、垄断优势论等。阿瑟·刘易斯最早对产业转移动因进行研究，发现发达国家的劳动力成本日趋上升，主要原因是其所在国逐年下降的人口自然增长率跟不上其经济发展速度，以及不熟练劳动力资源的稀缺导致其经济发展速度达不到既定目标；由于种种原因导致的成本上升使得发达国家不得不向发展中国家转移部分劳动密集型产业来弥补其原有比较优势的丧失所带来的成本。劳尔·普雷维什(1990)以发展中国家的产业转移现象为研究主体来探究产业转移动因，认为发达国家实施进口替代战略并向发展中国家进行产业转移，产业转移发生的根源是经济发展的压力使得发展中国家不得不通过大力发展国内工业来避免大量向发达国家进口工业产品来发展经济的策略。斯蒂芬·海默从美国跨国公司的对外投资着手分析产业转移的动因，他认为跨国公司坚持通过对外直接投资来扩大公司利益的主要原因，除了高额利润对股东的诱惑之外，其根本原因在于其垄断优势，跨国公司渴望通过自身所独有的垄断优势来获得长期利益。小岛清(1991)首先定义了边际产业的含义，在一个国家中已处于劣势或即将陷于比较劣势的产业，同时也是对方国家具有比较优势的产业即被称为边际产业或夕阳产业，对外直接投资应该从本国（投资国）边际产业中依次进行。除了整个产业的国际转移能够适用小岛清的边际产业扩张论外，企业、生产工序的国际转移问题也同样适用于边际产业扩张论。石奇和张继良（2007）试图用集成经济的原理从微观角度阐述产业转移的主要原因。通过大量实证研究发现，企业实现市场集成主要是通过产业转移实现的。

国内学者关于产业转移动因的研究发现，导致不同区域间产业升级的原因是“成长差”和“利益差”（王先庆，1998）。魏后凯（2003）认为，企业是否需要转移现有产业的关键条件包括现有区位存在劣势对其向外转移的推力和目标市场区位优势对吸引其转移的拉力。不同地区由于生产要素禀赋的不同导致产业结构上的差异，使得不同区域发挥禀赋优势实现要素跨区域流动与组合成为可能，区域间不同的产业结构也为区域经济合作创造了条件，这些因素推动了产业在区域间转移（李小建，2002）。一个区域的产业竞争优势不是恒久不变的，它会随着经济环境、禀赋条件的变化和产业的更替发展而出现消长转换，这也是衰退性产业需要进行空间区位再选择以寻求新的竞争优势的原因。

（二）有关产业转移模式的文献综述

关于产业转移模式的探究，主要包括雁行发展模式、产业循环发展模式、边际产业扩张模式、区域梯度转移的相关理论、梯度模式转移论和逆梯度转移论。国内对于产业转移模式的研究主要集中于梯度和逆梯度转移模式理论。梯度模式转移论认为，经济技术梯度存在于区域产业转移之间，其中包括各种全新的产业、技术、产品、制度以及管理方法等推动经济发展的创新活动集中分布在高梯度区域，然后随着产品周期的运行，产业将从高梯度地区向低梯度地区逐步转移。根据逆梯度转移论，由于现代科学技术的发展带有跳跃性特征，对于欠发达区域来说，为了实现赶超发达地区，可以利用资源丰富的后发优势，并结合先引进、后消化与吸收，再创新提升来改善自身的产业地位和层次，最终实现产业的跨越式发展，从而向发达区域实现逆梯度产业转移。

二、关于区域碳排放及碳转移量测算的相关综述

国外对碳排放量测算与区域间碳转移的研究大多以区域间产业转移为基础。如弗农通过研究产品的完整生命周期发现，处于不同生产阶段的产品，需要倚重不同的生产要素，从而导致该产品的生产在要素富裕程度不同

的区域之间转移，由此必然带来碳的转移。Munksgaard 和 Pedersen(2001)从碳排放约束的角度，基于全球开放经济大环境，通过研究区域间产业转移和贸易出口来探讨国际区域间的碳排放转移。随着经济全球化的全面推进，生产要素频繁流动于不同区域。理解区域间要素流动对区域间碳排放转移的影响，有助于从要素再配置的视角，找到降低碳排放、实现区域绿色发展的路径，也有助于明确区域间碳排放责任的划分和界定。目前学术界关于碳排放及区域间碳转移的相关研究，主要从以下几个方面展开。

(一) 国际区域间的碳排放转移研究

随着国际贸易的深入，以贸易为途径的排放转移受到了学术界的关注，学者们基于不同国家样本展开研究，如为了全面理解全球碳足迹和商品贸易中的排放转移，Wu et al. (2021) 考虑了初级和中间投入，采用多区域投入产出方法分析全球 CO_2 排放。结果表明，亚太地区需要承担大约美国进口碳和中国出口碳一半的排放责任。这一发现有助于为建立全球变暖机制提供更具包容性的信息和在全球贸易谈判中寻求更多的政策选择和贸易措施。Zhong et al. (2021)考察了 39 个主要经济体参与全球价值链对贸易途径碳排放转移的影响，研究表明，从全球来看，参与全球价值链程度越深，通过贸易途径的碳转移规模越大。Ji et al. (2020)基于多区域投入产出方法，从全球视角揭示中非在全球供应链中扮演着最初排放者或者最终消费者的角色，并描述通过中非贸易的碳转移演化模式。研究发现，中国在中非贸易中发挥着隐含碳净输出者的作用，中国承担了更多源自非洲消费的碳排放。部门贡献和隐含碳强度与中非贸易格局相对应，这缘于两国的比较优势和经济互补性。从全球角度看，中国和非洲在碳减排方面都发挥了积极作用。Wu et al. (2021)从更微观的视角分析了在企业之间供应链内部碳排放转移和碳减排问题。研究发现，碳减排技术的滞后期和消费者的低碳偏好对于企业的碳转移水平有正向影响。这一结果为政府控制企业不合理的碳排放转移行为提供了新思路。再者，考虑减排技术的滞后性也有利于节能减排，提高政府碳配额的可接受性。除了贸易中的碳转移问题，其他污染排放的转移同样受到关注，如 Zhong et al. (2019)探究了全球 39 个主要经济体通过贸易转移能源相关的二氧化硫排放，揭示污染排放流向的空间特征和隐含在贸易中的二氧化硫排放变化的驱动因素。不难发现，全球贸易隐含二氧化硫排放主要从发展中国家流向发达国家，经济发展在提升全球贸易隐含二氧化硫排放中发挥重要作用，人口规模的扩张发挥着正的推动作用，而提升能源强度、增加清洁能源比重、优化产业结构能有效降低贸易隐含二氧化硫排放。

（二）国内区域间碳排放转移

我国作为目前世界上最大的碳排放国家，工业化和城市化尚未完成，在减排方面承担着巨大的压力。在快速城镇化和产业结构优化升级的关键时期，国内学者就产业转移引发的碳排放转移相关问题展开了大量研究，主要研究思路是将国内分成几大区域，测算区域间贸易隐含碳的转移。Zhou et al.（2021）考虑了碳排放量的历史转移，并基于消费者责任原则测度了我国各省的累积净排放量，据此拟定了分省碳排放权的初始分配方案。在此方案下对碳排放和碳强度效率进行评估，发现历史净碳出口地区主要是由能源密集型省份和经济欠发达的贫困偏远省份组成。另外，历史上净碳进口地区主要是能源匮乏和经济发达地区。这一研究为制定更公平有效的碳排放权分配方案提供了一个新的研究思路。较少有研究侧重于产业转移与碳转移路径的一致性，并且没有考虑碳转移过程中环境规制的作用。Li et al.（2021）认为中国国内区域间的碳排放转移带来的“污染天堂”问题已经对气候缓和政策构成挑战。作者建立了扩展的省级投入产出模型，测算各省生产型排放、消费型排放和排放转移。研究发现缓解政策有效地控制了碳排放，特别是生产型排放，但考虑到我国内部的“污染避风港”效应，还需要完善的政策设计。Wang 和 Hu（2020）估计了中国省际需求和出口引致的碳转移，发现省际碳转移非常普遍，并且由省际需求导致的碳转移持续增长，规模效应和结构效应强化了省际碳转移，而技术效应降低了碳转移。作者建议通过加强省际合作和缩小省际减排技术差异来降低碳转移。王育宝、何宇鹏（2021）利用中国多区域投入产出模型，从价值链渠道层面在增加值的视角揭示了省域净碳转移方向和原因，发现我国各省间碳排放存在显著差异，由中间产品和最终需求调出、调入隐含碳是省域碳转移的主要原因。

第二节　投入产出模型

投入产出模型是 20 世纪 30 年代由里昂惕夫提出的研究经济系统投入

和产出相互作用关系的方法，该方法在经济分析中得到广泛的应用。区域投入产出模型是研究区域间经济联系的主要方法之一，通过研究区域之间商品和服务的流动，将单个区域的投入产出模型通过合理变形改进来获得区域间的投入产出模型。基于模型的假设基础不同，可以得到如下三种经典的区域间投入产出模型，即 Leontief 模型、Pool-Approach 模型以及列系数模型（Chenery-Moses 模型）等。

一、Leontief 模型

Leontief 模型有两个假设，第一是将所有生产部门划分为国家和地区部门。国内部门生产的产品在全国范围内流通，并满足包括出口在内的所有地区需求。地区性部门产品只在该地区进行生产和流通，并保持该地区产销平衡。第二是假定不同地区的直接消费系数相同。因此，国家投入产出表的直接消费系数矩阵可以直接用于模型计算过程，这有助于简化模型的计算。除了假设及国家投入产出表的直接消耗系数，该模型还需要所有产品的最终国民需求、国家部门配置系数、其他地区最终产品对某地区部门的需求，然后根据公式计算出国家部门的产品。根据式（7.1）计算各地区所生产的全国性部门产品比例，

$$r(k)i=\frac{X_i^{(k)}}{X_i} \tag{7.1}$$

其中 $X_i^{(k)}$ 表示 k 地区第 i 个部门的产值。对于地区性部门，则可以通过式（7.2）求得地区性部门的产品产量，

$$\begin{pmatrix} A_{HH} & A_{HN} \\ A_{NH} & A_{NN} \end{pmatrix}\begin{pmatrix} X_H^{(k)} \\ X_N^{(k)} \end{pmatrix}+\begin{pmatrix} Y_H^{(k)} \\ Y_N^{(k)} \end{pmatrix}=\begin{pmatrix} X_H^{(k)} \\ X_N^{(k)} \end{pmatrix} \tag{7.2}$$

其中 $X_H^{(k)}$ 和 $Y_H^{(k)}$ 分别表示 k 地区地区性部门的产品列向量和最终产品列向量，$X_N^{(k)}$ 和 $Y_N^{(k)}$ 分别表示 k 地区的全国性部门产品列向量和最终产品的列向量。A_{HH} 和 A_{HN} 分别表示地区性部门和全国性部门产品生产过程中对地区性部门产品的直接消耗系数矩阵，A_{NH} 和 A_{NN} 分别表示地区性和全国性部门产品生产过程中对全国性部门产品的直接消耗系数矩阵①。

---

① 冯宗宪，2000. 经济空间场理论与应用[M]. 西安：陕西人民出版社.

二、Pool-Approach 模型

Pool-Approach 模型假定商品的消费是从其所在地区的需求池中订购和收集，并且假定给定的商品生产商或服务提供者将其产出汇总在单一的区域中统一供应。因此，对于一个多区域经济体来说，货物流通可以看作是从某个区域供应池流向指定区域的需求池。具体来说，包括以下方面。

（1）对于地区 k，从产品需求的角度出发，有下面的平衡方程：

$$X_i^{pq} = \sum_{j=1}^{n} [a_{ij}^{p} X_j^{pq}] + Y_i^p, (i = 1, 2, \cdots, n; p = 1, 2, \cdots, s) \quad (7.3)$$

其中，X_i^{pq} 是指地区 p 第 i 部门产品的总内部投入；X_j^{pq} 是指地区 p 第 j 部门产品的产出；Y_i^p 是指地区 p 对第 i 部门产品的最终需求；a_{ij}^p 是指地区 p 的直接消耗系数。

（2）假定在一个孤立的多地区经济体有 S 个地区，货物 i 的区际流量遵循下面的平衡方程：

$$X_i^{qo} = \sum_{q=1}^{s} X_i^{pq}, (i = 1, 2, \cdots, n; q = 1, 2, \cdots, s) \quad (7.4)$$

$$X_i^{po} = \sum_{p=1}^{s} X_i^{pq}, (i = 1, 2, \cdots, n; q = 1, 2, \cdots, s) \quad (7.5)$$

其中，X_i^{po} 是指地区 p 对第 i 部门产品的总供给；X_i^{qo} 是指地区 q 对第 i 部门产品的总需求；X_i^{pq} 是指从地区 p 至地区 q 第 i 部门产品的总运货量。根据第 i 部门产品的总供给等于总需求，把每个地区以上两组方程分别相加，得到：

$$\sum_{p=1}^{s} \sum_{q=1}^{s} X_i^{pq} = \sum_{p=1}^{s} X_i^{po} = \sum_{p=1}^{s} X_i^{oq} = X_I^{OO} \quad (7.6)$$

式(7.6)中，X_I^{OO} 表示整个经济的所有地区生产和消费的第 i 部门产品的总量。

（3）运用引力方程计算第 i 部门产品的所有区际流量值，其一般形式是：

$$X_i^{pq} = \frac{X_i^{po} X_i^{oq}}{X_i^{oo}} Q_i^{pq}, (i = 1, 2, \cdots, n; q = 1, 2, \cdots, s) \quad (7.7)$$

式(7.7)表明,第 i 部门产品自地区 p 至地区 q 的流量同地区 p 的总产出和地区 q 的总投入成正比,而与第 i 部门产品在所有地区生产和消费的总量成反比。

三、列系数模型(Chenery-Moses 模型)

列系数模型可以计算特定时期内每个区域每种产品的消费量,如果一个地区的某种产品需求增加,那么每个地区都必须按照相应的比例增加供应量,这个比例被称为区域供给系数。

区域间供给系数 t_i^{pq} 表示为:

$$t_i^{pq} = \frac{r_i^{pq}}{r_i^q} \tag{7.8}$$

其中 r_i^{pq} 表示 p 地区给 q 地区供应的第 i 部门产品数量;r_i^q 表示 q 地区所得到的第 i 部门产品数量。由于 $r_i{}^q = \sum_{p=1}^{m} r_i^{pq}$, $(i = 1, 2, \cdots, n; p, q = 1, 2, \cdots, m)$,所以有 $\sum_{p=1}^{m} r_i^{pq} = 1$, $(i = 1, 2, \cdots, n; p, q = 1, 2, \cdots, m)$。由上述表达式可得:

$$r_i^{pq} = t_i^{pq} * r_i^q \tag{7.9}$$

由于地区 q 对第 i 部门产品的需求量等于本地区各部门在生产中对第 i 部门产品的中间投入需求加上本地区的最终需求规模,则:

$$r_i{}^q = \sum_{j=1}^{m} a_{ij}^q X_j^q + y_i^{pq}, \ (i = 1, 2, \cdots, n; p, q = 1, 2, \cdots, m) \tag{7.10}$$

将式(7.10)代入式(7.9)可以得到:

$$r_i{}^{pq} = t_i{}^{pq} \left[\sum_{j=1}^{n} a_{ij}^q X_j^q + y_i^{pq} \right], \ (i = 1, 2, \cdots, n; p, q = 1, 2, \cdots, m) \tag{7.11}$$

某个地区第 i 部门的产品产量等于其供应各地区的数量与满足最终需求的数量之和,即:

$$X_i^{p}=\sum_{q=1}^{m} r_i^{pq}+y_i^{pm+1},\ (i=1,\ 2,\ \cdots,\ n;p,\ q=1,\ 2,\ \cdots,\ m) \tag{7.12}$$

将式(7.11)代入式(7.12)可得：

$$X_i^{p}=\sum_{q=1}^{m} t_i^{pq}\left[\sum_{j=1}^{n} a_{ij}^{q}X_j^{q}+y_i^{pq}\right]+y_i^{pm+1},\ (i=1,\ 2,\ \cdots,\ n;\ p,\ q=1,\ 2,\ \cdots,\ m) \tag{7.13}$$

将式(7.13)写成矩阵形式：

$$X^{P}=\sum_{q=1}^{m} T^{pq}(A^{q}X^{q}+Y^{pq})+y_i^{pm+1},\ (p=1,\ 2,\ \cdots,\ m) \tag{7.14}$$

可进一步表示成：

$$X=T(AX+Y)+Y^{m+1} \tag{7.15}$$

整理可得：

$$X=(I-TA)^{-1}(TY+Y^{m+1}) \tag{7.16}$$

列系数模型固定了每个地区(包括该地区)供应给定区域产品的需求百分比，该模型可以通过了解每个地区的需求，来计算各地区各产品的供给。

四、模型改进与具体应用

为计算中国八大区域间的碳转移量，对上述模型做适当改进。根据列系数模型可知，单个区域的总产出为：

$$X=(I-A)-Y \tag{7.17}$$

其中，X 表示单个区域的总产出，I 是单位矩阵，A 表示直接消耗系数矩阵，Y 表示最终消费。该区域的碳排放量为：

$$C=SX \tag{7.18}$$

其中，C 为该区域的碳排放量，S 是该区域的碳排放系数。多区域的总产出可表示成：

$$\begin{pmatrix} X_{JJ} & \cdots & X_{JK} \\ \vdots & \ddots & \vdots \\ X_{KJ} & \cdots & X_{KK} \end{pmatrix} = \begin{pmatrix} I-A_{JJ} & \cdots & -A_{JK} \\ \vdots & \ddots & \vdots \\ -A_{KJ} & \cdots & I-A_{KK} \end{pmatrix}^{-1} \begin{pmatrix} Y_{JJ} & \cdots & Y_{JK} \\ \vdots & \ddots & \vdots \\ Y_{KJ} & \cdots & Y_{KK} \end{pmatrix} \tag{7.19}$$

为研究不同时间跨度的区域间碳转移，设定：

$$\Delta X = \begin{pmatrix} \Delta X_{JJ} & \cdots & \Delta X_{JK} \\ \vdots & \ddots & \vdots \\ \Delta X_{KJ} & \cdots & \Delta X_{KK} \end{pmatrix} = \begin{pmatrix} X_{JJ}^{i+1} - X_{JJ}^{i} & \cdots & X_{JK}^{i+1} - X_{KJ}^{i} \\ \vdots & \ddots & \vdots \\ X_{KJ}^{i+1} - X_{KJ}^{i} & \cdots & X_{KK}^{i+1} - X_{KK}^{i} \end{pmatrix} \tag{7.20}$$

其中，$J=1, 2, 3, \cdots, 8$；$K=1, 2, 3, \cdots, 8$，ΔX_{JK} 代表一定时间内，地区 K 的最终需求变化导致的地区 J 总产出的相应变化，ΔX_{KJ} 则相反。那么由最终需求驱动产业转移带来的碳排放转移为：

$$\Delta C = \Delta X S \tag{7.21}$$

第三节　区域间产业转移及碳排放转移测算与分析

一、数据来源

本部分数据主要来源于《中国区域间投入产出表》(1997 年、2002 年、2007 年、2012 年)、《中国统计年鉴》《中国能源统计年鉴》以及《IPCC2006 碳排放系数指南》。根据《中国区域间投入产出表》的划分标准，将中国划分为东北、京津、北部沿海等八大区域。根据《中国区域间投入产出表》《中国统计年鉴》，共有 17 个产业部门(表 7.1)，每个部门包含的具体行业见附录表 1。

表 7.1　17 个产业部门

序号	部门	序号	部门
1	农业	10	机械工业
2	采选业	11	交通运输设备制造业
3	食品制造及烟草加工业	12	电气机械及电子通信设备制造业

（续　表）

序号	部门	序号	部门
4	纺织服装业	13	其他制造业
5	木材加工及家具制造业	14	电力蒸汽热水、煤气、自来水生产供应业
6	造纸印刷及文教用品制造业	15	建筑业
7	石化工业	16	商业、运输业
8	非金属矿物制品业	17	其他服务业
9	金属冶炼及制品业		

资料来源：根据《中国区域间投入产出表》整理

二、区域间产业转移及碳排放转移规模测算

（一）碳排放系数的计算

参考刘红光等(2010)的碳排放系数计算方法，可以得到我国八大区域的分行业碳排放系数。首先根据《中国能源统计年鉴》、各省市能源平衡表以及各省市“统计年鉴”中分行业能源消费量数据，得到1997年、2002年和2007年分区域分行业八种能源（原油、汽油、煤油、柴油、燃料油、煤炭、焦炭以及天然气）的消费量，然后根据《IPCC2006碳排放系数指南》中各能源的净发热值和二氧化碳排放因子，得出各能源的二氧化碳排放系数

$$\beta_k = NCV_K \times CC_K \times COF_K \times (44/12),\ k = 1,\ 2,\ 3\cdots \quad (7.22)$$

其中，NCV_K 是净发热值，即平均低位发热量，CC_K 是碳排放因子，COF_K 是碳氧化因子，44和12分别是二氧化碳和碳分子量，其中IPCC分类能源系数如表7.2所示。

表7.2　IPCC分类能源指数

能源种类	净发热值	二氧化碳排放因子	二氧化碳排放系数
原油	42.3	73300	3.1
汽油	44.3	70000	3.1
煤油	43.95	71700	3.15
柴油	43	74100	3.19
燃料油	40.4	77400	3.13

（续　表）

能源种类	净发热值	二氧化碳排放因子	二氧化碳排放系数
煤炭	21.28	97 200	2.07
焦炭	28.2	107 000	3.02
天然气	48	56 100	2.69

资料来源:《IPCC2006 碳排放系数指南》

最后将所得到的各区域分行业八大能源消费量乘以各能源所对应的二氧化碳排放系数即可得到该区域的碳排放量，用区域分行业碳排放量除以该区域分行业总产出可得到各区域分行业的碳排放系数，各年碳排放系数如表 7.3 至表 7.6 所示。

表 7.3　我国 1997 年各区域分行业碳排放系数(单位：tCO_2/万元)

部门	东北	京津	北部沿海	东部沿海	南部沿海	中部	西北	西南
01	0.475	0.933	0.437	0.575	0.338	0.616	0.656	0.379
02	4.318	4.942	2.532	1.759	0.704	2.022	3.062	4.276
03	0.509	0.410	0.174	0.181	0.797	0.342	0.869	0.712
04	0.243	0.503	0.139	0.118	0.261	0.516	0.730	0.643
05	0.417	0.560	0.153	0.173	0.266	0.408	0.133	0.425
06	1.545	0.631	0.430	0.333	0.575	1.518	2.197	1.794
07	3.464	4.021	2.141	2.120	1.617	4.142	4.102	4.765
08	1.450	2.876	1.007	0.903	3.655	3.002	2.710	3.680
09	5.162	3.058	3.467	1.102	1.227	5.207	5.241	5.226
10	0.541	0.498	0.179	0.073	0.637	0.688	1.005	0.584
11	0.787	0.387	0.195	0.049	0.157	0.814	1.248	0.288
12	0.416	0.175	0.087	0.031	0.119	0.368	0.525	0.238
13	0.127	0.346	0.024	0.077	0.694	0.207	1.091	0.389
14	44.712	26.553	36.284	16.348	9.054	25.500	38.916	23.216
15	0.510	0.262	0.186	0.088	0.087	0.214	0.393	0.175
16	1.270	1.728	1.062	0.887	1.071	1.284	1.903	1.310
17	0.527	0.426	0.504	0.198	0.198	0.200	0.778	0.310

表 7.4　我国 2002 年各区域分行业碳排放系数(单位:tCO2/万元)

部门	东北	京津	北部沿海	东部沿海	南部沿海	中部	西北	西南
01	0.2785	0.53	0.247	0.326	0.198	0.338	0.368	0.226
02	2.2685	2.507	1.409	1.0305	0.3735	1.171	1.604	2.429
03	0.2845	0.225	0.099	0.0965	0.412	0.186	0.466	0.369
04	0.1415	0.283	0.087	0.0675	0.1465	0.272	0.383	0.342
05	0.231	0.298	0.085	0.091	0.1375	0.213	0.08	0.223
06	0.8715	0.348	0.258	0.193	0.3245	0.820	1.191	0.965
07	1.9275	2.105	1.236	1.1515	0.9065	2.397	2.393	2.645
08	0.9195	1.656	0.579	0.535	1.984	1.655	1.611	2.346
09	2.945	1.73	1.865	0.6365	0.6765	2.797	2.854	2.767
10	0.296	0.261	0.102	0.041	0.3255	0.359	0.52	0.301
11	0.404	0.201	0.105	0.026	0.081	0.430	0.635	0.153
12	0.213	0.089	0.050	0.016	0.0605	0.188	0.273	0.121
13	0.091	0.189	0.021	0.0405	0.3625	0.111	0.924	0.207
14	24.041	13.99	19.92	9.148	5.0985	14.28	21.70	12.66
15	0.271	0.143	0.132	0.0565	0.0505	0.123	0.215	0.101
16	0.764	0.943	0.618	0.519	0.6255	0.744	1.118	0.788
17	0.283	0.226	0.264	0.1035	0.1035	0.104	0.409	0.167

表 7.5　我国 2007 年各区域分行业碳排放系数(单位:tCO_2/万元)

部门	东北	京津	北部沿海	东部沿海	南部沿海	中部	西北	西南
01	0.079	0.12	0.053	0.072	0.056	0.056	0.075	0.071
02	0.189	0.037	0.268	0.29	0.038	0.306	0.124	0.553
03	0.056	0.037	0.022	0.011	0.021	0.028	0.056	0.021
04	0.038	0.059	0.033	0.016	0.03	0.023	0.031	0.036
05	0.042	0.032	0.015	0.008	0.007	0.015	0.026	0.017
06	0.187	0.061	0.083	0.051	0.07	0.11	0.17	0.123
07	0.367	0.161	0.315	0.168	0.185	0.623	0.654	0.491

（续　表）

部门	东北	京津	北部沿海	东部沿海	南部沿海	中部	西北	西南
08	0.379	0.417	0.144	0.161	0.287	0.288	0.493	0.987
09	0.692	0.38	0.24	0.163	0.117	0.35	0.431	0.272
10	0.047	0.02	0.025	0.008	0.01	0.026	0.028	0.015
11	0.015	0.013	0.015	0.003	0.004	0.041	0.013	0.016
12	0.007	0.002	0.013	0.001	0.001	0.006	0.018	0.002
13	0.054	0.031	0.019	0.003	0.026	0.013	0.749	0.022
14	3.056	1.252	3.318	1.833	1.079	2.889	4.215	1.94
15	0.028	0.023	0.077	0.024	0.013	0.03	0.035	0.025
16	0.249	0.147	0.168	0.145	0.172	0.196	0.321	0.258
17	0.035	0.023	0.02	0.008	0.008	0.008	0.035	0.023

表 7.6　我国 2012 年各区域分行业碳排放系数(单位:tCO2/万元)

部门	东北	京津	北部沿海	东部沿海	南部沿海	中部	西北	西南
01	0.0109	0.0109	0.0043	0.0062	0.0077	0.0028	0.0056	0.0118
02	0.0025	1.6E−05	0.0175	0.0395	0.0007	0.0363	0.0014	0.0508
03	0.0039	0.0018	0.0019	0.0003	0.0001	0.0012	0.0015	0.0001
04	0.0047	0.0046	0.0076	0.0016	0.0023	0.0003	0.0004	0.0008
05	0.0025	0.0007	0.0008	0.0001	3.54E−05	0.0001	0.0046	0.0002
06	0.0154	0.0034	0.0144	0.0062	0.00581	0.0037	0.0064	0.0037
07	0.0241	0.0018	0.0357	0.0066	0.01384	0.0732	0.0843	0.0307
08	0.1022	0.0462	0.0156	0.0248	0.01114	0.0159	0.0782	0.2760
09	0.0674	0.0326	0.0074	0.0186	0.00639	0.0103	0.0182	0.0050
10	0.0022	0.0002	0.0027	0.0005	1.86E−5	0.0003	0.0002	7.28E−5
11	4.06E−5	0.0001	0.0006	7.53E−5	1.9E−5	0.0007	1.08E−5	0.0003
12	1.49E−5	2E−06	0.0015	7.57E−6	5.42E−7	1.21E−5	0.0002	1.08E−6
13	0.0267	0.0015	0.0178	3.17E−5	0.0003	0.0003	0.5854	0.0005

（续 表）

部门	东北	京津	北部沿海	东部沿海	南部沿海	中部	西北	西南
14	0.0925	0.0192	0.1689	0.1324	0.0864	0.2126	0.2872	0.0841
15	0.0006	0.0011	0.0371	0.0068	0.0015	0.0031	0.0017	0.0027
16	0.0443	0.0066	0.0215	0.0195	0.0224	0.0236	0.0454	0.0463
17	0.0010	0.0005	0.0002	9.19E−5	9.19E−5	9.15E−5	0.0005	0.0008

（二）区域间产业转移量测算

根据列系数模型，对我国八大区域在 1997—2002 年、2002—2007 年和 2007—2012 年期间的产业转移量进行测算，得到结果如图 7.1 所示，正的代表产业转入，负的代表产业转出。

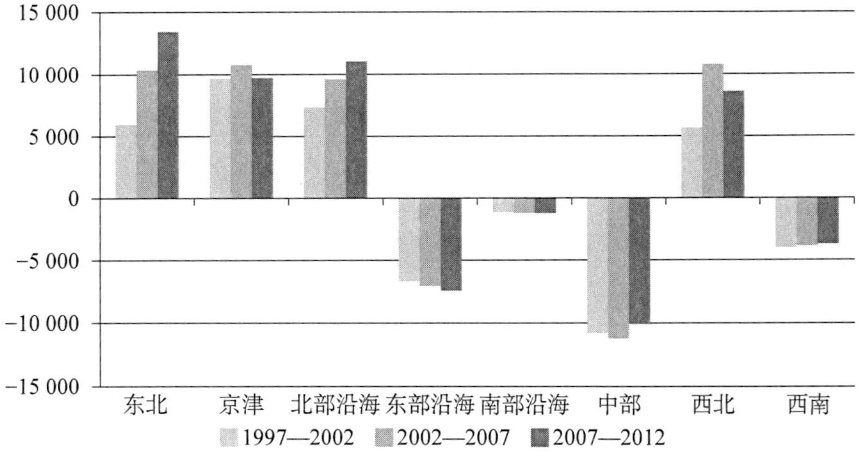

图 7.1 八大区域产业转移量

从整体上看，1997—2012 年产业转移大致呈现出“由南向北，由东往西”的趋势。这一结果与肖雁飞等(2014)的研究吻合。具体来说，东部沿海、南部沿海、中部地区和西南地区是主要的产业转出区域，其中以中部地区的转出规模最大，1997—2002 年转出 10 745.4 亿元，2002—2007 年转出 11 184.1 亿元，2007—2012 年转出 10 065.7 亿元；其次是东部沿海区域，在 1997—2002 年转出 6 701.06 亿元的产业量，2002—2007 年转出 7 085.82 亿元，2007—2012 年转出 7 440.21 亿元；西南区域在 1997—2002 年转出

3 995.98 亿元，2002—2007 年转出 3 838.7 亿元，2007—2012 年转出 3 685.15 亿元。南部沿海相对较低，1997—2002 年转出 1 154.93 亿元的产业量，2002—2007 年转出 1 191.55 亿元。产业转移存在行业差异，1997—2002 年东部沿海区域转出产业量最多的是电力蒸汽热水、煤气、自来水生产供应业，南部沿海区域转出产业量最多的是非金属矿物制品业，中部区域转出产业量最多的是电力蒸汽热水、煤气、自来水生产供应业，西南区域转出产业量最多的是电力蒸汽热水、煤气、自来水生产供应业；2002—2007 年四个转出区域转出产业量最多的均为电力蒸汽热水、煤气、自来水生产供应业。对于产业转入区域来说，按转移量排序依次是：京津区域、东北区域、北部沿海区域以及西南区域，这一产业转移格局和区域经济发展的梯度分布以及资源禀赋密切相关。

（三）区域间碳转移量测算

根据区域产业转移量以及分区域分行业碳排放系数，凭借列系数模型可以得到 1997—2002 年、2002—2007 年和 2007—2012 年各区域碳转移量，如图 7.2 所示。

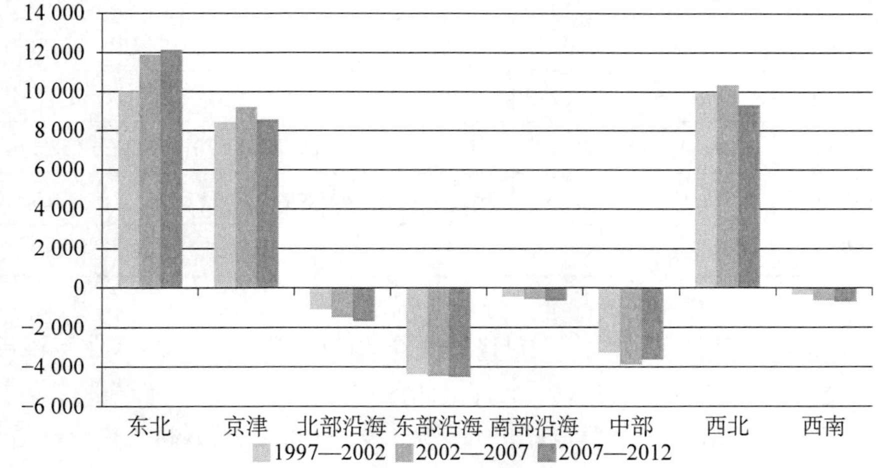

图 7.2　八大区域碳转移量

从图 7.2 可以直观地看出，最终使用驱动下的碳转移排出区域大多集中在东南部，具体包括东部沿海区域、中部区域、北部沿海区域、南部沿海区域以及西南区域，这符合产业转移“由南往北，由东往西”的空间趋势。

分时间段来看，1997—2002 年，大部分碳排放主要是从沿海区域向西、北方向转移，西北区域在这五年间一共承接了来自其他七个区域的碳排放共计 9 985.33 万吨；东北、京津紧随其后，也转入了 10 000.65 和 8 422.78 万吨的二氧化碳；中部地区并没有转入相当数量的二氧化碳，相反地，由于其自身的节能减排措施及相关政策扶持，在这五年间共转出了 3 262.21 吨二氧化碳。而在 2002—2007 年间，碳排放由向西、北区域转移变成主要向北转移，向西的趋势与前五年相比逐渐减弱，主要表现为：西北区域在这五年间承接的碳排放转移为 10 358.89 万吨，而东北区域则一跃超过西北区域，转入 11 897.15 万吨二氧化碳，成为转入量最多的区域，京津区域转入 9 193.67 万吨二氧化碳，位居第三。我们将产业转移和碳排放转移统一列表，如表 7.7 所示。

表 7.7　区域间产业转移与碳转移量对比(单位:万元,万吨)

区域	1997—2002 年		2002—2007 年		2007—2012 年	
	产业转移	碳转移	产业转移	碳转移	产业转移	碳转移
东北	5 959.916	10 000.65	10 350.17	11 897.15	13 455.22	12 135.1
京津	9 652.599	8 422.784	10 766.24	9 193.669	9 689.62	8 550.112
北部沿海	7 310.96	−1 084.14	9 591.344	−1 486.92	11 030.05	−1 680.22
东部沿海	−6 701.06	−4 363.59	−7 085.92	−4 442.49	−7 440.21	−4 486.91
南部沿海	−1 154.93	−437.218	−1 191.55	−566.791	−1 227.29	−651.81
中部	−10 745.4	−3 262.21	−11 184.1	−3 854.93	−10 065.7	−3 623.64
西北	5 628.65	9 985.327	10 728.73	10 358.89	8 582.988	9 323
西南	−3 995.98	−343.275	−3 838.7	−627.796	−3 685.15	−703.132

将碳排放量与产业转移量对比，我们可以发现(如表 7.7)，产业转移与碳转移的趋势并不完全一致。北部沿海区域在 1997—2002 年产业转入了 7 310.96 亿元，但也是碳排放转出的区域，转出 1 084.14 万吨二氧化碳；在 2002—2007 年北部沿海区域产业转入了 9 591.34 亿元，但碳排放转出了 1 486.92 万吨。结合数据分析以及现有政策来看，这一现象说明北部沿海区域在产业承接过程中具有减排效应。另外，从表 7.7 中可以看出，均属于碳排放转入的区域东北及西北区域，均表现为产业转移规模大于碳转移规模，而京津则相反。这一现象表明产业转移过程中的选择不同会导致碳排放出现截然相反的差异，如京津地区在产业转移时，转入的产业大多是碳排

放较少但能更快促进经济发展的产业，而西北、东北区域在产业转移时，大多是转入了一些沿海区域因为资源禀赋及环境制约而淘汰的产业，这些产业大多能耗及碳排放量高。

第四节　本章小结

在资源约束和环境规制政策日益加紧的背景下，东南沿海的产业向中部及西北部地区转移已成为政府及相关部门和企业层面的重要决策之一。然而，在产业转移的过程中，政府部门更多地关注产业转移对地区经济的影响，企业部门则主要从降低成本、获取资源优势的角度进行产业转移，对于伴随着产业转移而出现的碳转移现象未给予相当的重视。基于本章对我国各区域产业转移过程中碳转移量测算的实证研究，可以得到以下结论。

第一，在产业转移方面，从空间上看，东部沿海、南部沿海、中部地区和西南地区是主要的产业转出区域，其中以中部地区为主要转出区域；东北地区、京津地区、北部沿海、西北为产业转入区域，其中以京津区域为主要转入区域。从行业角度来看，样本期间产业转移最多的主要是资源类产业，如：电力蒸汽热水、煤气、自来水生产供应业。

第二，在碳转移方面，从空间上看，1997—2002 年各区域的碳转移呈现出清晰的向西、北区域转移的趋势，主要碳转移排出区域是东部沿海区域、中部区域、北部沿海区域、南部沿海区域以及西南区域；主要碳转入区域是东北区域、京津区域和西北区域。

第三，产业转移与碳转移的趋势并不完全重合，这主要表现在两个方面：一是北部沿海区域在作为产业转入区域的同时，也是碳转出区域，究其原因，是在产业承接过程中良好的碳减排工作使得该区域在承接大量外来产业的同时能够合理地消化掉这些产业转移带来的碳；二是区域表现为产业转移量大于碳转移量，如东北区域和西北区域，而部分区域如京津则表现为产业转移量小于碳转移量，这种现象的出现表明产业转移过程中选择的不同可能会导致碳排放出现截然相反的差异，如京津地区在产业转移时，转入的产业大多是碳排放较少但能更快促进经济发展的产业，而西北、东北区域在产业转移时大多是转入了一些沿海区域因为资源禀赋及环境制约导致停产的产业，这些产业大多能耗高，碳排放量也高。

第八章　要素市场扭曲对环境效率的影响

要素市场扭曲会导致环境排放、低经济效率和创新约束。因此，如果忽略了要素市场扭曲，不仅环境绩效会直接受到负面影响，而且传统的措施如产业升级和创新的作用也会被削弱。本章从以下几个方面对现有文献进行了补充。首先，通过要素市场扭曲的视角来理解工业污染强度变化的原因。本章基于资源依赖理论（RDT）、资源基础理论（RBV）和制度理论，分析要素市场扭曲与工业污染强度之间的关联机制，提出一种新的分析框架。现有关于污染强度的实证研究往往是基于一般的文献综述，而本章结合资源和制度视角的分析框架，探讨在新兴经济体的背景下，要素市场扭曲和工业排放强度的关系。第二，本章的研究有助于解释外资所有权与国家所有权的所有权异质性是否影响市场扭曲与工业污染强度之间的关系，及其影响途径。Clò et al.（2017）认为在不具有约束性环境规制的情况下，不同所有权公司的不同目标可能导致有差异的环境绩效。关于所有权与环境绩效之间的关系，现有的研究还没有得出一致的结论（Clò et al.，2017；Meyer and Pac，2013；Maung et al.，2016；Li and Chan，2016），可能是由于所选样本或研究方法的不同所致。受到 Clò et al.（2017）与 Meyer 和 Pac（2013）的启发，本章研究将外资所有权和国有制作为重要的调节因子，并解释了它们影响扭曲与污染强度关系的机制。第三，本章主要研究工业活动的污染强度。这一指标的优势在于，它将可持续发展的环境和经济层面结合起来，并能进一步检验新兴经济体的污染与经济产出之间是否存在脱钩现象（Cherp et al.，2003），为学术界和政策制定者研究更清洁的工业生产和经济可持续发展提供启示。

第一节 要素市场扭曲的特征与典型事实

一、要素市场扭曲的界定

(一) 要素市场扭曲的定义

要素市场扭曲是指因为市场不完善导致要素流动受阻,使经济中效率最高的部门或企业无法优先配置生产要素。要素市场扭曲主要有要素流动障碍、要素价格刚性、要素价格差别(Magee,1971)和要素价格低估(张杰等,2011)等几种形式。

Chacholiades(1978)提出的资源扭曲理论认为,由于市场的不完善,使得要素的市场价格偏离了其机会成本,在经济运行过程中表现为要素的非最优配置,从而造成扭曲。经济学家将帕累托最优的偏离或者现实背离理想的情况定义为扭曲(distortion)。19世纪法国经济学家里昂·瓦尔拉斯提出了一般均衡理论,当交换和生产环节同时达到一般均衡时,完全竞争条件下的静态一般均衡才能得到实现(窦勇,2010)。当出现扭曲时,一般均衡状态被打破,价格手段也无法使得市场自动出清。根据约翰·贝茨·克拉克的边际生产率理论,完全竞争状态下的要素市场价格等于边际生产率所确定的均衡价格。因此,可以将市场价格和要素价格的偏离定义为要素市场扭曲(王必锋,2013)。

生产要素通常分为劳动、资本和土地,因此当劳动者的实际工资偏离劳动边际生产率所决定的均衡工资时,劳动力市场发生扭曲;当资本的实际利息偏离资本边际生产率所决定的均衡利息时,资本市场发生扭曲;当土地的实际地租偏离土地边际生产率所决定的均衡地租时,土地市场发生扭曲。同样地,能源、水资源的实际价格与边际生产率的偏离也会造成能源、水资源市场的扭曲。

(二) 要素市场扭曲的分类

第一,针对不同的作用范围,要素市场扭曲可分为内部扭曲和外部扭曲。要素市场内部扭曲指的是在一个国家内部,市场失灵或者政府干预等造成的国内要素市场出现扭曲。而要素市场外部扭曲指的是一个国家在进行国际贸易时,由于国家竞争力强大,可以控制对外贸易,因此不再根据生产要素投入或者全球均价进行决策，而是依据边际成本定价，这种垄断的力量就会导致外部市场出现扭曲（王宁，2016）。

第二，针对表现形式的不同，要素市场扭曲又可分为绝对扭曲和相对扭曲。要素市场绝对扭曲是指单个要素的实际价格与其边际产出或机会成本之间发生偏离（Lau and Yotopoulos，1971；Atkinson et al.，1980）。根据扭曲的方向，绝对扭曲又可分为正向扭曲和负向扭曲。当生产要素的实际价格大于其边际产出决定的均衡价格时，要素市场出现正向扭曲；当生产要素的实际价格小于其边际产出决定的均衡价格时，要素市场发生负向扭曲。而要素市场相对扭曲指的是两种或两种以上的生产要素价格与其边际生产率的比之间不相等。相对价格扭曲则是通过比较两种或多种要素价格的绝对扭曲程度，来评价不同要素的相对价格效率。

二、要素市场扭曲的特征

要素价格扭曲和要素错配是要素市场扭曲表现出来的两个主要特征，也是其最重要的两个核心组成部分。

（一）要素价格扭曲

各类生产要素在市场中形成要素价格。在完全竞争的市场中，供求关系决定生产要素的价格，要素的稀缺程度和供求关系变化会影响市场价格，价格变化准确地反映和调节市场供求（王宁，2016）。作为要素市场扭曲的重要组成部分，要素价格扭曲指的是资源的相对稀缺程度无法被要素价格准确反映，进一步导致资源配置中价格机制的失效，它表示由于价格因素所导致的资源配置出现缺陷，也是经济发展过程中的阶段性问题（魏鹏飞、魏新月，2017）。要素价格扭曲可能给地区经济发展带来许多负面影响，宋大强（2020）研究发现要素价格扭曲会降低行业生产效率和人口充分就业，抑制企业创新力和高质量 FDI 的流入，同时也会损害企业出口竞争力。当今经济发展正从高速向高质量转变，减缓甚至消除由要素价格扭曲所带来的负向效应是亟待解决的关键问题。

（二）要素错配

经济学中的“有效配置”，指的是要素在有需要的部门间获得充分有效的流动和合理使用，实现帕累托最优状态和整体效益最大。由于现实中不健全的市场机制导致要素配置存在缺陷，边际报酬之间存在差异，会进一步导致资源偏离理想配置状态，使得产出无法达到最大。王宁（2016）指出，作为市场调节信号的要素价格在出现扭曲后，企业不再能够通过自身比较优势来合理选择产业和技术，进而使得要素资源配置扭曲，从而影响资源分配效率和经济结构，因此出现了要素错配的现象。除了要素价格扭曲，制度不完善和政府对要素分配的管制也会引起要素错配。

要素错配的出现阻碍了生产要素在市场间的合理流动，不仅导致资源配置效率降低，也严重影响经济增长质量。如果能把配置不当的生产要素转移到更高生产率的行业和企业，将实现产出的提升和环境质量的改善。供给侧结构性改革的深化、要素配置的调整是我国经济新常态下实现高质量发展的要求。

三、要素市场扭曲的原因

要素市场的扭曲可能来自内生性的原因，也可能由外部政策性因素导致。内源性扭曲是指由于市场本身的不完善所导致的要素低效率配置，而不是由于外部因素干预导致的，内源性因素主要包括诸如垄断、外部性、信息不对称等导致市场失灵的因素。而政策性扭曲主要缘自政府行为，是基于特定目的而对市场进行行政性干预的结果，例如实施行政管制、提高贸易壁垒和对市场征税等因素造成的市场扭曲（Buera et al.，2011），这些干预导致市场机制的资源配置功能难以有效发挥。具体而言，经济学家将要素市场扭曲的原因归结为如下几个方面。

（一）要素市场分割

要素的自由流动是避免要素市场扭曲的前提，由于市场不完善，要素价格呈现不均衡状态。姜学勤（2009）指出，在经济转型过程中，市场分割是市场不完善的主要表现，会阻碍要素在市场间的自由流动，并扭曲生产要素价格。

在市场分割理论中，劳动力市场分割论是最具代表性的理论之一。作为早期该领域代表性研究成果之一，Doeringer 和 Piore（1971）首次将劳动力市场按照工资水平与市场平均工资的关系划分为主要劳动力市场和次要劳动力市场，其中主要劳动力市场的工资相对于市场平均工资来说具有优势，而次要劳动力市场的工资往往弱于市场平均水平。由于工资水平存在差异，就会驱动劳动力从次要劳动力市场流向主要劳动力市场，但是市场分割会阻碍劳动力的转移，DicKens 和 Lang（1985，1988）利用实证的方法证明了主要劳动力市场和次要劳动力市场的这一市场分割的存在性，造成市场分割的原因是由于这两个市场之间存在非经济壁垒，这也是导致劳动力价格扭曲的关键。目前，我国劳动力市场分割不只是缘于垄断因素，户籍制度也是重要因素之一。因此，我国劳动力价格扭曲不仅表现在垄断和非垄断行业之间，而且也表现在城镇居民和农民工劳动力之间（许经勇，2007）。资本市场的分割导致资本配置的低效率和资本价格的扭曲，使不同类型的所有制企业在资本的可得性或获取的难易程度和享受的资本价格上存在差异。在经济转型过程中，自然资源要素市场实行的价格“双轨制”，其本质也是一种人为的市场分割（姜学勤，2009）。

（二）竞争势力的存在和劳资力量失衡

理想状态下，处于完全竞争中的市场要素资源表现为最优化配置，实现了帕累托最优，企业在这种情况下可以获得最大产出。但现实中的市场通常处在不完全竞争状态中，完全竞争条件难以实现，如垄断等竞争势力的存在使得要素表现为非最优化配置，即要素市场的扭曲。例如，导致劳动力市场扭曲的因素之一是工会的存在，工会势力越强大，导致劳资谈判中劳动力拥有更大的话语权，从而会使劳动力工资高于市场均衡决定的工资水平（王必锋，2013）。

此外，劳动力市场中工人往往处在弱势地位，其利益在劳资纠纷时往往难以获得工会的支持。制度建设的滞后性也使得企业在劳动力市场中处于相对强势地位，劳动力工资无法真实反映其生产效率，导致劳动力的工资水平往往低于市场水平（李言，2020）。李文溥和李静（2011）也指出，政府部门、国有企业和国有事业单位的就业者基本不可退出传统的正规劳动力市场，从而形成了绑架机制，实现劳资力量均衡，使得劳动力成本处于过高的水平。相反地，个体劳工与资方在非正规劳动力市场中的力量却十分悬殊，劳资力量出现失衡，其劳动力工资水平往往会低于劳资力量均衡下的劳动力工资水平。

（三）政府管制

政府管制通常会导致要素的稀缺程度无法被市场价格准确反映，从而引致要素价格与其真实的价格水平发生偏离而产生市场扭曲。姜学勤（2009）发现，户籍制度阻碍了劳动力跨地区、跨行业、跨部门的自由流动，导致劳动力要素配置效率降低，同时引致教育、福利和补贴等方面的差别，进而造成在不同地区、部门和所有制企业之间存在不同的劳动力价格。Kornai（1986）认为“预算软约束”往往会影响政府决策，如实施财政补贴、贷款支持等措施来帮助处于亏损状态中的国有企业，这是以要素配置扭曲和经济效率损失为代价的。发展中国家为了加快工业化进程，往往会选择压制金融要素的价格，如降低存贷款利率以促进投资和消费，提高本国货币汇率，从而降低国内和国外金融资源的使用成本，但这样会导致金融市场无法有效调节资金供给和需求（麦金农，1988）。"向上的金融抑制论"表明，由于政府对金融市场的过度干预，导致实际利率或资本价格高于完全竞争状态下的市场均衡水平，使资本要素表现为非最优化配置（Beckman et al.，1990）。林毅夫、蔡昉和李周（1994）提出的发展战略说认为，政府采用一系列的制度人为压低利率、汇率、工资和农产品价格，降低重工业发展成本服务于中华人民共和国成立初期优先发展重工业的战略目标，但是造成了要素市场扭曲。

根据《中华人民共和国土地管理法》，土地一级市场的垄断权属于政府，政府可以通过地价补偿的方式征用农用地，但是土地的机会成本可能会远远高于其补偿条件，从而造成土地市场出现扭曲（姜学勤，2009）。王庭东（2007）也认为，资源使用者需要向国家支付资源使用费或资源税，而环境污染造成的社会成本并未完全包含在内，这种由政府主导的自然资源价格形成机制导致资源价格与其市场均衡价格之间产生较大偏离，造成要素市场扭曲。

四、我国要素市场扭曲的典型事实

过去几十年，在中国经济转型过程中，由于改革的不同步和不彻底，使得劳动力、土地、资本、能源和环境等要素市场表现出一定程度的扭曲。黄益平和陶坤玉（2011）认为，估计我国要素市场扭曲的程度可能达到 GDP 水平的 10%左右。这些扭曲主要表现在以下几个方面。

第一，劳动力市场扭曲。劳动力市场扭曲的现象在我国普遍存在，总体上看，我国劳动力市场扭曲的典型事实主要可分为城乡扭曲、行业扭曲和所有制扭曲。劳动力市场的城乡扭曲首先表现为城乡分割。由于户籍制度的存在，劳动力从农村向城市的转移依然存在许多障碍。其次，城乡收入差距也是城乡扭曲的集中体现。农村劳动力的价格水平远远低于城市劳动力，且增速也相对较慢，进一步导致城乡收入差距不断扩大。根据国家统计局公布的统计数据，2018 年城镇居民和农村居民的人均可支配收入之比为 2.69。此外，社会福利、教育投入以及社会保障等公共服务方面也体现了我国劳动力市场的城乡扭曲。王必锋(2013)认为目前城市居民享受到了农村劳动力所无法享有的各种保障、补贴和福利,城镇居民依然是我国社会保障制度中的主要受益者,如基本养老保险、医疗保险等。如果将这些城市居民的隐性收入包含在内,那么城乡之间的实际收入差距将会比实际统计的数字更大。

劳动力市场也存在着许多行业扭曲的现象,主要表现为行业间同工不同酬。由于行政垄断、市场垄断以及自然垄断等不完全竞争现象的存在,行业间的工资差距始终存在。垄断行业的平均工资远高于全国平均水平,也高于非垄断行业。劳动市场扭曲还体现在所有制上,2018 年全国平均工资水平为 84 744 元,国有单位、城镇集体单位和其他单位就业人员平均工资分别为 89 474 元、60 664 元和 79 453 元,分别相当于全国平均水平的 1.06 倍、72%和 94%。可以发现,城镇集体单位的平均工资水平远远低于国有单位和其他单位。此外,2018 年外商投资企业和城镇私营企业的就业人员平均工资分别为 99 367 元、49 575 元,分别为全国平均水平的 1.13 倍和 58%。可见,工资水平在不同所有制企业之间差距明显。

第二,资本市场扭曲。由于历史原因或改革滞后,资本市场仍存在普遍的扭曲现象。当资本市场出现扭曲时,资本的价格功能无法充分发挥,影响资本市场的效率。政府干预会抑制金融系统的正常发展,主要表现在利率管制、信贷配额、频繁调整法定存款准备金率,资本账户不完全开放(王必锋,2013)。我国利率市场化机制尚未完全形成,政府也对信贷配额进行着控制,国有商业银行偏好于向国有企业或大型企业发放贷款,中小型企业和非国有企业在信贷市场受到一定的歧视。区域经济分割仍然存在,限制了资本在地区间充分流动。

第三,土地市场扭曲。在土地国有制度下,政府垄断了城市土地供给,同时城市和农村土地分开治理,在客观上导致土地市场分割和扭曲。为了招商引资,工业用地地价往往被压低,根据《2016 中国国土资源公报》,全国 105 个主要监测城市在 2016 年第四季度末综合地价为 3 826 元/平方米,其中商服地价、住宅地价和工业地价分别为 6 937 元/平方米、5 918 元/平方米和 782 元/平方米。工业地价分别仅占综合、商服和住宅地价水平的 20.44%、11.27%和 13.21%,由此可见我国工业用地的价格偏低。此外,我国尚未形成农村土地市场,当农村土地转化为非农业用地时,其补偿价格远低于土地资源本身的机会成本。

第四，能源与自然资源价格扭曲。我国"资源无价"的政策主导了资源市场，导致资源的稀缺状况无法被实际价格真实反映，资源价格长期处在较低的水平，从而造成企业粗放型增长，并出现高污染、高耗能、浪费严重和资源性产品产能过剩的局面。

我国能源价格扭曲表现在主要能源价格低廉和不合理的能源比价关系两个方面。主要能源价格如电力、煤炭、石油和天然气等都由政府制定或指导，更多地考虑了资源开发成本，在一定程度上忽略了安全生产的成本及其造成的生态环境破坏的补偿，从而导致能源价格长期偏低。王必锋(2013)指出，根据国际通用的热值换算标准，我国煤炭、石油和天然气的比价关系为1∶4∶3，而国际比价水平为1∶1.5∶1.35，煤炭价格明显偏低；我国天然气和原油比价为0.4∶1，相比于国际1.05∶1的比价关系，天然气的价格也明显偏低，我国资源性商品比价关系与国际水平之间依然存在相当大的差距。

第二节 要素市场扭曲对环境效率的影响机理

一、要素市场扭曲降低要素使用效率和供给质量，制约技术进步

一方面，要素市场扭曲打破了资源的最优配置，使要素的使用效率降低。由于制度安排受到GDP增长这一核心目标的制约，地方政府的动机被扭曲(周黎安，2007)，要素的优先分配制使得辖区内的企业或与政府关系亲密的国有企业优先得到要素配置，而其他地区的企业则遭受价格歧视，发展受到制约(林伯强、杜克锐，2013)。同时，地方政府更倾向于将具有优惠条件的要素分配给大型国有企业，使得要素无法得到有效利用且分配给效率高的企业(刘胜，2015)。因此，由于资源的流动性和使用效率大幅降低，削弱了享受要素优待的企业进行技术创新的动力，如开发清洁能源、探索清洁生产等，从而不利于环境质量的改善。另一方面，在要素市场扭曲的环境下，要素供给者倾向于降低要素供给质量以弥补低于应有回报的要素收入。以劳动市场扭曲为例，劳动者在市场中未能得到合理回报，偏低的工资水平在导致劳动者向工资高水平地区"流出"的同时，也降低了劳动者的积极性，抑制了居民对教育的投资意愿和居民及其后代的教育投入，从而阻碍了人

力资本形成和培养提升，制约技术进步（毛其淋，2013）。

二、要素市场扭曲阻碍了企业创新效率的提升，不利于技术进步

要素市场扭曲会降低企业创新效率，阻碍技术进步。首先，由于要素使用成本被压低，投入传统要素获得利润的可能性增加，从而削弱了企业进行创新研发的动力（张杰等，2011）；同时资本市场中融资结构扭曲造成了创新型企业融资难、融资贵的问题，导致企业研发创新的动力受到抑制（Amore et al.，2013；Hsu et al.，2014）。其次，具有政治关联的企业能够以更优惠的价格获取关键要素，这会削弱企业自身能力建设的内在动力（杨其静，2011）。最后，要素市场扭曲也通过中间品进口抑制、外资流入等贸易和投资效应显著抑制了先进技术的国际溢出（李平、季永宝，2014）。要素市场扭曲使得企业的激励机制和技术创新被削弱，企业不仅缺乏采用清洁能源、清洁工艺与污染处理设备的动力，也很难通过促进技术进步来提升要素利用效率。这种影响除了体现在低碳环保的技术应用层面上，还渗透在整个经济运行的过程中，不仅仅是狭义上的科技创新，还有管理创新、制度创新等“软”科技进步（张兵兵等，2014）。因此，要素市场扭曲所引致的资源错配会阻碍企业的技术进步（Bartelsman et al.，2013）。

三、要素市场扭曲阻碍产业升级

要素市场扭曲下低成本要素使得本应被淘汰的落后产能仍然有利可图，抑制了企业提升自身效率、进行研发投入和技术投资的动力，企业在市场竞争中处于弱势地位，更容易被锁定在低端价值链上，阻碍产业结构的升级（张杰等，2011）。扭曲的要素市场中企业往往具有较高的退出成本，因为企业在退出市场后无法获得之前的低成本要素，也无法补偿当初为获取要素而付出的寻租成本，从而使得落后企业的退出壁垒升高（王宁、史晋川，2015）。地方政府的偏向性要素分配政策也不利于产业结构的升级（蒋含明，2016）。基于 GDP 目标的政绩考核体系也会造成大量要素向低水平的加工业或资本密集型、高产值、高耗能的重化工业配置，不利于向技术知识密集型产业的升级及转型（夏晓华、李进一，2012）。由此可见，要素市场扭曲在一定程度上保护了高耗能、高污染的企业免遭市场淘汰，阻碍了地区产业结构升级，并对粗放型增长模式形成了锁定效应，进而抑制了环境效率的提升。另外，要素市场扭曲使得部分企业将低成本因素作为自身出口优势，

增加了非技术知识密集型产业的出口规模，阻碍了贸易结构的优化升级（踪家峰、周亮，2013）。

第三节　研究假说

许多研究者已经证明，资源配置不当或要素市场扭曲极大地降低了经济效率（Hsieh and Klenow，2009；Aoki，2012；Restuccia and Rogerson，2013；Oberfield，2013；Meza et al.，2019；Guo et al.，2019；Wei and Li，2017；Ryzhenkov，2016；Cheng et al.，2020；Yang et al.，2018；Dai and Cheng，2016）。在环境经济学领域，学者们从环境效率的角度关注环境绩效评价，强调提高环境效率对于绿色可持续发展具有重要意义（Piao et al.，2019；Lyu et al.，2018；Liu，Li et al.，2018；Chen and Jia，2017）。然而，除了以下一些研究，就资源配置不当或要素市场扭曲对环境效率的影响这一问题的研究较少。Bian et al.（2019）、Wang，Zhao 和 Chen（2020）发现资源配置不当会导致环境污染，对生态效率产生负面影响；Lin 和 Chen（2018）、Ouyang et al.（2018）和 Tan et al.（2019）证实了要素市场扭曲对绿色全要素生产率和能源效率的负面影响。这些研究表明，纠正市场扭曲和资源错配，提高环境效率，降低污染强度，对于清洁生产和可持续发展具有重要意义。因此，有必要对要素市场扭曲与环境效率的关系进行更系统的研究。本部分研究通过构建一个所有权因子调节的扩展模型，将资源依赖理论、资源基础理论和制度理论作为理论支撑，分析框架如图 8.1 所示，这一模型能更好地解释要素市场扭曲的环境效应。

接下来基于资源依赖理论、资源基础理论和制度理论，我们首先考察要素市场扭曲是否加剧了工业污染强度，然后进一步探讨国有制和外资所有制对要素市场扭曲和工业污染强度关系的影响机制。

一、要素市场扭曲与工业污染强度

本章主要研究要素市场扭曲与工业污染强度的关系，许多学者基于不同样本对污染强度的驱动因素进行了研究和分解。如 Cherp et al.（2003）发现经济自由化和污染密集型制造企业的份额会对污染强度造成影响。Zhang et al.（2018）基于我国季度时间序列数据，对工业污染强度的驱动因

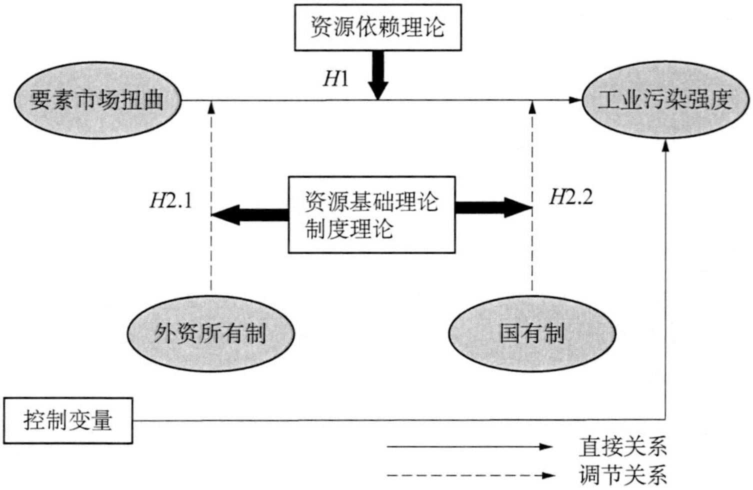

图 8.1　分析框架与假设

素进行了综合研究，发现煤炭使用占能源的份额、环境规制、环境治理投资、贸易自由化、外商直接投资和实际国内生产总值对污染强度存在影响。Hille et al.（2019）证实了外商直接投资的流入有助于减少韩国的空气污染强度。另外，工业发展（He et al.，2018）、贸易政策（Rock，1996）、经济增长（Li，Han et al.，2016）等因素被证实对污染强度存在影响。此外，Wang 和 Wang（2019）从空间角度考察了中国工业污染强度，结果证实了产业集聚与排放强度之间的非线性关系。但是这些研究均没有从要素市场失灵的角度对污染强度的驱动因素进行深入探讨。

具体而言，要素市场扭曲导致资源错配和反向价格扭曲（Tan et al.，2019；Lin and Chen，2018；Lin and Tian，2017）。资源错配的很大一部分可以通过金融摩擦（Uras，2014；Bleck and Liu，2018；Hirakata and Sunakawa，2019）、由于进入和退出壁垒造成的资本扭曲（Ryzhenkov，2016；Wu，2018；Cubizol，2018）、政府对要素市场的干预（Huang and Du，2017）和市场分割限制资源的自由流动（Bian et al.，2019；Que et al.，2018；Qin et al.，2020）来解释。正如 Tan et al.（2019）、Ouyang et al.（2018）、Ouyang 和 Sun（2015）所述，要素市场中的价格扭曲意味着生产要素的实际价格偏离完全竞争市场所确定的价格。通常，实际价格被压低至低于其边际成本以有利于经济增长（Lin and Chen，2018）。总而言之，以上研究证实了要素市场扭曲导致效率损失。

要素市场扭曲对污染强度或环境效率的影响可以从资源依赖理论的角度来理解。资源依赖理论认为,企业依赖外部环境中的不同情境调整其行为和策略,以适应组织和环境的情境得以生存(Hillman et al.,2009;Pugliese et al.,2014)。环境中的要素市场扭曲促使企业调整战略和行为以实现其目标。首先,当要素市场存在价格扭曲时,被抑制的要素价格降低生产成本,会导致企业过度使用要素实现产量增加。这会促使企业依靠外部低成本优势而不是自身技术进步,从而弱化技术创新的动力(Liu and Lin,2017;Lin and Chen,2018;Tan et al.,2019),导致单位产量的高消耗和高污染排放。例如,当能源价格低于边际能源产出时,很容易导致能源的过度使用,从而降低能源效率并增加污染强度(Ouyang et al.,2018)。第二,在要素市场扭曲的环境下,抑制要素价格使一些效率低、技术含量低、本应被市场淘汰的企业生存下来(Oberfield,2013;Hsieh and Klenow,2009;Ryzhenkov,2016;Tan et al.,2019),这导致更高的排放和更低的效率。Fattouh 和 El-Katiri(2013)还发现能源补贴导致的价格扭曲引起系统性的资源错配,并导致化石燃料浪费。因此,在要素市场扭曲的情况下,污染严重的企业和部门无法被市场清除,从而对粗放型产业结构形成锁定效应,阻碍了环境效率的提高。因此,我们提出以下假设:

假设 1:要素市场扭曲倾向于导致工业污染强度上升。

二、所有权、要素市场扭曲与工业污染强度

现有的实证研究表明,股权结构会影响制造企业的环境绩效水平。Liu, Zhang, et al.(2019)指出国有企业可以显著改善中国制造业的环境绩效。Clò et al.(2017)发现国有制企业的增加与污染排放和碳强度的减少有关。Huang 和 Chang(2019)证明外资企业的技术效率更高,排放污染更少。这些研究表明,不同所有权结构的企业在环保成效上存在显著差异。基于此,我们推断要素市场扭曲对环境效率的影响在不同股权结构的产业中是不同的。接下来,我们将分析外资所有权和国有制对要素市场扭曲和工业污染强度的调节作用。

(一) 外国所有权、要素市场扭曲和工业污染强度

以往的研究从理论和实证两个角度探讨了外商投资对东道国环境的影响,并得到不同的结论。一种观点是基于“污染光环假说”。Huang 和 Chang(2019)基于中国企业层面的数据,对外商投资企业和民营企业的污

染排放强度进行了实证研究，论证了外商直接投资对环境存在正外部性。Zhang et al.（2020）利用中国省级面板数据，证明环境规制下的外商投资可以减少碳排放量和排放强度。Hille et al.（2019）基于韩国 16 个省和自治城市样本提供的证据表明，外商直接投资的流入会降低空气污染强度。这项研究支持外商直接投资的正环境外部性，说明跨国公司给被投资国带来实质性的环境效益。另一种观点基于“污染天堂假说”，跨国公司由于发达国家和发展中国家之间环境规制标准严格性的差异而重新调整其污染密集型生产的区位。Wang 和 Chen（2014）对于中国 287 个城市样本的调查结果支持“污染天堂假说”，即外国资本流向宽松的环境法规所在地会产生负面的环境外部性。He（2006）发现外商直接投资的资本存量增长 1%，会导致中国 29 个省的工业二氧化硫排放量增加 0.098%。一些研究还发现，外商直接投资的环境外部性是否存在取决于区域特征（Ning and Wang，2018），或得出不明确的结论（Dean et al.，2009）。Ning 和 Wang（2018）认为外商直接投资的存在给新兴市场带来整体的正外部性，现有研究的不一致实证结果可能来自不同的估计方法、不同的样本时间、不同的参数模型或发达国家与发展中国家的不同背景。

在要素市场扭曲普遍存在的新兴经济体，外商直接投资的流入是否能够缓解要素市场扭曲对污染强度的负面影响？目前存在一些外商直接投资对东道国环境效率的影响研究（Zhang et al.，2020；Hille et al.，2019）。然而在学术界，对利用外商直接投资能否解决因要素价格扭曲而引起的低环境效率问题尚未引起关注。从相关的研究文献来看，外商直接投资流入会对东道国的环境效率产生积极的影响，这可以通过资源基础理论和制度理论的视角来解释。

第一，来自发达国家或地区的外商直接投资通常意味着具有比东道国更先进的技术、更强的资本实力、更高的管理能力、更标准的管理体系、更绿色环保的生产设施（Bu et al.，2019；Hille et al.，2019；Wang and Chen，2014；Huang and Chang，2019），以及鼓励相关企业参与低碳行动的更强环保意识（Zhou et al.，2020）。正如传统的资源基础理论所指出的，企业所支配的专有、稀缺、不可复制的资源（例如技术、营销资源、人力资本和管理能力等）从战略活动中创造价值和竞争优势（Li，Liu et al.，2017；Popli et al.，2017）。与当地企业相比，外资企业由于使用更多的环保技术和清洁能源，具有更好的环保绩效（Bu et al.，2019）。从制度理论的视角看，外资制造企业在东道国会通过环境实践来证明其合法性(Betts et al.,2018;Chen et al.,2018)。因此,外商直接投资通过向东道国提供增量资本,有助于改善环境效率,降低在要素市场扭曲环境下的污染强度。

第二,扩展的资源基础理论强调,通过外部联系获取资源、资产和技能对于企业的竞争优势也是至关重要的(Popli et al.,2017)。本地企业通常与进入东道国的外国企业建立各种正式或非正式的业务联系。许多研究强调,外商直接投资通过高技能劳动力流动、示范效应、技术扩散和"看中学"等渠道产生技术溢出效应(Xiao and Park,2018;Lin and Kwan,2016;Orlic et al.,2018)。这意味着当地企业可以从外国直接投资的流入中获得可观的技术效益,提升生产效率,从而更有效地控制污染。因此,外商直接投资提高了环境效率,降低了东道国的边际污染强度。

第三,外商直接投资对东道国的核心意义不仅在于环境效应或增长效应,还包括制度规范的建立、法律制度的完善和商业规则的建立。基于制度的视角,正式制度和非正式制度共同塑造了企业在市场中的战略选择和绩效(Xiao and Park,2018)。另一方面,企业的战略选择和行为重塑了制度和规则。中国实行的"摸着石头过河"的渐进式改革实践表明,在经济发达、开放的地区,地方政府往往在市场上干预较少。外资较多的地区具有更加健全的法律环境,即使要素市场扭曲,跨国公司也具有更大的环境知识溢出效应。因此,我们提出以下假设:

假设2:外资所有权会缓和要素市场扭曲和工业污染强度之间的关联。

(二) 国有制、要素市场扭曲与工业污染强度

在环境经济学和公司治理相关文献中,学者们探讨了国有制与环境绩效之间的关系,主要有两个观点。第一个是认为国有企业的环境绩效不会比其他所有制企业更好,因为国有企业资源利用效率较低,或者相对于地方环境主管部门有更强的谈判能力,导致它们会就环境执法问题进行谈判(Meyer and Pac,2013,Jiang et al.,2014)。然而,一些实证研究得出了相反的结论,认为国有企业在环境保护方面表现较好。例如,Clò et al.(2017)提供的发达经济体证据表明,国有制经济的增加与温室气体排放和碳强度的减少有关。Maung et al.(2016)发现国有企业支付的环境税低于非国有企业,并认为这是国有企业通过比其他所有制企业污染少而在政治或经济目的上做出的妥协。他们认为,国有企业作为经济中的主要污染者,如果被收取适当的环境污染费,那么这些企业将有更多的动机来减少排放。Li 和

Chan(2016)发现中小型国有企业在污染治理技术方面的支出低于国有大型企业、私营企业和外商投资企业。然而,关于国有企业环境绩效的差异性结果可能是这些企业异质性所导致的(Li and Chan,2016)。

一般而言,企业都有控制污染的抑制因素和激励因素(Jiang et al.,2014)。抑制因素在于,对于用以控制污染的环境保护设备的高成本投资,这些设备投资在短期内往往不产生直接的经济效益。控制污染的动机是通过增强公司的声誉和社会形象来吸引更多的客户或投资者,从而获得回报(Oberndorfer et al.,2013)。环境友好型企业更容易获得政府的偏好和利益相关者的支持。国有企业比外资企业和私营企业在克服政府预算软约束方面更具优势。Zhang, Du et al.(2019)发现金融约束较弱的企业更愿意投资环境保护。

扩展的资源基础理论认为,能否通过外部联系获得资源、资产和技能,成为决定企业竞争定位的关键因素(Popli et al.,2017)。在过渡经济中,国有企业通过政治关联这种外部联系从政府获得稀缺、不可模仿的资源。有证据表明,相比没有政治关联的企业,有政治关联的企业往往能得到政府的更多优待,如信贷优先分配权(Maung et al.,2016),更容易获得资本和更优惠的银行贷款条件(Fu et al.,2017),更低的税率(Faccio,2010)和资本成本(Boubakri et al.,2012)。此外,经过几十年的国有企业改革,许多小型国有企业已经成功转型,这些大型企业在污染控制方面具有更大的规模优势。

从制度的角度看,国有企业会承担更多的环境责任,一方面以增强它们的合法性,另一方面为了获得更多的政府优待。由于国有企业在我国经济中具有特殊地位,因此受到更多公众监督和政府监管,更在乎自身的社会形象(Meng, Zeng et al.,2014)。因此,提出以下假设:

假设 3:国有制会缓和要素市场扭曲与工业污染强度之间的关系。

第四节　研究设计和实证分析

一、样本与变量

本研究样本包括 2003 年至 2014 年我国 30 个省、市和自治区。考虑到数据的可获得性,不含西藏、香港、台湾和澳门,观测的单位为省级面板数据。大部分数据来源于国家统计局出版的《中国统计年鉴》和《中国环境统计年鉴》。为了衡量要素市场的扭曲程度，我们从社会科学文献出版社（中国）出版的《中国各省市场化指数：2016 年中国区域市场化指数报告》中收集原始数据。该报告是衡量中国产品市场和要素市场区域市场化进程的可靠指标，涵盖了反映政府与市场关系、非公经济发展情况、产品市场发展情况、要素市场发展情况、市场中介组织发展和市场法治环境五个方面的市场化指标。所有指标都是根据统计和调查数据计算得出的，并在近期环境经济学研究中被广泛采用（Yin，Wang，Song，2018；Lin and Chen，2018）。

根据以往的研究文献，衡量要素市场扭曲通常有多种方法。例如，Dai 和 Cheng（2016）利用产出弹性和收入中要素份额之间的楔形关系来衡量企业层面的市场扭曲；也有学者构建一个扭曲指数来研究中国要素市场的扭曲，该指数反映了由于中国政府对部分要素的控制，导致要素市场的市场化进程滞后于产品市场的市场化进程（Lin and Chen，2018）。该测算依据的是《中国各省市场化指数：2016 年中国区域市场化指数报告》，在宏观层面反映了要素市场扭曲的情况。本研究沿用张杰等（2011）对要素市场扭曲的定义和测算，具体如下：

$$Distortion_{it}=\frac{Marketization(G)_{it}-Marketization(F)_{it}}{Marketization(G)_{it}}$$

其中 *Marketization*（*G*）代表地区产品市场的市场化指数，*Marketization*（*F*）代表地区要素市场的市场化指数。这一测算方法的优点在于，它能反映出各省要素市场和产品市场的市场化进程的相对差异。中国的要素市场改革滞后于产品市场的改革，该变量衡量的是要素市场和产品市场的市场化进程的相对偏差。*Marketization*（*G*）和 *Marketization*（*F*）的数据来源于王小鲁等（2015）①。

二、基准回归模型

我们采用以下面板数据模型，研究要素市场扭曲与工业污染强度之间的关系：

$$Intensity_{it}=\alpha_0+\alpha_1 Distortion_{it}+Control_{it}+u_i+v_t+e_{it} \quad (8.1)$$

① 产品市场发展程度包括两个分指标：一是价格由市场决定的程度，二是产品市场地方保护的降低。而要素市场的发展程度包括四个分指标：金融业的市场化程度、对外资开放程度、劳动力的流动性和科技成果的市场化程度。

遵循现有参考文献（Milani，2017，Zhang et al.，2018），本章以工业COD（化学需氧量）排放强度（$Intensity\_COD$）和工业 SO_2 排放强度（$Intensity\_SO_2$）作为工业污染强度的代理变量。它们均为污染排放量除以区域实际工业增加值来计算。这里，i 代表中国的省份，t 为时间，μ 为区域固定效应，v 为年份固定效应。

为了探讨外资所有制和国有制是否能缓和要素市场扭曲对污染强度的影响，构建以下模型，引入扭曲与调节因子之间的交叉项：

$$Intensity_{it}=\alpha_0+\alpha_1 Distortion_{it}+\alpha_2 FDI_{it}+\alpha_3 Distortion_{it}*FDI_{it}+Control_{it}+u_i+v_t+e_{it} \tag{8.2}$$

$$Intensity_{it}=\alpha_0+\alpha_1 Distortion_{it}+\alpha_2 State_{it}+\alpha_3 Distortion_{it}*State_{it}+Control_{it}+\mu_i+v_t+e_{it} \tag{8.3}$$

变量 FDI 等于实际利用的 FDI 占社会固定资产投资的比重。$State$ 是指国有控股工业企业销售额占地区生产总值的比重。

根据研究文献（Milani，2017；Zhang et al.，2018；Zeng and Zhao，2009；Wang and Chen，2014），采用多种区域变量和产业变量来控制其对污染强度的影响。在区域层面，我们采用人均 GDP（$Pgdp$）和工业密度（$Density$）来控制区域经济发展和产业集聚对环境污染的影响。

除区域层面的因素外，还对以下产业层面的特征进行了控制。首先，控制工业 R&D（RD）的影响，因为它可能在提高生产效率、减少污染物排放方面发挥重要作用。该变量由规模以上工业企业的实际 R&D 投入来衡量。此外，资本强度反映了决定环境排放的结构效应，是影响生态环境效率的重要因素（Wang and Yuan，2018）。因此，为把握这一效应，我们将单位劳动的资本存量纳入其中。资本存量采用永续存量法计算：

$$K_t=K_{t-1}+(1-\delta)I_t$$

其中，K_t 是第 t 年的资本公积，I_t 是第 t 年的投资额，δ 是折旧率。这里参考 Shan（2008）将 δ 设定为 10.96%。

受 Dong et al.（2018）的启发，我们选择最终消费率（$Consumption$）来捕捉最终需求结构带来的影响，本研究中所有变量的定义如表 8.1 所示。

表 8.1　变量定义

变量类型	变量名	定义
被解释变量	*Intensity_COD* *Intensity_*SO_2	工业 COD 或 SO_2 排放除以地区真实工业增加值（单位：吨/亿元人民币）
解释变量	*Distortion* *Distortion * FDI* *Distortion * State*	要素市场扭曲 要素市场扭曲与外资所有制交叉项 要素市场扭曲与国有制交叉项
控制变量	*FDI* *Pgdp* *Density* *RD* *State* *Intensity_K* *Consumption*	实际利用外资/社会固定资产投资×100 真实人均 GDP（单位：万元） 单位面积工业增加值的对数（单位：亿元/万平方公里） 规模以上工业企业真实 R&D 投资（单位：亿元） 国有控股工业企业销售额/地区 GDP 人均资本存量（单位：万元/人） 最终消费支出占 GDP 比重

表 8.2 为各变量的描述性统计。样本期内 *Intensity_COD* 的最小值为 1.64，最大值为 619.53，均值为 58.04；*Intensity_*SO_2 的最小值为 10.92，最大值为 1 430.26，均值为 244.403，这说明各地区工业污染强度差异较大。作为衡量要素市场扭曲的指标，自变量 *Distortion* 的均值为 0.669，最小值为－5.51，最大值为 17.94。它也显示出各地区之间市场化程度和要素市场扭曲程度存在很大差异。

表 8.2　变量描述性统计

	样本	均值	标准差	最小	p25	p50	p75	最大
Intensity_COD	360	58.040	78.152	1.640	15.600	35.220	68.745	619.530
*Intensity_*SO_2	360	244.403	244.530	10.920	82.925	152.440	325.075	1 430.260
Distortion	360	0.669	2.455	−5.510	0.210	0.400	0.490	17.940
FDI	360	5.296	5.242	0.070	1.740	3.120	7.740	27.600
Pgdp	360	2.198	1.442	0.350	1.135	1.805	2.770	7.630
Density	360	5.295	1.672	0.860	4.275	5.285	6.435	9.450
RD	360	117.184	165.364	0.730	19.325	58.405	141.395	1 020.360
State	360	0.464	0.171	0.100	0.340	0.440	0.600	0.940

（续　表）

	样本	均值	标准差	最小	*p*25	*p*50	*p*75	最大
Intensity_K	360	5.215	3.757	0.820	2.355	4.225	7.135	24.140
Consumption	360	0.506	0.080	0.370	0.450	0.490	0.550	0.820

变量 *FDI* 的描述性统计结果显示，最小的百分比为 0.07，最大的百分比为 27.6，均值为 5.296，这表明区域开放度和外资利用之间存在显著差异。变量 *Pgdp* 代表着区域经济发展，从 0.35 万元到 7.63 万元不等，均值为 2.198 万元，这表明我国区域间经济发展差距较大。指标变量 *Density* 的描述性统计结果显示出产业集聚存在区域差异。R&D 投入规模差距较大，从最低的 0.73 亿元到最高的 10 203.6 亿元，均值为 117.184 亿元。对于变量 *State* 来说，国有控股工业企业销售额占地区生产总值比重的平均值为 46.4%，从最低的 10%到最高的 94%不等。变量 *Intensity_K* 的均值为 5.215，从 0.82 到 24.14 不等，这意味着资本密集度在各省之间也存在显著差异。

三、模型估计与分析

（一）要素市场扭曲与工业污染强度

首先考察第一个假设，通过运行基准回归模型（8.1），探讨要素市场扭曲是否倾向于加剧工业污染强度。表 8.3 显示了基于固定效应模型对要素市场扭曲影响工业污染强度（因变量 *Intensity_COD* 为左三列，$Intensity\_SO_2$ 为右三列）的估计结果，回归结果为包含省份固定效应或年份固定效应或两者同时都纳入到回归中。结果显示与假设一致，无论因变量是 *Intensity_COD* 还是 $Intensity\_SO_2$，*Distortion* 的系数在所有的估计中都为正，且至少在 10%的水平下显著，说明结果是稳健的。以双向固定效应估计的结果为例，变量 *Distortion* 的系数大小显示出，要素市场扭曲程度每增加 1%会导致每亿元实际工业增加值中的 COD 和 SO_2 排放量分别增加 0.030 95 吨和 0.056 35 吨。这些研究结果表明，要素市场扭曲程度越大，工业污染强度越高，这也启示我们要从纠正要素市场的扭曲入手，实现环境污染与经济发展脱钩。我们的研究结果为 Lin 和 Chen（2018）关于要素市场扭曲会抑制绿色生产率的论点提供了有力支持。

表 8.3 要素市场扭曲与工业污染强度

	Dependent variable: *Intensity_COD*			Dependent variable: *Intensity_SO*$_2$		
	(1)	(2)	(3)	(4)	(5)	(6)
Distortion	3.036** (1.186)	2.836** (1.203)	3.095** (1.207)	4.781* (2.483)	5.310** (2.471)	5.635** (2.442)
FDI	−1.148 (0.940)	−2.177** (0.921)	−1.377 (0.971)	−9.251*** (1.969)	−11.14*** (1.921)	−9.606*** (1.965)
Pgdp	60.39*** (12.02)	48.96*** (11.39)	62.31*** (13.36)	108.9*** (25.15)	98.78*** (24.32)	111.3*** (27.03)
Density	−106.5*** (13.78)	−30.89*** (8.049)	−127.2*** (32.04)	−274.5*** (28.84)	−76.31*** (18.98)	−201.9*** (64.83)
RD	−0.0221 (0.0289)	−0.0231 (0.0295)	−0.0369 (0.0305)	−0.0277 (0.0605)	−0.0317 (0.0612)	−0.0365 (0.0617)
State	−67.56 (41.64)	−75.01* (38.49)	−71.79 (48.89)	−152.5* (87.17)	−180.6** (84.57)	−273.8*** (98.91)
Intensity_K	−10.40*** (2.723)	−10.71*** (2.966)	−11.32*** (3.157)	−22.59*** (5.701)	−22.60*** (6.122)	−23.72*** (6.388)
Consumption	49.01 (70.53)	163.0** (65.24)	15.00 (80.40)	648.8*** (147.6)	951.8*** (138.1)	776.5*** (162.7)
Province FE	Yes	No	Yes	Yes	No	Yes
Year FE	No	Yes	Yes	No	Yes	Yes
Constant	556.4*** (87.03)	173.8*** (60.53)	671.4*** (173.0)	1367.8*** (182.2)	321.2** (135.8)	1002.3*** (350.1)
R^2	0.5030	0.4990	0.5156	0.7232	0.7433	0.7480
N	360	360	360	360	360	360

注:括号内数字为标准误,* 表示在 10%的水平下显著,** 表示在 5%的水平下显著,*** 表示在 1%的水平下显著

除列(1)、列(3)外,控制变量 *FDI* 在 5%的水平下显著为负,表明外资持股有助于企业降低工业 SO_2 排放强度,提高环境效率,这与 Huang 和 Chang(2019)的研究结果一致。*Pgdp* 与工业污染强度显著正相关。产业集聚(*Density*)可以显著降低工业污染强度。这些研究结果为 Zeng 和

Zhao(2009)的理论论点提供了实证证据和支持,即集聚力可以缓解“污染避风港”效应。除列(1)和列(3)的估计外,*State* 的系数为负且显著。资本强度(*Intensity_K*)的系数在 1%的水平下显著为负,表明资本可以缓解污染强度。在大多数估计中,*Consumption* 的系数为正且显著,表明最终消费会增加工业 SO_2 排放强度。

(二) 外资所有制的调节作用

为了检验要素市场扭曲与工业污染强度之间的关系是否受到外资所有制的调节,接下来对回归模型(8.2)进行估计,结果如表 8.4 所示。在所有的估计中,交叉项 *Distortion*×*FDI* 的系数均显著为负。以双固定效应回归的结果列(3)、列(6)为例,*FDI* 比重增加 1%,可以使得要素市场扭曲对工业 COD 和 SO_2 强度的边际效应分别降低 2.055 和 4.355 个单位。这些结果符合假设 2 的观点,即外资所有制可以缓和要素市场扭曲对工业污染强度的影响。这一研究结果为以下论点提供了支持:外资企业帮助东道国完善法律制度,建立商业规则和引进新技术,从而缓解要素市场扭曲对工业污染强度产生的负面效应。

表 8.4 要素市场扭曲,外资所有制与工业污染强度

	Dependent variable: *Intensity_COD*			Dependent variable: *Intensity_SO₂*		
	(1)	(2)	(3)	(4)	(5)	(6)
Distortion	6.628*** (1.865)	5.430*** (1.860)	6.504*** (1.898)	12.62*** (3.901)	11.52*** (3.834)	12.86*** (3.838)
Distortion×*FDI*	−2.171** (0.875)	−1.621* (0.896)	−2.055** (0.888)	−4.738** (1.830)	−3.851** (1.833)	−4.355** (1.794)
FDI	−0.296 (0.994)	−1.575 (0.972)	−0.556 (1.027)	−7.393*** (2.079)	−9.692*** (2.024)	−7.868*** (2.077)
Pgdp	65.49*** (12.10)	51.65*** (11.44)	67.74*** (13.47)	120.0*** (25.30)	105.5*** (24.40)	122.8*** (27.23)
Density	−109.2*** (13.71)	−31.90*** (8.120)	−125.6*** (31.83)	−280.5*** (28.68)	−78.61*** (19.05)	−198.6*** (64.34)
RD	−0.0204 (0.0287)	−0.0204 (0.0295)	−0.0346 (0.0303)	−0.0239 (0.0600)	−0.0255 (0.0609)	−0.0315 (0.0612)
State	−56.99 (41.53)	−71.77* (38.63)	−59.79 (48.83)	−129.4 (86.87)	−171.2** (84.52)	−248.4** (98.70)

（续　表）

	Dependent variable：*Intensity_COD*			Dependent variable：*Intensity_SO*$_2$		
	(1)	(2)	(3)	(4)	(5)	(6)
Intensity_K	−11.62*** (2.745)	−11.53*** (2.981)	−12.59*** (3.183)	−25.23*** (5.742)	−24.54*** (6.147)	−26.42*** (6.435)
Consumption	48.52 (69.97)	164.7** (65.16)	17.56 (79.85)	647.8*** (146.4)	956.0*** (137.5)	781.9*** (161.4)
Province FE	Yes	No	Yes	Yes	No	Yes
Year FE	No	Yes	Yes	No	Yes	Yes
Constant	558.1*** (86.34)	172.6*** (60.75)	651.2*** (172.1)	1371.5*** (180.6)	316.5** (135.8)	959.5*** (347.8)
R^2	0.5123	0.5071	0.5239	0.7289	0.7482	0.7527
N	360	360	360	360	360	360

注：括号内数字为标准误，* 表示在 10%的水平下显著，** 表示在 5%的水平下显著，*** 表示在 1%的水平下显著

大多数控制变量的结果与先前估计结果一致。在 1%的显著性水平下，经济发展水平的衡量指标 *Pgdp* 与工业排放强度呈正相关。*Density* 和 *Intensity_K* 对工业污染强度的降低有显著的促进作用。

（三）国有经济的调节作用

表 8.5 显示了国有经济对要素市场扭曲与工业污染强度关系的调节效应的估计结果。除列(5)、列(6)外，交叉项 *Distortion*×*State* 的系数在 5%或 10%的水平下均为负值且显著。根据列(3)的估计，国有控股工业企业比例增加 1%，可以使要素市场扭曲对工业 COD 的边际效应降低 0.2914。这一结果与假设 3 一致，即国有经济可以缓和要素市场扭曲与工业污染强度之间的关系。这表明，在规模以上国有企业比例较高的经济体中，要素市场扭曲对工业污染强度的影响可以得到缓解。这一结果支持了之前的研究结论，即国有制企业在控制污染排放、提高环境效率方面表现较好。这与 Meng，Zeng et al.(2014)认为国有企业承担更多社会责任的论点是一致的。控制变量的估计结果也与前文结果一致，显示出较强的稳健性。

表 8.5 要素市场扭曲,公共所有权与工业污染强度

	Dependent variable: *Intensity_COD*			Dependent variable: *Intensity_SO_2*		
	(1)	(2)	(3)	(4)	(5)	(6)
Distortion	22.82*** (8.556)	20.18** (8.833)	21.19** (8.743)	35.99** (17.98)	33.21* (18.08)	33.42* (17.74)
Distortion× *State*	−31.89** (13.66)	−28.05** (14.17)	−29.14** (13.95)	−50.31* (28.71)	−45.07 (28.98)	−44.75 (28.31)
FDI	−1.081 (0.934)	−2.127** (0.917)	−1.319 (0.966)	−9.146*** (1.963)	−11.04*** (1.915)	−9.518*** (1.961)
Pgdp	65.48*** (12.13)	52.96*** (11.50)	67.61*** (13.53)	116.9*** (25.49)	105.4*** (24.59)	119.5*** (27.45)
Density	−106.9*** (13.68)	−31.47*** (8.142)	−121.0*** (32.01)	−275.1*** (28.75)	−77.20*** (19.20)	−192.4*** (64.95)
RD	−0.0238 (0.0287)	−0.0234 (0.0294)	−0.0378 (0.0303)	−0.0304 (0.0603)	−0.0323 (0.0610)	−0.0378 (0.0615)
State	−44.25 (42.55)	−58.25 (39.60)	−48.70 (49.87)	−115.7 (89.39)	−154.7* (86.87)	−238.3** (101.2)
Intensity_K	−11.79*** (2.770)	−11.84*** (2.993)	−12.73*** (3.212)	−24.79*** (5.819)	−24.47*** (6.191)	−25.88*** (6.518)
Consumption	46.72 (70.06)	161.5** (65.12)	19.63 (80.00)	645.2*** (147.2)	949.2*** (137.9)	783.6*** (162.3)
Province FE	Yes	No	Yes	Yes	No	Yes
Year FE	No	Yes	Yes	No	Yes	Yes
Constant	542.9*** (86.63)	165.3*** (61.10)	624.9*** (173.6)	1346.5*** (182.0)	307.5** (137.2)	930.8*** (352.2)
R^2	0.5113	0.5074	0.5224	0.7258	0.7459	0.7501
N	360	360	360	360	360	360

注:括号内数字为标准误,* 表示在 10%的水平下显著,** 表示在 5%的水平下显著,*** 表示在 1%的水平下显著

(四) 内生性、异质性和序列相关性问题的稳健性检验

为了检验上述估计结果是否稳健,在考虑到内生性、异质性和序列相关性问题后,运用其他估计方法重新检验要素市场扭曲与工业污染强度之间

的关系。

1. 动态 GMM 估计的稳健性检验

前面的实证分析基于固定效应估计，可以缓解潜在的不可观测的异质性所产生的偏差。但是固定效应估计具有很强的外生性假设，即解释变量的当前值完全独立于因变量的过去值，这也成为内生性的潜在来源(Wintoki et al.，2012)。但是在本研究中，当前的工业污染强度可能会受到以往技术水平和经济、市场发展的影响。因此，忽视工业污染强度的动态性，可能会带来有偏差的结果。在此，我们利用动态两阶段 GMM 估计法来克服可能存在的内生性问题，并检验上述结果的稳健性。表 8.6 中 A、B 两组分别显示了基于差分 GMM 和系统 GMM 的估计结果，因变量为 $Intensity\_COD$ 和 $Intensity\_SO_2$。AR(2)和 Sargan 检验的 P 值表明，不存在误差项的二阶序列相关，表明工具变量是有效的，这确保了两阶段 GMM 估计法的一致性和可靠性。从表 8.6 可以看出，基于两阶段动态 GMM 估计的结果与前面基准回归的结果相似。

2. 面板修正标准误差(PCSE)和可行广义最小二乘法(FGLS)估计

如果异方差和序列相关问题不能得到修正，结果也可能出现偏差(Lahouel et al.，2019)。在这一部分，我们用面板修正标准误差(PCSE)和可行广义最小二乘法(FGLS)估计来考虑这些问题，六组回归结果如表 8.7 所示。从修正后 Wald 检验对组间异质性的 P 值可以看出，在以下六组面板数据中，存在同质性的零假设被强烈拒绝。Wooldridge 自相关检验表明，前三组数据不存在自相关问题，而后三组数据存在自相关问题。Pesaran's 检验的 p 值表明，六组面板数据均存在横截面独立性问题。根据这些检验结果，以 $Intensity\_COD$ 为因变量的前三组面板数据适合进行 PCSE 估计，这样可以处理好异质性和横截面独立性问题。以 $Intensity\_SO_2$ 为因变量的后三组面板数据适合于 FGLS 估计，这样可以同时考虑上述三种计量经济学问题。从表 8.7 的估计结果可见，变量系数方向和显著性与前面的估计结果相似。

3. 变量 FDI 的内生性问题

本研究中另一个可能存在的内生性问题是，外国企业的选址可能不是随机的，且 FDI 与环境污染之间可能存在反向因果关系。因此，FDI 这个变量的潜在内生性会导致估计出现偏差。在本研究中，我们采用区位($Location$)作为工具变量来解决 FDI 的潜在内生性问题，因为它可以满足

表 8.6　动态 GMM 估计结果

Panel A: Dependent variable: *Intensity_COD*	Difference GMM			System GMM		
	*H*1	*H*2	*H*3	*H*1	*H*2	*H*3
L. *Intensity_COD*	0.703*** (0.0203)	0.734*** (0.00941)	0.732*** (0.00542)	0.750*** (0.0224)	0.812*** (0.0266)	0.754*** (0.0208)
Distortion	0.179* (0.0969)	1.738*** (0.237)	3.309*** (0.244)	0.797*** (0.0222)	2.222*** (0.522)	4.414* (2.477)
Distortion * *FDI*		−0.666*** (0.0651)			−0.776*** (0.132)	
Distortion * *State*			−5.263*** (0.330)			−6.196* (3.518)
FDI	−1.835*** (0.394)	−0.0257 (0.316)	−1.504*** (0.558)	−2.496*** (0.544)	−0.427 (0.378)	−2.057*** (0.291)
Pgdp	3.468 (5.391)	4.541*** (1.736)	1.268 (2.324)	−14.19*** (3.618)	−5.292 (4.656)	−8.639*** (2.453)
Density	−12.51 (7.753)	−14.53*** (1.919)	−13.36*** (2.502)	14.10*** (2.225)	6.739** (2.939)	9.774*** (1.756)
RD	0.000839 (0.0027)	0.000392 (0.0041)	0.00684 (0.0067)	0.0183** (0.0077)	0.00300 (0.0042)	0.0105 (0.0080)

（续　表）

Panel A: Dependent variable: *Intensity_COD*	Difference GMM			System GMM		
	*H*1	*H*2	*H*3	*H*1	*H*2	*H*3
State	24.67*** (6.263)	55.64*** (6.216)	43.11*** (6.202)	62.62*** (7.416)	25.74*** (9.445)	38.72*** (6.874)
Intensity_K	−1.146** (0.533)	0.230 (0.285)	0.0640 (0.135)	0.268 (0.596)	0.316 (0.513)	−0.636 (0.501)
Consumption	202.3*** (8.522)	147.2*** (12.81)	133.9*** (10.19)	358.3*** (34.74)	233.4*** (37.77)	307.7*** (22.69)
Constant	−26.45 (36.13)	−22.70** (11.33)	3.070 (12.18)	−236.3*** (22.93)	−149.3*** (26.98)	−185.2*** (8.398)
AR(2)(*p-value*)	0.1156	0.2027	0.1569	0.1186	0.1953	0.1596
Sargan (*p-value*)	0.9850	0.8373	0.8113	0.9098	1.0000	1.0000
N	300	300	300	330	330	330
L. *Intensity*_SO_2	0.708*** (0.0035)	0.869*** (0.0130)	0.882*** (0.0090)	0.856*** (0.0047)	0.880*** (0.0107)	0.874*** (0.0086)
L2. *Intensity*_SO_2		−0.293*** (0.0124)	−0.299*** (0.0057)	−0.0585*** (0.0025)	−0.0584*** (0.0094)	−0.0881*** (0.0062)

（续　表）

Panel B: Dependent variable: *Intensity_SO*$_2$	Difference GMM			System GMM		
	*H*1	*H*2	*H*3	*H*1	*H*2	*H*3
Distortion	1.651*** (0.0743)	8.483*** (0.684)	12.15*** (0.912)	0.121 (0.230)	0.547 (0.811)	4.289*** (1.185)
Distortion * *FDI*		−2.422*** (0.156)			−0.413** (0.198)	
Distortion * *State*			−15.91*** (1.230)			−8.939*** (2.048)
FDI	−3.935*** (0.662)	−2.959*** (0.512)	−6.497*** (1.078)	−0.0712 (0.266)	0.297 (0.613)	−1.775*** (0.495)
Pgdp	9.276 (8.014)	33.78*** (10.86)		−4.550 (4.488)	5.499 (6.591)	
Density	−53.72*** (7.894)	−109.3*** (21.19)	−87.51*** (3.017)	−2.697 (1.922)	−1.449 (2.447)	−7.975*** (2.754)
RD	−0.000708 (0.0145)	−0.00102 (0.00741)	0.0561* (0.0332)	0.0412*** (0.0155)	−0.00237 (0.00693)	0.0674*** (0.0239)
State	217.0*** (8.783)	166.9*** (30.26)	112.8*** (22.56)	−20.05** (9.791)	−4.088 (11.25)	−10.88 (11.34)

（续　表）

Panel B: Dependent variable: $Intensity\_SO_2$	Difference GMM			System GMM		
	*H*1	*H*2	*H*3	*H*1	*H*2	*H*3
Intensity_K	0.595 (1.156)	−4.115*** (1.136)	−0.974*** (0.308)	−2.492*** (0.857)	−3.164*** (1.105)	−4.303*** (0.450)
Consumption	664.9*** (20.44)	752.5*** (95.77)	804.1*** (36.51)	449.2*** (31.30)	452.1*** (33.45)	463.9*** (29.62)
Constant	−89.80** (35.52)	197.0 (145.4)	151.3*** (49.71)	−157.0*** (27.43)	−196.3*** (23.55)	−129.5*** (26.75)
*AR*2(*p-value*)	0.1360	0.2529	0.2884	0.1382	0.1233	0.2581
Sargan (*p-value*)	0.8369	0.6676	0.3639	0.9999	0.9996	0.9966
N	300	270	270	300	300	300

注：括号内数字为标准误，* 表示在 10%的水平下显著，** 表示在 5%的水平下显著，*** 表示在 1%的水平下显著

表 8.7　PCSE 估计和 FGLS 估计结果

	Dependent Variable: *Intensity_COD*			Dependent Variable: $Intensity\_SO_2$		
	PCSE Estimation			*FGLS Estimation*		
Distortion	2.910* (1.585)	6.469*** (2.271)	22.19* (11.66)	1.067 (0.984)	15.00*** (1.654)	20.63** (8.751)

（续　表）

	Dependent Variable：Intensity_COD			Dependent Variable：Intensity_SO_2		
	PCSE Estimation			FGLS Estimation		
Distortion×FDI		−2.142** (1.071)			−4.319*** (0.467)	
Distortion×State			−31.04* (18.77)			−26.82** (12.65)
FDI	−1.161*** (0.340)	−0.319 (0.505)	−1.092*** (0.345)	−4.944*** (0.528)	−3.532*** (0.364)	−5.098*** (0.504)
Pgdp	58.20*** (10.06)	63.52*** (8.716)	63.72*** (9.035)	119.1*** (17.71)	130.0*** (17.11)	122.7*** (17.10)
Density	−130.1*** (19.39)	−129.8*** (20.64)	−124.4*** (18.69)	−286.4*** (30.50)	−254.3*** (27.82)	−254.0*** (29.33)
RD	−0.0239*** (0.00823)	−0.0219*** (0.00851)	−0.0251*** (0.00807)	−0.0170 (0.0236)	0.0213 (0.0219)	0.00716 (0.0305)
State	−65.34 (48.35)	−55.20 (45.40)	−43.22 (46.58)	29.74 (27.64)	15.03 (21.89)	23.96 (25.79)
Intensity_K	−10.06*** (2.724)	−11.30*** (2.397)	−11.50*** (2.443)	−18.50*** (3.938)	−22.20*** (3.808)	−21.32*** (2.615)

（续　表）

	Dependent Variable：*Intensity_COD*			*Dependent Variable*：*Intensity_SO_2*		
	PCSE Estimation			*FGLS Estimation*		
Consumption	22.67 (46.87)	25.55 (49.28)	27.23 (48.35)	340.2*** (43.83)	413.0*** (40.50)	417.2*** (43.69)
Constant	781.0*** (138.3)	754.8*** (141.9)	720.0*** (132.1)	498.9*** (66.34)	0 (.)	1556.6*** (199.2)
Modified Wald test (*p-value*)	0.0000	0.0000	0.0000	0.0000	0.0000	0.0000
Wooldridge test (*p-value*)	0.1758	0.1776	0.1769	0.0000	0.0000	0.0000
Pesaran's test (*p-value*)	0.0000	0.0000	0.0000	0.0000	0.0000	0.0000
N	360	360	360	360	360	360

注：对于 LSDV 估计结果，括号中为 PCSE；对于 FGLS 估计结果，括号中为标准误差；* 表示在 10%的水平下显著，** 表示在 5%的水平下显著，*** 表示在 1%的水平下显著

以下两个条件，使其成为有效的工具变量（Wooldridge，2003）。第一，它是严格外生的，与方程的误差项并不相关。第二，由于FDI更集中在东部沿海省份，该变量与内生变量 *FDI* 是相关的。如果该省位于中国东部地区，则 *Location* 设为1；反之，则设为0。在我国，东部地区的优惠政策和较好的营商环境吸引了大部分FDI。因此，区位与外资企业的位置选择之间有很大的关联性。而区位与误差项或自变量工业污染强度之间没有关系。因此，以 *Location* 作为工具变量，对前三个假设进行工具变量回归，结果如表8.8所示。

由于篇幅有限，表8.8未列出控制变量的系数。列(1)、列(4)中的 *Distortion* 系数在5%的水平下为正且显著。它们与前述的第一个假设的研究结果一致。交叉项 *Distortion*×*FDI* 的系数都为负，这也与前面的研究结果一致。列(5)对假设3进行了检验，交叉项 *Distortion*×*State* 的系数为负且显著。在列(6)中，交叉项 *Distortion*×*State* 的系数为负，但并不显著。所有结果都与前面一致。

第五节　本章小结

鉴于现有文献对要素市场扭曲与环境效率关系的研究有限，本部分通过构建一个新的概念框架，将资源依赖理论、资源基础理论和制度理论相结合，研究要素市场扭曲与工业污染强度之间是否存在联系，并考虑了外资所有制和国有制经济的缓和效应，为研究文献做出了贡献。在此基础上，本研究进一步采用面板数据回归方法来检验我们的概念框架，研究结果对新兴经济体中的清洁生产和可持续发展具有以下理论和实践意义。

第一，以中国新兴经济体为研究对象，在融合资源依赖理论、资源基础理论和制度理论的理论框架下，从要素市场扭曲的角度考察工业污染强度。现有研究倾向于从产业升级、产业所有制、研发投入或能源结构等角度探讨和解释工业污染强度（Liu and Lin，2019；Huang and Chang，2019；Zhang et al.，2018）。基于资源依赖理论，我们认为要素市场扭曲加剧了环境污染，降低了环境效率，这一论点也得到了估计结果的支持。本研究意味着部分工业企业会选择最合适的行为与策略来适应和利用要素市场扭曲所带来的红利和效益，这延伸了资源依赖理论，也为理解和实现可持续发展提供了

表 8.8　对 *FDI* 的内生性考虑：工具变量回归

	Dependent Variable: *Intensity_COD*			*Dependent Variable*: *Intensity_*SO_2		
Distortion	3.480** (1.451)	9.189** (4.379)	24.24*** (9.014)	10.66** (5.142)	46.80*** (16.17)	55.65* (32.06)
Distortion×*FDI*		−3.455* (2.099)			−21.88*** (7.752)	
Distortion×*State*			−33.50** (14.14)			−72.60 (50.28)
Controls	Yes	Yes	Yes	Yes	Yes	Yes
R^2	0.4780	0.4849	0.4886	0.1669	0.1069	0.1779
Wald chi2	1121.53	1140.19	1146.78	1419.19	1324.81	1434.99
F	26.73	27.24	27.39	16.49	24.53	16.69
N	360	360	360	360	360	360

注：* 表示在 10%的水平下显著，** 表示在 5%的水平下显著，*** 表示在 1%的水平下显著

新的思路。此外，我们还强调了要素市场改革对可持续发展的重要性。

第二，本研究证实了所有权因素在调节要素市场扭曲对污染强度影响中的作用。估计结果为以下论点提供了支撑，外资所有制和国有制有助于缓解要素市场扭曲对工业污染强度的负面影响。本章基于资源和制度视角的分析框架扩展了现有文献，不仅研究了要素市场扭曲对工业污染强度的直接影响，而且在考虑所有权的情况下，探讨了这两者之间关系的变化。本研究证实了产业所有权对环境和可持续发展的重要影响，从而扩展了关于企业异质性和体制特征如何影响可持续发展的相关知识。

第三，通过确定要素市场扭曲和排放强度之间的关系，丰富了污染治理与环境效率提升的现有相关文献，并论证了纠正要素市场扭曲是提高新兴经济体环境效率的有效途径。

本研究结果对于决策者具有重要的现实意义。首先，要素市场扭曲不仅损害经济效率，本研究也证实要素市场扭曲会降低工业行业环境效率。因此，要实现可持续发展，政府须出台更多的改革措施，纠正要素市场扭曲。本研究表明，要素市场改革是提高环境效率，促进工业企业清洁生产，实现经济增长与环境排放正向脱钩的重要支柱。其次，本研究结果表明外资所有制和国有制缓解了要素市场扭曲对工业污染强度的负面效应。因此，政府应创造更加友好、更加公平的营商环境，吸引外资企业，通过技术外溢促进本土企业的清洁生产。另外，对于中国这样的转型经济体来说，经过几十年的国企改革，大多数中小国有企业都已经实现转型。目前，政府为大型国有企业提供了很多隐性支持，也伴随着很多环境要求。为了实现工业清洁生产，政府应加大对环保投资的资金支持和奖励力度，严格要求民营企业实行环境信息披露。

第九章　基于纠正扭曲的要素再配置及其碳减排效应

要素市场改革的滞后性导致要素市场存在持续的价格扭曲，工业行业要素价格扭曲不仅降低了资源配置效率，对生态效率也产生负面影响。我国作为全球最大的碳排放和能源消费国，工业部门作为我国最大的碳排放和能源消费部门，工业行业减排对于我国实现碳排放目标具有关键意义。本章基于我国35个工业行业的面板数据，将能源投入纳入分析框架，构建资本、劳动和能源三要素的价格扭曲测度模型，以此衡量工业行业要素的扭曲程度。在此基础上，基于要素价格相对扭曲程度，以要素需求的价格弹性为纽带，研究要素价格扭曲修正对工业行业资源再配置的影响及其碳减排效应。本研究的边际贡献在于以下方面。首先，通过建立要素市场扭曲、要素再配置和碳减排的分析框架，丰富了环境经济学的研究成果。现有文献研究较多地关注要素价格扭曲对市场供求失衡、各要素替代关系等内容，而从环境经济学视角开展的研究甚少。其次，将能源要素纳入分析框架并考虑要素价格扭曲的工业偏向性。现有文献大多只讨论资本和劳动生产要素价格扭曲对社会生产方面的影响，而较少关注另一个重要的生产要素能源。鉴于要素价格扭曲具有工业偏向性的特点，本研究从工业行业层面将能源市场扭曲和能源错配纳入分析框架，评估纠正扭曲对我国工业行业的碳减排效应。最后，现有研究侧重于在传统的分析框架基础上衡量要素市场价格扭曲对TFP造成的损失，或者是对碳排放量的影响进行定性分析，而基于纠正要素价格扭曲的碳减排效应的定量研究甚少。本研究对于我国从纠正要素市场扭曲的视角，探索减少污染排放的策略具有重要的实践意义。在深化供给侧结构性改革的背景下，为政策制定者就关于促进绿色发展、提升生态质量提供了新的思路，对于实现“十四五”规划，推动绿色低碳发展具有重要意义。

第一节 要素再配置及其绿色效应研究现状

生产要素的再配置是指通过要素市场化改革，纠正要素价格扭曲，达到要素的最大效率配置。要素市场化改革的根本在于实现要素价格公平与要素自由流动，这对于发挥市场机制实现资源优化配置具有重要意义（刘伟，2017）。实现要素自由流动的前提是企业能够以市场选择机制实现优胜劣汰，即高效率企业存活、低效率企业退出，使产业演化理论中的再配置机制和选择机制充分发挥作用，从而实现要素向高效率、创新型企业的再配置（王磊、朱帆，2018）。市场选择机制与资源再配置机制是促进生产率水平提升、推动产业发展的两大重要机制。市场机制使得低效率的企业退出、高效率企业存活，更多的要素资源或市场份额通过市场竞争机制配置给高效率企业（再配置机制），在这个过程中，营造要素市场公平竞争的环境，对于发挥企业优胜劣汰的市场选择机制和要素自由流动的再配置机制至关重要。这一过程的循环反复，实现了产业发展与生产率的动态提升（Syverson，2011）。

关于要素再配置的效应，国内外学者进行了一系列研究，其中 Hsieh 和 Klenow (2009)发现，如果消除要素市场价格扭曲，中国生产率将提升 30%至 50%。要素市场扭曲造成的资源错配导致中国制造业的产出缺口约为15%（陈永伟、胡伟民，2011）。盖庆恩等（2013）发现，若消除劳动力市场扭曲，中国劳均产出可增加近 20%。白俊红和卞元超（2016）运用反事实检验，发现若消除劳动力或资本的扭曲，中国的创新生产效率将分别提升10%和 20%以上。李建平等（2019）发现劳动力市场扭曲程度的下降对劳动力迁移、产业结构合理化有着明显促进作用。综上所述，若要素市场价格扭曲能够得到纠正，资源在市场化改革下实现再配置，将有利于产业结构合理化以及生产效率的提高。

关于要素再配置的绿色效应研究主要是基于工业部门，从要素再配置的能源使用效率、碳排放效率、碳生产率以及生态效率和绿色经济效率的角度展开。Lin 和 Du(2013)的研究表明，消除市场扭曲实现要素再配置，能够对能源使用效率产生积极的影响并改善环境。Zhu 和 Ruth(2015)认为，通过资本投资和要素再分配，中国的政策在不造成竞争损失或碳泄露的情况下，能够有效地提高工业能源效率，减少污染。高文静等（2018）发现，如果将中国工业部门二氧化碳排放空间更多配置给碳生产率增长较快的行业，可以缩小各行业碳生产率的差异，从而实现整个工业部门的碳生产率提升并降低碳排放。Chu et al.(2019)对能源错配指数和碳排放效率进行测度，发现中西部地区碳排放效率与错配程度多为负向关系，因此加强能源市场的市场化改革，实现资源再配置，将有利于提高生态质量。Sun et al.(2020)基于系统 GMM 方法研究了市场碎片化对生态效率的影响，发现减少市场碎片化，促进市场一体化，可以提高资源配置效率，改善环境质量。张政等(2020)发现，消除劳动力价格扭曲可使我国的绿色经济效率提升约7%。Tan et al.(2021)通过运用中国第二、三产业的省级面板数据，分析在不存在要素扭曲的情况下能源再配置对产出和二氧化碳排放的影响，结果表明若消除扭曲，各省份第二产业的实际能源消费量会增加，而第三产业的能源消费则相反；纠正要素市场扭曲，重新配置资源，可以增加第三产业的产出，减少整个中国的二氧化碳排放。Xu 和 Tan(2021)实证分析了消除能源配置扭曲、实现资源再配置对中国经济产出和能源效率的影响，结果表明，消除能源配置扭曲、实现要素再配置有助于能源节约。综上所述，国内外研究均通过效率的测度来间接表明消除扭曲、实现生产要素再配置能够改善环境，很少有文献从碳排放的角度来直接测度资源再配置的绿色效应。

第二节　基于价格扭曲的要素再配置测度

一、工业行业要素价格扭曲程度衡量

(一) 要素价格扭曲的测度方法

根据现有文献，要素价格扭曲的测度方法有多种，如生产函数法、前沿分析法和影子价格法等。本章选用生产函数法对要素价格扭曲进行测度。测度的逻辑是基于边际产出与价格之间的比较，若各要素的边际产出与对应的要素价格之比大于 1，说明要素应得的回报超过市场给予的要素实际所得，这说明要素价格被压低，即存在负向扭曲，反之要素价格存在正向扭曲。在具体生产函数的选择上，目前现有的研究文献大多采用柯布-道格拉斯生产函数或超对数生产函数。考虑到柯布-道格拉斯生产函数存在单位

替代弹性的强假设，可能产生估计偏误，因此本章采用超对数生产函数的形式对要素市场价格扭曲程度进行衡量。首先，设定函数的形式为：

$$\ln Y = \beta_0 + \beta_L \ln L + \beta_K \ln K + \beta_E \ln E + \beta_{LK} \ln L \ln K + \beta_{KE} \ln K \ln E + \beta_{LE} \ln L \ln E + \frac{1}{2}\beta_{LL} \ln^2 L + \frac{1}{2}\beta_{KK} \ln^2 K + \frac{1}{2}\beta_{EE} \ln^2 E + \beta_t t + \frac{1}{2}\beta_{tt} t^2 + \mu + \varepsilon \tag{9.1}$$

其中，Y 代表工业行业工业总产值，L，K，E 分别代表劳动、资本和能源要素的投入量，时间趋势 t 反映技术进步，μ 代表行业固定效应，ε 表示随机误差项。

每个要素(L，K，E)的年度边际收益产品可以通过将其产出弹性乘以相应的生产率来评估，分别表示为：

$$\begin{aligned} MRP_L &= (\beta_L + \beta_{LK} \ln K + \beta_{LE} \ln E + \beta_{LL} \ln L) * \frac{Y}{L} \\ MRP_K &= (\beta_K + \beta_{LK} \ln L + \beta_{KE} \ln E + \beta_{KK} \ln K) * \frac{Y}{K} \\ MRP_E &= (\beta_E + \beta_{EK} \ln K + \beta_{LE} \ln L + \beta_{EE} \ln E) * \frac{Y}{E} \end{aligned} \tag{9.2}$$

那么，要素的绝对价格扭曲就可以表示为：

$$Dis_i = \frac{MRP_i}{P_i} \quad i = L,\ K,\ E \tag{9.3}$$

用来衡量(L，K，E)三种要素的实际价格对其边际产出或机会成本的偏离，若价格较高即比值 $Dis_i < 1$，表明存在正向扭曲；反之价格较低即比值 $Dis_i > 1$，则表明该要素存在负向扭曲；若 $Dis_i = 1$，则意味着不存在扭曲。

与生产要素的绝对价格相比，企业管理者更关心不同要素的相对价格。因此，投入要素之间的相对价格扭曲可以进一步表示为：

$$Dis_{ij} = \frac{Dis_i}{Dis_j} = \frac{MRP_i}{MRP_j} * \frac{P_j}{P_i} \quad i,\ j = L,\ K,\ E \tag{9.4}$$

Dis_{ij} 是通过将两种要素价格的绝对扭曲程度进行比较，来衡量不同要素之间的相对价格扭曲。因此，若比值 $Dis_{ij} < 1$，表示 i 要素的价格相对于 j 要素的价格较高；若 $Dis_{ij} > 1$，表示 i 要素的价格相对于 j 要素的价格较低；若 $Dis_{ij} = 1$，则意味着 i 要素和 j 要素之间不存在价格的相对扭曲。

(二) 数据处理以及变量构建

1. 产出

这里选择工业总产值。由于前文中生产函数的要素投入构建包含了劳动、资本和能源三个要素，在构建包含这三个要素的生产函数时采用工业总产值作为经济产出的代理变量，因此这部分将工业总产值作为被解释变量，在稳健性分析部分，产出用工业增加值来表示。

细分行业的工业总产值数据来源于《中国工业经济统计年鉴》，其中缺少2012年及以后年份的数据。因此借鉴卢梅和王科(2019)的做法，用2012—2016年各工业行业销售产值乘以2011年工业总产值与工业销售产值的比值来近似估计2012—2016年的工业总产值；《中国工业经济统计年鉴》报告了工业增加值2008年以前的数据，缺少2008年及以后的数据。本研究沿用陈诗一和陈登科(2017)的思路对2008—2016年的工业增加值数据进行估算，经计算发现，数据库中细分行业的工业增加值占工业总产值的比例十分稳定。因此，我们首先计算以前年份两位数工业行业增加值占工业总产值的平均比重，再将该比重数值与2008—2016年的工业总产值数据相乘，得到2008年以后年份的细分行业工业增加值数据。

另外，由于统计年鉴中提供的工业增加值和工业总产值数据均为名义数值，为了排除各年的价格变动因素，以1995年为基期采用指数平减法进行处理，根据《中国价格统计年鉴》提供的分行业工业品出厂价格指数，将其折算为1995年不变价。

2. 投入要素：资本存量、劳动与能源消耗

资本存量的估算通常用永续盘存法，数据来源于《中国统计年鉴》和《中国工业经济统计年鉴》；$P_{i,t}$ 是投资价格指数，因为缺少行业层面的固定资产投资价格指数，因此采用全社会固定资产投资价格指数来代替，以1995年为基期平减，数据来自《中国统计年鉴》；$\delta_{i,t}$ 表示 i 行业在 t 时期的折旧率，在部分研究文献中将该值取为固定值，例如张军等(2004)将其设为9.6%，单豪杰(2008)则将其设为10.96%，本研究考虑到计算资本价格时需要分行业资本折旧率数据，因此借鉴余泳泽等(2017)的方法对折旧率进行分行业计算，数据来源于《中国工业经济统计年鉴》，根据以上公式构造出2000—2016年完整的工业行业固定资产折旧率数据。基期资本存量的估计，借鉴Young(2003)的方法，以基年固定资产投资额除以0.1作为当年的固定资本存量。

劳动投入以年平均职工人数表示，数据来源于《中国劳动统计年鉴》。

能源投入以能源消费总量表示，数据来源于国家统计局。

3. 投入要素价格：资本价格、劳动力价格与能源价格

将资本价格即资本的使用成本定义为折旧率和利率之和，计算公式如下：

$$P_K = \delta_{i,t} + R_t$$

其中，$\delta_{i,t}$ 为估算各行业资本存量数据时计算所得的分行业固定资产折旧率数据；R_t 是 t 时期的利率，用银行规定的 6 个月以上 1 年以下（含一年期）的贷款利率的平均值表示，数据来自中国人民银行官网。

劳动力价格是以职工的平均实际工资来衡量的，以 1995 年为基期价格，用居民消费价格指数（CPI）对劳动者名义工资进行平减，数据来源于中国国家统计局。能源价格计算参考 Yang et al.（2018），因我国进行第三次工业普查的时间是 1995 年，因此首先计算 1995 年各子行业能源使用总成本，计算方法如下：

$$EC_i = \sum_j E_j^i \cdot P_j (i = 1, 2, \cdots, 35; j = 1, 2, \cdots, 9)$$

其中，EC_i 表示 1995 年工业部门第 i 个子行业的用能总成本，E_j^i 表示同年第 i 个子行业中第 j 类燃料投入的总消耗量，P_j 为 1995 年第 j 种燃料的价格。本章的研究中包含 9 种燃料（煤炭、焦炭、原油、汽油、煤油、柴油、燃料油、天然气、电力），各子行业每种燃料投入的消耗量数据来源于《中国能源统计年鉴》，基准年燃料的单项价格数据来源于《中华人民共和国 1995 年第三次全国工业普查资料摘要》。

能源价格的确定方法是通过用 1995 年的能源使用总成本除以对应能源消耗数量，从而得到 1995 年各子行业的能源价格（单位为元/吨标准煤）。最后，根据历年燃料、动力类工业生产者购进价格指数进一步计算 1996—2016 年各子行业的能源价格，并选取 2000—2016 年的价格数据为本研究所用。各变量的描述性统计见表 9.1。

表 9.1 变量的描述性统计

变量名	单位	均值	标准差	最小值	最大值	观测数
Y	亿元	15 401.78	25 364.28	133.01	238 854.70	595

（续　表）

变量名	单位	均值	标准差	最小值	最大值	观测数
K	亿元	8189.86	12291.83	28.51	99457.67	595
L	万人	131.76	113.41	14.30	750.60	595
E	万吨标准煤	6205.47	11621.71	104	69342	595
P_K	元	0.12	0.04	0.05	0.73	595
P_L	元/人	21772.03	12298.76	5490.66	89876.52	595
P_E	元/标准煤	622.47	720.65	42.46	5428.76	595

35个工业行业依据中国统计年鉴标准对B类采掘业、C类制造业和电力，以及D类煤气及水生产和供应业三类进行划分。由于样本区间选择的是2000年至2016年，结合《国民经济行业分类标准(GB/T4754—2005)》和《国民经济行业分类标准(GB/T4754—2011)》，在2012年前的行业中剔除其他采矿业，并将橡胶制造业和塑料制造业两个行业合并成橡胶和塑料制品业进行分析，在2012年及以后的行业中剔除开采辅助活动、其他采矿业、其他制造业、废弃资源综合利用业及金属制品、机械和设备修理业等五个行业，并将汽车制造业和航空、航天、船舶和其他运输设备制造业合并为交通运输设备制造业。2000—2016年35个工业行业具体划分参见表9.2。

表9.2　我国35个工业行业划分

序号	代码	行业	序号	代码	行业
1	06	煤炭开采和洗选业	8	15	酒、饮料和精制茶制造业
2	07	石油和天然气开采业	9	16	烟草制品业
3	08	黑色金属矿采选业	10	17	纺织业
4	09	有色金属矿采选业	11	18	纺织服装、服饰业
5	10	非金属矿采选业	12	19	皮革、毛皮、羽毛及其制品和制鞋业
6	13	农副食品加工业	13	20	木材加工和木、竹、藤、棕、草制品业
7	14	食品制造业	14	21	家具制造业

（续 表）

序号	代码	行业	序号	代码	行业
15	22	造纸和纸制品业	26	33	金属制品业
16	23	印刷和记录媒介复制业	27	34	通用设备制造业
17	24	文教、工美、体育和娱乐用品制造业	28	35	专用设备制造业
18	25	石油、煤炭及其他燃料加工业	29	36	交通运输设备制造业
19	26	化学原料和化学制品制造业	30	38	电气机械和器械制造业
20	27	医药制造业	31	39	计算机、通信和其他电子设备制造业
21	28	化学纤维制造业	32	40	仪器仪表制造业
22	29	橡胶和塑料制品业	33	44	电力、热力生产和供应业
23	30	非金属矿物制品业	34	45	燃气生产和供应业
24	31	黑色金属冶炼和压延加工业	35	46	水的生产和供应业
25	32	有色金属冶炼和压延加工业			

资料来源：根据《国民经济行业分类标准（GB/T4754 - 2005）》和《国民经济行业分类标准（GB/T4754 - 2011）》整理

为了避免自回归系数的估计值左偏、传统的 t 检验失效以及可能出现的伪回归问题，保证系数估计结果的有效性，对各变量进行面板单位根检验以确定各变量是否平稳。采用 Levin Lin Chu（LLC）检验和 Fisher-ADF 检验这两种不同的方法。检验结果如表 9.3 所示，LLC 检验中所有变量的对数值在 1%的统计水平下都是显著的，Fisher-ADF 检验中所有 7 个变量的对数值在 5%显著性水平下平稳，因此说明各变量均为平稳的。

表 9.3 面板的单位根检验

变量名	LLC 检验	Fisher-ADF 检验
投入和产出变量		
Y	−3.3490***	17.2332***
K	−12.7759***	17.6611***
L	−5.0377***	8.9560**
E	−3.8308***	35.3816***

（续　表）

变量名	LLC 检验	Fisher-ADF 检验
要素价格变量		
P_K	−7.0372***	7.0820***
P_L	−4.0123***	14.9704**
P_E	−6.9355***	11.8503***

注：** 表示在 5%的水平下显著，*** 表示在 1%的水平下显著

（三）价格扭曲程度的测度

通过对超对数成本函数即式(9.1)进行估计得到各参数，然后利用式(9.2)和式(9.4)可以计算要素的相对价格扭曲程度。在估计超对数成本函数前，需要进行估计方法的选择。首先，根据 Fischer 检验的 F 统计量 $F(34,549)=281.1$，明显拒绝所有个体效应 $\mu_i=0$ 的原假设，因此不选择混合回归。Hausman 检验统计量为 30.25，强烈拒绝原假设，因此使用固定效应模型。根据沃尔德检验统计量 5 367.71，强烈拒绝同方差的原假设；Wooldridge 检验统计量 $F(1,34)=20.200$，强烈拒绝不存在一阶组内自相关的原假设；Pesaran 检验统计量为 12.017，Friedman 检验统计量为 69.869，均强烈拒绝“无同期相关”的原假设，并且 Frees 检验非主对角线元素绝对值的平均值高达 0.466，因此认为存在同期相关。基于这些检验结果，采用 FGLS 法对固定效应面板模型进行估计，该估计方法相对于 OLS 再加上面板校正标准误差而言更有效率。参数估计结果如表 9.4 所示。

表 9.4　超对数成本函数的参数估计结果

变量名	系数	标准误	变量名	系数	标准误
β_k	−0.0750***	0.0180	β_{kl}	−0.0713***	0.0077
β_l	0.8917***	0.0533	β_{ke}	0.0184***	0.0048
β_e	0.1103**	0.0508	β_{el}	−0.0288*	0.0169
β_{kk}	0.0360***	0.0050	β_t	0.1836***	0.0056
β_{ll}	0.0731***	0.0260	β_{tt}	−0.0099***	0.0005
β_{ee}	0.0112	0.0176	β_0	4.8144***	0.0820

注：* 表示在 10%的水平下显著，** 表示在 5%的水平下显著，*** 表示在 1%的水平下显著

根据表 9.4，除了能源投入的平方项 β_{ee} 不显著之外，其余参数均至少在 10%的统计水平下显著。因此，将这些估计得到的参数代入式(9.2)，可以计算出各要素的边际收益产品 MPR。然后根据式(9.3)和式(9.4)可以计算出各行业要素的绝对价格扭曲和相对价格扭曲指数，表 9.5 报告了样本期间 35 个工业行业部分年份的劳动力与资本相对价格扭曲指数(Dis_{LK})和能源与资本相对价格扭曲指数(Dis_{EK})。

表 9.5　样本期间要素价格相对扭曲程度

	Dis_{LK}					Dis_{EK}				
行业序号＼年份	2000	2005	2010	2015	均值	2000	2005	2010	2015	均值
1	0.220	0.265	0.277	0.174	0.235	0.140	0.350	0.362	0.393	0.329
2	0.905	0.549	0.351	0.201	0.536	0.249	0.220	0.194	0.138	0.241
3	0.301	0.456	0.827	0.545	0.535	0.143	0.172	0.360	0.606	0.323
4	0.169	0.306	0.586	0.623	0.450	0.171	0.279	0.738	1.306	0.645
5	0.542	0.619	1.058	0.833	0.783	0.280	0.253	0.495	0.855	0.440
6	0.154	0.511	1.265	0.418	0.645	0.080	0.280	1.141	1.240	0.777
7	0.308	0.530	0.713	0.723	0.525	0.264	0.454	0.978	3.173	1.001
8	0.421	0.458	0.558	0.541	0.468	0.568	0.434	1.096	2.623	1.024
9	0.429	0.264	0.152	0.132	0.231	1.271	1.208	1.072	1.843	1.336
10	1.114	0.443	0.493	0.405	0.455	0.915	0.347	0.492	0.936	0.516
11	0.377	0.450	0.391	0.481	0.479	1.298	1.570	1.850	5.760	2.755
12	0.176	0.365	0.485	0.361	0.386	0.365	0.957	1.575	3.296	1.621
13	0.603	0.704	1.335	0.607	0.916	0.517	0.378	0.818	1.339	0.885
14	0.549	0.657	0.791	0.540	0.684	0.932	1.998	2.711	4.517	2.933
15	0.916	0.833	0.654	0.352	0.697	0.540	0.350	0.380	0.556	0.450
16	0.412	0.557	0.526	0.454	0.513	1.354	1.532	1.472	3.294	1.906
17	0.298	0.374	0.295	0.403	0.455	0.574	0.662	0.726	3.394	1.595
18	0.482	0.412	0.380	0.260	0.384	0.018	0.012	0.011	0.012	0.013

（续　表）

行业序号 \ 年份	Dis_{LK} 2000	2005	2010	2015	均值	Dis_{EK} 2000	2005	2010	2015	均值
19	0.544	0.460	0.540	0.277	0.439	0.159	0.098	0.158	0.188	0.145
20	0.476	0.537	0.557	0.397	0.479	0.992	1.108	1.475	2.772	1.535
21	0.160	0.442	0.496	0.591	0.398	0.020	0.054	0.088	0.236	0.085
22	0.417	0.507	0.609	0.474	0.511	0.202	0.190	0.304	0.679	0.329
23	0.245	0.413	0.581	0.420	0.451	0.063	0.070	0.152	0.343	0.161
24	0.333	0.355	0.369	0.147	0.294	0.071	0.058	0.055	0.038	0.054
25	0.259	0.384	0.499	0.306	0.380	0.161	0.179	0.254	0.293	0.233
26	0.290	0.463	0.691	0.440	0.542	0.257	0.361	0.673	1.231	0.700
27	0.366	0.382	0.683	0.390	0.444	0.579	0.511	1.208	2.087	1.046
28	0.219	0.355	0.625	0.428	0.443	0.271	0.729	1.876	3.641	1.771
29	0.540	0.468	0.586	0.264	0.415	1.475	1.458	2.100	1.989	1.581
30	0.431	0.496	0.611	0.477	0.539	1.157	1.015	1.590	4.052	1.919
31	0.784	0.609	0.503	0.183	0.522	4.087	2.544	2.173	2.235	3.033
32	0.147	0.321	0.414	0.244	0.325	0.324	1.339	1.968	3.206	2.136
33	1.360	0.690	0.464	0.321	0.606	0.315	0.181	0.129	0.172	0.175
34	0.306	0.425	0.629	0.765	0.466	0.090	0.157	0.436	1.351	0.393
35	0.468	0.512	0.575	0.686	0.550	3.928	5.732	7.240	14.869	7.535
行业均值					0.491					1.189

如表 9.5 所示，劳动力与资本相对价格扭曲指数的行业均值为 0.491，表明劳动力价格需要相对于资本价格下降 50.9%才能完全消除中国工业部门两种要素之间的相对价格扭曲。工业行业的劳动力价格相对于资本价格偏高，这一方面是由于我国金融体系中的利率抑制，商业银行利率是根据央行规定的存贷款利率上下限确定的，2000 年至 2016 年中国人民银行 6 个月至一年期的企业贷款平均基准利率从 5.58%逐年下降到 4.35%。资本利率下调有助于降低融资成本，能够促进工业企业的发展。工业行业劳动

力价格的上涨，主要是工业化战略实施以来快速发展的工业化进程使大量农村剩余劳动力从农业部门转向非农业部门，导致工业行业的劳动力价格相对于资本价格存在向上的扭曲倾向。从表 9.5 可以看出，劳动力与资本相对价格扭曲程度非常高的工业行业，例如煤炭开采和洗选业以及烟草制品业等，都具有很强的国有制属性，因其所有权的垄断性以及行业进入壁垒，导致劳动力价格相对于资本存在明显的正向扭曲。

相比之下，行业平均的能源与资本相对价格扭曲程度为 1.189，表明能源价格相对于资本价格要上升 18.9%才能消除中国工业部门能源和资本之间的相对扭曲。在 35 个行业中，有 15 个行业的 Dis_{EK} 大于 1。由于我国要素市场改革的滞后，国内能源价格往往被压低，以支持制造业为主的实体经济发展和企业技术创新。另外，政府对能源等经济资源掌握着定价权，通过提供廉价资源等方式进行招商引资，导致能源价格水平偏低。从表 9.5 中可以看出，水的生产和供应业的相对扭曲程度（Dis_{EK}）高达 7.535，这是由于水的生产和供应业能源要素边际收益产品（MRP_E）非常高而资本要素的边际收益产品（MRP_K）非常低。这一行业极度扭曲的原因在于，自来水厂大多属于国有企业，地方政府选择补贴自来水厂，摊薄能源价格降低水价来服务群众。

二、基于成本份额函数的要素价格替代弹性测度

（一）成本份额函数的测度方法

根据等式（9.1）所描述的三种投入要素与产出 Y 的函数关系以及 Shephard 引理，如果生产函数是二阶可微的话，那么对应的成本函数也应该是二阶可微，因此生产函数转变为带有非技术中性的成本函数：

$$C=G(P_L,\ P_K,\ P_E,\ Y,\ t) \tag{9.5}$$

其中，C 为总成本，P_L，P_K，P_E 分别表示劳动力、资本、能源要素的价格，t 衡量技术进步。根据对偶定理，式（9.5）涵盖了生产函数所有组成要素，参考 Kim（2013）的模型形式，将成本函数形式设定为超越对数成本函数：

$$\ln C=\alpha_0+\sum_i \alpha_i \ln P_i+\frac{1}{2}\sum_i \sum_j \alpha_{ij} \ln P_i \ln P_j+\sum_i \alpha_{iY} \ln P_i \ln Y+\sum_i \alpha_{it} \ln P_i \cdot t \quad (i,\ j=L,\ K,\ E) \tag{9.6}$$

为了满足对称性条件，则有 $\alpha_{ij}=\alpha_{ji}(i, j=L, K, E)$。根据 Shephard 定理，对价格求导可以得到如下需求函数：$X_i=\dfrac{\partial C}{\partial P_i}$，$i=L, K, E$，这里 X_i 表示第 i 种要素的投入数量，将超越对数成本函数两边同时对 $\ln P_i$ 求偏导数，可得：

$$\frac{\partial \ln C}{\partial \ln P_i}=\frac{\partial C}{\partial P_i}\cdot\frac{P_i}{C}=\frac{X_iP_i}{C}=\alpha_i+\sum_j \alpha_{ij}\ln P_j+\alpha_{iY}\ln Y+\alpha_{it}t \quad (i, j=L, K, E) \tag{9.7}$$

用 $S_i^*=\dfrac{X_iP_i}{C}$ 表示第 i 种要素投入成本占总成本的比例，即要素的需求份额可以用超越对数成本函数关于 $\ln P_i$ 求偏导数得到：

$$S_i^*=\alpha_i+\sum_j \alpha_{ij}\ln P_j+\alpha_{iY}\ln Y+\alpha_{it}t \quad (i, j=L, K, E) \tag{9.8}$$

其中，S_i^* 表示劳动力、资本、能源三种投入要素成本份额的条件期望。

$$S_i=\alpha_i+\sum_j \alpha_{ij}\ln P_j+\alpha_{iY}\ln Y+\alpha_{it}t+\theta_{it} \quad (i, j=L, K, E) \tag{9.9}$$

其中，S_i 表示每个投入要素的成本份额方程，θ_{it} 表示随机误差项，且满足 $S_L^*+S_K^*+S_E^*=1$。

由于规模报酬不变，要素价格线性齐次，因此满足以下等式：

$$\begin{aligned}
&\alpha_L+\alpha_K+\alpha_E=1\\
&\alpha_{KK}+\alpha_{LK}+\alpha_{EK}=0\\
&\alpha_{LL}+\alpha_{LK}+\alpha_{LE}=0\\
&\alpha_{EE}+\alpha_{EK}+\alpha_{LE}=0\\
&\alpha_{LY}+\alpha_{KY}+\alpha_{EY}=0\\
&\alpha_{Lt}+\alpha_{Kt}+\alpha_{Et}=0
\end{aligned} \tag{9.10}$$

考虑到在现实中，短期内资本投入往往不容易调整，因此可以设定为短期资本固定不变，参考 Li 和 Lin(2016)，在传统超对数成本函数基础上增加动态调整机制的滞后项：

$$S_{it}-S_{i,t-1}=(1-\lambda_i)(S_{it}^*-S_{i,t-1})+\theta_{it}$$

得到的要素份额为：

$$S_{it}^{factor} = \alpha_i^* + \sum_j \alpha_{ij}^* \ln P_j + \alpha_{iY}^* \ln Y + \alpha_{it}^* t + \lambda_i S_{i,t-1}^{factor} + \theta_{it} \quad (i, j = L, K, E) \tag{9.11}$$

其中，$\alpha_i^* = (1-\lambda_i)\alpha_i$，$\alpha_{ij}^* = (1-\lambda_i)\alpha_{ij}$，$\alpha_{iY}^* = (1-\lambda_i)\alpha_{iY}$，

$\alpha_{it}^* = (1-\lambda_i)\alpha_{it}$

因此，要素替代弹性可以表示为：

要素自身价格弹性：$$\eta_{ii} = \frac{\partial \ln X_i}{\partial \ln P_i} = \frac{\partial \ln\left(\frac{S_i C}{P_i}\right)}{\partial \ln P_i} = \frac{\alpha_{ii}}{S_i} + S_i - 1 \tag{9.12}$$

要素交叉价格弹性：$$\eta_{ij} = \frac{\partial \ln X_i}{\partial \ln P_j} = \frac{\partial \ln\left(\frac{S_i C}{P_i}\right)}{\partial \ln P_j} = \frac{\alpha_{ij}}{S_i} + S_j \tag{9.13}$$

如果替代弹性大于0，则表示要素之间相互替代，即要素 i 的价格升高，要素 j 的需求就会增加，且 η_{ij} 的值越大，表示弹性越大；如果替代弹性小于0，则表示要素之间是互补关系，即要素 i 的价格升高，要素 j 的需求也会随之减少，且 η_{ij} 的绝对值越大，互补效应越显著；若替代弹性为0，则表示两个要素之间完全不相关。

最后计算出要素扭曲校正后的资源重新分配的效果，根据各要素自身价格弹性以及各要素之间的交叉价格弹性结果，推算出当某一要素价格变动1%时，生产过程中各投入要素的需求变化率。劳动力和能源价格调整对各种生产要素投入的综合影响（ΔX_i）可以表示为：

$$\Delta X_i = \Delta X_i^L + \Delta X_i^E = X_i * (Dis_{LK} - 1) * \eta_{iL} * 100 + X_i * (Dis_{EK} - 1) * \eta_{iE} * 100 \quad (i = L, K, E) \tag{9.14}$$

（二）要素替代弹性测度

要素替代弹性的测度需要针对超越对数成本函数估计，并考虑到资本变化的滞后性，用动态调整模型(9.12)和(9.13)，可以计算我国工业部门2000—2016年间要素的自身价格弹性以及交叉价格替代弹性。

首先，根据要素的需求份额公式(9.11)计算出各行业在研究期间要素成本的平均份额。如表9.6所示，从总体来看，我国工业行业劳动力份额占

52.69%，能源份额占 34.64%，资本份额占 12.68%。这说明，我国的工业行业仍然需要加大资本的投资力度、减少劳动力成本和能源占比来提高工业效率、节约能源，减少碳排放。

表 9.6　各行业要素成本份额

序号	行业	S_L	S_E	S_K
1	煤炭开采和洗选业	0.6574	0.2878	0.0548
2	石油和天然气开采业	0.2685	0.6032	0.1283
3	黑色金属矿采选业	0.3635	0.4904	0.1461
4	有色金属矿采选业	0.5570	0.2836	0.1594
5	非金属矿采选业	0.3221	0.4889	0.1890
6	农副食品加工业	0.4832	0.3473	0.1695
7	食品制造业	0.5778	0.2637	0.1585
8	酒、饮料和精制茶制造业	0.6316	0.2253	0.1431
9	烟草制品业	0.8258	0.0829	0.0913
10	纺织业	0.5845	0.3181	0.0974
11	纺织服装、服饰业	0.8346	0.0723	0.0931
12	皮革、毛皮、羽毛及其制品和制鞋业	0.8239	0.0988	0.0773
13	木材加工和木、竹、藤、棕、草制品业	0.4089	0.3507	0.2404
14	家具制造业	0.6953	0.1065	0.1983
15	造纸和纸制品业	0.3558	0.4659	0.1783
16	印刷和记录媒介复制业	0.7297	0.1164	0.1539
17	文教、工美、体育和娱乐用品制造业	0.7835	0.1255	0.0910
18	石油、煤炭及其他燃料加工业	0.0285	0.9596	0.0119
19	化学原料和化学制品制造业	0.2196	0.6992	0.0811
20	医药制造业	0.6824	0.1559	0.1617
21	化学纤维制造业	0.1868	0.7558	0.0574
22	橡胶和塑料制品业	0.4143	0.4743	0.1114
23	非金属矿物制品业	0.2231	0.6908	0.0861
24	黑色金属冶炼和压延加工业	0.1455	0.8187	0.0358

（续 表）

序号	行业	S_L	S_E	S_K
25	有色金属冶炼和压延加工业	0.3647	0.5297	0.1057
26	金属制品业	0.5172	0.3236	0.1592
27	通用设备制造业	0.6596	0.2060	0.1344
28	专用设备制造业	0.7231	0.1376	0.1393
29	交通运输设备制造业	0.7591	0.1223	0.1187
30	电气机械和器械制造业	0.7208	0.1349	0.1444
31	计算机、通信和其他电子设备制造业	0.7817	0.0813	0.1369
32	仪器仪表制造业	0.8475	0.0685	0.0840
33	电力、热力生产和供应业	0.1583	0.7324	0.1093
34	燃气生产和供应业	0.3893	0.4653	0.1454
35	水的生产和供应业	0.7153	0.0397	0.2450
	工业行业总体均值	0.5269	0.3464	0.1268

从劳动力的角度来看，有 19 个工业行业劳动力成本份额大于 52.69%，属于劳动力密集型行业，大多数是制造业；从能源的角度来看，有 15 个工业行业能源成本份额大于 34.64%，属于重度能源依赖行业，例如石油、煤炭及其他燃料加工业的能源成本份额高达 95.96%；从资本的角度来看，有 16 个行业的资本份额低于总体平均值 12.68%，主要集中在轻工业和制造加工业，表明这些行业需要增加资本投资。

在计算出各要素成本份额的基础上，再估计超越对数成本函数的静态模型和动态调整模型。首先，根据独立性 Breusch-Pagan 检验，统计量 BP 分别为 21.884 和 186.226，均在 1%的水平下拒绝成本份额联立方程之间扰动项相互独立的原假设。因此，为提高估计效率，使用似不相关回归(SUR)方法对方程进行系统估计。为了满足公式(9.10)的参数约束条件，需要舍弃公式(9.9)三个成本份额方程中的一个方程，本章将能源成本份额方程舍弃，用估计出的劳动力成本份额方程和资本成本份额的参数估计结果，根据参数限制条件倒推计算出能源成本份额的参数值。要素成本份额方程参数估计结果如表 9.7 所示。

表 9.7 要素成本份额方程参数估计结果

劳动力成本份额方程			资本成本份额方程			能源成本份额方程		
	静态模型	动态模型		静态模型	动态模型			
α_L	−0.5054*** (0.0802)	−0.2875*** (0.0259)	α_K	0.4683*** (0.0445)	0.3363*** (0.0230)	α_E	1.0371	0.9512
α_{LK}	−0.0354*** (0.0071)	−0.0419*** (0.0034)	α_{LK}	−0.0354*** (0.0071)	−0.0419*** (0.0034)	α_{LE}	−0.2348	0.0027
α_{LL}	0.2702*** (0.0154)	0.0392*** (0.0044)	α_{KK}	0.0742*** (0.0062)	0.0524*** (0.0035)	α_{EE}	0.2736	0.0078
α_{LE}	−0.2349*** (0.0132)	0.0027 (0.0026)	α_{EK}	−0.0388*** (0.0040)	−0.0105*** (0.0021)	α_{EK}	−0.0388	−0.0105
α_{LY}	0.0137** (0.0067)	0.0023* (0.0013)	α_{KY}	−0.0140*** (0.0021)	−0.0048*** (0.0012)	α_{EY}	0.0003	0.0025
α_{Lt}	−0.0210*** (0.0022)	−0.0028*** (0.0006)	α_{Kt}	0.0169*** (0.0009)	0.0073*** (0.0006)	α_{Et}	0.0041	−0.0045
λ_L	—	0.9900*** (0.0062)	λ_K	—	0.8591*** (0.0186)			
R^2	0.3472	0.9791	R^2	0.5249	0.8222	BP	21.884***	186.226***

注:(1) Breusch-Pagan 服从 $\chi^2(1)$ 分布;(2) 能源成本份额方程的 R^2 值无法计算得出;(3) *** 表示在 1%的水平下显著,** 表示在 5%的水平下显著,* 表示在 10%的水平下显著;(4) 能源成本份额方程置信度和残差值缺失是由于根据 SUR 回归,本章舍弃了能源成本份额方程,其参数来自限制条件的计算

根据表 9.7 中要素成本份额方程估计结果，动态调整模型中的 λ_L 和 λ_K 的值均大于 0.5，且均在 1% 的临界水平下具有统计学意义。这意味着要素间的成本份额调整到最优水平具有一定的滞后性。同时，动态调整模型中无论是劳动力成本份额方程的 R^2 值 0.979 1，还是资本成本份额方程的 R^2 值 0.822 2，都明显大于静态模型的 R^2 值 0.347 2 和 0.524 9，因此在模拟超越对数成本函数中，使用动态调整模型更加准确，本章利用公式(9.12)和公式(9.13)计算要素替代弹性的参数估计结果来自动态模型，各行业弹性估计结果如表 9.8 所示。

表 9.8 表明，每种要素的自身价格弹性为负值，表明当要素自身价格上升时，对要素的需求量会下降，这符合经济学的基本需求规律，同时与 Ma et al.(2009)和 Tan et al.(2019)等人的结论相同。三种要素中能源的替代弹性绝对值最大（$\eta_{EE}=-0.606$），即工业行业对能源的需求受能源价格影响最大，资本（$\eta_{KK}=-0.390$）和劳动力（$\eta_{LL}=-0.365$）次之。同时，工业行业总体的能源与劳动力和资本的交叉价格弹性的均值为正值，说明对大多数工业行业而言，用资本和劳动力代替能源是可行的，但这种替代作用是有限的，因为交叉价格弹性绝对值均小于 1。

在 35 个工业行业中，虽然总体行业的资本与劳动力的交叉价格弹性均值为正值，但煤炭开采和洗选业、石油和天然气开采业等 9 个行业的资本与劳动力的交叉价格弹性呈现出负值，且集中在重工业部门。这说明在这些行业劳动力和资本是互补品，劳动力价格下降，则资本投入增加，因为这些行业多为劳动力密集型行业，劳动力价格下降导致的成本降低会吸引更多的资本注入来扩大生产规模。同理，当这些行业资本价格下降时，其产生的规模效应会导致劳动力的需求上升。

劳动力的自身价格弹性均为负值，有 17 个行业的劳动力自身价格弹性的绝对值大于总体水平，这类行业大都属于劳动力密集型行业，劳动力需求量对价格变化敏感。从劳动力与能源的交叉价格弹性来看，有 14 个行业的交叉价格弹性大于总体均值，说明对这些行业而言，劳动力价格下降能有效减少对能源的需求。

能源的自身价格弹性均为负值，有 22 个行业的能源自身价格弹性的绝对值大于总体水平，且集中在对能源依赖度较低的制造业，对能源的价格变动较为敏感。其余 13 个行业的能源自身价格弹性较小，多为对能源依赖度较高的重工业。从资本与能源的交叉价格弹性来看，烟草制品业，纺织服

表 9.8　要素价格弹性

行业 \ 要素价格弹性	自身价格弹性			交叉价格弹性					
	η_{LL}	η_{KK}	η_{EE}	η_{LK}	η_{KL}	η_{LE}	η_{EL}	η_{KE}	η_{EK}
煤炭开采和洗选业	−0.283	−0.251	−0.684	−0.009	−0.299	0.292	0.667	0.048	0.018
石油和天然气开采业	−0.582	−0.414	−0.384	−0.031	−0.097	0.613	0.273	0.512	0.111
黑色金属矿采选业	−0.523	−0.348	−0.493	0.025	0.041	0.498	0.369	0.389	0.124
有色金属矿采选业	−0.370	−0.172	−0.688	0.082	0.022	0.289	0.567	0.150	0.122
非金属矿采选业	−0.552	−0.464	−0.495	0.055	0.045	0.497	0.328	0.419	0.167
农副食品加工业	−0.433	−0.073	−0.628	0.080	0.239	0.353	0.492	0.166	0.136
食品制造业	−0.354	−0.410	−0.702	0.085	0.233	0.268	0.589	0.177	0.113
酒、饮料和精制茶制造业	−0.306	−0.416	−0.736	0.076	0.279	0.230	0.645	0.137	0.091
烟草制品业	−0.127	−0.295	−0.810	0.040	0.335	0.086	0.863	−0.040	−0.052
纺织业	−0.347	−0.537	−0.656	0.024	0.567	0.323	0.593	0.030	0.063
纺织服装、服饰业	−0.118	−0.166	−0.812	0.043	0.242	0.075	0.875	−0.076	−0.062
皮革、毛皮、羽毛及其制品和制鞋业	−0.128	−0.274	−0.813	0.026	0.133	0.102	0.854	−0.141	−0.040
木材加工和木、竹、藤、棕、草制品业	−0.489	−0.481	−0.625	0.132	0.186	0.358	0.417	0.295	0.208
家具制造业	−0.248	−0.507	−0.810	0.138	0.460	0.110	0.724	0.047	0.086

（续　表）

行业 \ 要素价格弹性	自身价格弹性			交叉价格弹性					
	η_{LL}	η_{KK}	η_{EE}	η_{LK}	η_{KL}	η_{LE}	η_{EL}	η_{KE}	η_{EK}
造纸和纸制品业	−0.531	−0.518	−0.517	0.057	0.113	0.474	0.362	0.405	0.155
印刷和记录媒介复制业	−0.216	−0.450	−0.811	0.096	0.413	0.120	0.755	0.037	0.057
文教、工美、体育和娱乐用品制造业	−0.166	−0.224	−0.799	0.037	0.236	0.129	0.809	−0.012	−0.010
石油、煤炭及其他燃料加工业	−0.468	−0.660	−0.032	−0.527	−0.688	1.057	0.031	0.028	0.001
化学原料和化学制品制造业	−0.595	−0.214	−0.290	−0.117	−0.344	0.712	0.224	0.558	0.066
医药制造业	−0.260	−0.490	−0.790	0.100	0.404	0.160	0.701	0.086	0.089
化学纤维制造业	−0.598	−0.619	−0.234	−0.173	−0.062	0.770	0.190	0.443	0.043
橡胶和塑料制品业	−0.489	−0.353	−0.509	0.008	0.014	0.481	0.420	0.367	0.089
非金属矿物制品业	−0.590	−0.094	−0.298	−0.114	−0.583	0.703	0.227	0.489	0.071
黑色金属冶炼和压延加工业	−0.566	−0.528	−0.172	−0.273	−0.748	0.838	0.149	0.520	0.023
有色金属冶炼和压延加工业	−0.524	−0.322	−0.455	−0.013	−0.093	0.537	0.370	0.415	0.086
金属制品业	−0.406	−0.359	−0.651	0.077	0.132	0.329	0.526	0.227	0.125
通用设备制造业	−0.280	−0.282	−0.753	0.070	0.193	0.210	0.674	0.089	0.080
专用设备制造业	−0.222	−0.420	−0.801	0.081	0.301	0.141	0.744	0.119	0.057

（续　表）

行业＼要素价格弹性	自身价格弹性			交叉价格弹性					
	η_{LL}	η_{KK}	η_{EE}	η_{LK}	η_{KL}	η_{LE}	η_{EL}	η_{KE}	η_{EK}
交通运输设备制造业	−0.189	−0.417	−0.811	0.063	0.388	0.126	0.782	0.029	0.030
电气机械和器械制造业	−0.224	−0.419	−0.801	0.086	0.371	0.139	0.743	0.047	0.058
计算机、通信和其他电子设备制造业	−0.168	−0.449	−0.813	0.083	0.450	0.085	0.818	−0.002	−0.005
仪器仪表制造业	−0.106	−0.786	−0.809	0.034	0.514	0.072	0.890	−0.273	−0.080
电力、热力生产和供应业	−0.589	−0.384	−0.257	−0.161	−0.246	0.750	0.162	0.631	0.095
燃气生产和供应业	−0.509	−0.322	−0.517	0.037	0.037	0.472	0.395	0.359	0.121
水的生产和供应业	−0.229	−0.515	−0.758	0.186	0.523	0.043	0.785	−0.008	−0.026
工业行业总体均值	−0.365	−0.390	−0.606	0.012	0.106	0.355	0.543	0.184	0.063

装、服饰业，皮革、毛皮、羽毛及其制品和制鞋业，文教、工美、体育和娱乐用品制造业，计算机、通信和其他电子设备制造业以及仪器仪表制造业等 6 个行业的交叉价格为负值；资本和能源是互补品，因为在这些行业需要投入资本购进大量的机器设备进行生产制造，而设备的运行会消耗大量能源。其余 29 个行业的交叉价格弹性为正值，因此从工业行业总体来看资本和能源呈现替代关系。

(三) 基于价格扭曲和要素替代弹性的要素再配置比例测度

根据等式(9.14)，我们可以得到中国工业行业纠正价格扭曲的要素再配置比例，结果如表 9.9 所示，由此可以看出，同期资本投入减少 17.89%，劳动力投入增加 1.6%，能源投入减少 20.12%。劳动力投入增加由两部分组成，首先是劳动力需求的价格弹性为负值 ($\eta_{LL}=-0.365$)，劳动力价格的大幅度下降将导致劳动力投入增加 17.95%，同时能源与劳动力的交叉价格弹性为正值 ($\eta_{LE}=0.355$)，这说明对于大多数工业行业而言，能源投入和劳动力投入是相互替代的关系，能源价格调整到最优水平需要上升 19%，作为替代品的劳动力投入应当随之大幅度增加，但是由于能源价格总体负向扭曲是由 16 个极端行业的负向扭曲牵引导致的，仍有 19 个行业的能源价格存在正向扭曲，能源价格的下降会同时导致劳动力投入的减少，因此就能源价格调整对整体工业行业而言，会导致劳动力投入减少 16.35%。所以，从劳动力和能源的价格纠正对于劳动力投入的综合影响来看，会导致劳动力投入增加 1.6%。这对整体工业行业的影响不大，但是不同行业间的差异明显，例如石油、煤炭及其他燃料加工业的劳动力投入减少 65.51%。而水的生产和供应业的劳动力投入增加 38.74%。能源要素投入减少主要是能源需求的价格弹性为负值($\eta_{EE}=-0.606$)，能源价格大幅上升时将导致能源投入的大幅度减少，虽然劳动力价格的上涨会给作为替代品的能源投入带来小幅度的提升，但是综合来看，能源投入的减幅非常大，高达 20.12%。资本要素投入的增加由两部分构成，能源要素和劳动力要素都是资本要素的替代品，为实现要素市场价格的最优化，能源要素价格需上调 19%，但行业差异明显，劳动力要素价格需下调 51%，资本要素投入的变化方向主要取决于这两个要素替代效应的强弱。在样本期间内，劳动力的替代效应会使资本投入减少 4.34%，能源的替代效应会使资本投入减少 13.55%，故资本要素投入减少 17.89%。

表 9.9　各要素再配置比例

行业 \ 价格修正的影响	劳动力价格修正的影响(%)			能源价格修正的影响(%)			要素价格修正的总体影响(%)		
	ΔK	ΔL	ΔE	ΔK	ΔL	ΔE	ΔK	ΔL	ΔE
煤炭开采和洗选业	22.89	21.63	−51.02	−3.23	−19.59	45.93	19.67	2.05	−5.10
石油和天然气开采业	4.52	27.02	−12.67	−38.83	−46.55	29.12	−34.31	−19.54	16.46
黑色金属矿采选业	−1.92	24.32	−17.17	−26.33	−33.72	33.40	−28.25	−9.40	16.23
有色金属矿采选业	−1.23	20.37	−31.17	−5.31	−10.24	24.43	−6.54	10.12	−6.73
非金属矿采选业	−0.97	11.99	−7.11	−23.48	−27.86	27.70	−24.45	−15.87	20.59
农副食品加工业	−8.49	15.38	−17.46	−3.71	−7.87	14.00	−12.20	7.50	−3.45
食品制造业	−11.07	16.81	−28.00	0.02	0.03	−0.07	−11.06	16.83	−28.07
酒、饮料和精制茶制造业	−14.83	16.27	−34.31	0.33	0.55	−1.77	−14.50	16.83	−36.08
烟草制品业	−25.79	9.73	−36.33	−1.34	2.89	−27.23	−27.13	12.63	−63.56
纺织业	−30.90	18.92	−32.33	−1.43	−15.62	31.77	−32.33	3.30	−0.57
纺织服装、服饰业	−12.61	6.16	−25.56	−13.38	13.24	−32.47	−25.99	19.41	−58.04
皮革、毛皮、羽毛及其制品和制鞋业	−8.14	7.88	−22.44	−8.75	6.34	−25.51	−16.90	14.22	−47.96
木材加工和木、竹、藤、棕、草制品业	−1.57	4.11	−3.50	−3.39	−4.11	7.19	−4.96	0.00	3.68
家具制造业	−14.53	7.84	−22.88	9.18	21.32	−36.56	−5.36	29.16	−59.44

（续　表）

价格修正的影响 / 行业	劳动力价格修正的影响(%)			能源价格修正的影响(%)			要素价格修正的总体影响(%)		
	ΔK	ΔL	ΔE	ΔK	ΔL	ΔE	ΔK	ΔL	ΔE
造纸和纸制品业	−3.42	16.07	−10.96	−22.27	−26.05	28.43	−25.69	−9.97	17.47
印刷和记录媒介复制业	−20.11	10.53	−26.76	3.36	10.88	−23.47	−16.76	21.41	−50.22
文教、工美、体育和娱乐用品制造业	−12.84	9.06	−24.11	−0.70	7.67	−27.57	−13.54	16.73	−51.68
石油、煤炭及其他燃料加工业	42.38	28.84	−1.93	−2.79	−94.35	3.18	39.60	−65.51	1.25
化学原料和化学制品制造业	19.28	33.40	−12.54	−47.71	−60.86	24.75	−28.43	−27.45	12.21
医药制造业	−21.04	13.54	−36.53	4.61	8.55	−22.25	−16.43	22.09	−58.78
化学纤维制造业	3.75	35.98	−11.46	−40.52	−70.50	21.39	−36.77	−34.51	9.93
橡胶和塑料制品业	−0.67	23.91	−20.55	−24.63	−32.26	34.14	−25.29	−8.35	13.59
非金属矿物制品业	32.01	32.37	−12.47	−41.00	−59.02	24.98	−8.99	−26.66	12.51
黑色金属冶炼和压延加工业	52.81	39.95	−10.51	−49.16	−79.31	16.24	3.65	−39.36	5.73
有色金属冶炼和压延加工业	5.78	32.49	−22.93	−31.83	−41.20	34.93	−26.05	−8.71	12.00
金属制品业	−6.03	18.58	−24.09	−6.81	−9.86	19.53	−12.84	8.71	−4.56
通用设备制造业	−10.74	15.58	−37.45	0.41	0.97	−3.47	−10.33	16.54	−40.92
专用设备制造业	−16.78	12.37	−31.46	9.19	10.89	−31.74	−7.60	23.27	−63.20

（续　表）

价格修正的影响 行业	劳动力价格修正的影响(%)			能源价格修正的影响(%)			要素价格修正的总体影响(%)		
	ΔK	ΔL	ΔE	ΔK	ΔL	ΔE	ΔK	ΔL	ΔE
交通运输设备制造业	−22.67	11.06	−25.75	1.70	7.31	−27.13	−20.98	18.37	−52.87
电气机械和器械制造业	−17.12	10.34	−24.25	4.35	12.74	−33.57	−12.77	23.08	−57.82
计算机、通信和其他电子设备制造业	−21.53	8.03	−29.11	−0.34	17.23	−25.24	−21.87	25.26	−54.35
仪器仪表制造业	−34.67	7.16	−30.05	−30.97	8.14	−41.91	−65.64	15.30	−71.96
电力、热力生产和供应业	9.71	23.20	−6.38	−52.05	−61.84	21.19	−42.34	−38.64	14.81
燃气生产和供应业	−1.95	27.20	−21.12	−21.77	−28.66	31.37	−23.72	−1.47	10.25
水的生产和供应业	−23.54	10.31	−25.32	−5.52	28.42	−30.41	−29.06	38.74	−55.73
行业平均影响	−4.34	17.95	−22.50	−13.55	−16.35	2.38	−17.89	1.60	−20.12

第三节　要素再配置的碳减排效应：反事实分析

二氧化碳排放主要来自人类活动，其中化石能源消耗引起的排放占主要部分，占人类活动总排放的 95%以上（赵荣钦、秦明周，2007）。本章聚焦工业行业化石能源消耗导致的碳排放。工业碳排放的测算一般采用排放系数法，主要是依据联合国政府间气候变化专门委员会（IPCC）于 2006 年提出的公式。参考徐国泉等（2006）的研究，本章的二氧化碳排放量采用以下公式测算：

$$CO_2 = \sum_j E_j^i \cdot S_j \cdot F_j \qquad (i=1,\ 2,\ \cdots,\ 35;j=1,\ 2,\ \cdots,\ 8)$$

其中，CO_2 表示二氧化碳的排放总量，E_j^i 同上文表示同年第 i 个子行业中第 j 类燃料投入的总消耗量，S_j 表示第 j 类燃料的标准煤折算系数，F_j 表示第 j 类燃料的二氧化碳排放系数。化石能源选取煤炭、焦炭、原油等 8 类能源作为测算依据。各类化石能源对标准煤的折算系数来自《中国能源统计年鉴》，碳排放系数来自《2006 年 IPPC 国家温室气体指南》。

Dietz 和 Rose 提出 STIRPAT 模型：

$$I_i = \alpha P_i^b A_i^c T_i^d \varepsilon_i$$

其中 α 为模型系数，b、c、d 分别是人口、人均收入、科技的指数系数，ε_i 为误差。

York、Dietz 和 Rose 等人又将 STIRPAT 模型进行对数化处理：

$$\mathrm{Ln}\, I_{it} = \alpha + b\,\mathrm{Ln}\, P_{it} + c\,\mathrm{Ln}\, A_{it} + d\,\mathrm{Ln}\, T_{it} + \varepsilon_{it}$$

结合前文，本研究的计量模型设定为：

$$\ln CO_{2it} = \gamma + \gamma_Y \ln Y_{it} + \gamma_K \ln K_{it} + \gamma_L \ln L_{it} + \gamma_E \ln E_{it} + \gamma_{EK} \ln DisEK_{it} + \gamma_{LK} \ln DisLK_{it} + v_t + \mu_i + \varepsilon_{it} \tag{9.15}$$

考虑到二氧化碳排放是一个动态调整过程，上一期的排放往往会对下一期造成影响。因此等式(9.15)的静态模型拓展至等式(9.16)的动态模型：

$$\ln CO_{2it} = \gamma + \gamma_{CO_2} \ln CO_{2i,t-1} + \gamma_Y \ln Y_{it} + \gamma_K \ln K_{it} + \gamma_L \ln L_{it} + \gamma_E \ln E_{it} + \gamma_{EK} \ln DisEK_{it} + \gamma_{LK} \ln DisLK_{it} + v_t + \mu_i + \varepsilon_{it} \tag{9.16}$$

其中，CO_2 代表碳排放量，Y 代表工业行业工业总产值，L，K，E 分别代表劳动、资本和能源要素的投入量，v_t 表示时间固定效应，μ 代表行业固定效应，ε 表示随机误差项。

对式(9.16)进行估计得到结果见表 9.10，从参数回归结果可以看出，碳排放量的一阶滞后项在 1%的水平下显著为正，这说明我国的碳排放具有很明显的滞后效应。工业行业总产值对碳排放量的影响是正向作用，即我国工业行业总产值每增加 1 个百分点，碳排放总量将增加 0.27 个百分点。资本投入、劳动力投入和能源投入对工业行业碳排放的影响均在 1%的水平下显著，其中资本投入和劳动力投入对碳排放量的影响是负向的，即资本投入和劳动力投入每增加 1 个百分点，碳排放总量分别减少 0.28 和 0.47 个百分点；另外，能源投入对工业行业碳排放量的影响为正，即能源投入每减少 1 个百分点，碳排放总量将减少 1.36 个百分点。若要减少工业行业的碳排放量，应当增加资本、劳动力投入并减少能源投入，这与前文中国工业行业要素价格修正实现行业全面调整，导致同期资本投入减少、劳动力投入增加、能源投入减少的重新配置结果不完全一致，系数结果不能保证工业行业修正价格扭曲产生的资源重新配置就能够减少碳排放量。此外，根据劳动力与资本的相对价格扭曲程度前的系数在 1%水平下显著为正，能源与资本的相对价格扭曲程度前的系数在 1%水平下显著为负，表明下调劳动力相对于资本的价格以及上调能源相对于资本的价格能够减少碳排放量，这个结果与前文纠正价格扭曲的相对价格变化方向相符，说明纠正要素价格扭曲能够减少碳排放量。

表 9.10　动态面板模型回归结果

系数	系数	标准误	系数	系数	标准误
γ	1.4854***	0.4709	γ_L	−0.4741***	0.1382
γ_{CO_2}	0.2704***	0.0433	γ_E	1.3639***	0.2142
γ_Y	0.1456*	0.0861	γ_{EK}	0.6410***	0.2059
γ_K	−0.2833***	0.0814	γ_{LK}	−0.5582***	0.2044

注：* 表示在 10%的水平下显著，*** 表示在 1%的水平下显著

根据式(9.16)及其系数估计值(表 9.10),以及要素价格扭曲修正后的要素再配置比例(表 9.9),可以测算出各行业资源再配置对碳排放量的影响,结果见表 9.11。

表 9.11　要素再配置对碳排放的影响

行业	ΔCO_2（%）	行业	ΔCO_2（%）
煤炭开采和洗选业	−13.50	化学原料和化学制品制造业	37.73
石油和天然气开采业	41.43	医药制造业	−85.99
黑色金属矿采选业	34.60	化学纤维制造业	40.32
有色金属矿采选业	−12.13	橡胶和塑料制品业	29.66
非金属矿采选业	42.53	非金属矿物制品业	32.25
农副食品加工业	−4.81	黑色金属冶炼和压延加工业	25.45
食品制造业	−43.13	有色金属冶炼和压延加工业	27.88
酒、饮料和精制茶制造业	−53.08	金属制品业	−6.71
烟草制品业	−84.99	通用设备制造业	−60.72
纺织业	6.82	专用设备制造业	−95.07
纺织服装、服饰业	−81.00	交通运输设备制造业	−74.88
皮革、毛皮、羽毛及其制品和制鞋业	−67.37	电气机械和器械制造业	−86.18
木材加工和木、竹、藤、棕、草制品业	6.43	计算机、通信和其他电子设备制造业	−79.91
家具制造业	−93.37	仪器仪表制造业	−86.80
造纸和纸制品业	35.83	电力、热力生产和供应业	50.51
印刷和记录媒介复制业	−73.90	燃气生产和供应业	21.40
文教、工美、体育和娱乐用品制造业	−74.58	水的生产和供应业	−86.14
石油、煤炭及其他燃料加工业	21.55	行业整体影响	−23.14

如表 9.11 所示,从要素价格扭曲纠正三种要素投入的变化对碳排放的综合影响来看,对石油和天然气开采业、黑色金属矿采选业、非金属矿采选

业等15个行业而言，要素的重新配置会导致碳排放量增加，这是因为这些行业主要集中在重工业行业，能源与资本相对价格扭曲 $Dis_{EK}<1$ 存在正向扭曲，能源价格向下调整会刺激高能耗行业、资源密集型行业和低附加值行业能源的过度使用，不可避免地导致碳排放量增加；相反，价格扭曲修正的资源重新配置对轻工业、制造业的碳减排效果显著，这是因为大多数这些行业的 $Dis_{EK}>1$ 存在负向扭曲，能源价格上调、成本增加会迫使这些行业使用资本和劳动力来替代能源从而减少碳排放。从35个工业行业整体来看，生产要素的再配置会导致工业行业整体的碳排放量减少23.14%。

第四节 本章小结

本章以我国35个工业行业为研究对象，将能源投入纳入分析框架，构建资本、劳动和能源三要素的价格扭曲测度模型，来衡量工业行业要素的相对扭曲程度。在此基础上，结合要素需求的价格弹性，研究纠正要素价格扭曲对于工业行业资源再配置的影响及其碳减排效应，得到以下主要结论。

第一，资本、劳动力和能源三种生产要素之间存在相对价格扭曲。以资本为基准，劳动力与资本之间的相对扭曲程度为0.491，能源与资本之间的相对扭曲程度为1.189，这意味着要纠正要素扭曲，那么劳动力价格需要下降51%，能源价格需提高19%。

第二，资本、劳动力和能源的自身价格弹性都是负值，这表明生产要素的价格上涨会导致其自身需求量下降。三个要素之间的交叉价格弹性从整体均值上来看均为正值，说明这些要素之间互为替代。基于相对价格扭曲和要素替代弹性得到各行业纠正扭曲所需的要素再配置比例，就行业平均而言，资本投入减少17.89%、劳动力投入增加1.6%、能源投入减少20.12%，才能纠正要素的相对价格扭曲。

第三，根据反事实分析法，若按照纠正要素相对价格扭曲进行要素的再配置，对各工业行业碳排放产生的影响存在显著差异。有15个行业显示要素的重新配置会导致碳排放增加，有20个行业再配置能够减少碳排放，行业间存在的巨大差异主要来自能源价格扭曲程度不同。整体而言，35个工业行业要素再配置能够减少23.14%的 CO_2 排放。

第十章　供给侧改革下环境规制对绿色全要素生产率的影响

第一节　研究假说

绿色全要素生产率是衡量经济高质量发展的重要指标，而环境规制是经济新常态下实现绿色发展的重要手段之一。关于环境规制能否提升绿色全要素生产率，学者们基于分行业或分区域样本，从不同视角进行了深入研究，并得出了差异化的结论。关于环境规制对于绿色全要素生产率的影响机制，学术界主要从技术创新和外商直接投资两个方面展开，但尚未达成一致结论。

一、环境规制对绿色全要素生产率的影响

在行业层面的研究中，如 Berman 和 Bui(2001)通过研究空气质量监管对美国洛杉矶的空军基地炼油厂生产率的影响，发现虽然环境规制带来的相关成本很高，但炼油厂在 1987 至 1992 年生产率大幅提升。Franco 和 Marin(2014)通过调查欧盟 7 国制造业的能源税强度，发现环境规制显著促进了生产率的提升。李树和陈刚(2013)基于倍差法评估了 2000 年《中华人民共和国大气污染防治法》修订对中国污染密集型工业行业全要素生产率的提升作用，发现其边际效应呈递增趋势。

基于不同区域层面的研究结果表明，环境规制对绿色全要素生产率的影响呈非线性特征。如 Li 和 Wu(2017)基于对中国 273 个城市的研究，证实环境规制对资源利用效率具有非线性效应，在政治属性高的城市，环境规制对绿色全要素生产率的影响显著为正，表明环境规制效应的发挥取决于地方政府的执行力。Zhao et al.(2020)根据中国 177 个地级市的面板数据

检验发现，环境规制与绿色全要素生产率的关系存在区域异质性：经济发展水平高的城市群样本结果表明两者呈正相关关系，其他城市群样本则表明两者呈U形非线性关系。张成等(2011)则利用省级工业面板数据分析发现：东中部地区的环境规制强度与工业生产技术之间存在U形关系，但这一关系在西部地区并不显著。可能由于样本选择、模型设定等差异，这些研究结果并没有得到一致的结论，但是证实了环境规制与绿色全要素生产率之间的关系存在地区异质性。另外，考虑到环境规制的"创新补偿"所带来的正面效应往往滞后于"遵循成本"所产生的负面效应，因此，本书提出如下假说：

假说1：环境规制政策与绿色全要素生产率之间呈U形非线性关系，并且这一关系存在区域异质性。

二、环境规制影响绿色全要素生产率的机制：技术创新视角

根据"遵循成本说"，有学者认为环境规制会阻碍经济增长，降低绿色全要素生产率。如Jaffe et al.(1995)和Joshi(2001)的研究表明，环境规制一方面会给企业带来额外的减排成本，从而使企业的市场竞争力下降；另一方面会迫使企业为了达到环境标准而扭曲生产成本和投入分配，对企业发展形成阻力，从而抑制经济的发展。Hering和Poncet(2014)通过研究发现，严格的环境规制显著提升企业的治污成本，导致对企业研发创新投资的挤出，进而阻碍绿色全要素生产率的增长。伍格致和游达明(2019)使用中国30个省级数据进行研究，证实了以上学者的研究结论：环境规制增加企业负担，挤占创新活动支出，对于绿色全要素生产率的提升不利。

根据波特假说，环境规制主要通过创新激励的途径对经济产生影响，也就是说，来自政府的环境规制压力会激励企业进行技术开发或采用创新性技术，可能在短期内增加企业的成本，但长期可以提升企业生产效率和企业竞争力，促进绿色全要素生产率增长。Lee et al.(2011)提出了来自汽车工业的证据支持波特假说的成立，研究表明：汽车排放法刺激了美国上下游企业的技术创新。Zhang et al.(2011)根据1989年至2008年中国30个省份的数据探讨执行严格的环境法规对ML生产率指数提高的影响，结果表明：更严格的环境规制将有助于提高中国的边际生产率。郭妍和张立光(2015)分别从区域和行业角度研究环境规制对全要素生产率的直接和间接效应，指出环境规制可以带来显著的"创新补偿效应"；技术创新可以降低非期望

产出，促进传统产业转型，带来产业的绿色化和绿色的产业化，进而有效提升绿色全要素生产率，促进经济绿色增长。基于此，我们认为环境规制政策会激励企业增加技术创新投入，从而在宏观上推动产业的高级化，实现绿色全要素生产率的提升，据此提出本研究的第二个假说：

假说 2：环境规制政策有利于产业的转型升级，从而促进绿色全要素生产率的提高。

三、环境规制影响绿色全要素生产率的机制：FDI 视角

从 FDI 视角来看，环境规制的战略互动会对区域投资和企业区位选择产生影响，同时也会对区域绿色创新、污染转移和绿色生产率产生影响，其作用机制主要分为两个方面：一方面，环境规制的战略互动可能导致企业生产和污染排放行为的跨区域转移；另一方面，它还可以鼓励区域企业改进生产技术和工艺，实施绿色创新以减少污染物排放。

那么，“污染天堂”假说是否成立呢？在一些早期研究中，Baumol 和 Oates(1988)发现严格的环境规制会提高企业的生产成本，为了追求利润的最大化，企业倾向于进行区位的重新选择，会将污染密集型的生产转移到环境规制相对宽松的地区。Matthew et al.(2007)基于日本企业的研究发现，宽松的环境规制更有可能吸引到低质量的 FDI，从而使该地区成为“污染避难所”。林伯强和邹楚沅(2014)基于 ACT 模型的分析框架，研究了 2000—2011 年“世界-中国”和“东部-西部”两种经济活动造成的环境污染问题，结果发现“世界-中国”引致的环境污染问题正在减弱，而“东部-西部”的经济活动产生了更多的污染转移。也就是说，外商直接投资更加偏好于环境规制较弱的国家或地区。

“污染光环”假说则强调因为环境规制宽松而吸引的 FDI 会给当地技术创新能力带来积极效应，在 FDI 流入的同时伴随着先进的设备和领先的技术一起被引进到发展中国家。跨国公司在生产经营过程中，通过上下游产业链的联系、技术人员的流动等发挥着“溢出效应”和“示范效应”，与本地行业企业之间展开竞争，促使当地企业加快技术创新，从而发挥“竞争效应”的作用，这些途径都将提升发展中国家整体的技术水平，进而促进生产，提升环境质量(李金凯等，2017)。Liang(2014)研究调查了外国直接投资和中国当地空气污染的问题，结果表明：当跨国公司排挤低效率的当地企业、改变产业结构、带来更好的技术、提高生产率和能源效率时，贸易和外国直接投

资可以对发展中国家的环境产生有益的影响。初善冰和黄安平(2012)基于中国省级面板数据检验 FDI 对区域生态效率的影响,得出外商直接投资对区域生态效益有显著正向作用的结论。

结合我国实际,由于我国环境规制政策相较于发达国家更为宽松,引进外资为发达国家转移污染产业创造了途径,带来了当地环境的恶化,显著提升了当地的治污成本。另外在环境规制和外商投资的双重压力下,一方面企业要承担高昂的污染治理成本;另一方面还要应对外资企业的竞争,使企业进一步削减研发投入,更多地依赖于引进的现成技术或进行模仿性创新,丧失自主研发的动力,致使本土企业长期被锁定在全球价值链的低端环节,不利于实现经济的高质量发展。基于以上分析,本研究提出第三个假说:

假说 3:FDI 的引进会影响环境规制与绿色全要素生产率的关系,尤其是欠发达地区 FDI 的引进会阻碍环境规制对绿色全要素生产率的提升效应发挥。

第二节 模型与变量

一、模型设定

为了检验环境规制对绿色全要素生产率的影响,本研究参考方福前等(2017)、赵领娣和徐乐(2019),设定以下基准回归模型:

$$GTFP_{it}=\alpha_0+\alpha_1 regu_{it}+\alpha_2 regu_{it}^2+X_{it}\beta+\mu_{it}+\varepsilon_{it} \quad (10.1)$$

其中,$i=1, 2, \cdots, 278$, $t=2003, 2004, \cdots, 2017$;$i$ 代表城市,t 代表年份;被解释变量 $GTFP_{it}$ 代表地区 i 在第 t 年的绿色全要素生产率;解释变量 $regu_{it}$ 为地区 i 在第 t 年的环境规制强度,$regu_{it}^2$ 为环境规制强度的二次项。X_{it} 表示控制变量向量,参考已有文献(方福前等,2017;Li and Wu,2017;吴磊等,2020;上官绪明和葛斌华,2020),控制了以下变量:资源禀赋 res_{it}、财政干预度 gov_{it}、禀赋结构 kl_{it}、人力资本水平 lab_{it}。μ_{it} 用于控制无法观测的城市间异质性因素,ε_{it} 表示随机干扰项。

为了研究产业结构和外商直接投资对环境规制与绿色全要素生产率关系的调节效应,在模型(10.1)中分别引入产业结构与环境规制的交叉项和外商直接投资与环境规制的交叉项,模型具体设定如下:

$$GTFP_{it} = \alpha_0 + (\alpha_1 + \gamma_1 ind_{it}) \times regu_{it} + regu_{it}^2 + \varphi_1 ind_{it} + X_{it}\beta + \mu_{it} + \varepsilon_{it} \tag{10.2}$$

$$GTFP_{it} = \alpha_0 + (\alpha_1 + \gamma_2 fdi_{it}) \times regu_{it} + regu_{it}^2 + \varphi_2 fdi_{it} + X_{it}\beta + \mu_{it} + \varepsilon_{it} \tag{10.3}$$

其中 $i=1, 2, \cdots, 278$，$t=2003, 2004, \cdots, 2017$；$i$ 代表城市，t 代表年份；ind_{it} 代表产业结构水平，以第三产业占 GDP 比重来衡量；fdi_{it} 代表外商直接投资，以当年实际使用外资金额流量数据来衡量。

考虑到经济发展的惯性特征和路径依赖性，以及环境污染在时间维度上表现出的“叠加效应”（严雅雪、齐绍洲，2017），环境规制政策对绿色全要素生产率的影响也不是短期的，而是持续的。因此我们利用动态面板模型对环境规制的影响进行稳健性检验。该模型的突出优点在于可以通过控制固定效应较好地克服变量遗漏（ommitted variable）问题和反向因果性（reverse causality）问题，有利于消除内生性的偏误，使结果更加可靠（计志英等，2016）。

根据前文的变量定义和基准模型设定，环境规制对绿色全要素生产率影响的动态面板模型可以表示为：

$$\begin{aligned} GTFP_{it} = {} & \alpha_0 + \delta_1 GTFP_{i,t-1} + \delta_2 GTFP_{i,t-2} + \alpha_1 regu_{it} + \alpha_2 regu_{it}^2 \\ & + X_{it}\beta + \mu_{it} + \varepsilon_{it} \end{aligned} \tag{10.4}$$

$$\begin{aligned} GTFP_{it} = {} & \alpha_0 + GTFP_{i,t-1} + GTFP_{i,t-2} + (\alpha_1 + \gamma_1 ind_{it}) \times regu_{it} + regu_{it}^2 + \\ & \varphi_1 ind_{it} + X_{it}\beta + \mu_{it} + \varepsilon_{it} \end{aligned} \tag{10.5}$$

$$\begin{aligned} GTFP_{it} = {} & \alpha_0 + GTFP_{i,t-1} + GTFP_{i,t-2} + (\alpha_1 + \gamma_2 fdi_{it}) \times regu_{it} + regu_{it}^2 + \\ & \varphi_2 fdi_{it} + X_{it}\beta + \mu_{it} + \varepsilon_{it} \end{aligned} \tag{10.6}$$

其中，$i=1, 2, \cdots, 278$，$t=2003, 2004, \cdots, 2017$；$i$ 代表城市，t 代表年份，其他变量如前所述。

二、变量说明

被解释变量为绿色全要素生产率 $GTFP_{it}$。现有文献关于绿色全要素增长率有不同的计算方法，例如 Fan et al.（2015）采用 GML 指数法估算并分解了上海 32 个工业部门的二氧化碳排放绩效；Liu，Zhan et al.（2018）利用 ML 指数研究中国珠江三角洲各工业部门对环境敏感的生产率变化；Wang，Pang et al.（2020）使用 BML 指数估计 2005—2015 年期间中国 34 个工业部门的绿色全要素生产率变化。本研究参考崔兴华和林明裕（2019），假设 2000 年的绿色全要素生产率水平为基准值 1，然后根据上文计算出的 ML 指数结果，通过相乘得到 2003—2017 年分城市的绿色全要素生产率。解释变量分别为：(1)环境规制强度 $regu_{it}$：考虑到城市中环境污染物的去除率越高，代表政府对污染的容忍度越低，环境治理的决心越高。因此，借鉴李虹等（2018）的方法，根据各城市工业烟（粉）尘和工业二氧化硫的去除率、一般工业固体废物综合利用率、生活垃圾无害化处理率和污水厂集中处理率指标这几个指标，利用熵值法构造综合环境规制指数，得到的指数越高，表示环境规制越严格。(2)资源禀赋 res_{it}：采用各城市采掘人员占全部从业人员的比重来表示。选择以采掘业作为当地资源禀赋代理指标的原因是，只有当地的自然资源储量丰富才会带动采掘业的发展，两者关系紧密。(3)财政干预度 gov_{it}：政府的税收和支出都会给经济带来直接的影响，因此财政收支的规模能够在一定程度上反映政府对经济的干预程度，这里采用各地财政收支总和与当地 GDP 比重来表示政府干预度。(4)禀赋结构 kl_{it}：这一指标反映经济发展中投入要素的资本劳动结构关系，根据邱士雷等（2018）在探讨非期望产出约束下环境规制对环境绩效的异质性效应时，采用资本-劳动比的对数来反映当地的要素禀赋结构。Shen et al.（2019）在研究不同类型的环境规制对环境全要素生产率的异质性影响时，以行业总资产除以年末行业从业人员数来衡量当地要素禀赋结构。本研究综合借鉴二者的做法，以各城市资本存量与年末单位从业人员数之比度量禀赋结构因素。(5)人力资本水平 lab_{it}：一般采用本科及以上学历人数占总人口比例或者是每万人拥有的大学生数量来表示，但是由于地级市的相关数据难以获得，因此用各城市第三产业就业人数占全部就业人数的比重来表示人力资本水平。产业结构向第三产业转移有利于人力资本积累，所以第三产业就业人数占全部就业人数比重越高代表该地区的人力资本水平越高。(6)产业结构水平 ind_{it}：上官绪明和葛斌华（2020）在探究科技创新、环境规制和经济高质量发展三者之间关系时，以第二产业增加值在 GDP 中的占比度量产业结构；吴磊等（2020）选取第三产业产值与 GDP 比值衡量产业结构，研究异质性环境规制对中国30个省(市)绿色全要素生产率的影响。本研究借鉴吴磊等(2020)的做法，以第三产业占GDP的比重表示产业结构水平，该比值越高，说明第三产业在国民经济中的地位越高，该地区的产业结构也就越高级。(7)外商直接投资 fdi_{it}：以当年实际利用外商直接投资总额占地区生产总值来表示。

三、绿色全要素生产率的测度

(一) Malmquist-Luenberger(ML)指数方法

假设一个系统由 n 个决策单元构成 (DMU_j, $j=1, 2, \cdots, n$)，每个决策单元涉及投入和产出指标，其中包括 m 种投入 ($i=1, 2, \cdots, m$)，s_1 种期望产出和 s_2 种非期望产出，用向量表示为：

$x \in R^m$, $y^g \in R^{s_1}$, $y^b \in R^{s_2}$，定义矩阵 X、Y^g、Y^b 如下：

$X=[x_1, x_2, \cdots, x_n] \in R^{m\times n}$, $Y^g=[y_1^g, y_2^g, \cdots, y_n^g] \in R^{s_1\times n}$,

$Y^b=[y_1^b, y_2^b, \cdots, y_n^b] \in R^{s_2\times n}$。

Chung等(1997)引入了方向性距离函数，以表征在增加期望产出的同时非期望产出下降，方向性距离函数定义为：

$$\vec{D}(x, y, b; g_y, -g_b)=\sup\{\beta:(y+\beta g_y, b-\beta g_b) \in p(x)\}$$

这里，g 表示方向向量，$g=(g_y, -g_b)$，β 为距离函数值。对于第 k 个决策单元在第 t 期的方向性距离函数，可通过如下线性规划进行求解：

$$\vec{D}_0^t(x_k^t, y_k^t, b_k^t; y_k^t, -b_k^t)=\max\beta$$

$$s.t.\begin{cases}\sum_{k=1}^{K} z_k^t y_{km}^t \geqslant (1+\beta) y_{km}^t, m=1, \cdots, M \\ \sum_{k=1}^{K} z_k^t b_{ki}^t =(1-\beta) b_{ki}^t, i=1, \cdots, I \\ \sum_{k=1}^{K} z_k^t x_{kn}^t \leqslant x_{kn}^t, n=1, \cdots, N \\ z_k^t \geqslant 0, k=1, \cdots, K\end{cases}$$

其中，z_k^t 表示权重。利用线性规划方法，对上述问题进行求解后得到方向性距离函数，然后进一步根据方向性距离函数对ML指数进行定义。根据

Chung 等(1997),第 t 期到第 $t+1$ 期的 ML 指数为:

$$ML\_TFP_t^{t+1}=\left[\frac{(1+\vec{D}_0^t(x^t,\ y^t,\ b^t;\ y^t,\ -b^t))}{(1+\vec{D}_0^t(x^{t+1},\ y^{t+1},\ b^{t+1};\ y^{t+1},\ -b^{t+1}))}\times\frac{(1+\vec{D}_0^{t+1}(x^t,\ y^t,\ b^t;\ y^t,\ -b^t))}{(1+\vec{D}_0^{t+1}(x^{t+1},\ y^{t+1},\ b^{t+1};\ y^{t+1},\ -b^{t+1}))}\right]^{1/2}$$

这里,$ML\_TFP>0$ 表示绿色全要素生产率的增长,$ML\_TFP<0$ 表示绿色全要素生产率的下降。对 ML 指数进一步分解,可以得到技术效率变化指数 (ML_EFFCH) 和技术变化指数 (ML_TECH) 两部分,表达式如下:

$$ML_t^{t+1}=ML\_EFFCH\times ML\_TECH$$

$$ML\_EFFCH_t^{t+1}=\frac{(1+\vec{D}_0^t(x^t,\ y^t,\ b^t;\ y^t,\ -b^t))}{(1+\vec{D}_0^{t+1}(x^{t+1},\ y^{t+1},\ b^{t+1};\ y^{t+1},\ -b^{t+1}))}$$

$$ML\_TECH_t^{t+1}=\left[\frac{(1+\vec{D}_0^t(x^{t+1},\ y^{t+1},\ b^{t+1};\ y^{t+1},\ -b^{t+1}))(1+\vec{D}_0^{t+1}(x^{t+1},\ y^{t+1},\ b^{t+1};\ y^{t+1},\ -b^{t+1}))}{(1+\vec{D}_0^t(x^t,\ y^t,\ b^t;\ y^t,\ -b^t))(1+\vec{D}_0^{t+1}(x^t,\ y^t,\ b^t;\ y^t,\ -b^t))}\right]^{1/2}$$

其中,ML_EFFCH 表示由生产效率变化带来的产出增长,ML_TECH 表示由技术进步带来的产出增长,$ML\_EFFCH>0$、$ML\_TECH>0$ 分别表示技术效率提高和技术进步。反之,表示技术效率下降和技术退步。若要计算技术变化指数,则需要求解四个方向性距离函数,包括当期方向性距离函数 $\vec{D}_0^t(x^t,\ y^t,\ b^t;\ y^t,\ -b^t)$ 和 $\vec{D}_0^{t+1}(x^{t+1},\ y^{t+1},\ b^{t+1};\ y^{t+1},\ -b^{t+1})$,以及混合方向性距离函数 $\vec{D}_0^t(x^{t+1},\ y^{t+1},\ b^{t+1};\ y^{t+1},\ -b^{t+1})$ 和 $\vec{D}_0^{t+1}(x^t,\ y^t,\ b^t;\ y^t,\ -b^t)$。

(二) 变量说明

采用 DDF-ML 指数方法对中国地级市绿色全要素生产率变化率进行测算时,需要得到:投入要素包括物质资本存量、劳动力投入以及地区能源消费总量;期望产出为城市实际生产总值;非期望产出包括工业废水排放量、工业二氧化硫排放量。

1. 资本投入变量(K)

现有的统计数据中并未直接提供资本投入变量的数据,很多文献对于衡量资本投入的指标选取存在差异。俞立平等(2006)选取固定资产投资总额衡量资本投入来研究中国城市的经济效率;庞瑞芝和李鹏(2011)将固定资产净值的年平均余额作为资本存量的近似估计；邵军和徐康宁(2010)利用永续盘存法测算资本存量，研究中国城市生产率增长问题；李健等(2018)在研究中国城市要素利用质量水平时，也采用永续盘存法对城市资本存量进行了估算。综上，本研究同样采用永续盘存法来计算城市资本存量，具体表达式如下：

$$K_t = K_{t-1}(1-\delta_t) + I_t/P_t$$

其中，K_t 和 K_{t-1} 分别表示 t 期和 $t-1$ 期的资本存量，δ_t 为折旧率，这里借鉴李健和盘宇章(2018)的研究设定取 9.6%。I_t 为 t 期固定资产投入，P_t 为以 2000 年为基期的投资价格指数。对于基期资本存量的估算，借鉴张军等(2004)的研究假定，用基期固定资产投资总额除以 10%作为各城市的基期资本存量。而对于固定资产价格指数的选取，由于缺乏市级层面的数据，借鉴李健等(2018)的做法，按照各省固定资产投资价格指数进行调整。相关数据来源于《中国城市统计年鉴》。

2. 劳动投入变量(L)

度量劳动投入的合理指标应为劳动量，但由于该指标从现有的统计年鉴上无法获取，所以选取年末单位从业人员数作为衡量劳动投入的指标，相关数据来源于《中国劳动统计年鉴》。

3. 能源投入变量(E)

采用各地级市的能源消费总量衡量能源投入，且已按标准煤折合系数转换为万吨标准煤，数据来自《中国能源统计年鉴》、各城市统计年鉴以及各城市统计公报。

4. 期望产出变量(Y)

采用城市生产总值(GDP)作为衡量城市期望产出变量指标。根据统计年鉴中提供的名义 GDP，采用以 2000 年为基期的地区生产总值指数进行平减得到真实值，各市的地区生产总值指数通过《中国城市统计年鉴》提供的数据计算得到。

5. 非期望产出变量(W、G)

考虑到我国环境污染主要来源于工业生产过程，尤其是制造业部门，因此这里采用各地区工业废水排放量、工业二氧化硫排放量作为经济发展的非期望产出，各市的非期望产出数据来源于 EPS 数据库、《中国城市统计年鉴》和《中国环境统计年鉴》。

本研究选取的研究对象为2003—2017年中国278个地级市共计4 170个观测数据。原始数据主要来源于EPS数据库、国泰安数据库、2000—2017年期间的《中国城市统计年鉴》《中国劳动统计年鉴》《中国能源统计年鉴》《中国环境统计年鉴》、各省级地区统计年鉴及各城市统计年鉴。由于部分地区数据存在缺失情况，采用插值法进行补全。表10.1报告了各投入产出变量的描述性统计。

表10.1　投入产出因素定义和描述性统计

Variable	Definition	Obs	Mean	Std. Dev.	Min	Max	Unit
K	资本存量	4 170	3 469.159	4 890.627	98.624	61 070.72	亿元
L	劳动力	4 170	49.744	74.42	4.05	986.87	万人
E	能源消费	4 170	2 069.038	1 191.003	1	4 131	万吨
Y	实际国内生产总值	4 170	1 249.319	1 756.125	24.832	21 519.39	亿元
W	工业废水排放量	4 170	1 789.678	1 020.497	1	3 582	万吨
G	工业 SO_2 排放量	4 170	56 747.66	58 158.06	64	683 000	吨

（三）绿色全要素生产率的测算结果与分析

基于2003—2017年278个城市的投入产出数据，本章借鉴崔兴华和林明裕(2019)，将非期望产出纳入方向性距离函数和ML生产率指数来测度绿色全要素生产率。鉴于ML指数代表的是变化率概念，反映了绿色全要素生产率的增长率而不是绿色全要素生产率本身，因此参考邱斌等(2008)，将2000年的绿色全要素生产率设定为基准值1，然后根据测算出来的ML指数进行逐项相乘，从而得到2003—2017年各城市的绿色全要素生产率，使用统计软件Stata16对ML指数进行测算，由于数据量庞大，仅列出2003—2017年全国平均ML指数估算结果及其分解情况，如表10.2所示。

表10.2　2003—2017年全国平均ML指数估算结果

年份	ML生产率指数	技术效率变化指数	技术进步变化指数
2003	1.619	1.321	1.486
2004	2.134	1.506	1.096

（续　表）

年份	ML 生产率指数	技术效率变化指数	技术进步变化指数
2005	1.268	1.129	1.148
2006	1.876	1.236	1.227
2007	1.373	1.184	1.173
2008	1.266	0.995	1.327
2009	1.075	0.982	1.153
2010	1.304	1.077	1.264
2011	1.294	1.012	1.653
2012	1.480	1.196	1.141
2013	0.916	1.131	0.862
2014	1.235	1.048	1.184
2015	1.226	1.065	1.182
2016	1.625	1.170	1.484
2017	1.478	1.211	1.410

由表 10.2 可见，除 2013 年之外，ML 生产率指数都大于 1，全国平均绿色全要素生产率处于持续增长的趋势，这可能主要是因为中国政府对节能减排的重视程度越来越高。2006 年中国政府首次在“十一五”规划中提出了具有约束力的节能减排指标，并将其纳入经济和社会发展的长期规划，从而将节能减排提升为国家战略；在“十二五”规划中提出每单位国内生产总值的碳排放量应下降 17%；此外，在 2009 年的哥本哈根会议上，中国政府正式承诺单位国内生产总值的碳排放量比 2005 年减少 40%到 45%，这些环保政策和措施都极大地促进了国内绿色全要素生产率的增长。我们发现在样本期内，技术效率和技术进步指数的平均增长率均高于 1，这说明二者共同推动了我国绿色全要素生产率的增长，但技术进步的平均增长率明显高于技术效率。

分时间段看，2003—2011 年技术进步增长高于技术效率增长，技术进步驱动着我国绿色全要素生产率的变化，主要原因是进入 21 世纪以来，我国出于经济发展的需要大量引进国外先进技术，同时培养大量科技人才，充分利用后发优势，实现了经济的高速发展。但2012年和2013年技术进步变化指数显著下降，并低于技术效率变化指数，说明在经历技术革新带来的高速经济增长之后，我国能够利用的后发优势已经越来越少，借鉴国外技术来发展经济的增长模式后劲不足，这一点也与胡晓珍和杨龙(2011)的研究结论保持一致。而2013年之后，我国的技术进步变化指数和技术效率变化指数均有明显上升，说明内资企业改变单纯依靠外来技术的发展模式，外商直接投资通过竞争效应激发了内资企业的技术创新能力，同时内资企业对技术的学习和创新形成对外资企业的竞争效应和追赶效应，从而提高了外资企业的技术引进速度，促进技术的持续输入，形成良性循环，FDI的技术溢出效应有利于国内产业走向绿色转型发展，实现经济高质量发展。

考虑到政策实行的时间和地区数据的可得性与可比性，本研究以我国28个省、市、自治区(西藏、青海和海南因数据缺失较多，从样本中删除)的地级市为样本，时间跨度为2003—2017年。数据来源于EPS数据库、CSMAR数据库、《中国统计年鉴》《中国城市统计年鉴》和《中国环境统计年鉴》。表10.3报告了各变量的描述性统计。

表10.3　各变量描述性统计

Variable	Obs	Mean	Std. Dev.	Min	Max
GTFP	4170	13.510	26.010	0.009	372.816
regu	4170	0.725	0.154	0.154	0.987
res	4170	0.055	0.092	0.000	0.581
gov	4170	0.298	0.178	0.050	2.147
kl	4170	71.434	49.429	1.369	403.588
lab	4170	0.524	0.133	0.000	1.080
ind	4170	0.371	0.087	0.086	0.806
fdi	4170	45.531	113.543	0.001	2047.531

第三节　模型估计与分析

一、基准回归

（一）环境规制对绿色全要素生产率影响的全样本回归结果分析

表 10.4 为模型(10.1)、(10.2)、(10.3)基于全样本的基准回归结果，旨在研究环境规制对绿色全要素生产率的影响以及产业结构和外商直接投资的调节效应，各回归均控制了地区时间固定效应。模型(10.1)的回归结果由列(1)显示，环境规制与绿色全要素生产率之间呈显著的正 U 形关系。这一结果说明：在环境规制强度较低时，企业只需进行末端排污处理就可满足相应的排放标准，因此由于污染外部性内化的企业经营成本仅在企业总成本中占据很小的比重，企业缺乏通过技术革新进行污染源头治理的动力。另外由于企业资金有限，用于治理污染的资金支出会挤出企业的绿色技术创新投资，降低企业的绿色创新技术研发力度，进而降低企业的绿色全要素生产率。但随着环境规制更趋严格，减排难度会递增，减排成本在企业总成本中所占比重不断攀升，为实现绿色转型，企业将不断调整生产行为，加大研发投入进行技术创新以形成竞争优势，因此绿色全要素生产率上升。

列(2)为引入资源禀赋变量后的回归结果，与列(1)的回归结果相对照可以发现，环境规制变量的系数和显著性保持不变，而资源禀赋对绿色全要素生产率的影响在 1%的统计水平下显著为负，说明自然资源本身并不是推动地区经济高质量发展的“福音”。原因是资源禀赋高的地区依托丰富的自然资源大力发展资源型产业，产业趋于单一化，存在明显的路径依赖。而第二产业在资源型城市中占据较大比重，导致较为严重的环境污染问题，不利于绿色全要素生产率的增长。

在列(1)和列(2)回归方程的基础上再加入其余 3 个控制变量，得到结果为列(3)和列(4)。可以发现，引入其余几个控制变量后环境规制与绿色全要素生产率仍呈显著的正 U 形关系，资源禀赋变量仍显著为负，说明前面的回归结果是稳健的，资源丰裕度较高的地区由于存在路径依赖未形成健康良好的经济发展模式。财政干预度变量在 1%统计水平下显著为负，本研究选取政府财政收支总和占地区 GDP 比重来衡量财政干预度，反映政府对经济的行政干预。随着政府对生态环境关注度的提升，绿色财政战略成为政府推进绿色发展的重要手段。所谓绿色财政就是指政府通过设置绿色专项基金、推进绿色采购等方式提升绿色全要素生产率，保障绿色发展战略的成功实施（吴磊等，2020）。但政府干预度变量的系数为负则说明政府相关政策的实施并未取得理想效果，也未真正促进经济的绿色发展。回归结果反映出禀赋结构中的资本劳动比率对地区绿色全要素生产率产生显著正向影响，当一个地区的资本劳动比率增加时，表明该地区正在经历从劳动密集型到资本密集型的结构性转变，而资本密集型产业往往集中在清洁生产部门，有利于绿色全要素生产率的提高，这一结果进一步证实了 Shen et al.（2019）的结论。而人力资本水平的提高有助于绿色全要素生产率的提高，因为地区更加重视技术创新在促进节能减排方面的作用，追求企业的绿色转型和经济的高质量发展。

列（5）是基于模型（10.2）加入环境规制强度和产业结构水平交叉项的回归结果，交叉项系数在 1%的统计水平下显著为正，并且环境规制的一次项和二次项的符号和显著性保持不变。这说明随着环境规制程度的提升，绿色全要素生产率先下降后上升，且产业结构水平越高级，环境规制和绿色全要素生产率越偏向正相关。产业结构水平越高的地区，由于对于资源的依赖度较低，经济体能够承受更严格的环境规制，即产业结构变量可以起到一定的调节作用。另外，现代服务业相对于制造业来说，更加具有资源消耗低、污染排放少、收益回报高等特征，第三产业比重不断上升的过程即是本地区产业结构不断优化升级的过程，同时第三产业的发展也可有效促进第一、二产业的生产效率，不同产业间的相互作用，整个市场实现资源的再配置，带动经济高效发展。因为我国的环境污染主要来自重工业，因此推动产业转型、升级产业结构是实现绿色低碳发展的重要途径。

列（6）基于模型（10.3）引入了环境规制强度和外商直接投资的交叉项，结果表明，交叉项系数在 5%水平下显著为负，环境规制的二次项和一次项符号和显著性不变，且其余控制变量的符号和显著性也未发生明显改变，再次验证了前面回归结果的稳健性。交叉项系数为负这一结果说明外商直接投资水平越高，环境规制和绿色全要素生产率越偏向负相关，为“污染天堂”假说提供了数据支持。该假说认为：西方国家的企业为了避免在本国实施的严格的环境监管，正在逐步将高污染产业转移到中国（Wang and Chen，2014）。尽管外国直接投资为当地企业创造了新的需求和就业，也实现了一定程度的绿色技术溢出，但也带来了地区外部环境的恶化（中国主要参与污染水平较高的设备环节），增加了企业的治污成本，进而抑制了绿色全要素生产率的提升。

表 10.4　环境规制对绿色全要素生产率的全样本回归结果

	(1)	(2)	(3)	(4)	(5)	(6)
	gtfp	*gtfp*	*gtfp*	*gtfp*	*gtfp*	*gtfp*
regu	−56.558*** (21.573)	−51.673*** (15.277)	−57.516*** (15.705)	−54.678*** (15.748)	−71.614*** (16.479)	−69.514*** (17.106)
$regu^2$	49.191*** (17.546)	45.353*** (11.808)	49.723*** (12.063)	47.370*** (12.103)	46.248*** (11.846)	61.317*** (13.632)
res		−44.914*** (13.555)		−30.475** (13.647)	−27.348** (13.594)	−30.814** (13.646)
gov			−16.021*** (3.877)	−15.210*** (3.892)	−13.488*** (3.405)	−16.315*** (3.998)
kl			0.090*** (0.013)	0.091*** (0.013)	0.121*** (0.010)	0.091*** (0.013)
lab			18.916*** (5.251)	16.941*** (5.322)	18.668*** (5.176)	15.876*** (5.340)
ind					−57.181** (22.469)	
regu * *ind*					75.277*** (27.663)	
ln *fdi*						1.531* (0.885)
regu * ln *fdi*						−2.662** (1.188)
Constant	19.289*** (6.402)	20.334*** (4.938)	9.604* (5.584)	11.410** (5.640)	27.868*** (9.393)	16.069*** (5.978)
FE	Yes	Yes	Yes	Yes	Yes	Yes
Obs.	4170	4170	4170	4170	4170	4170
R-squared	0.136	0.139	0.157	0.158	0.142	0.160

注：括号内数字为标准误，* 表示在 10%的水平下显著，** 表示在 5%的水平下显著，*** 表示在 1%的水平下显著

（二）环境规制对绿色全要素生产率影响的分地区样本回归结果分析

与中西部地区相比，东部地区市场化程度更高，产业更发达，同时也实现了更快的经济增长(方福前、邢炜等，2017)。基于东部和中西部地区不同的经济基础和法治环境，我们将样本划分为东部地区和非东部地区分别进行回归，结果如表 10.5 所示。

列(1)、(2)、(3)结果表明，东部地区环境规制强度的二次项系数不显著。由于经济较为发达的城市主要集中在东部地区，这些城市凭借其开放的市场环境和经济先发优势，已经拥有更多先进的绿色生产技术和制造工艺，资源利用效率改善的空间相对于不发达地区小(李德山、张郑秋，2020)。如果盲目加强环境规制的力度，无助于绿色全要素生产率的提高。环境规制和产业结构水平的交叉项在 5%的统计水平下显著为负，我们的解释是东部地区产业基础好、污染占比不高，低强度的环境规制会给经济带来一定的抑制作用，促进产业更加健康发展，但随着环境规制超过一定临界值，会对整个产业内部形成一种强制性的"清洗"，迫使污染型产业转移到环境规制强度较低的地区，从而受影响企业增多，对于地区的产出和就业产生显著的负面影响。而环境规制和外商直接投资的交叉项在 1%的统计水平下显著为负，由于我国的环境规制政策滞后于发达国家，引进外资为污染产业从环境规制更严格的国家转移到环境规制相对宽松的国家创造了途径，随着国内环境规制强度的增加，单纯追求外资的数量而非质量无法实现经济的高质量发展，这也再次验证了"污染天堂"假说。

相比之下非东部地区的回归结果与总样本保持一致，环境规制和绿色全要素生产率的正 U 形关系显著性较强，临界值有所上升，即达到拐点时需要的环境规制强度更高；产业结构对于环境规制和绿色全要素生产率之间关系的影响方向没有发生改变，即环境规制后形成的高级化产业结构可以带来地区绿色全要素生产率的提高。另外，外商直接投资对环境规制和绿色全要素生产率之间关系的影响方向也没有改变，说明大部分的外资企业选择转移到环境规制相对宽松的中西部地区，在推动经济发展的同时也带来了严重的环境污染问题。

表 10.5 环境规制对绿色全要素生产率的分地区样本回归结果

	Panel A:东部地区			Panel B:非东部地区		
	(1)	(2)	(3)	(4)	(5)	(6)
	gtfp	*gtfp*	*gtfp*	*gtfp*	*gtfp*	*gtfp*
regu	−10.229 (26.498)	35.260 (30.677)	−27.561 (27.086)	−58.691*** (20.490)	−78.286*** (23.020)	−73.327*** (22.148)
$regu^2$	2.053 (19.814)	5.349 (20.842)	26.922 (21.660)	56.087*** (15.847)	50.877*** (15.915)	69.165*** (17.548)
res	−126.998*** (28.240)	−114.149*** (28.518)	−123.133*** (28.210)	−7.302 (16.109)	−7.884 (16.075)	−7.861 (16.128)
gov	5.052 (6.421)	6.672 (6.432)	7.356 (6.713)	−22.912*** (5.142)	−23.691*** (5.135)	−24.532*** (5.233)
kl	0.027 (0.021)	0.013 (0.023)	0.021 (0.021)	0.108*** (0.018)	0.106*** (0.018)	0.109*** (0.018)
lab	32.920*** (8.264)	36.700*** (8.678)	33.652*** (8.253)	14.923** (7.036)	15.037** (7.083)	13.577* (7.075)
ind		124.018*** (43.208)			−83.549*** (27.445)	
regu * *ind*		−134.051** (53.548)			74.666** (35.915)	
ln *fdi*			4.508** (2.121)			1.490 (1.090)
regu * ln *fdi*			−7.088*** (2.549)			−2.515* (1.485)
Constant	−4.851 (10.067)	−51.322*** (18.813)	−4.605 (10.310)	12.352* (7.293)	40.151*** (11.838)	17.268** (7.809)
FE	Yes	Yes	Yes	Yes	Yes	Yes
Obs.	1 485	1 485	1 485	2 685	2 685	2 685
R-squared	0.198	0.203	0.204	0.159	0.163	0.160

注:括号内数字为标准误,* 表示在 10%的水平下显著,** 表示在 5%的水平下显著,*** 表示在 1%的水平下显著

（三）环境规制的经济效应：资源型城市和非资源型城市的回归

在我国经济高速发展和工业化快速推进的过程中，资源型城市和非资源型城市在资源禀赋和产业结构上存在显著差异。为了深入研究环境规制的经济效应是否存在资源型和非资源型城市的差别，我们根据国务院发布的全国资源型城市名单进行分样本回归，结果如表 10.6 所示。

表 10.6　资源型城市和非资源型城市环境规制绿色全要素生产率影响的回归结果

	Panel A：资源型城市			Panel B：非资源型城市		
	(1)	(2)	(3)	(4)	(5)	(6)
	gtfp	*gtfp*	*gtfp*	*gtfp*	*gtfp*	*gtfp*
regu	−54.456** (27.570)	−21.282 (31.898)	−81.659*** (29.079)	−47.306** (19.161)	−85.803*** (22.032)	−50.808** (20.860)
$regu^2$	55.449*** (21.199)	59.805*** (21.345)	79.845*** (22.767)	35.898** (14.672)	29.764** (15.009)	39.351** (16.860)
res	−35.345** (16.711)	−36.147** (16.694)	−39.627** (16.741)	37.455 (37.644)	33.531 (37.680)	40.026 (37.772)
gov	−25.436*** (6.230)	−26.364*** (6.249)	−28.834*** (6.397)	−5.082 (5.091)	−6.557 (5.115)	−4.573 (5.195)
kl	0.138*** (0.022)	0.127*** (0.023)	0.150*** (0.022)	0.050*** (0.017)	0.067*** (0.018)	0.051*** (0.017)
lab	19.006* (10.187)	20.147** (10.186)	14.399 (10.287)	16.528*** (6.150)	11.592* (6.337)	16.699*** (6.154)
ind		61.232 (42.821)			−98.895*** (28.160)	
regu * *ind*		−114.362** (57.849)			123.604*** (34.253)	
ln *fdi*			3.717** (1.503)			0.013 (1.171)
regu * ln *fdi*			−5.984*** (2.064)			−0.655 (1.527)
Constant	11.642 (9.495)	−7.606 (16.582)	22.063** (10.107)	8.266 (7.154)	45.425*** (13.062)	9.645 (7.403)
FE	Yes	Yes	Yes	Yes	Yes	Yes

（续　表）

	Panel A:资源型城市			Panel B:非资源型城市		
	(1)	(2)	(3)	(4)	(5)	(6)
	gtfp	*gtfp*	*gtfp*	*gtfp*	*gtfp*	*gtfp*
Obs.	1680	1680	1680	2490	2490	2490
R-squared	0.195	0.198	0.199	0.140	0.145	0.140

注：括号内数字为标准误，* 表示在10%的水平下显著，** 表示在5%的水平下显著，*** 表示在1%的水平下显著

表10.6中资源型城市的基准回归结果与全样本的估计结果基本一致，具体而言，基于资源型城市的回归结果列(1)、列(2)和列(3)中，环境规制强度变量的一次项系数显著为负，二次项系数显著为正，这说明环境规制与绿色全要素生产率呈正U形关系。但与总样本不同的是，环境规制与产业结构水平交叉项的系数在5%的显著性水平下为负，可能的原因有两个方面：一是资源型城市具有较高的资源丰裕度，地区对于资源行业依赖度较高，环境规制虽然倒逼企业进行转型升级，对于非资源行业的产生和发展具有一定的促进作用，但其在产业结构中的比重仍然较小，很难创造出丰厚的利润，此时对于追求利润最大化的厂商而言，凭借富足的本地资源和较低的资源开采成本，将会通过提高资源类产品的产量以获取较高利润，并以此来补偿由于环境规制增加的治污成本；二是由于大多数资源型行业具有高污染、高排放的特征，依靠技术研发创新的路径来降低资源型行业的污染排放强度往往不是一蹴而就的，需要有一定的时间周期，因此如果一开始就实行较为严格的环境规制政策，短期内会对资源型产业带来较大的负面影响，进而抑制当地的经济发展。而对资源型城市而言，环境规制和外商直接投资的交叉项在1%的显著性水平上显著为负，和全样本的回归结果一致，原因是资源型城市由于自身经济发展的需要对环境标准的要求相对较低，进而吸引到一些高污染、低质量的跨国企业，抑制了当地经济的高质量发展。

基于非资源型城市样本的回归结果列(4)、列(5)、列(6)均表明环境规制与绿色全要素生产率呈正U形关系，与前文结论保持一致。而此时环境规制和产业结构交叉项的系数在1%的水平下显著为正，与总样本结果一致，原因是非资源型城市的非资源类产业逐渐形成完整体系，多数现代服务业也已成为主导产业，城市相对受环境规制政策的影响有限，环境规制的提

升可以有效促进经济增长。对非资源型城市而言，环境规制与外商直接投资的交叉项虽然为负，但并不显著，这与当地的产业结构和发展模式有关。起初为追求经济发展，我国引入的外资中以高污染、高排放的行业或企业为主，但其在非资源型城市中的投资规模有限，造成的环境污染也相对有限。另外，外资企业进入市场后会挤占内资企业的市场份额，内资企业进行体制改革和技术创新的动力增强，环境污染物的排放也相对降低，由外资引入带来的环境污染相互抵消，此时外商直接投资对于环境规制对绿色全要素生产率影响的调节作用并不显著。

二、动态面板模型估计的稳健性检验

基于全样本对动态面板模型(10.4)、(10.5)、(10.6)进行回归得到的估计结果如表10.7所示。*L.gtfp* 和 *L2.gtfp* 分别代表被解释变量的一阶和二阶滞后，列(1)、(2)分别为加入控制变量前后环境规制对绿色全要素生产率影响的估计结果。AR(1)和AR(2)检验 p 值显示，GMM估计不能拒绝模型干扰项没有二阶序列相关的假设，因此可以接受扰动项无自相关的假设。被解释变量的一阶滞后和二阶滞后都在1%的统计水平下显著，说明绿色全要素生产率的变化具有一定的时间累积效应。在1%水平下，解释变量环境规制强度的二次项与绿色全要素生产率呈正相关；说明二者间的正U形关系是稳健的，与基准回归中估计结果一致。

表10.7　环境规制对绿色全要素生产率影响的动态面板回归结果

	(1)	(2)	(3)	(4)
	gtfp	*gtfp*	*gtfp*	*gtfp*
L.gtfp	0.055*** (0.012)	0.044*** (0.005)	0.071*** (0.003)	0.076*** (0.004)
L2.gtfp	0.029*** (0.006)	−0.010*** (0.002)	0.032*** (0.002)	0.029*** (0.001)
regu	−40.901** (17.212)	−19.627*** (6.702)	−87.963*** (7.423)	−14.433** (6.169)
$regu^2$	40.344*** (13.173)	16.052*** (5.428)	14.391*** (4.111)	21.096*** (4.941)

（续　表）

	(1)	(2)	(3)	(4)
	gtfp	*gtfp*	*gtfp*	*gtfp*
res		10.773** (5.489)	0.467 (2.565)	4.127* (2.288)
gov		−13.419*** (2.068)	−15.699*** (1.778)	−15.453*** (1.261)
kl		0.166*** (0.008)	0.155*** (0.006)	0.156*** (0.006)
lab		23.715*** (5.065)	26.698*** (3.027)	28.058*** (2.855)
ind			−154.760*** (10.490)	
regu * *ind*			188.382*** (14.113)	
ln *fdi*				0.979*** (0.300)
regu * ln *fdi*				−1.347*** (0.439)
FE	Yes	Yes	Yes	Yes
Constant	15.502*** (5.525)	−7.342* (3.908)	50.975*** (4.512)	−13.420*** (3.584)
Wald 检验 p 值	0	0	0	0
AR(1)检验 p 值	0.0077	0.0086	0.0082	0.0077
AR(2)检验 p 值	0.9327	0.4641	0.8719	0.9551
N	3336	3336	3336	3336

注：括号内数字为标准误，* 表示在 10%的水平下显著，** 表示在 5%的水平下显著，*** 表示在 1%的水平下显著。AR(1)检验残差项是否为一阶自回归过程，零假设为残差项不是 AR(1)。AR(2)检验与 AR(1)检验类似

列(3)和列(4)分别为加入环境规制强度与产业结构水平交叉项和环境规制强度与外商直接投资水平交叉项的 GMM 估计结果，AR 检验 p 值表明模型均通过了扰动项自相关检验。估计结果表明，环境规制的二次项与

绿色全要素生产率呈正相关，且在1%水平下通过了显著性检验。而环境规制与产业结构水平的交叉项系数在1%统计水平下显著为正，环境规制与外商直接投资的交叉项系数在1%统计水平下显著为负，与之前的结论保持一致，说明估计结果是稳健的。

第四节　本章小结

本章首先提出了环境规制影响绿色全要素生产率的三个假说，以全国278个地级市为样本(西藏、青海和海南部分城市因数据缺失较多而排除)，对三个假说进行实证检验，在此基础上，进一步深入探究产业结构和外商直接投资的调节效应。本章研究主要有以下发现。

第一，基于全样本的回归，环境规制和绿色全要素生产率之间呈显著的正U形关系，产业结构升级能有效促进环境规制对绿色全要素生产率的增长作用，而外商直接投资则抑制了环境规制对绿色全要素生产率的增长。

第二，基于分地区样本的回归，在环境规制对绿色全要素生产率的影响方面，存在着东部和非东部区域之间的显著差异，东部地区环境规制和绿色全要素生产率的正U形关系并不显著，且产业结构越高级，过度的环境规制不利于绿色全要素生产率的提高，但在外商直接投资对二者关系的调节作用中不存在区域间的差异。

第三，基于资源型城市和非资源型城市的回归，环境规制和绿色全要素生产率之间呈正U形关系，且不存在资源型和非资源型城市间差异。在资源型城市中，产业结构升级抑制了环境规制对绿色全要素生产率的提高，而在非资源型城市中，外商直接投资对于二者关系的调节作用并不显著。

以上研究结论说明，环境规制对绿色全要素生产率具有非线性影响，盲目提高环境规制的强度并不能有效提高绿色全要素生产率，政府应该针对不同地区的现实情况，灵活制定企业排放标准，设定合理且具有差异化的环境规制强度，促进工业发展方式的转变。本研究有助于评估和把握环境规制的实施效果，为政府制定科学合理的环境规制政策提供理论依据，对于城市间的战略互动和产业结构升级调整以及城市的绿色转型具有重要的现实指导意义，同时有助于推动经济实现绿色可持续的高质量发展目标。

第十一章　隐含碳视角下的贸易部门碳减排策略

第一节　相关研究综述

一、贸易隐含碳测算的相关研究

贸易隐含碳是贸易与环境领域研究中广受关注的热点问题之一。现有相关文献测算隐含碳所采用的方法，主要有生命周期法和投入产出法。投入产出法又包括单区域投入产出模型、双边贸易投入产出模型、多国投入产出模型、非竞争型投入产出模型和新附加值贸易统计视角下的投入产出模型。

生命周期法是通过编制有关输入和输出产品体系，来评估整个产品生命周期内所消耗的能源与原材料对环境碳排放影响的研究方法(卢平平、龚唯平，2015)。有学者基于生命周期法研究隐含碳，如 Dong et al. (2013)利用混合生命周期法估算了 2007 年沈阳的碳排放量。刘强等(2008)也使用生命周期法核算出我国出口贸易中 46 种重点商品的隐含碳。然而，生命周期法也存在着因系统边界划分的不确定性而带来系统截断性误差和难执行等问题(Suh et al. ，2004)、要求数据有较高的完整性、计算过程复杂等缺陷。由于各国贸易的统计口径差异而导致数据不统一，因此使用此方法进行隐含碳核算的可行性较小且难度较高，目前大多数学者仍然青睐对数据要求较低的投入产出法(卢平平、龚唯平，2015)。

投入产出法最早由 Leontief 提出，该方法近几年来被学者广泛用于隐含碳的计算。如 Schaeffer 和 Sa(1996)、Machado et al. (2001)基于投入产出模型测算巴西、奥地利的进出口贸易隐含碳排放量。Dietzenbacher et al.

(2012)测算了中国2002年对外出口隐含碳。同样,国内学者如马述忠和陈颖(2010),赵玉焕和刘月(2011),闫云凤、赵忠秀和王苒(2012)估算了我国国际贸易中的隐含碳排放量。然而该方法尽管简便可行,由于目前各国仍然没有编制连续年份的投入产出表,导致这种算法存在统计上的时间滞后性和数据的不连续性,并且单区域投入产出表不区分国内中间投入和进口中间品投入,因各国之间技术水平、能源结构和碳排放系数都不尽相同,所以计算结果存在一定误差(卢平平、龚唯平,2015)。

双边贸易投入产出模型对于研究特定两国之间的贸易隐含碳关系更具有针对性,在这一领域,学者们较多关注中美双边贸易隐含碳。例如Shui和Harriss(2006)、Xu et al.(2009)测算了中美贸易中的隐含碳。国内学者尹显萍和程茗(2010)、吴英娜和姚静(2012)、詹晶和叶静(2014)也针对中美双边贸易中蕴含的碳排放进行计算与分析,一致得出中国是隐含碳的净出口国,美国借助贸易将大量温室气体留在中国,严重制约了我国可持续发展。除此之外,庞军和张浚哲(2014)、许培源和王韬(2014)、Liu et al.(2010)、Dong et al.(2010)、Li和Hewitt(2008)、王菲和李娟(2012)分别研究了中欧、中英、中日等双边贸易中的隐含碳排放及驱动因素。但是随着多国贸易趋势的增强和多国之间碳排放的紧密联系,双边贸易投入产出模型不足以观测多国贸易隐含碳排放,由此需要多国投入产出模型进行测算。

多国投入产出模型能够区分本国生产的产品与进口自其他国家的产品在生产技术上存在的差异,把进口产品区分为中间投入品和最终消费品来进行隐含碳的测量(卢平平、龚唯平,2015)。Ahmad和Wyckoff(2003)、Peters et al.(2012)利用全球多区域投入产出模型,分别对全球65个国家进行碳排放分析,并测算了72个国家间国际贸易隐含碳和碳足迹。国内学者如王文举和向其凤(2011)、丛晓男等(2013)、刘俊伶等(2014)分别就全球28个主要碳排放大国进出口贸易中的隐含碳进行核算,分析我国对发达国家和发展中国家进出口贸易中的隐含碳排放量。多国投入产出模型能够有效避免在单区域投入产出模型中遭遇的进口品归为总消费的误差,使结果更严谨精确,同时这一模型也符合现今多国贸易隐含碳测量的需求,但局限在于数据来源、乘数和碳排放系数具有不确定性。Matthews(2007)也提出,国际货币转换率的不确定、投入产出表的分类和能源统计年鉴的汇总方法不同、运输中的意外损失等都会导致基于多国投入产出模型的隐含碳计算结果存在较大误差。所以，从新的视角寻求隐含碳的测算方法也成为许多学者的关注重点，由此发展出非竞争型投入产出模型和新附加值贸易统计视角下的投入产出模型。

非竞争型投入产出模型在计算隐含碳排放时，考虑到由于产品内分工的深入，一国产品生产过程中可能既使用了本国的中间投入，又使用其他不同国家的进口中间品，从而规避了传统的竞争型投入产出模型不区分国内中间投入和进口中间投入，导致计算结果太片面且存在较大误差的缺陷（卢平平、龚唯平，2015）。因此这一方法被许多学者广泛采用，例如 Weber et al.（2008）、Pan et al.（2008）、Minx et al.（2011）、Peters 和 Hertwich（2008）等基于单区域非竞争型投入产出模型，对我国进出口贸易中的隐含碳排放水平进行计算，证实了中国是隐含碳的净出口国。Su 和 Ang（2013）分别以竞争型和非竞争型投入产出模型为基础，通过测算我国对外贸易过程中的出口隐含碳排放量进行比较分析发现，竞争型投入产出模型下的计算结果明显高估，大致比非竞争型投入产出模型高 25％至 45％左右，两个模型下计算结果的差异在于中间投入品这一因素在进口与本地生产中碳排放的不同考虑。这些研究从计算方法的角度解释了统计报告中我国出口碳排放水平居高不下的原因。由于目前国际上遵从生产者责任制下的碳减排分担原则，导致我国碳排放的责任被夸大，所以近几年国内学者在积极探索科学公正的隐含碳排放测度新方法。相对来说，非竞争型投入产出模型在测度贸易隐含碳方面比竞争型投入产出模型更加客观，因此国内学者纷纷采用该方法对中国与其他主要贸易伙伴之间的贸易隐含碳进行重新测度。例如赵玉焕和李洁超（2013）对中美贸易隐含碳的测度分析，发现中国对美国的净出口隐含碳在不断攀升，并从生产技术的提升、产业贸易结构的优化等角度提出了降低我国对外贸易隐含碳排放的对策。赵玉焕和王淞（2014）、谭娟和陈鸣（2015）利用多区域非竞争型投入产出模型，分别对中日贸易和中欧贸易的隐含碳进行了重新测算，发现产业结构仍然对我国的进出口贸易隐含碳排放有显著的影响，其中电力、煤气和自来水的供应业隐含碳排放量最高。李真（2014）测算了 2005—2010 年中国 27 个行业的“进口真实碳福利”，并且进行了结构性分解，发现中国进口真实碳福利规模较大，且存在进口减排空间，基础性行业是进口真实碳福利贡献率最高的行业，所以中国贸易减排政策的制定应该更加重视进口的抵减作用。

另一个测算隐含碳的方法是基于新附加值贸易的统计，该测算方法依然以投入产出模型为基础，与传统计算方法的区别在于该方法是根据产品在全球价值链的不同节点，对不同经济体所贡献的附加值为基础进行统计，基于附加值的计算，能够有效规避跨境贸易中的重复计算，将产品所隐含的碳排放分解到各个生产节点，能够使中间产品贸易的碳排放测度更加客观（卢平平、龚唯平，2015）。以此方法为基础，向书坚和温婷（2014）利用OECD公布的新附加值贸易统计数据研究发现，使用传统贸易数据得到出口隐含碳计算结果被高估约43％，进口隐含碳被高估约40％。

二、有关全球价值链（GVC）分工地位测算的研究

从已有文献来看，学术界对于全球价值链分工地位的测算方法主要包括以下几种：垂直专业化指数、附加值贸易测量法、GVC地位指数、出口价格和出口复杂度指数、产业上游度测算法。垂直专业化指数由Hummels et al.（2001）提出，用进口中间投入占出口品的比重估算参与度。这一指数能反映一个国家参与全球生产网络的专业化分工地位，但也存在一些缺陷。一是假设的不足，垂直专业化指数基于进口中间品是完全由国外增加值构成的，并且出口商品在生产过程中使用的进口中间投入品占比与国内销售的商品相同，这一假设显然与现实不相符（聂聆，2016）；二是一些国家为了促进加工贸易的发展，利用税收优惠政策进行刺激，加工贸易的特点是出口品的生产过程中会大量使用进口的中间产品，从而使这些国家无法使用垂直专业化指数来精确评估其在全球价值链中的地位（聂聆，2016）。之后也有学者例如Koopman et al.（2008）、Dean et al.（2011）、Yang et al.（2015）放宽了对垂直专业化指数设定的假设，使这一指数能够更适用于像中国和墨西哥等加工贸易比重较大的国家。

附加值贸易方法进一步放宽了垂直专业化指数中的假设，能有效反映一国出口对他国进口中间品的依赖度（聂聆，2016）。Koopman et al.（2014）梳理了各种测算指标，提出附加值贸易下的GVC测算框架，实现了对一国总出口的完全分解。然而该方法的分解结果会受各国不同行业分类标准和加总方法的影响，导致最终计算结果出现偏差（聂聆，2016）。所以Upward et al.（2013）、Ahmad和Araujo（2011）建立了一国整体、行业和产品方面的计算方法。贸易附加值下的GVC分工地位仅能说明一国在出口中获得的增加值多少，但不能分辨这些增加值的来源，也无法判断一国或一

行业所处的是高端还是低端制造环节（聂聆，2016）。

GVC 地位指数计算方法是由 Koopman et al.（2010）提出的，该方法将一国的总出口分解为国内增加值和国外增加值，在此基础上构建全球价值链地位和参与度两个指数进行测算。产业所处的全球价值链地位与进出口贸易紧密相关，如果某产业处于全球价值链的上游，那么相应就会更多地向他国出口中间产品，由此在国际分工中处于更加有利的地位；但是如果产业处于全球价值链的下游，则需要更依赖于从他国进口较多的中间投入品，在国际分工中往往更容易受制于他国的中间品供给而处于不利的价值链地位，这是全球价值链地位指数构建的思路。

出口价格测算方法是由 Feenstra（2006）建立的，该方法通过计算两个国家向同一国的整体出口价格之比来反映价值链地位。Fontagne et al.（2007）指出，发达国家由于技术优势，其出口的产品往往为处于全球价值链高端的产品，价格比较高；而发展中国家的出口产品大多处于全球价值链低端，价格相对比较低。Hausmann et al.（2007）在 Michaely（1986）提出的出口复杂度概念的基础上构建了出口复杂度指数，可以用来反映总出口技术含量。但是该指标没有考虑各国在全球生产链上的分工，且使用了很多人均数据，这对于人口众多的国家如中国和印度的技术能力评估较低（聂聆，2016）。Antras et al.（2012）提出采用产业上游度来反映该行业在全球价值链中的位置。产业上游度指一国某产业的中间品到最终消费使用的平均距离，这一距离是通过计算从该行业的中间品到被加工为最终需求品的整个过程中所经历的生产阶段数来反映的。

三、关于隐含碳和 GVC 分工地位相关的研究

在全球价值链分工的框架下研究进出口贸易隐含碳的相关文献较少。其中，一些研究关注中国产业在全球价值链分工下的贸易隐含碳，如巩爱凌（2013）用“产业就业人均 GDP 指数”作为全球价值链分工地位的代理指标，研究了我国制造业在全球价值链分工中的地位与出口隐含碳之间的关系，并识别了出口隐含碳总量变化的影响因素，发现全球价值链地位是影响隐含碳的重要因素，在价值链上的低端地位对出口隐含碳的规模、结构、技术均产生显著的负面影响。较低的价值链地位一方面会导致产业的高碳化趋势，另一方面也会制约隐含碳总量的降低。闫云凤和黄灿（2015）测度了我国在全球碳排放链中的地位，追溯了我国消费引起的碳排放发生部门，从而

得出我国碳排放的部门结构特征。潘安(2017)在统一的多区域投入产出(MRIO)框架下,将隐含碳与GVC分工地位和参与度相结合,同样证实了我国较低的GVC分工地位会产生较高的隐含碳,随着全球价值链分工参与度逐渐加深,隐含碳排放规模随之扩大,并且中间品隐含碳占比逐渐增长与我国逐渐深入全球生产链分工体系有关。潘安认为,GVC分工下我国贸易隐含碳的增长反映出经济利益与环境的冲突,但贸易导致的环境代价在逐步降低,这与我国全球价值链分工地位的改善有关。

也有研究专注于我国和其他国家之间的隐含碳贸易,探讨发达国家的"消费"对我国"污染"的影响这一现实问题。例如闫云凤和常荣平(2017)比较全球价值链下的中美利益,通过对比两国相互的隐含碳出口量和占比,发现两国隐含碳出口结构有相似之处,决定中美贸易额的主要原因是各行业不同的碳排放强度系数和全球价值链位置。潘安(2018)计算了全球价值链视角下中美贸易隐含碳排放量,研究发现中美贸易的出口隐含碳排放主要来自出口国的碳排放,在消费者责任原则下进口国应承担主要的碳排放责任,在总贸易核算框架之下,通过进一步讨论全球价值链分工对贸易隐含碳排放的影响。作者认为,中国对美国出口隐含碳排放出现增长的主要原因之一是参与全球价值链分工,但这也为我国调整出口隐含碳排放结构提供了重要途径。潘安和吴肖丽(2018)测算了中日贸易隐含碳排放量,分析全球价值链分工下贸易隐含碳排放的结构特征,以及贸易双方如何就隐含碳排放的责任进行分摊的问题,在此基础上进一步考察由于贸易带来的碳排放在两国间的转移。除了在MRIO和GVC两个视角下对贸易隐含碳排放的核算方法,贾净雪(2017)又提出在增加值贸易的视角下利用世界环境投入产出模型构建全球价值链分工下的新型算法,并且作者从国家整体、双边贸易、行业三个层面进行了核算。

第二节　出口真实隐含碳和进口真实碳福利模型

非竞争型投入产出模型的优势在于能够区分国内生产的中间产品和进口中间投入产品,可以更好地反映我国对外贸易结构中加工贸易的占比较大这一事实。非竞争型投入产出模型遵循投入产出均衡的基本原理,因此在水平方向上满足两组均衡方程式,即国内产品生产与使用价值相等和进口品生产与使用价值相等：

$$\sum_{j=1}^{n} X_{ij}^{D} + F_{i}^{D} = X_{i}(i = 1, 2, \cdots, n) \tag{11.1}$$

$$\sum_{j=1}^{n} X_{ij}^{M} + F_{i}^{M} = X_{i}^{M}(i = 1, 2, \cdots, n) \tag{11.2}$$

其中，上标 D 和 M 分别代表国内产品和进口品，F_i^D 和 F_i^M 分别表示消耗的第 i 部门国内产品和进口品的最终使用价值，X_{ij}^D 和 X_{ij}^M 分别表示第 j 部门生产过程中对第 i 部门国内产品和进口品的中间消耗价值；X_i 和 X_i^M 分别表示第 i 部门国内产品和进口产品的价值。

令：$A^D = [a_{ij}^D] = [X_{ij}^D / X_j]$ 为国内产品直接消耗系数矩阵，表示第 j 行业单位产品生产过程中直接消耗的第 i 行业国内产品的价值；$A^M = [a_{ij}^M] = [X_{ij}^M / X_j]$ 为进口品直接消耗系数矩阵，表示第 j 行业单位产品生产过程中直接消耗的第 i 行业进口品的价值。

因此，式(11.1)和式(11.2)可以简写为：

$$A^D X + F^D = X \tag{11.3}$$

$$A^M X + F^M = X^M \tag{11.4}$$

其中，F^D 和 F^M 分别表示国内产品和进口品的最终使用列向量。完全进口等于直接消耗进口和所有间接消耗进口的总和。因此，完全进口消耗系数可表示为：

$$b_{ij}^M = a_{ij}^M + \sum_{k=1}^{n} b_{ik}^M a_{kj}^D (i, j = 1, 2, \cdots, n) \tag{11.5}$$

转换为以下矩阵形式：

$$B^M = A^M + B^M A^D$$

$$B^M = A^M (I - A^D)^{-1} = A^M B^D \tag{11.6}$$

其中，$B^M = [b_{ij}^M]$ 为完全进口消耗系数矩阵。

计算隐含碳的基本方法是用商品的价值量或数量列向量矩阵乘以该商品生产国的二氧化碳排放系数(闫云凤、赵忠秀和王苒，2012)。如表 11.1 所示，根据产品的生产国和消费国的不同组合，产品中的隐含碳有四种情况(Ahmad and Wyckoff，2003；Lin and Sun，2010)。

表 11.1　产品中的隐含碳

	国内消费	国外消费
国内生产	Ⅰ $\hat{E}(I-A^D)^{-1}Y^D$	Ⅱ $\hat{E}(I-A^D)^{-1}F^{DE}$
国外生产	Ⅲ $\hat{E}(I-A^D)^{-1}[A^M(I-A^D)^{-1}Y^D+F^M]$	Ⅳ $\hat{E}(I-A^D)^{-1}A^M(I-A^D)^{-1}F^{DE}$

其中，$\hat{E}$ 是国内各行业二氧化碳直接排放系数对角阵，又称为二氧化碳排放强度对角阵，对角阵每个元素等于各行业的二氧化碳排放量除以本行业总产出。$(I-A^D)^{-1}$ 为 $n\times n$ 向量的列昂惕夫逆矩阵，又称为完全需求系数矩阵，表示国内各行业之间的投入产出关系。$\hat{E}(I-A^D)^{-1}$ 为完全需求碳排放强度，I 为单位矩阵。Y^D 是 $n\times 1$ 的最终使用列向量，表示本国生产且用于本国消费的产品，在非竞争型投入产出表中包括家庭、非营利机构、政府的消费，以及固定资本形成和存货变化，Y^D 与出口列向量 F^{DE} 的和即为最终使用合计 F^D。

在表 11.1 中，Ⅰ代表由国内生产且由国内消费的产品的隐含碳，Ⅱ表示由国内生产后出口到国外消费商品的隐含碳，即为传统意义上只考虑作为最终使用部分的出口品的隐含碳。Ⅲ代表国外生产且用于国内生产和消费的进口产品所隐含的碳排放，Ⅳ代表国外生产但是经由国内再加工出口的产品隐含碳。依据陈楠和刘学敏(2016)，真实出口隐含碳包括国内出口部分以及进口中间品的隐含碳，即为Ⅱ＋Ⅳ：

$$E^{ex}=E^{II}+E^{IV}=\hat{E}(I-A^D)^{-1}F^{DE}+\hat{E}(I-A^D)^{-1}A^M(I-A^D)^{-1}F^{DE} \tag{11.7}$$

其中，E^{ex} 表示出口真实隐含碳，$E^{II}=\hat{E}(I-A^D)^{-1}F^{DE}$ 表示本国生产且作为最终使用的出口品所排放的隐含碳，$E^{IV}=\hat{E}(I-A^D)^{-1}A^M(I-A^D)^{-1}F^{DE}$ 表示再出口的产品所含的二氧化碳，其中 $A^M(I-A^D)^{-1}$ 是考虑了对进口品的直接和间接消耗总和的完全进口消耗系数矩阵。

相应地，考虑一国进口品的三个用途，即国内最终消费、作为生产国内最终消费品的中间投入、国内生产领域中作为再出口产品的中间投入，进口隐含碳可以表示为Ⅲ＋Ⅳ，即：

$$E^{im} = E^{\text{III}} + E^{\text{IV}} = \hat{E}(I - A^D)^{-1}[A^M(I - A^D)^{-1}Y^D + F^M] + \hat{E}(I - A^D)^{-1}A^M(I - A^D)^{-1}F^{DE} \tag{11.8}$$

其中，E^{im} 表示进口隐含碳，$\hat{E}(I - A^D)^{-1}A^M(I - A^D)^{-1}Y^D$ 表示进口品中用于生产国内最终消费品的中间投入隐含碳，$\hat{E}(I - A^D)^{-1}F^M$ 是进口品中直接用于国内最终消费的产品隐含碳，$\hat{E}(I - A^D)^{-1}A^M(I - A^D)^{-1}F^{DE}$ 表示进口品中用于国内生产再出口产品的中间投入的隐含碳。

参考 Ahmad 和 Wyckoff(2003)、Lin 和 Sun(2010)的隐含碳公式，进口真实碳福利等于第Ⅲ和第Ⅳ部分加总的进口隐含碳减去Ⅳ，因此可以表示为：

$$E^{imf} = \hat{E}(I - A^D)^{-1}[A^M(I - A^D)^{-1}Y^D + F^M] \tag{11.9}$$

其中 E^{imf} 表示进口真实碳福利，是指真正用于国内最终消费和作为中间投入产品而进口所节约的不用排放在国内的隐含碳。

第三节　出口真实隐含碳和进口真实碳福利测算

一、数据说明及描述

由于 WIOD 最新公布的数据是在 2016 年，投入产出表的数据截至 2014 年，因此本章数据选自 WIOD 于 2016 年公布的《中国投入产出表》(2007—2014)、《中国能源统计年鉴》(2007—2014)。中国的列昂惕夫逆矩阵、国内的中间投入系数矩阵和进口中间投入系数矩阵是根据 WIOD 提供的《中国投入产出表》行业数据间接计算得到的。WIOD 的《中国投入产出表》将行业分为 56 个，而能源消耗表将行业分为 46 个，且两张表的行业分类并不一致，因此在计算中国进口真实碳福利和出口真实隐含碳之前需将部分行业合并。为了便于数据处理，我们将所有行业合并为 20 个[①]。

---

① 这 20 个行业分别为：农业、采掘业、食品及烟草制造业、纺织服装及皮革羽绒制造业、木材制造业、造纸印刷文教体育用品制造业、石油炼焦及核燃料加工业、化学工业、非金属矿物制品业、金属制品冶炼及压延加工业、通信设备计算机及其他电子设备制造业、电气机械及器材制造业、交通运输设备制造业、其他制造业、电力煤气的生产和供应业、水的生产和供应业、建筑业、交通运输仓储和邮政业、批发零售和住宿餐饮业、其他行业。

首先求出直接碳排放强度系数对角阵 $\hat{E}$，并据此计算我国各行业的二氧化碳直接排放强度。参考王媛等(2012)的公式：

$$B = C \cdot F = C \cdot \frac{E}{X} \tag{11.10}$$

其中，B 为直接碳排放强度，F 是单位产值能耗，E 是能源消费量，X 为总产出，C 是单位能源的碳排放系数。

二氧化碳排放系数可表示为：

$$C_k = NCV_k \times CC_k \times COF_k \times (44/12),\ k = 1,\ 2,\ 3,\ \cdots \tag{11.11}$$

其中，NCV_k 是净发热值，单位 TJ/Gg；CC_k 是碳排放因子，单位 Kg/TJ；44 和 12 分别为二氧化碳和碳的分子量；二氧化碳排放因子等于碳排放因子 $CC_K \times 44/12$；COF_k 是碳氧化因子，IPCC 取缺省值 1。中国 8 种能源的二氧化碳排放系数来自 IPCC，根据《中国能源统计年鉴》公布的分行业 8 种能源消耗量，乘以对应的能源二氧化碳排放系数 C 后加总，可以得到各行业的二氧化碳排放量，表 11.2 为 2007—2014 年我国 20 个行业二氧化碳的排放总量，行业名称后的编号为排放总量的从高到低排序。

表 11.2　我国各行业二氧化碳排放总量

行业	二氧化碳排放量(亿吨)							
	2007	2008	2009	2010	2011	2012	2013	2014
农业(11)	0.7749	0.7324	0.7554	0.8073	0.8453	0.8710	1.0520	1.0896
采掘业(5)	4.6960	4.9098	5.3032	5.9229	6.2754	6.6498	9.0368	8.7424
食品及烟草制造业(9)	0.8099	0.8348	0.8284	0.8636	0.8651	0.8755	1.4945	1.3197
纺织服装及皮革羽绒制造业(14)	0.7324	0.6603	0.6307	0.6694	0.5777	0.5333	0.7417	0.6435
木材制造业(17)	0.1021	0.1009	0.1004	0.0995	0.0980	0.0950	0.1363	0.1441
造纸印刷文教体育用品制造业(10)	0.8413	0.8578	0.8824	0.9396	0.9649	0.9851	1.1776	1.0885

（续　表）

行业	二氧化碳排放量(亿吨)							
	2007	2008	2009	2010	2011	2012	2013	2014
石油炼焦及核燃料加工业(2)	14.783 5	15.353 6	16.385 4	18.588 7	19.746 9	21.335 2	24.332 0	25.244 8
化学工业(4)	5.468 6	5.765 5	5.647 1	5.637 5	6.335 8	6.440 9	8.637 3	9.181 6
非金属矿物制品业(6)	4.622 8	5.232 2	5.363 7	5.281 2	5.661 0	5.667 3	7.187 5	7.490 8
金属制品冶炼及压延加工业(3)	13.196 7	13.844 8	14.851 5	16.383 5	17.883 0	18.280 4	21.568 5	22.250 7
通信设备计算机及其他电子设备制造业(19)	0.073 1	0.089 9	0.085 1	0.084 7	0.062 4	0.076 5	0.060 4	0.059 5
电气机械及器材制造业(18)	0.073 3	0.084 2	0.128 3	0.106 4	0.148 8	0.139 0	0.185 7	0.170 4
交通运输设备制造业(16)	0.273 6	0.297 2	0.301 3	0.310 5	0.310 2	0.229 4	0.235 3	0.213 0
其他制造业(13)	0.608 6	0.600 5	0.664 0	0.695 9	0.742 7	0.643 3	0.717 4	0.765 9
电力煤气的生产和供应业(1)	28.439 4	28.936 6	30.673 9	32.037 3	36.043 5	36.793 4	40.033 9	37.176 6
水的生产和供应业(20)	0.010 1	0.009 9	0.009 2	0.017 1	0.011 2	0.015 2	0.013 8	0.011 4
建筑业(15)	0.340 1	0.323 9	0.354 6	0.406 7	0.431 8	0.425 4	0.475 2	0.491 6
交通运输仓储和邮政业(7)	4.302 4	4.453 1	4.572 3	5.017 8	5.444 6	6.043 8	6.432 1	6.676 1
批发零售和住宿餐饮业(12)	0.534 1	0.506 5	0.572 3	0.590 4	0.661 2	0.712 4	1.060 8	1.033 7
其他行业(8)	1.142 3	1.139 7	1.165 0	1.255 0	1.379 4	1.479 9	1.951 4	1.882 9
合计	81.825 2	84.733 6	89.274 2	95.715 0	104.489	108.292	126.530	125.677

从表 11.2 可以看出，我国 2007—2014 年二氧化碳排放总量逐年攀升，从 2007 年的约 81.83 亿吨增长到 2014 年的约 125.68 亿吨，其中排放总量最高的行业（从高到低）依次为电力煤气生产和供应业、石油炼焦及核燃料加工业、金属制品冶炼及压延加工业，其次是化学工业、采掘业、非金属矿物制品业、交通运输仓储和邮政业；排放总量较低的行业包括木材制造业、电气机械及器材制造业；排放总量最低的行业包括通信设备计算机及其他电子设备制造业、水的生产和供应业。根据公式（11.10）可以得到各行业的二氧化碳排放强度，见表 11.3。与逐年增长的排放总量相比，我国整体二氧化碳排放强度基本呈逐年下降趋势，从 2007 年的每万元 1.01 吨到 2014 年的约每万元 0.64 吨，碳排放强度的高低顺序与排放总量顺序基本一致。

表 11.3　我国 20 个行业二氧化碳排放强度

行业	二氧化碳排放强度（吨/万元）							
	2007	2008	2009	2010	2011	2012	2013	2014
农业（10）	0.1587	0.1274	0.1257	0.1167	0.1043	0.0975	0.1082	0.1061
采掘业（5）	1.6498	1.2031	1.4441	1.3004	1.0595	1.1287	1.3497	1.1592
食品及烟草制造业（9）	0.2113	0.1717	0.1592	0.1362	0.1085	0.0939	0.1412	0.1188
纺织服装及皮革羽绒制造业（11）	0.1853	0.1505	0.1317	0.1273	0.0969	0.0798	0.0994	0.0822
木材制造业（14）	0.1017	0.0935	0.0691	0.0712	0.0570	0.0474	0.0581	0.0585
造纸印刷文教体育用品制造业（8）	0.7662	0.6996	0.6191	0.6405	0.5787	0.5368	0.5798	0.5107
石油炼焦及核燃料加工业（2）	7.6815	7.0877	7.0465	5.1276	4.2832	4.3783	4.8360	4.7814
化学工业（7）	0.9659	0.8452	0.7985	0.6875	0.6220	0.5673	0.6715	0.6802

（续　表）

行业	二氧化碳排放强度(吨/万元)							
	2007	2008	2009	2010	2011	2012	2013	2014
非金属矿物制品业(3)	2.2198	2.1825	1.7771	1.6580	1.4142	1.2647	1.3757	1.3663
金属制品冶炼及压延加工业(4)	1.8338	1.5528	1.7570	1.7309	1.5559	1.3998	1.5024	1.4770
通信设备计算机及其他电子设备制造业(20)	0.0160	0.0190	0.0196	0.0126	0.0081	0.0091	0.0065	0.0061
电气机械及器材制造业(19)	0.0296	0.0254	0.0412	0.0249	0.0293	0.0252	0.0300	0.0263
交通运输设备制造业(16)	0.0908	0.0817	0.0615	0.0455	0.0396	0.0276	0.0246	0.0212
其他制造业(12)	0.1353	0.1164	0.1150	0.1197	0.1077	0.0905	0.0897	0.0913
电力煤气的生产和供应业(1)	6.8648	8.2681	8.4196	7.7784	7.7757	7.5038	7.1847	5.9230
水的生产和供应业(18)	0.0287	0.0347	0.0324	0.0557	0.0324	0.0416	0.0332	0.0244
建筑业(17)	0.0514	0.0400	0.0366	0.0353	0.0313	0.0277	0.0279	0.0264
交通运输仓储和邮政业(6)	1.4014	1.2943	1.3000	1.2473	1.1543	1.1656	1.1318	1.0638
批发零售和住宿餐饮业(13)	0.1077	0.0828	0.0852	0.0729	0.0684	0.0648	0.0865	0.0764
其他行业(15)	0.0888	0.0755	0.0673	0.0624	0.0582	0.0549	0.0633	0.0545
合计	1.0098	0.8911	0.8691	0.7832	0.7154	0.6703	0.6987	0.6444

二、出口真实隐含碳的测算与分析

（一）整体出口真实隐含碳测算

依据前文出口真实隐含碳公式(11.7)，对2007—2014年国内生产用于国外消费的出口隐含碳、出口品的进口中间投入（再出口）隐含碳以及出口真实隐含碳进行测算，结果见表11.4。由表11.4可知，受2008年金融危机影响，我国出口隐含碳规模在2009年有显著下降，之后随着全球经济的复苏和出口贸易的好转，从2010年开始出口隐含碳总量回升，到2011年时基本达到经济危机前的水平。出口品的进口中间投入隐含碳则从2007年的7.27亿吨呈波动式下降，在2009年锐减到4.68亿吨，之后虽有所回升，但总体仍呈递减趋势。两者相加得到的出口真实隐含碳也显示出相似的变化趋势。另外，根据表11.4，如果不把出口品的进口中间投入（再出口）隐含碳考虑在我国出口隐含碳的计算中，会大大低估出口商品真实隐含碳。

表11.4　2007—2014年我国出口隐含碳估算的行业合计　单位:亿吨

总量指标	2007	2008	2009	2010	2011	2012	2013	2014
出口隐含碳	27.8922	27.1040	22.2292	25.7023	27.3742	27.0436	30.6686	30.3353
再出口隐含碳	7.2713	6.4881	4.6842	5.9715	6.3462	5.9293	6.6316	5.6467
出口真实隐含碳	35.1635	33.5922	26.9134	31.6738	33.7205	32.9728	37.3002	35.9820

（二）分行业出口真实隐含碳测算

依据公式(11.7)可以测算出我国20个行业2007—2014年的出口隐含碳、再出口隐含碳和出口真实隐含碳，结果如表11.5、表11.6和表11.7所示。

表11.5　2007—2014年我国各行业出口隐含碳　单位:亿吨

行业	出口隐含碳							
	2007	2008	2009	2010	2011	2012	2013	2014
农业	0.1589	0.1337	0.1223	0.1379	0.1378	0.1360	0.1610	0.1662
采掘业	1.6706	1.6583	1.3577	1.6385	1.7061	1.7233	2.2732	2.1766

（续 表）

行业	出口隐含碳							
	2007	2008	2009	2010	2011	2012	2013	2014
食品及烟草制造业	0.1546	0.1444	0.1275	0.1381	0.1324	0.1293	0.2114	0.1873
纺织服装及皮革羽绒制造业	0.4833	0.3989	0.3210	0.3672	0.3093	0.2632	0.3630	0.3110
木材制造业	0.0323	0.0283	0.0209	0.0220	0.0214	0.0200	0.0281	0.0295
造纸印刷文教体育用品制造业	0.2570	0.2439	0.2090	0.2438	0.2512	0.2495	0.2879	0.2665
石油炼焦及核燃料加工业	5.1191	5.1032	4.2163	5.1344	5.3295	5.4773	6.0811	6.2254
化学工业	2.4489	2.3871	1.8911	2.0282	2.2035	2.0909	2.7002	2.8648
非金属矿物制品业	0.8019	0.8667	0.6716	0.7557	0.8019	0.8103	1.0235	1.0316
金属制品冶炼及压延加工业	5.3329	5.2149	4.1621	4.9734	5.3598	5.1965	5.9965	6.2243
通信设备计算机及其他电子设备制造业	0.0572	0.0687	0.0643	0.0619	0.0434	0.0519	0.0393	0.0384
电气机械及器材制造业	0.0348	0.0364	0.0478	0.0422	0.0574	0.0525	0.0694	0.0650
交通运输设备制造业	0.0773	0.0781	0.0562	0.0634	0.0618	0.0421	0.0400	0.0355
其他制造业	0.2792	0.2571	0.2172	0.2555	0.2723	0.2256	0.2467	0.2658
电力煤气的生产和供应业	9.1887	8.6666	7.1771	7.9976	8.7218	8.5058	8.9711	8.2990
水的生产和供应业	0.0020	0.0019	0.0015	0.0030	0.0019	0.0028	0.0024	0.0020

（续　表）

行业	出口隐含碳							
	2007	2008	2009	2010	2011	2012	2013	2014
建筑业	0.0040	0.0041	0.0036	0.0049	0.0057	0.0054	0.0066	0.0063
交通运输仓储和邮政业	1.4698	1.5109	1.2857	1.5273	1.6216	1.7114	1.7092	1.6992
批发零售和住宿餐饮业	0.1446	0.1381	0.1401	0.1559	0.1763	0.1857	0.2551	0.2462
其他行业	0.1749	0.1625	0.1361	0.1514	0.1593	0.1642	0.2027	0.1946

表 11.6　2007—2014 年我国各行业再出口隐含碳　单位:亿吨

行业	出口品的进口中间投入隐含碳							
	2007	2008	2009	2010	2011	2012	2013	2014
农业	0.0301	0.0255	0.0191	0.0249	0.0257	0.0245	0.0278	0.0268
采掘业	0.9117	0.8726	0.6200	0.8984	0.9620	0.9408	1.1435	0.9279
食品及烟草制造业	0.0222	0.0209	0.0155	0.0187	0.0179	0.0174	0.0275	0.0224
纺织服装及皮革羽绒制造业	0.0279	0.0211	0.0156	0.0186	0.0149	0.0127	0.0167	0.0131
木材制造业	0.0052	0.0042	0.0029	0.0033	0.0033	0.0028	0.0039	0.0038
造纸印刷文教体育用品制造业	0.0703	0.0598	0.0428	0.0539	0.0528	0.0457	0.0498	0.0424
石油炼焦及核燃料加工业	1.4906	1.3673	0.9418	1.2102	1.2653	1.2281	1.3074	1.1610
化学工业	0.7152	0.6029	0.4226	0.4905	0.5019	0.4348	0.5351	0.5119
非金属矿物制品业	0.1472	0.1360	0.0890	0.0992	0.1005	0.0898	0.1111	0.1015
金属制品冶炼及压延加工业	1.1171	0.9482	0.7603	0.9759	1.0439	0.9606	1.1727	0.9711

（续　表）

行业	出口品的进口中间投入隐含碳							
	2007	2008	2009	2010	2011	2012	2013	2014
通信设备计算机及其他电子设备制造业	0.0208	0.0224	0.0169	0.0171	0.0114	0.0131	0.0098	0.0087
电气机械及器材制造业	0.0050	0.0048	0.0056	0.0053	0.0069	0.0057	0.0071	0.0059
交通运输设备制造业	0.0116	0.0097	0.0062	0.0070	0.0064	0.0040	0.0039	0.0034
其他制造业	0.0393	0.0336	0.0253	0.0343	0.0354	0.0255	0.0268	0.0276
电力煤气的生产和供应业	2.3496	2.0659	1.4799	1.8304	1.9861	1.8020	1.8503	1.5007
水的生产和供应业	0.0005	0.0004	0.0003	0.0006	0.0004	0.0006	0.0005	0.0004
建筑业	0.0006	0.0005	0.0004	0.0007	0.0007	0.0007	0.0008	0.0008
交通运输仓储和邮政业	0.2449	0.2398	0.1808	0.2356	0.2623	0.2723	0.2715	0.2582
批发零售和住宿餐饮业	0.0253	0.0212	0.0169	0.0205	0.0218	0.0217	0.0314	0.0287
其他行业	0.0364	0.0312	0.0223	0.0265	0.0267	0.0265	0.0338	0.0304

表 11.7　2007—2014 年我国各行业出口真实隐含碳估算　单位:亿吨

行业	出口真实隐含碳							
	2007	2008	2009	2010	2011	2012	2013	2014
农业	0.1890	0.1592	0.1415	0.1628	0.1635	0.1605	0.1888	0.1930
采掘业	2.5823	2.5309	1.9777	2.5369	2.6682	2.6640	3.4168	3.1046
食品及烟草制造业	0.1768	0.1653	0.1430	0.1569	0.1503	0.1467	0.2389	0.2096

（续　表）

行业	出口真实隐含碳							
	2007	2008	2009	2010	2011	2012	2013	2014
纺织服装及皮革羽绒制造业	0.5112	0.4200	0.3366	0.3858	0.3242	0.2759	0.3797	0.3241
木材制造业	0.0375	0.0326	0.0237	0.0254	0.0247	0.0228	0.0321	0.0332
造纸印刷文教体育用品制造业	0.3273	0.3038	0.2518	0.2977	0.3039	0.2952	0.3377	0.3090
石油炼焦及核燃料加工业	6.6097	6.4705	5.1581	6.3446	6.5948	6.7054	7.3885	7.3863
化学工业	3.1641	2.9900	2.3138	2.5187	2.7054	2.5257	3.2353	3.3767
非金属矿物制品业	0.9491	1.0027	0.7606	0.8549	0.9024	0.9002	1.1346	1.1330
金属制品冶炼及压延加工业	6.4500	6.1631	4.9224	5.9493	6.4037	6.1571	7.1693	7.1954
通信设备计算机及其他电子设备制造业	0.0780	0.0912	0.0812	0.0790	0.0549	0.0650	0.0491	0.0472
电气机械及器材制造业	0.0398	0.0413	0.0534	0.0475	0.0642	0.0582	0.0765	0.0708
交通运输设备制造业	0.0890	0.0878	0.0624	0.0704	0.0682	0.0460	0.0438	0.0389
其他制造业	0.3185	0.2907	0.2424	0.2898	0.3077	0.2511	0.2735	0.2935
电力煤气的生产和供应业	11.5383	10.7325	8.6570	9.8280	10.7079	10.3078	10.8214	9.7998
水的生产和供应业	0.0025	0.0023	0.0018	0.0036	0.0023	0.0034	0.0029	0.0024

（续　表）

行业	出口真实隐含碳							
	2007	2008	2009	2010	2011	2012	2013	2014
建筑业	0.0045	0.0046	0.0041	0.0056	0.0064	0.0060	0.0074	0.0070
交通运输仓储和邮政业	1.7147	1.7507	1.4665	1.7629	1.8838	1.9838	1.9808	1.9573
批发零售和住宿餐饮业	0.1699	0.1593	0.1570	0.1764	0.1981	0.2074	0.2864	0.2749
其他行业	0.2113	0.1937	0.1584	0.1779	0.1859	0.1907	0.2366	0.2251

根据表 11.7,出口真实隐含碳排放量最多的行业是电力煤气的生产和供应业,年排放规模在 10 亿吨上下,其次是金属制品冶炼及压延加工业(每年 6 亿吨左右)和石油炼焦及核燃料加工业(每年 6 亿吨左右),其他依次分别为化学工业(每年约 3 亿吨)、采掘业(每年 2 亿至 3 亿吨)、交通运输仓储和邮政业(每年接近 2 亿吨)和非金属矿物制品业(每年 1 亿吨上下),其他行业的出口真实隐含碳相对较少。根据我国能源局的界定,电力煤气的生产和供应业、金属制品冶炼及压延加工业、石油炼焦及核燃料加工业、化学工业和非金属矿物制品业为六大高耗能行业,具有单位产出能耗水平高和二氧化碳排放强度高的特点。加工贸易占我国外贸总量的 40%至 50%(闫云凤、赵忠秀和王苒,2012),因此需考虑用于出口品生产的进口品隐含碳对出口真实隐含碳的影响。通过计算各行业在不同年份的再出口隐含碳占出口真实隐含碳的比例可以发现,采掘业、石油炼焦及核燃料加工业、金属制品冶炼及压延加工业、电力煤气的生产和供应业的再出口隐含碳占比较高。因此,若要实现可持续发展,除了采取积极措施降低这些高耗能行业的出口贸易碳排放强度之外,更需要从我国能源结构、出口的行业结构、工艺技术等方面进行改革和优化。

三、进口真实碳福利的测算与分析

(一) 整体进口真实碳福利测算

依据公式(11.8)和公式(11.9),对 2007—2014 年进口中用于国内中间投入的产品隐含碳、进口产品中用于最终消费的产品隐含碳、进口真实碳福利、出口品的进口中间投入隐含碳和总进口隐含碳进行测算,结果见表

11.8。结果表明,由于出口品的进口中间投入隐含碳间接受到金融危机的影响,在2008至2009年出现下降,导致总的进口隐含碳也呈现先下降后上升的趋势。金融危机对国内消费的进口中间品和最终消费品的影响不大,进口真实碳福利始终呈现增长的趋势,从2007年的约15.35亿吨攀升到2013年的23.03亿吨,在2014年回落到20.32亿吨。对我国进口真实碳福利贡献度较高的是进口国内使用的中间投入品的隐含碳,它约为进口国内最终消费品隐含碳的3倍。

表11.8　2007—2014年我国进口隐含碳估算的行业合计　单位:亿吨

总量指标	2007	2008	2009	2010	2011	2012	2013	2014
进口国内中间投入隐含碳	11.3952	11.4484	11.4810	13.5709	15.3308	15.3716	17.9656	15.3791
进口最终消费隐含碳	3.9533	4.0813	4.1242	4.8276	5.3369	4.8933	5.0606	4.9454
进口真实碳福利	15.3486	15.5297	15.6052	18.3985	20.6677	20.2649	23.0262	20.3245
出口品的进口中间投入隐含碳	7.2713	6.4881	4.6842	5.9715	6.3462	5.9293	6.6316	5.6467
总进口隐含碳	22.6199	22.0178	20.2893	24.3700	27.0139	26.1942	29.6579	25.9712

从变化趋势来看,用于国内最终消费的进口品隐含碳在2007—2014年间较稳定,所以进口真实碳福利的变化基本受国内中间投入进口品隐含碳的影响,而出口品的进口中间投入隐含碳在2009年以后也保持一个稳定的状态,所以总进口隐含碳的变化主要受进口真实碳福利变化的影响。总进口隐含碳、进口真实碳福利和进口国内中间投入隐含碳在2014年都呈现下降的势头,这可能得益于我国的生产技术进步和碳排放强度的降低。

(二) 分行业进口真实碳福利测算

根据公式(11.9),可以得到我国分行业2007—2014年进口真实碳福利,结果见表11.9。表11.10为分行业进口真实节碳比重,从中可以看出,

表 11.9 2007—2014 年我国各行业进口真实碳福利 单位:亿吨

行业	进口真实碳福利								累积进口真实减排量
	2007	2008	2009	2010	2011	2012	2013	2014	
农业	0.0772	0.0751	0.0756	0.0917	0.1011	0.1032	0.1206	0.1211	0.7655
采掘业	1.8253	1.9309	1.9665	2.5791	2.8723	2.9700	3.7204	3.0817	20.9462
食品及烟草制造业	0.0709	0.0740	0.0728	0.0818	0.0840	0.0840	0.1385	0.1186	0.7246
纺织服装及皮革羽绒制造业	0.0436	0.0411	0.0435	0.0477	0.0433	0.0412	0.0549	0.0464	0.3618
木材制造业	0.0137	0.0120	0.0108	0.0121	0.0124	0.0108	0.0153	0.0154	0.1026
造纸印刷文教体育用品制造业	0.1497	0.1429	0.1394	0.1621	0.1695	0.1551	0.1746	0.1544	1.2477
石油炼焦及核燃料加工业	3.1147	3.4776	3.2467	3.8225	4.2397	4.3627	4.7323	4.3066	31.3028
化学工业	1.3158	1.2701	1.2488	1.3319	1.4641	1.3739	1.7179	1.7077	11.4303
非金属矿物制品业	0.3369	0.3444	0.3133	0.3418	0.3688	0.3458	0.4234	0.4114	2.8859
金属制品冶炼及压延加工业	2.5374	2.3753	2.6411	3.1803	3.5625	3.3587	4.1062	3.5602	25.3217
通信设备计算机及其他电子设备制造业	0.0208	0.0243	0.0294	0.0282	0.0208	0.0252	0.0189	0.0171	0.1846
电气机械及器材制造业	0.0137	0.0135	0.0210	0.0179	0.0241	0.0200	0.0249	0.0220	0.1572
交通运输设备制造业	0.0483	0.0453	0.0383	0.0430	0.0440	0.0301	0.0296	0.0280	0.3065
其他制造业	0.1529	0.1395	0.1317	0.1787	0.1938	0.1352	0.1374	0.1485	1.2177
电力煤气的生产和供应业	4.9062	4.7970	4.8287	5.5260	6.3498	6.0406	6.3054	5.3112	44.0649

（续　表）

行业	进口真实碳福利								累积进口真实减排量
	2007	2008	2009	2010	2011	2012	2013	2014	
水的生产和供应业	0.0010	0.0010	0.0010	0.0019	0.0013	0.0019	0.0017	0.0014	0.0112
建筑业	0.0020	0.0020	0.0021	0.0026	0.0030	0.0027	0.0033	0.0032	0.0207
交通运输仓储和邮政业	0.5743	0.6264	0.6535	0.7929	0.9382	1.0211	1.0489	1.0322	6.6874
批发零售和住宿餐饮业	0.0555	0.0514	0.0579	0.0659	0.0754	0.0783	0.1156	0.1095	0.6095
其他行业	0.0885	0.0858	0.0831	0.0905	0.0997	0.1044	0.1366	0.1278	0.8165

表 11.10　2007—2014 年我国各行业进口真实节碳比重

行业	进口真实碳福利占总进口隐含碳比重(%)							
	2007	2008	2009	2010	2011	2012	2013	2014
农业(5)	71.9358	74.6531	79.7938	78.6296	79.7617	80.8025	81.2768	81.8747
采掘业(17)	66.6904	68.8741	76.0296	74.1657	74.9097	75.9438	76.4898	76.8578
食品及烟草制造业(3)	76.1428	77.9970	82.4525	81.3606	82.4775	82.8836	83.4488	84.1251
纺织服装及皮革羽绒制造业(19)	60.9660	66.1361	73.6644	71.9301	74.4286	76.3684	76.6315	77.9380
木材制造业(6)	72.4499	73.8847	79.1420	78.2844	79.0186	79.3382	79.4943	80.2854
造纸印刷文教体育用品制造业(14)	68.0602	70.4880	76.5080	75.0570	76.2650	77.2293	77.8035	78.4443
石油炼焦及核燃料加工业(13)	67.6337	71.7785	77.5140	75.9540	77.0161	78.0342	78.3527	78.7664
化学工业(18)	64.7860	67.8112	74.7152	73.0840	74.4694	75.9601	76.2511	76.9371
非金属矿物制品业(10)	69.5938	71.6962	77.8740	77.5139	78.5868	79.3776	79.2068	80.2183
金属制品冶炼及压延加工业(11)	69.4319	71.4703	77.6485	76.5199	77.3377	77.7604	77.7844	78.5695
通信设备计算机及其他电子设备制造业(20)	50.0610	51.9594	63.5294	62.2713	64.4740	65.7564	65.7141	66.1296
电气机械及器材制造业(7)	73.3764	73.6433	78.8960	77.1190	77.8824	77.8514	77.8769	78.9048
交通运输设备制造业(1)	80.6080	82.3264	86.0738	86.0685	87.2647	88.3690	88.4031	89.2574
其他制造业(2)	79.5599	80.5840	83.9089	83.8873	84.5407	84.1204	83.6882	84.3123
电力煤气的生产和供应业(16)	67.6180	69.8980	76.5413	75.1184	76.1739	77.0232	77.3130	77.9689

（续　表）

行业	进口真实碳福利占总进口隐含碳比重(%)							
	2007	2008	2009	2010	2011	2012	2013	2014
水的生产和供应业(15)	67.5693	70.0018	76.6304	75.2842	76.5069	77.2462	77.4975	78.0805
建筑业(4)	78.5066	78.3007	82.3521	79.6505	80.1186	80.0273	79.8259	80.3930
交通运输仓储和邮政业(9)	70.1075	72.3168	78.3260	77.0935	78.1522	78.9435	79.4348	79.9927
批发零售和住宿餐饮业(12)	68.6786	70.7979	77.4578	76.2702	77.5890	78.3342	78.6460	79.2265
其他行业(8)	70.8668	73.3306	78.8344	77.3601	78.8789	79.7647	80.1400	80.7734

大多数行业的进口减排量普遍被高估 20%至 30%(表 11.10 第一列行业名称右侧编号为占比从高到低排序)。其中,交通运输设备制造业、其他制造业、食品及烟草制造业、建筑业、农业、木材制造业是进口真实碳福利占进口隐含碳的比重最高(从高到低)的六个行业。而通信设备计算机及其他电子设备制造业、纺织服装与皮革羽绒制造业的进口减排高估率(从高到低)最高,可能是 2007 年至 2014 年间我国的加工贸易比例较高所致。

通过计算各行业的进口真实碳福利贡献率可以发现,第一,进口真实碳福利贡献率高的行业在总进口隐含碳和出口品的进口中间投入隐含碳中的贡献率也较高。这反映出各行业的碳排放强度和在国民经济中所处的投入产出关系中的地位差异,对进口真实碳福利分行业贡献率影响显著(李真,2014),而进口真实碳福利的贡献率对行业进口与出口量之间的差距并不敏感,由此延伸出分行业在全球生产链上的地位也同样影响进口真实碳福利。第二,不同行业的进口真实碳福利的贡献率差异较大,其中电力煤气的生产和供应业、石油炼焦及核燃料加工业、金属制品冶炼及压延加工业、采掘业是进口真实碳福利贡献率最高的四个行业,贡献率均在 15%以上,其次是化学工业、交通运输仓储和邮政业、非金属矿物制品业的进口真实碳福利贡献率集中分布在 1%至 10%,其他行业的贡献率都未达到 1%。进口真实碳福利贡献率较高的行业与出口真实隐含碳占比较高的行业重叠大致相同,都是属于单位产出能耗水平高且碳排放强度也高的“双高”行业。但同时,这些行业的进口真实碳福利贡献率也很高。因此,对这些能耗高行业来说,通过大量进口国外中间投入品来进行国内生产或直接消费能够更有效地减少这些基础行业的隐含碳排放量。

以进口真实碳福利占出口真实隐含碳之比作为衡量进口减排空间的指标,表 11.11 表明,绝大多数行业进口减排空间分布在 40%至 60%之间,尽管经济全球化和对外贸易给我国带来了较大的环境压力,但是从逐年增长的进口品贸易中,我国的进口真实碳福利也呈逐年增长,而且各行业的进口减排空间巨大。在行业分布上,采掘业、石油炼焦及核燃料加工业是进口减排空间最大的 2 个行业;而纺织服装及皮革羽绒制造业、批发零售和住宿餐饮业进口减排空间较小(见表 11.11)。从进口减排空间的变化趋势看,大部分行业的进口真实碳福利占出口隐含碳比重都出现逐步上升的趋势。这得益于 2007 年中国开始调整对外贸易结构,不仅各行业进口规模逐渐上升,进口结构上也向着有利于改善国内环境的方向转变,例如我国增加了对

表 11.11　2007—2014 年我国各行业进口真实减排效应

行业	进口真实碳福利占出口真实隐含碳比重(%)							
	2007	2008	2009	2010	2011	2012	2013	2014
农业	40.8263	47.2043	53.4303	56.3005	61.8390	64.3266	63.8585	62.7211
采掘业	70.6846	76.2942	99.4375	101.6642	107.6493	111.4842	108.8863	99.2649
食品及烟草制造业	40.0888	44.7457	50.9348	52.1374	55.9091	57.3039	57.9873	56.5688
纺织服装及皮革羽绒制造业	8.5296	9.7964	12.9248	12.3704	13.3662	14.9325	14.4554	14.3121
木材制造业	36.5139	36.8587	45.6323	47.5533	50.3348	47.3410	47.6142	46.4313
造纸印刷文教体育用品制造业	45.7547	47.0589	55.3384	54.4440	55.7686	52.5373	51.7082	49.9723
石油炼焦及核燃料加工业	47.1235	53.7448	62.9429	60.2485	64.2889	65.0635	64.0488	58.3050
化学工业	41.5842	42.4786	53.9739	52.8820	54.1161	54.3962	53.0999	50.5739
非金属矿物制品业	35.4991	34.3468	41.1835	39.9883	40.8698	38.4184	37.3166	36.3121
金属制品冶炼及压延加工业	39.3396	38.5402	53.6558	53.4567	55.6321	54.5497	57.2746	49.4789
通信设备计算机及其他电子设备制造业	26.7118	26.6048	36.2005	35.6702	37.8507	38.7727	38.4445	36.1630
电气机械及器材制造业	34.5027	32.7832	39.2677	37.5973	37.5841	34.3888	32.5877	31.1023
交通运输设备制造业	54.3348	51.5875	61.2988	61.1495	64.4797	65.4188	67.4168	71.9897
其他制造业	48.0104	47.9951	54.3243	61.6557	62.9952	53.8322	50.2306	50.6082
电力煤气的生产和供应业	42.5215	44.6961	55.7778	56.2267	59.3003	58.6022	58.2678	54.1973

（续　表）

行业	进口真实碳福利占出口真实隐含碳比重(%)							
	2007	2008	2009	2010	2011	2012	2013	2014
水的生产和供应业	42.2697	44.5522	53.8612	52.8771	54.8285	55.6633	58.9272	56.0654
建筑业	44.5550	42.5139	50.5127	45.9925	46.1714	43.9045	44.4014	45.1155
交通运输仓储和邮政业	33.4908	35.7798	44.5628	44.9781	49.8007	51.4716	52.9513	52.7336
批发零售和住宿餐饮业	32.6455	32.2452	36.9142	37.3583	38.0423	37.7665	40.3507	39.8476
其他行业	41.9014	44.2991	52.4660	50.8945	53.6050	54.7586	57.7345	56.8003
总量	43.6492	46.2301	57.9830	58.0874	61.2912	61.4594	61.7321	56.4852

钢铁、化学工业等高能耗高排放行业产品的进口规模(李真,2014),而这些行业恰好也是进口真实碳福利贡献率较高的行业,由此来看,我国的贸易减排政策的制定应该更重视把握进口减排的巨大空间。电力煤气的生产和供应业、石油炼焦及核燃料加工业、金属制品冶炼及压延加工业和采掘业的累积进口减排空间最大,分别达到 44.06 亿吨、31.30 亿吨、25.32 亿吨、20.95 亿吨;而水的生产和供应业、建筑业、木材制造业由于本身的进口规模不大,所以累积的进口减排量远小于那些能源密集型行业,分别为 112 万吨、207 万吨、1 026 万吨(见表 11.9)。

本部分基于进口真实碳福利和出口真实隐含碳计算模型,利用 WIOD 公布的中国单区域非竞争型投入产出表(2007—2014)和《中国统计年鉴(2007—2014)》相关数据,测算了我国出口和进口隐含碳。主要有以下几点发现:第一,大部分行业二氧化碳排放量呈上升趋势,而碳排放强度呈明显的下降趋势;第二,整体和分行业出口真实隐含碳都呈现出先下降后上升的趋势,下降主要是我国的出口贸易受到 2008 年的金融危机冲击,出口真实隐含碳和再出口隐含碳占比较高的行业都是具有“双高”特点的基础行业;第三,如果把所有进口隐含碳视为碳福利的话,我国整体和分行业的进口真实碳福利会被明显高估。我国整体进口真实碳福利呈增长趋势,“双高”行业的进口真实减排空间和进口真实碳福利贡献率较大,这说明对这些行业和未来我国碳减排政策制定来说,通过进口国外中间投入品和最终消费品的替代能够有效发挥减排作用。

第四节 供给侧改革下贸易部门的碳减排策略

通过运用非竞争型投入产出模型,本研究测算了贸易部门各行业出口真实隐含碳和进口真实碳福利,估算结果表明,在供给侧改革下贸易部门具有较大的减排空间。应根据各行业的出口真实隐含碳和进口真实碳福利规模,调整进出口结构、实施绿色发展导向的进口替代战略。具体策略可以包含以下几个方面。

第一,以绿色发展为导向,推进贸易部门的供给侧改革,优化出口结构并充分发挥进口减排的巨大空间。在供给侧结构性改革的进程中,基于各行业之间存在相关性且进口品用途存在多样性的特征,通过实施差别化的行业政策推动贸易结构的调整与升级。例如对于高排放且产品具有可替代性的高出口隐含碳行业，可以通过供给侧改革进行结构调整和进口替代政策实现对外贸易碳减排目标；对于再出口隐含碳排放较高及增速较快的行业，通过加强技术创新、工艺改进和国产替代来降低中间投入进口品在出口品生产中的比例；对于出口真实隐含碳排放总量大且碳排放强度高的行业，若处于非基础性的部门，采取"关、停、并、转"的方式降低对环境的损害，若处于基础性的重要部门，则加强技术改造和创新，提升该产业在全球价值链的地位，以此提高该产业国内生产的碳排放效率，降低出口真实隐含碳。

第二，以提升价值链地位为导向，进行贸易领域的供给侧改革。通过积极转变外贸发展模式，提升在全球生产价值链上的国际分工地位。我国外贸发展模式一直以来停留在基于较低贸易利益和较大环境代价的"世界工厂"和"加工贸易"的外贸模式，加剧了我国出口真实隐含碳排放的增长并抑制了进口真实碳福利的扩大。为了规避低端锁定的风险，需要根据世界市场对出口商品的需求结构，积极培育外贸竞争中的新优势来提升国际分工地位(潘安，2017)。以供给侧改革为抓手，提升并整改传统的劳动密集型产业，形成专业化的合作分工体系，提升产业在 GVC 中的地位，突破低端锁定；另一方面要发展具有较高附加值的技术和知识密集型产业，形成新的出口竞争优势(岑丽君，2015)。缩减具有高能耗、高污染和低附加值特点的低端外贸出口规模，使出口产品向高附加值、低能耗和低污染的高端环节攀升(巩爱凌，2013)，促使我国由价值链低端生产环节向微笑曲线两端发展，从而降低出口真实隐含碳排放水平。

第三，积极推进生产和消费共担责任的核算标准，主要发达贸易伙伴应该给予我国资金扶持或技术援助，我国也要积极参与各种形式的全球气候合作。现今国际上使用的生产者核算原则明显使我国生产用于国外消费的出口品的真实隐含碳排放记为我国承担的碳排放责任，这大大高估了我国的碳排放水平，我国应积极主张建立基于生产和消费共同承担碳排放责任的核算标准，从而确保在一个公平合理的制度下确定发展中国家真正的排放额度和排放权(杜运苏、张为付，2012)。我国主要的发达贸易伙伴应该测算各自在我国的隐含碳排放和相应的环境成本，向我国提供支持和帮助来建立清洁能源生产机制(CDM)等环保合作项目，从而提高我国的生产效率并减少碳排放，避免低成本过度竞争情况下导致的粗放型经济增长(闫云凤、赵忠秀和王苒，2012)。同时我国也要主动与欧盟、美国、日本等国建立双边气候合作以及各种形势下多边的气候合作，最好是能设立专门负责低碳技术国际合作的常设政府间附属机构，这样就能为进口减排政策的顺利实施提供制度保障(李真，2014)。并且，在"一带一路"倡议的框架下加强与其他沿线国家的贸易合作，一方面提升我国在GVC分工体系中的地位，另一方面也有利于"一带一路"沿线各国实现共同的碳减排目标。

第五节　本章小结

鉴于能够区分国内生产的中间产品和进口中间投入产品，且能更好地反映我国对外贸易中加工贸易占比较大的特点，本章以非竞争型投入产出模型为基础，推导了出口真实隐含碳和进口真实碳福利模型。在此基础上，利用WIOD数据和《中国统计年鉴》测算我国2007—2014年全国和分行业的出口真实隐含碳和进口真实碳福利，研究得到如下结论。

第一，样本期内我国各行业二氧化碳排放总量逐年攀升，整体二氧化碳排放强度基本呈逐年下降趋势。排放总量最高的行业(从高到低)依次为电力煤气生产和供应业、石油炼焦及核燃料加工业、金属制品冶炼及压延加工业，其次是化学工业、采掘业、非金属矿物制品业、交通运输仓储和邮政业；排放总量较低的行业包括木材制造业、电气机械及器材制造业；排放总量最低的行业包括通信设备计算机及其他电子设备制造业、水的生产和供应业。

第二，整体出口真实隐含碳与出口商品规模的变动趋势基本一致，若不考虑出口品的进口中间投入(再出口)隐含碳，会大大低估出口商品真实隐含碳。分行业来看，我国的"双高"行业排放量较高且对出口隐含碳和再出口隐含碳的贡献率都较高。这说明这些高耗能基础性行业应该加强技术创新提升碳排放效率，更需要从我国能源结构、出口的行业结构、工艺技术等方面进行改革和优化来降低出口隐含碳。

第三，进口隐含碳呈现先下降后上升的趋势，在2008年金融危机的冲击下达到拐点。通过分解发现，对我国进口真实碳福利贡献度较高的是进口国内使用的中间投入品的隐含碳，约为进口国内最终消费品隐含碳的3倍。电力煤气的生产和供应业、石油炼焦及核燃料加工业、金属制品冶炼及压延加工业、采掘业是进口真实碳福利贡献率最高的四个行业。因此，对这些能耗高行业来说，通过大量进口国外中间投入品来进行国内生产或直接消费，能够更有效地减少这些基础行业的隐含碳排放量。整体而言，我国进口真实碳福利呈逐年增长，而且各行业的进口减排空间巨大。我国较大的进口减排空间对未来的碳减排政策制定提供了新视角，尤其是对碳排放强度较大的基础性行业。

基于本章的研究结果，我们可以从供给侧结构性改革的视角，从优化出口结构、发挥进口减排空间，提升价值链地位、进行贸易领域的供给侧改革，以及加强国际合作、推进责任共担的角度提出相关政策建议。

第十二章　全球价值链升级的产业碳减排效应

在全球环境污染和碳排放压力日益严峻的形势下，很多学者从全球价值链地位的视角研究碳排放效应和减排策略。例如 Wang 和 Watson (2008)研究了我国不同出口商品导致的碳排放强度并测算了其占年度碳排放的比重，结合当前的国际分工为我国产业结构提供了发展意见。Lin 和 Sun(2010)基于投入产出分析，比较分析了不同年份我国进口和出口分别导致的碳排放，表明国际分工格局也是碳排放压力严峻的重要原因。Wiebe et al. (2012)基于 GRAM 模型，采用 1995 年至 2005 年间国际贸易下的碳排放数据，分析比较了 OECD 国家在此期间的二氧化碳净进口量，证明不同国家参与全球分工存在外部性影响，发达国家可以通过全球生产网络将高污染高能耗产业转移到其他国家，从而降低本国境内的环境污染。Bi 和 Wang(2015)基于全球价值链构建了制造业低碳创新技术绩效机制，分析比较了低碳创新技术对全球价值链地位的影响机理。另外，Meng，Peters et al. (2014)等根据 1995—2009 年 35 个区域 41 个经济体的投入产出数据，分析全球价值链下的贸易和碳排放来衡量经济发展的潜在成本，为实现经济绩效和环境绩效的统一提供了相应指导。

第一节　全球价值链升级对碳排放强度的影响机理

20 世纪 80 年代，迈克尔·波特在《竞争优势》中指出，“互不相同但又相互关联的生产经营活动构成的一个创造价值的动态过程就是价值链”。波特认为追求单个生产环节的成本优化并不能提高整个企业的经营水平，实现整个价值链上各个环节的协调和资源配置才是重点。之后，克洛特提出的价值增加链的概念突破了波特价值链理论所强调的单个企业竞争优势的局限性，他考虑从研发生产到制造以及最终的销售过程时更加注重价值增加链的垂直化以及全球空间配置，这是全球价值链理论发展的一个跨越。格里芬将价值链的分析方法与产业组织研究结合起来，提出采购者驱动型和生产者驱动型的全球商品链，但没有强调价值链上运营的企业在价值创造和价值获取方面的重要性。后来，格里芬和领域内其他学者进一步从价值链的角度分析了全球化的过程，建立起了全球价值链的基本理论框架。根据联合国工业发展组织的定义，全球价值链是指在全球范围内形成的跨企业网络组织，这一组织连接了从原料采集和运输、半成品和成品的生产和分销，直至最终消费和回收处理的整个过程（赵君丽，2015）。

全球价值链地位与碳排放强度的关系可以用微笑曲线形象地反映，在微笑曲线两端分别是研发设计和销售环节，产品或服务的附加值高，污染排放相对较少，在全球价值链中一般由技术成熟、资金雄厚的发达国家负责。微笑曲线的中间部分多为制造环节，所创造的增加值低且环境污染排放相对严重，一般由具有廉价劳动力和丰富自然资源的发展中国家负责。由此看来，不同国家间资源禀赋和比较优势的差异导致其在全球生产网络上的地位以及碳排放强度的差异。通常来说，一个产业在全球价值链的地位越高，该产业创造的经济附加值越高于价值链地位低的产业，即其参与的生产环节的技术含量较高，相应的资源消耗量少且生产效率较高，属于相对集约型的产业发展模式。反之，如若一国或者某一产业的全球价值链地位较低，该产品或者服务在该国或者该生产环节能创造的附加值较小，主要依靠廉价劳动力和丰富的自然资源等比较优势参与全球竞争，生产过程容易带来较大的碳排放。简单来说，在一定时间维度里，某国或者某一产业的碳排放强度与其参与全球分工的价值链地位呈反向联动关系。

第二节　分行业碳排放及全球价值链地位指数测算

一、分行业碳排放的测度与分析

由于95%以上的二氧化碳排放缘于人类活动尤其是工业生产，因此这里主要研究工业生产引起的二氧化碳排放。参考徐国泉等（2006）建立的碳排放量分解模型以及优化的分行业碳排放量测算公式：

$$C_n = \sum C_i = \sum \frac{E_i}{E} \times \frac{C_i}{E_i} \times E = \sum (A_i \times S_i \times E) \qquad (12.1)$$

其中，C 表示碳排放量，n 表示行业，E 表示某行业总的能源消费量，i 表示能源的种类，A_i 表示某行业消费的 i 能源总量占能源消费总量的比重，S_i 为 i 类能源的碳排放强度。各能源的碳排放系数来自 IPCC，通过加权平均计算出煤炭和石油的能源碳排放系数(燃料含碳量×碳氧化率)。

针对《中国能源统计年鉴》中 47 类细分行业，利用碳排放分解模型可以计算出各行业的碳排放量，限于篇幅具体结果在这里未列出。在各行业中，电力蒸汽热水生产供应业、石油加工及炼焦业、黑色金属冶炼及压延加工业、非金属矿物制品业、煤炭采选业、塑料制品业、化学原料和制品制造业属于高碳排放水平行业。2000—2014 年间，电力蒸汽热水生产供应业的碳排放一直远超其他行业，并呈现出高速增长趋势，这与我国能源消费结构中主要依靠煤炭燃烧有密切关系，清洁能源以及新能源如天然气、太阳能、地热能、核能等比重较低。另外，非金属矿物制品业碳排放量也一直呈现增长趋势。其他五个碳污染较为突出的行业都在 2004—2011 年间明显降低并保持了稳定的碳排放水平，但 2011 年之后这些行业的污染出现回升且增长速度较快。

我国大部分碳排放来源都与煤炭消耗有关，通过对 2000—2014 年间我国不同能源消费产生的碳排放总量进行考察可以发现，煤炭在 2000 年至 2013 年间呈现稳定增长趋势，受国家“十二五”节能减排相关政策影响，2014 年煤炭燃烧产生的碳排放略有下降，“十二五”节能减排政策目标要求在 2014—2015 年，单位 GDP 能耗逐年下降 3.9%，单位 GDP 二氧化碳排放量两年分别下降 4%和 3.5%以上。石油和天然气的含碳量以及碳排放系数相对较低，由此导致的环境污染较少。自 2000 年以来，石油和天然气产生的碳排放量都比较平稳，这说明我国目前不合理的能源消费结构是碳排放量居高不下的重要原因。因此，减少使用化学能源、大力开发利用清洁能源和新型能源是缓解我国碳排放压力的重要途径。

根据行业碳排放量计算结果，碳排放较低的行业包括金属制品、机械和设备维修业、仪器仪表文化办公用机械、自来水的生产和供应业、家具制造业、皮革毛皮羽绒及其制品业、电子及通信设备制造业、交通运输设备制造业、其他矿采选业、服装及其他纤维制品制造等行业。2000 年至 2014 年间，这些行业的碳排放量一直处于较低水平，但近几年都呈现出下降及平稳趋势。由于行业自身性质决定了其低碳排放特征，同时我们可以观察到行业的碳排放水平呈现出较大的波动性特征，这与我国经济发展中该行业的贡献率以及市场需求有关。

二、全球价值链地位指数的测算与分析

在全球价值链地位的度量上，Feenstra(1994)计算了两国向同一国家总体出口价格之比作为出口价格衡量指标，用来比较这两个国家出口商品的价格差异，间接表明两个国家在全球价值链上的不同地位。一国参与全球分工的价值链地位越高，说明其侧重生产高技术产品，相应的出口价格指数也会较高；反之亦然。此后，Hummels et al. (2001)基于投入产出法，运用中间产品价值占出口比重的"垂直专门化率"来分析全球价值链的分工程度，通过计算 10 个 OECD 国家和 4 个新兴市场国家的垂直专门化水平来衡量它们参与全球生产网络的现状，证明垂直专业化分工推动了国际贸易的增长。另外，Hausmann et al. (2005)提出采用出口复杂度指数来衡量全球生产网络下的国际分工地位。Wang 和 Wei(2010)以出口商品的相似度指数(ESI)作为衡量一国在全球价值链中地位的指标，通过比较发展中国家与发达国家在出口结构上的相似程度，来反映该国距离全球价值链高端环节的差距。之后，Koopman et al. (2010)在其他学者研究的基础上，提出了全球价值链地位指数。Antràs et al. (2012)通过测算一国特定产业的某中间品成为最终商品需要经历的阶段数来衡量该行业参与全球价值链的位置。虽然该指标不能衡量该产业的增值能力，但价值链上位置的衡量也有较强的参考意义。

本部分通过测算全球价值链地位指数、垂直专门化水平以及出口商品的相似度指数来衡量不同行业在全球价值链中的位置和参与度。

（一）Koopman 全球价值链(GVC)地位指数

为了测算各行业在全球价值链分工体系中的地位以及在全球生产网络中的参与度，Koopman et al. (2010)构建了基于贸易增加值分解框架的两个指标，通过比较一国某产业中间品出口额与中间品进口额，计算一国某产业向其他国家出口的中间品与本国该产业出口品中使用的进口中间品的对数值之差，来衡量该行业在全球价值链上的位置，具体计算方法如下所示：

$$GVC\_Position_{ir} = \left(1+\frac{IV_{ir}}{E_{ir}}\right) - \mathrm{Ln}\left(1+\frac{FV_{ir}}{E_{ir}}\right) \tag{12.2}$$

$$GVC\_Participation_{ir} = \frac{IV_{ir}}{E_{ir}} + \frac{FV_{ir}}{E_{ir}} \tag{12.3}$$

其中，i 表示产业，r 表示国家。IV_{ir} 表示 r 国家 i 部门的间接增加值出口，它衡量了 r 国 i 部门出口的中间品中经过直接进口国加工后再出口给第三国的价值增值，即外国出口中所含的本国增加值；E_{ir} 表示 r 国 i 部门的总出口；FV_{ir} 表示 r 国 i 部门出口中所包含的国外增加值。$GVC\_Position_{ir}$ 和 $GVC\_Participation_{ir}$ 分别代表 r 国家 i 部门的 GVC 地位指数和参与度指数。

GVC_Position 代表一个国家的特定产业在全球价值链分工中的地位，反映该产业作为中间品出口部门和中间品进口部门的相对重要性。这个指数越大，表明一国该产业在全球生产链上所处的位置越高，能够创造的经济附加值高且对环境影响较小；反之，该指数越小，则表明该产业在全球价值链上更靠近下游环节，需要使用大量进口中间品进行最终产品的生产，以丰富的自然资源、廉价且充足的劳动力为比较优势参与全球生产与竞争，能创造的附加值所占份额较低，对环境污染较大，需要不断追求技术革新和产业升级转型来实现经济和环境的协调发展。在此基础上有可能出现负的 GVC 地位指数，即当出口中的间接增加值（*IV*）小于出口中的国外增加值（*FV*）时。一国或一产业出口中总增加值的不同组成部分如图 12.1 所示。*GVC_Participation* 越大，表明一国该部门参与全球价值链的程度越高。

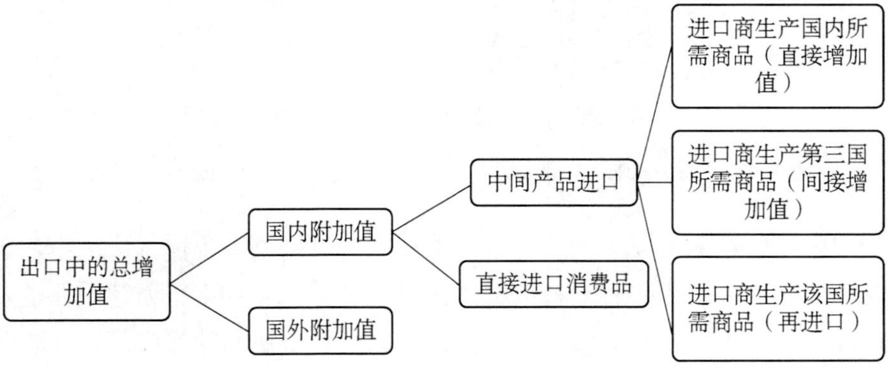

图 12.1　一国或一产业出口中总增加值的不同组成部分

除此之外，$\frac{IV_{ir}}{E_{ir}}$ 表示该行业的 GVC 前向参与度指数，值越大表示该行业越处于价值链上游；$\frac{FV_{ir}}{E_{ir}}$ 表示 GVC 后向参与度指数，值越大表示越处于下游环节。

基于前文的测度方法，根据 WTO－OECD 的附加值贸易（TiVA）数据可以计算我国各细分行业在全球生产网络中的价值链地位和参与度指数。限于篇幅，具体数据未在这里列出。根据计算结果，样本期内，我国商业的全球价值链地位指数最高，农林牧渔业次之，采矿业和制造业靠后。商业所耗用的自然资源较少，属于劳动力、资本或技术创新密集型产业，能够创造较高的附加值，且对环境污染小，制造业和采矿业的碳排放量较高。如图 12.2 所示，1995 年至 2011 年间，虽然我国制造业在全球价值链地位仍低于其他行业，但自 2005 年开始呈现逐年增长趋势，这与 2008 年至 2011 年间中国“世界工厂”的国际分工地位密切相关。虽然单件产品的附加值较低，但需要加工的中间品规模庞大，且中国廉价劳动力基数大，能够创造的经济附加值仍然较为可观，提升了价值链地位。另外，我国采矿业的全球价值链地位指数虽有小幅波动，但总体上也一直维持增长态势，不过近年来自然资源约束以及国家出台的环境政策遏制了其粗放式发展。

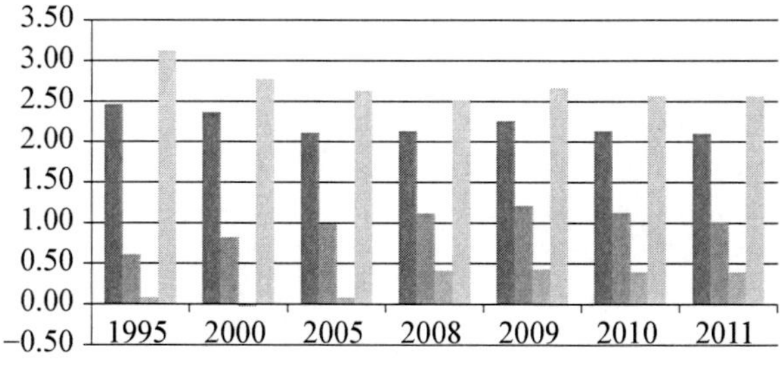

图 12.2　1995—2000 年间我国各大产业的全球价值链地位综合指数比较

分行业来看，样本期内我国绝大部分制造业的全球价值链地位指数都在小幅波动中呈现上升趋势，但电力、热力的生产和供应业以及建筑业的全球价值链地位指数有所下降，这与清洁能源和新型能源的推广使用导致全球能源结构调整以及发达国家建筑技术的创新和提升有关。橡胶制品业、化学原料及化学制品制造业、饮料制造业、电气机械及器材制造业和家具制造业，从原来的进口大于出口到后来技术成熟出口增加，全球价值链地位指数也不断提升。而通信设备、计算机及其他电子设备制造业的价值链地位指数一直为负，对外进口的依赖度较大，出口量小于进口量，需要加大相关人才培养，增加研发投入，促进行业突破技术瓶颈实现产业的发展。

相比属于资源密集型和劳动密集型的制造业，第三产业主要依靠资本和技术优势，参与全球生产网络的价值链地位指数较高，产业的经济附加值较大。样本期内，大部分第三产业的全球价值链地位指数出现了小幅波动，且一些行业的地位指数呈现明显下降趋势（如图 12.3 所示）。以租赁和商务服务业以及科学研究、技术服务和地质勘察业为例，全球价值链地位指数的大幅下降以及之后维持的平稳趋势主要缘于以下几个方面。一方面，随着经济全球化和国际分工的深化，其他国家的技术和资本优势抢占了这些行业的市场，加上我国“引进来，走出去”的对外政策加速了外商直接投资的增加，加剧了行业的发展压力。另一方面，我国现阶段产业结构和经济结构不尽合理，转型升级以及技术创新面临瓶颈期，很难在短期内实现产业的突破性增长。

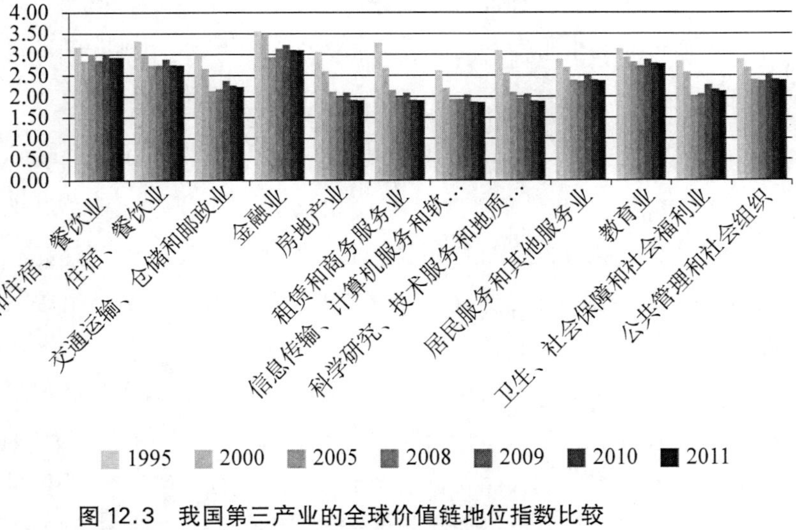

图 12.3　我国第三产业的全球价值链地位指数比较

（二）垂直专门化（VS）比率

Hummels et al.（2001）提出了“垂直专业化指数”来衡量一国各产业的

垂直专业化分工程度。之后，Dean et al.（2011）、Upward et al.（2013）、唐东波（2013）等人改进了此计算方法，将一般贸易和加工贸易进行分离，分别测算各自的垂直专业化水平。具体公式如下：

$$VS_o^i = \frac{IM_o^i}{EX_o^i} \tag{12.4}$$

其中，VS_o^i 表示 i 行业加工贸易垂直专业化水平，IM_o^i 表示 i 行业加工贸易进口额，EX_o^i 表示 i 行业加工贸易出口额。对于一般贸易而言，改进的计算公式如下：

$$\boldsymbol{VS_c^i} = \frac{\frac{EX_c^i}{Y^i - EX_o^i} \times (IM^i + IM^{ei})}{EX_c^i} \tag{12.5}$$

其中，$\boldsymbol{VS_c^i}$ 表示 i 行业一般贸易垂直专业化水平，EX_c^i 表示 i 行业一般贸易出口额，Y^i 表示 i 行业生产总值，EX_o^i 表示 i 行业加工贸易出口额，IM^i 表示 i 行业自身一般贸易投入，IM^{ei} 表示 e 行业对 i 行业的一般贸易进口额，EX_c^i 表示 i 行业一般贸易出口额。

我们对一般贸易和加工贸易进行区分，再求出二者的加权平均数，即可得到整个行业的垂直专业化水平，计算公式如下：

$$\boldsymbol{VS^i} = \frac{VS_o^i * EX^o + VS_c^i * EX^c}{EX^c + EX^o} \tag{12.6}$$

在《中国行业统计年鉴》中，我国出口商品的分类标准总共 22 大类，根据《中国统计年鉴》关于一般贸易和加工贸易的相关进出口数据，计算分析我国各出口商品行业的垂直专业化水平，最后加权平均得出各行业总的垂直专门化水平。

根据测算的垂直专门化率指标，以加工贸易为例，第三类（动、植物油脂及其分解）、第十三类（石料、石膏、水泥、石棉、云母）、第十五类（贱金属及其制品）、第十八类（光学、照相、电影、计量、检验、医疗或外科用仪器）的垂直专门化水平相比其他出口商品行业较高，而且呈现波动增长趋势，这说明这些行业的出口贸易多是来料加工和来件加工，自主创新程度较低。另外，生产全球化已经将中国各行业嵌入全球生产网络，虽然部分行业还存在技术瓶颈和创新压力，但大多数产业已经开始从来料加工向自主研发生产迈进。

（三）出口商品相似度指数(ESI)

Glick 和 Rose 在 1998 年针对市场域提出了出口相似度指数，它主要用来反映一国或多国某产品出口市场的分布情况。计算公式如下：

$$S_P(ij,k)=\left[\sum_t \mathrm{Min}\left(\frac{X_{ik}^t}{X_{ik}},\frac{X_{jk}^t}{X_{jk}}\right)\right]\times 100 \qquad (12.7)$$

其中，X 表示出口，$\frac{X_{ik}^t}{X_{ik}}$ 表示 i 国出口到 k 市场上第 t 种产品所占份额，$\frac{X_{jk}^t}{X_{jk}}$ 表示 j 国出口到 k 市场中第 t 种产品所占份额。如果 i 国和 j 国出口到 k 市场的商品完全相同，则为 100；反之，完全不相似，则为 0。本部分利用 UN-COMTRADE 数据库的相关数据，测算中美两国各行业出口商品相似度指数，限于篇幅，具体计算结果在这里未列出。

针对中美两国的出口相似度指数，这里将各选择两个指数最高和最低的行业进行分析。通过比较中美两国所有出口商品发现，在电器、电子设备和核反应堆、锅炉、机械等商品的出口上，二者的相似度最高。相似度指数从 2000 年到 2015 年一直呈现波动增长趋势，这说明国内这些产业在研发投入、产业创新方面有较大成果，产业转型升级初显成效。另外，在软木及软木制品和雨伞、手杖、鞭子等商品的出口上，中美两国相似度近乎为 0，我国属于自然资源充足且廉价劳动力丰富的发展中国家，技术和资本还不够雄厚，这些初级产品的出口仍然是现阶段经济发展和参与全球分工所必不可少的。

第三节　产业的全球价值链地位提升对碳排放强度的影响

一、变量和数据说明

（一）被解释变量

碳排放强度（CEI）。参考徐国泉等（2006）的碳排放分解模型来测算碳排放量，公式如下：

$$C_n=\sum C_i=\sum\frac{E_i}{E}\times\frac{C_i}{E_i}\times E=\sum(A_i\times S_i\times E) \qquad (12.8)$$

其中，C 表示碳排放量，n 表示行业，E 表示能源消费量，i 表示能源种类，A 表示 i 种能源占总能源的比重，S 为该类能源的碳排放强度。计算公式如下：

$$Y_n = \frac{C_n}{GDP_n} \tag{12.9}$$

（二）解释变量和数据

根据现有相关文献，选择的解释变量主要包括：全球价值链地位指数（*GVC*），衡量我国各行业参与全球生产网络的状况，根据 OECD－WTO 数据库中的贸易增加值数据计算得到；能源消费结构（*ES*），利用我国各行业能源消耗中煤炭的比重来衡量，数据主要来自各期《中国能源统计年鉴》；行业资源使用的技术效率，用行业的工业成本费用利润率（*RPCE*）来进行衡量，该指标越大说明行业的技术水平相对越高，生产效率也较高，行业利润或者所创造的附加值较高，该数据主要来自各期《中国工业统计年鉴》；分行业的社会固定资产投资（*TIFA*），该数据来自各期《中国统计年鉴》；行业的经济开放度，用外商直接投资额（*FDI*）来反映，数据来自各期《中国统计年鉴》；行业研发投入（*R&D*），一般来说，研发经费投入越多，行业的技术水平相对较高，从而碳排放和环境污染越低，该数据来源于各期《中国环境统计年鉴》；行业商品的出厂价格指数（*PPI*），它是工业总产值总指数与工业总产量总指数的比重，间接衡量产业或者生产环节的经济附加值，数据来源于《中国工业统计年鉴》。各变量的描述性统计结果见表 12.1。

表 12.1　各变量描述性统计

变量	观测值	均值	标准差	最小值	最大值
CEI	418	0.2262	0.7923	0.0000	6.7371
GVC	418	1.3876	1.1397	−1.0900	3.9000
ES	418	0.7040	1.2568	0.0000	10.347
RPCE	418	9.3993	11.0000	−4.3000	102.76
TIFA	418	2449.55	2973.337	2.6400	17432.5
FDI	418	0.2512	0.1768	0.0000	0.7640
R&D	418	1112174	1958006	985.9	1.39E+07
PPI	418	101.9646	7.0127	66.0000	137.8000

二、计量模型

计量模型设定为：

$$CEI_{it} = \alpha_0 + \alpha_1 GVC_{it} + \alpha_2 ES_{it} + \alpha_3 RPCE_{it} + \alpha_4 TIFA_{it} + \alpha_5 FDI_{it} + \alpha_6 R\&D_{it} + \alpha_7 PPI_{it} + \delta_{it}$$

其中，GVC 表示各行业的全球价值链地位指数，ES 代表各行业能源消耗量中煤炭的比重，$RPCE$ 是工业成本费用利润率，$TIFA$ 表示分行业的社会固定资产投资，FDI 是外商直接投资额，$R\&D$ 代表行业研发投入，PPI 是行业的商品出产价格指数。

根据国内外现有文献的相关研究，一国或者某行业的全球价值链地位指数越高，该国或者行业越趋向于资本或者技术密集型，相应地单位产值所带来的二氧化碳排放量较少。因此，预期行业的碳排放强度与全球价值链地位指数呈反向关系。煤炭消费产生的碳排放很多，因此预期能源消费结构中煤炭比重与碳排放强度呈正向关系。工业成本费用利润率越大说明行业的利润和经济效益越好，碳排放强度可能会较小。因此，预期工业成本费用利润率与碳排放强度之间呈反向关系。

建造和购置固定资产、采用先进技术装备可以促进产业结构升级，从而降低碳排放强度。因此，预期社会固定资产投资与碳排放强度之间呈反向关系。目前我国绝大部分中外合资经营企业、中外合作经营企业、外商独资经营企业和合作开发是国外发达国家制造环节的转移，虽然也可能将资本和技术带到我国，但大多是技术含量较低且成本较低的加工行业，可能会导致我国碳排放的增加。因此，预期外商直接投资与我国碳排放强度之间存在正向关系。行业研发投入的增加可以促进行业技术水平的提升以及新工艺的研发，从而推动行业转型升级以及产业结构调整和优化，减少碳排放和环境污染，促进经济效益和环境效益的协调统一。因此，预期行业研发投入与碳排放强度之间呈反向关系。工业总产值与工业总产量之比可以反映商品出厂价格变动趋势以及对行业经济总产值的影响。相应地，商品出厂价格指数越高，说明产品的经济附加值相对较高，并非初级加工产品或者基础制造品，在一定程度上碳排放强度也会相对较低。因此，预期商品出厂价格指数与碳排放强度之间呈反向关系。

三、模型估计与分析

(一) 变量平稳性和相关性检验

为确保回归结果的准确性和有效性，以避免伪回归的现象，对主要变量进行平稳性检验。检验结果如表 12.2 所示，显示各个序列数据具有平稳性。

表 12.2 变量平稳性检验结果

变量	LLC-T	BR-T	IPS	结论
CEI	−8.3116***	−12.2767***	−5.9389***	平稳
GVC	−0.4296*	−2.3042**	−3.5465***	平稳
ES	−8.9208***	−5.2147***	−5.6674***	平稳
RPCE	−19.1264***	−13.0383***	−5.9515***	平稳
TIFA	−12.4990***	−10.4841***	−6.5128***	平稳
FDI	−5.4744***	−5.4382***	−4.1943***	平稳
R&D	−2.3838***	−6.1979***	−3.9110***	平稳
PPI	−4.5447***	−6.6886***	−5.2212***	平稳

注：* 表示在 10%的水平下显著，** 表示在 5%的水平下显著，*** 表示在 1%的水平下显著

为避免多重共线性，对各解释变量之间的相关性进行检验，结果见表 12.3。由表 12.3 可知，各变量之间不存在显著的相关性，因此排除多重共线性的影响。

表 12.3 变量相关系数

	GVC	*ES*	*RPCE*	*TIFA*	*FDI*	*R&D*	*PPI*
GVC	1.0000						
ES	0.0235	1.0000					
RPCE	−0.1778*	−0.1339*	1.0000				
TIFA	0.3249*	0.4225*	−0.1257*	1.0000			
FDI	0.0155	−0.2867*	−0.3745*	−0.1818*	1.0000		
R&D	0.3755*	−0.1026*	−0.1475*	0.5669*	0.1724*	1.0000	
PPI	−0.0862*	0.0351	0.2481*	−0.1269*	−0.0637*	−0.1555*	1.0000

注：* 表示在 10%的水平下显著

(二) 静态模型估计与结果分析

首先根据 Hausman 检验确定选择固定效应模型，回归结果见表 12.4，分别为全样本、高排放行业和低排放行业回归。

表 12.4　静态模型估计结果

变量	全样本	高排放行业	低排放行业
GVC	−0.0679* (0.0351)	0.0721 (0.0531)	−0.1692*** (0.0420)
ES	0.0195* (0.0115)	0.0957** (0.0417)	−0.0573 (0.0670)
RPCE	−0.0016 (0.0016)	0.00117 (0.0156)	0.0004 (0.0040)
TIFA	−0.000024*** (5.46e−06)	−0.0001 (0.0001)	3.99e−06 (0.0001)
FDI	0.6289*** (0.1959)	−0.3045* (0.3787)	1.9302*** (0.3163)
R&D	3.95e−08*** (9.07e−09)	−8.81e−08 (4.46e−08)	−3.87e−08 (3.32e−08)
PPI	0.0002 (0.0010)	0.0009 (0.0097)	0.0306*** (0.0079)
R^2	0.0353	0.0451	0.0312
N	418	110	308

注：括号内数字为标准误，* 表示在 10% 的水平下显著，** 表示在 5% 的水平下显著，*** 表示在 1% 的水平下显著

根据表 12.4 的全样本回归结果，我们可以得到如下发现。

第一，全球价值链地位指数与行业碳排放强度呈反向关系，即行业的全球价值链地位指数越高，对应的碳排放强度相对较低；相反，若行业的全球价值链地位指数越低，单位 GDP 产生的碳排放量相对较高。

第二，在控制变量中，代表能源结构的煤炭比重与碳排放强度之间呈显著的正向关系。我国煤炭主导的能源消费结构以及不断攀升的消费量对于环境经济的协调发展带来威胁。固定资产投资与碳排放强度之间存在显著的反向关系。外商直接投资额与碳排放强度之间的正向关系显著。行业研

发投入与碳排放强度之间存在显著的正向关系。另外，代表行业技术水平和生产效率的工业成本费用利润率与碳排放水平间的关系并不显著。分行业商品的出厂价格指数对碳排放强度业没有显著影响。

考虑到我国目前各行业碳排放水平存在较大差异性，全样本的总体变异性可能会对计量分析的结果产生一定影响。为了提高回归分析的准确度，分别对高碳排放和低碳排放行业进行回归，得出如下结论：

（1）对于高碳排放行业来说，行业的能源结构与碳排放强度在5%的水平下具有显著的正向关系，行业的研发投入与碳排放强度在10%的显著性水平下呈现出负相关。相应地，全球价值链地位指数、经济开放度等因素与行业的碳排放强度之间并没有明显的关联性。

（2）就低碳排放行业来讲，在1%的显著性水平下，行业的全球价值链地位指数与碳排放强度之间呈反向关系，行业的开放度及其商品的出厂价格指数与碳排放强度之间呈现正向联动关系。

（三）动态面板回归：系统 GMM 估计

通常来讲，某一行业的生产过程是连续而且动态的过程，所产生的碳排放水平具有一定的惯性和路径依赖，当期行为可能取决于前期行为的调整。因此，为了更加准确地刻画和描述各行业年度碳排放水平的连续动态变化特征，本部分构建动态面板数据模型，加入滞后变量进行系统 GMM 估计。

一般的动态面板模型如下：

$$y_{it}=\alpha+\rho y_{i,t-1}+x_{it}\boldsymbol{\beta}+z_i\boldsymbol{\delta}+u_i+\varepsilon_{it}(t=2,\cdots,T) \quad (12.10)$$

其中，α 和 ρ 为常数，x_{it} 和 y_{it} 分别表示解释变量和被解释变量，$i=1, 2, \cdots, N$，$t=1, 2, \cdots, T$，$u_i \sim N(0, \sigma_u^2)$ 表示个体 i 的固定效应，$\varepsilon_{it} \sim N(0, \sigma_\varepsilon^2)$，误差项 $u_{it}=u_i+\varepsilon_{it}$。

根据前文的模型和变量设定，行业年碳排放强度的动态面板数据模型确定如下：

$$\begin{aligned}CEI_{it}=&\alpha_0+\delta_1 CEI_{it-1}+\delta_2 CEI_{it-2}+\alpha_1 GVC_{it}+\alpha_2 ES_{it}+\alpha_3 RPCE_{it}+\\&\alpha_4 TIFA_{it}+\alpha_5 FDI_{it}+\alpha_6 R\&D_{it}+\alpha_7 PPI_{it}+u_i+\varepsilon_{it}\end{aligned} \quad (12.11)$$

其中，i 代表行业，$i=1, 2, \cdots, 38$，t 为年份，其他变量与前文一致。

根据模型(12.11)分别对全样本、低碳排放行业、高碳排放行业进行回归分析，具体估计结果见表 12.5，其中 $L1.$ 和 $L2.$ 分别代表该样本的被解释变量行业年碳排放强度的一阶和二阶滞后项。

表 12.5　系统 GMM 估计结果

变量	全样本	低碳排放行业		高碳排放行业
		Equation 1	Equation 2	
L1.	−0.0556** (0.0260)	−0.3589** (0.1630)	0.2446*** (1.0013)	−0.1088*** (0.0374)
L2.	0.0032** (0.0313)	−0.2769*** (0.0895)	0.2198*** (0.9692)	
GVC	−0.4862*** (0.15619)	−0.0041 (0.0066)	−0.4950** (0.2189)	0.0851 (0.1610)
ES	0.0921** (0.0367)	0.0064 (0.0052)	−0.0217 (0.0133)	0.1610** (0.0694)
RPCE	0.0202* (0.0107)	0.0025*** 0.0008	−0.0209** (0.0102)	0.0126 (0.0344)
TIFA	0.00002 (0.00002)	1.72e−06 (2.15e−06)	−0.00003** (0.00001)	−0.00005 (0.00004)
FDI	2.6140*** (0.8845)	0.0231 (0.0274)	−0.6415** (0.3120)	−0.8090*** (0.1814)
R&D	−1.05e−07*** (3.63e−08)	−1.41e−09 (1.27e−09)	−7.14e−08** (3.23e−08)	−1.15e−07*** (4.03e−08)
PPI	0.0297** (0.0132)	0.0014 (0.0011)	0.0214** (0.0087218)	0.00149 0.0093
AR(1)检验 p 值	0.0891	0.0255	0.0818	0.1097
AR(2)检验 p 值	0.2934	0.0527	0.1476	0.6836
Sargan 检验 p 值	1.0000	1.0000	1.0000	1.0000

注：括号内数字为标准误，* 表示在 10%的水平下显著，** 表示在 5%的水平下显著，*** 表示在 1%的水平下显著

对于全样本来说，被解释变量的一阶滞后和二阶滞后均在 5%的水平下显著，且 AR(1)和 AR(2)检验的结果表明，p 值显著接受了系统 GMM

估计的前提假设“扰动项 $\{\varepsilon_{it}\}$ 无自相关”，Sargan 检验也验证了 138 个工具变量的有效性。因此对于全样本来说，行业年碳排放强度是一个具有动态累积性和路径依赖性的连续过程。全球价值链地位指数、外商直接投资以及行业的研发投入均在 1%的统计水平下显著，行业全球价值链地位的提升、外商直接投资的质量控制以及行业研发投入的增加都对抑制碳排放水平的攀升具有积极影响。而行业的能源消费结构和商品的出厂价格指数在 5%的水平下显著，说明降低能源消费结构中煤炭的比重和商品的出产价格指数在一定程度上可以减轻碳排放和环境污染水平。另外，在 10%的显著性水平下，工业成本费用利润率也与碳排放强度呈正相关。

对于低碳排放行业来说，在 Equation 1 列，被解释变量的一阶滞后和二阶滞后分别在 5%和 1%的水平下显著。另外，Arellano-Bond 检验结果显示，低碳排放行业 AR(1)和 AR(2)检验的 p 值表明：拒绝原假设“扰动项 $\{\varepsilon_{it}\}$ 不存在自相关”，因此需要继续进行过度识别检验以确认系统 GMM 估计是否适用。而 Sargan 检验的结果显示，接受原假设“所有变量工具均有效”，不存在过度识别问题，58 个变量工具均有效。因此需要修改模型设定，以解决扰动项自相关问题，在解释变量中引入被解释变量的三阶滞后，重新进行系统 GMM 估计，结果见表 12.5 中 Equation 2 列。AR(1)和 AR(2)检验结果显示，模型通过了扰动项自相关检验。全球价值链地位指数的提高，全社会固定资产投资的增加，外商投资额的增长对减少低碳行业的排放水平有积极带动作用，而工业成本费用利润率以及商品的出产价格指数的升高也会带动行业的碳排放水平。

关于我国的高碳排放行业，被解释变量的一阶滞后在 1%的水平下显著，AR(1)、AR(2)检验以及 Sargan 检验也排除了扰动项自相关问题并且证实了变量工具的有效性。系统 GMM 估计结果表明，行业能源消费结构中的煤炭比重与高碳行业的排放水平之间呈反向变动关系，而外商直接投资额以及行业的研发投入对行业碳排放水平表现出消极影响。

以上实证研究结果表明，各行业的全球价值链地位指数以及全社会的固定资产投资与碳排放强度之间存在明显的反向关系，如果提高我国参与全球价值链的地位指数或者政府加大社会的固定资产投资，都会减轻行业的碳排放强度，前者更多的是技术效应，而后者主要是规模效应的结果。另外，降低能源消费中的煤炭比重、合理引进外资并注重把控外商直接投资的质量、加大研发投入突破瓶颈都有利于促进我国可持续发展以及经济环境的和谐统一。工业成本费用利润率以及行业商品的出厂价格指数与我国各行业的碳排放强度并没有直接的关系，但是提高单位产值以及出口价格指数，改变薄利多销的加工贸易模式可以有效规避外国的反倾销以及关税壁垒，有利于我国外贸水平以及整个经济发展质量的提升。其次，对于低碳行业来说，全球价值链地位指数的提升和增加行业的研发投入有利于碳排放水平的减轻。另外，在不考虑路径依赖情况下外商直接投资的增加会产生增加碳排放的消极作用，考虑动态累计过程情况下会减轻行业的碳排放水平。第三，就我国的高碳排放行业而言，能源结构和外商直接投资是两个重要的影响因素。前者中煤炭消耗比重的增加会导致行业碳排放水平升高，后者的增加会对降低行业碳排放产生积极影响。

第四节　供给侧改革背景下全球价值链升级路径与减排策略

全球价值链地位是一个国家或者产业发展水平和阶段的重要衡量指标。凭借资源禀赋和低成本劳动力等要素优势，我国制造业从 20 世纪 90 年代开始，在产品生产的加工、组装环节形成突出的比较优势，并在改革开放的大潮下逐步嵌入由发达国家主导的全球价值链体系，推动了我国制造业规模的大发展，并实现了经济的“增长奇迹”。但是，我国制造业一直处于价值链低端，面临着长期的“低端锁定”风险，严重阻碍我国环境质量改善和生态文明建设。因此，实现制造业向全球价值链中高端升级，是实现经济增长与生态文明建设平衡的关键。在供给侧结构性改革的背景下，如何突破“低端锁定”风险，提升我国各产业在全球价值链的地位、降低碳排放强度？我们从金融供给侧改革、优化产业政策结构、加强创新与进口技术溢出等方面提出我国制造业向全球产业链高端升级的实现路径和减排策略。

第一，深化金融供给侧改革，建立多层次、高效的融资市场，针对不同市场主体实施差别化金融供给方式。各产业在全球价值链的升级意味着企业向盈利能力更强、技术更为先进的生产要素和技术密集型经济领域转型，这缘于产业内各企业的技术创新行为，而企业创新的高风险性特征需要内部资金和外部融资的支撑与保障，当企业内部现金流不足以支撑企业创新性投资活动时，外部融资成为企业在创新中实现转型升级的关键。债权融资和股权融资是企业面临的两种最基本融资模式。企业在转型升级发展过程中对融资模式的选择会受到企业特征、自身偏好、融资成本以及出资方风险偏好等因素影响。而创新型企业往往面临着较高的技术风险、信用风险以及市场风险。因此，出资方往往要求更高的融资成本和固定资产抵押要求作为对风险的补偿。

改革开放以来，我国宏观债务率持续上升，从 1978 年占 GDP 的 51%上升至 2018 年的 241.8%，增长近 5 倍，企业部门杠杆率也快速上升，但是债权融资比重不降反升。2019 年末银行业贷款余额占 GDP 的 176.7%，较 2007 年末上升了 76.2 个百分点。自 2007 年以来，债券市场年末余额占 GDP 比例从 2007 年的 46.8%上升至接近 100%，增长了 7 倍，而股票市场市值从 2007 年占 GDP 比例从 120.1%下降至 2019 年的 55%左右，增长不足 2 倍。根据创新高风险的特点，我国产业的全球价值链升级需要以金融体系结构调整优化为保障，通过提供更有效率的金融服务，支持产业创新转型和升级，提升生产效率和环境效率。

第二，深化要素市场供给侧改革，提高要素分配效率，淘汰落后产能，倒逼企业创新升级。要素市场的供给侧问题是导致大量僵尸企业存在的原因，也是阻碍企业技术创新的重要因素。要素市场与经济周期密切相关，要素的生产方式、成本投入大等特点决定了在经济下行时往往会出现产能过剩。我国制造业门类多样，并且处于全球价值链的不同环节，位于价值链低端的要素生产企业在经济下行期面临着市场需求下降、产能居高不下的局面。一方面，技术创新是要素市场侧改革的必由之路，要素市场的供给侧改革通过技术创新，如实施“互联网＋”战略把大数据、云计算、物联网等先进技术应用到要素企业，实现数字化开采、智能制造和绿色制造，提升要素企业的生产效率；另一方面，通过逐渐淘汰落后产能特别是技术不过关、效率低的企业，提高企业集中度、化解过剩产能，从而达到要素市场垄断竞争的市场格局，发挥要素企业的规模效应。由此，要素市场的供给侧改革实现要素市场企业的淘汰、转型和升级，降低碳排放，实现绿色发展。

第三，提升产业政策的针对性，对不同产业实施差异化的竞争性产业政策，助力企业实现价值链升级。产业政策与供给侧改革是相辅相成的，产业政策的支持构建了技术创新、产业升级、基础科研等方面的良好制度环境。研究表明，竞争性产业政策能够显著促进制造业的价值链升级，而竞争性税收优惠政策与竞争性补贴政策通过改善资本错配与劳动力错配有助于间接推进制造业的价值链升级（唐荣、黄抒田，2021）。作为政府干预经济的重要手段，产业政策也可以成为有效应对制造业价值链“低端锁定”的合理切入点。通过加大政府对相关产业的政策倾斜和研发投入，推动资本、技术密集型行业发展和资源、劳动力密集型企业转型，提升生产效率和经济效益。根据不同产业特点，实施差异化产业政策，推动不同企业在比较优势的基础上实现价值链升级。制定更加长远和具有可持续性的产业发展战略，推动更多企业参与到“微笑曲线”两端的研发设计以及品牌营销环节，合理控制和规划中间制造业的结构和比重，促进产业结构升级，发挥产业绿色发展的优势。

第四，加强绿色技术创新，强化进口的绿色技术溢出效应，并推动价值链攀升。研究发现，绿色技术创新可提高企业的竞争优势、推动产业的绿色发展。殷宝庆等(2018)证实，绿色研发投入强度跨越一定门槛值时能够促进中国制造业升级。作为制造业大国，我国对国际市场的依存度较高，所以提高外贸竞争力以及融入国际高端市场是不二选择，通过中间产品进口发挥技术溢出效应，提升行业或者企业的生产效率。另一方面，应加强自主研发和绿色技术创新投入，降低碳排放量和环境污染，提升产品绿色附加值。

第五节　本章小结

本章基于供给侧结构性改革背景，分析我国细分产业的全球价值链地位对碳排放强度的影响，利用 38 个行业样本，通过固定效应模型以及系统 GMM 估计进行分析，得到以下发现。

第一，全球价值链地位指数与行业碳排放强度呈反向关系，即行业的全球价值链地位指数越高，对应的碳排放强度相对较低。

第二，代表能源结构的煤炭比重与碳排放强度呈显著的正向关系。固定资产投资与碳排放强度之间呈显著负向关系，外商直接投资额与碳排放强度之间的正向关系显著，行业研发投入与碳排放强度之间存在显著的正向关系。因此，降低能源消费中的煤炭比重、合理引进外资、加大研发投入都有利于促进我国经济可持续发展以及经济环境的和谐统一。

第三，分样本的回归结果表明，高碳排放行业的能源结构与碳排放强度呈显著的正向关系，行业的研发投入与碳排放强度呈显著负相关。相应地，全球价值链地位指数、经济开放度等因素与行业的碳排放强度之间并没有明显的关联性。对于低碳行业来说，全球价值链地位指数的提升和增加行业的研发投入有利于碳排放水平的减轻。

根据本章的核心结论，我们从供给侧改革的视角，提出了从金融供给侧改革、优化产业政策结构、加强创新与进口技术溢出等方面，促进我国制造业向全球产业链高端升级的实现路径和减排策略。

第十三章　供给侧改革与重污染行业环境监管

第一节　供给侧改革下重污染行业资源再配置与新旧动能转换

根据我国环境保护部 2010 年 9 月公布的《上市公司环境信息披露指南》(征求意见稿),火电、钢铁、水泥、电解铝等 16 类行业被列为重污染行业(胡元林、郑文,2018)。国民经济和社会发展离不开重污染行业,这些行业往往为其他各行各业的生产提供基础性产品和要素,在国民经济发展中发挥着重要的作用。但是重污染行业环境监管面临着一系列困境,主要缘于重污染行业集中度低、生产工艺良莠不齐、污染排放量巨大、污染治理技术普遍落后、资源减排的内生动力不足。这些行业的发展给生态环境带来了巨大的负担,如何实现重污染行业的有效环境监管一直是政府及监管部门面临的棘手问题。党的十九大报告提出,要把提高供给体系的质量作为我国建设现代化经济体系的主攻方向。供给侧结构性改革是我国贯穿"十三五"和"十四五"时期的重要发展战略,在改革供给侧矛盾的同时,伴随着加大环保监督力度、强化污染减排和达标排放等措施,从而淘汰部分重污染行业。因此,供给侧结构性改革与环境保护有着十分密切的关系。通过从产业结构等源头上缓解污染问题,促进生产方式和消费方式向绿色转变,提高环境保护的成效。

一、供给侧改革下重污染行业的资源再配置与绿色发展

2016 年 4 月,我国环境保护部刊发《关于积极发挥环境保护作用促进供给侧结构性改革的指导意见》,"以环保倒逼转型"成为新时期的国家发展战略。该意见提出了包括排除落后污染源、引导优质发展、借助市场力量、支持政策保障四部分的措施。供给侧改革下重污染行业的资源再配置包括

两层含义，一是生产性资源和要素的再配置，二是环境资源的再配置。在供给侧结构性改革的背景下，一方面通过发挥市场高效配置资源的作用，实现要素从高污染、落后产能向低污染、清洁产能转移，有效控制主要污染物总量的排放和促进环境效率的提升，加强环境污染的治理力度；另一方面，通过严格环境准入，提高新增产能的质量，在源头上实现资源向清洁生产的配置，并促进新增产能布局和结构的优化、激励重污染企业加快升级改造。总之，在生产性资源的再配置上，通过强化环境硬约束，推动去除落后产能和过剩产能，增加绿色新产能，推动重污染行业的绿色转型发展。

关于环境资源的再配置，通过排污权有偿使用和建立排污权交易市场，促环境容量资源配置再优化。我国虽然从 20 世纪 80 年代就开始进行排污权有偿使用与交易试点的探索，但是到 2007 年才真正开始进入试验实践阶段，以国家环保部批复浙江、江苏、天津、河北、内蒙古等 11 个地区进行排污权有偿使用与交易试点为标志（肖巍，2018），至今已经积累了宝贵的实践经验。随着排污权交易市场的建立，将实现通过市场的方法配置环境资源，促使排污企业向环境排放污染物的权利由过去的“无偿”变为“有偿”。通过推进排污权的交易，以有偿使用的方式推动企业降低对环境资源的占取，尽可能凭借市场机制的力量解决环境资源长期被无偿或低价使用的问题。从本质上说，通过环境资源的有偿使用和建立排污权交易制度，从经济利益的角度激励排污企业降低污染排放，并提高治理污染的积极性，转变污染治理的动力机制，实现从政府强制行为的压力变为企业追求利益和效率的自觉动力，通过制度创新使政府和企业都能从减排的压力中解放出来，既提高环境资源的配置效率，又能降低污染治理的成本，促进环境质量改善。

二、新旧动能转换与重污染行业的绿色发展

根据我国最新的发展战略，“十四五”时期将是我国新旧产业和发展动能转换的关键时期，这一阶段的平稳过渡，对于保障宏观经济从高速增长阶段顺利转向高质量发展阶段具有重要意义。根据国务院办公厅印发的《关于创新管理优化服务培育壮大经济发展新动能加快新旧动能接续转换的意见》，认为新动能来自创新技术的引领，用知识、技术、信息、数据等新的生产要素助力经济发展，为经济持续发展提供新动力，同时，新的生产要素催生新产业、创造新业态、构建新模式，使整个经济呈现出技术快速更迭、业态丰富多元、产业渗透融合等新特征（盛朝迅，2020）。新旧动能转换，就是实现

经济发展动力从要素驱动向创新驱动转换的过程。重污染行业的传统发展模式一直依赖于大投入、低技术、高排放的粗放式发展，在供给侧结构性改革与经济新旧动能转换的历史机遇期，一方面传统发展模式逐渐失去了存在的基础和保障，另一方面这一历史机遇期也为重污染行业的绿色转型提供了动力。在重污染行业实施新旧动能转换，通过增加创新要素投入、提升管理效率，培育新的生产力，通过持续的技术改造提升粗放的传统动能，创新培育壮大新动能，在发展中实现新旧动能转换，实现重污染产业发展动力从低技术和要素驱动向创新驱动转换。除了新旧动能的转换，要实现重污染行业的绿色发展，还需改变传统的环保模式。实现重污染行业绿色转型发展的关键是转变传统的环境保护模式，以有效的体制机制为保障，通过行政监管、经济激励、社会治理与技术创新相结合，才能切实推动重污染行业绿色发展，实现环境保护模式的转型升级。通过推进创新驱动，完善支持政策，推行环保领跑者制度和差别化排污收费制，建设企业环境信用体系等手段进行逆向约束和正向激励，促进重污染行业的绿色发展。

第二节　企业信息披露动机研究现状

一、关于信息披露的研究

由于企业外部人具有信息劣势，因此信息披露一直被用作降低内部管理者与外部投资者之间信息不对称的重要手段。只要存在信息不对称，就有信息披露的需求。充分的信息披露对于促进交易、达成合作至关重要。Kamei(2020)基于重复博弈实验发现，尽管有部分人不披露过去的信息，并表现出机会主义行为，但自愿性信息披露在一定条件下有助于加强各方合作，而且强制披露有助于提高经济效率，信息隐藏和不合作行为则容易导致社区规范的崩溃。以往很多研究主要集中在激励用户(主要是购买者或消费者)在线披露信息的因素上，关注信息披露的研究也倾向于通过收集不同类型的数据来调查信息披露背后的动机。与买家类似，卖家(服务提供商)也对披露个人信息有隐私顾虑。但是当他们观察到披露信息的好处超过披露信息可能造成的信息泄露风险所导致的损失时，会决定继续披露更多的信息。Liang et al.(2019)以房产租赁市场为例研究了卖方信息披露的决定因素，认为房地产租赁市场凸显了卖方（主人）信息披露行为的重要性。

信息披露对于银行业信贷交易的达成至关重要，Agarwal 和 Hauswald（2020）比较了个人（内部）和网上（公平交易）贷款的不同信息含量。保密性的信息披露对银行与借款人之间形成的战略起着至关重要的作用，并在信贷的可获得性和资金定价之间达到平衡。也有大量关于管理者披露会计信息动机的研究。张宗新等（2005）发现，企业进行信息披露的动机包括取得再融资资格、抬高股价，增加再融资取得的资本。吴翔宇（2006）的研究也支持这一结论，认为资本需求是上市公司披露信息的动机之一。沈艳和蔡剑（2009）对企业再融资与社会责任意识的关系进行了深入研究，发现企业社会责任越强，企业从正规金融公司获得资本的能力就越强。

国外学者的研究更早，研究成果也更为丰富。如 Myers 和 Majluf（1984）的研究表明，企业能否进入资本市场筹集资金，取决于业内人士是否认为企业的公司价值被高估。也就是说，当企业管理人员和投资者之间存在信息不对称时，会影响到公司的外部融资，因此作者认为，企业的再融资需求是其进行信息披露的重要动机之一。Marquardt 和 Wiedman（1998）的研究表明，在企业股票发行前后会显著增加对外信息披露。Lang 和 Lundholm（1993）发现当分析师对企业信息披露质量评价较高时，企业有更大的概率在得到该评价时通过发行股票来募集资金。Healy（1999）以同样的思路，通过企业信息评级研究了企业从增加信息披露中获益的可能性，发现相较于披露等级较高的企业，披露等级低的企业更少发行证券对外融资。

Lang 和 Lundholm（2000）的研究进一步验证了企业信息披露程度和再融资行为的相关性，研究表明企业股票发行前六个月信息披露明显活跃。Healy 和 Palepu 在 2001 年的文章中总结了影响企业信息披露的研究。他们提出，信息披露的影响因素主要包括股东控制权竞争、资本交易、诉讼纠纷以及其他基于股价变动的众多因素。Healy 和 Palepu（2001）认为外部投资者会因信息不对称而高估企业风险并低估公司价值，从而影响企业再融资。因此，为了降低信息不对称带来的风险溢价，企业积极披露信息，可以降低信息不对称带来的风险，降低风险溢价，从而降低企业再融资成本。

Beyer et al.（2010）指出，为了降低外部投资者与企业的信息不对称程度，管理者会倾向于披露一些对企业有益的信息，来降低信息不对称程度。Rogers（2008）指出，管理层为资本市场提供了重要的信息。由于信息披露是非强制性的，管理者对于是否披露、何时披露、披露什么有相当大的自由裁量权(Cheng et al.,2013)。大量文献表明,管理者可能出于自私目的而利用其对此类信息披露的自由裁量权(Lang and Lundholm,2000;Nagar,Nanda and Wysocki,2003)。例如,Lang 和 Lundholm(2000)发现,企业增加了信息披露频率,并在筹集外部资本之前发布了更多有利的消息。

二、环境信息披露动机研究

随着环境污染问题日益受到世界各国的关注,企业环境信息披露引起了业界和学术界的广泛关注(Meng, Zeng et al.,2014)。在发达的市场经济体,企业环境信息披露已成为一种普遍的环境监管用于替代环境治理措施(Evans et al.,2009;Zeng et al.,2012)。以往对环境信息披露的研究发现,利益相关者可以鼓励企业披露环境信息(Huang and Kung,2010;Yin and Wang,2018),而管理层可能会战略性地利用环境披露来获得利益相关者的支持(Cormier and Magnan,2003,2007),或有助于建立良好的公众形象(Huang and Kung,2010;Yin and Wang,2018)。作为管理层和股东之间沟通的一种方式,企业的环境披露战略反映了经济利益和环境披露成本之间的平衡。然而,尽管学术界对于管理者在披露信息环境时拥有相当的自主权这一事实有了很多的研究(Cormier and Magnan,2007;Huang and Kung,2010;Yin and Wang,2018),但是从再融资需求的角度理解企业选择性环境信息披露的研究并不多。

有文献研究了企业环境信息披露与企业绩效的关系。Lu et al.(2019)探讨了环境信息披露对企业出口的影响。研究结果表明,环境信息披露能够提升关于出口的决策。Abdullah et al.(2020)探讨了利益相关者关于环境披露的需求和期望,以及信息披露质量对公司绩效的影响。研究表明,环境披露往往伴随着更好的公司业绩。Iatridis(2013)、Meng, Zeng et al.(2014)也发现环境披露与良好的环境绩效呈正相关。绩效较差的企业比绩效较好的企业披露了更多的环境绩效软信息,并且倾向于避免披露负面环境信息。Clarkson et al.(2008)指出,自主性环境披露与股权价值显著正相关,披露质量更高的公司比其竞争对手产生更高的预期资产回报率。Plumlee et al.(2015)认为,自主环境披露的质量通过现金流和股权成分成本与企业价值相关。Cormier 和 Magnan(2007)提供的证据表明,良好的环境披露与较低的权益资本成本相关。很多学者的研究证实了这一结论,Luo et al.(2019)研究了公司环境信息披露质量和媒体关注对债务融资成本的影响，发现环境信息披露质量对债务融资成本具有负面影响，媒体关注对债务融资成本的影响不显著，但是媒体的负面报道缓解了环境信息披露质量对降低公司债务融资成本的影响。Healy 和 Palepu(2001)也证实了高水平的环境信息披露可以帮助上市公司降低资本成本。Plumlee et al. (2015)和 Aerts et al. (2008)也得出了相同结论，发现若企业在环境保护有不错的绩效且能公开全面地对此进行披露的话，能够有效降低企业的融资成本。但是，Clarkson et al. (2013)采用内容打分法对美国 235 家重污染企业进行环境信息披露水平测算后，实证研究表明该披露水平与上市公司融资成本之间不存在稳定的统计性关系。Iatridis(2013)和 Bonetti et al. (2015)以马来西亚和日本企业为研究样本，发现上市公司环境信息披露水平越高，该公司在资本市场上成功筹集到外部资金的可能性就越大，提升环境信息披露水平可以有效降低融资成本。

还有其他一系列因素影响着环境披露水平。Zheng et al. (2020)探索了环境信息披露的驱动因素，研究表明存在三种环境信息披露的路径，严格的环境监管对促进环境信息披露水平发挥了显著作用。Qian 和 Chen (2020)研究发现，2015 年的政治关联与环境信息披露之间存在关系，而 2012 年这一关系不成立，由于 2015 年中国面临新领导上台和更多的改革措施，作者认为公司的信息披露行为在改革后变得更具政治动机。由于重大监管和政治的变革，公司维持多年的政治关系被终止或减弱，这将不可避免地影响企业的管理决策，包括环境信息的披露。为了应对这些变化，公司可能在环境信息披露时会有更强大的合法化动机。Griffin et al. (2018)也认为，企业和政府官员之间的政治关系更可能在反腐中触发质疑的政治风险。因此，重大反腐和领导层更迭被认为给企业信息披露提供了新的合法性动机。越来越多的公司必须通过提高信息披露质量，以减轻社会和政治压力。

越来越多的研究表明，管理者具有选择性披露环境信息的动机，管理者倾向于战略性地披露环境信息，以获得利益相关者的支持(Lyon and Maxwell, 2011)，或建立良好的公众形象(Yin and Wang, 2018)。Villiers, Chris, Staden(2006)增加了减少披露的维度作为一种合法化的策略，他们认为合法化的目标可以通过改变披露形式(一般或具体)或减少环境披露的数量来实现。一些文献从合法性和利益相关者监督的角度解释了影响企业关于选择性环境信息披露策略的因素(Clarkson et al. , 2008; Meng, Zeng et al.，2014）。然而，很少有研究探讨企业在面临财务压力时选择性披露环境信息的动机。

第三节　再融资需求下的重污染行业环境信息披露动机

通过研究环境信息披露是否对融资成本有影响，并进一步研究当企业面临财务压力时选择性地隐瞒环境信息的动机，可以为重污染行业环境监管策略制定提供新的思路。尽管政府鼓励企业提高环境绩效，以保护其利益相关者的权益，但企业环境信息披露在我国仍处于起步阶段，环境报告主要是非强制性的（Liu and Anbumozhi，2009）。2008 年初，国务院国资委发布了《关于国有企业更好履行社会责任的指导意见》。与此同时，沪深两市均发布了有关上市公司信息披露的指导意见。2010 年，环境保护部发布了关于 16 个重污染行业环境信息披露的强制性规定。

基于这些指导意见，本章使用我国 16 个重污染行业 204 家上市公司 2011 年至 2015 年披露的数据，考察财务压力对企业环境信息披露的影响。遵循 Villiers，Chris，Staden（2006）的方法，通过内容分析法计算企业每个会计年度的环境信息披露得分指数。首先建立企业环境信息披露水平与融资需求之间的关系，我们的实证证据表明，管理者有隐瞒环境信息和选择性披露能源消耗与排放环境信息的倾向。然后，通过检验企业环境信息披露对债务融资成本的影响，发现环境信息尤其是其中的消费和排放信息披露越具体，债务融资成本越高。这些结果表明，环境披露确实增加了债务融资的成本，这可以解释为什么管理者在需要再融资时倾向于隐瞒环境信息，特别是敏感的环境信息。通过以上实证结果，提出针对重污染企业的环境监管策略。

大量研究表明，管理者有选择性信息披露的倾向（Beyer et al.，2010；Cheng et al.，2013；Hirst et al.，2008；Skinner，1994）。事实上，这部分文献主要关注管理者对业绩预测的自愿披露，对再融资需求和环境信息披露激励之间的关系研究很少。本章首先从财务压力的角度来研究企业环境信息披露，关于企业环境信息披露和管理者隐瞒信息倾向的研究（Lu and Abeysekera，2014；Yin and Wang，2018），关于财务压力对环境披露的影响研究较少。先前的研究从合法性和利益相关者监督的角度考察了企业审慎选择环境披露策略的动机(Clarkson et al., 2008;Meng, Zeng et al., 2014)。本部分研究从管理者与外部投资者之间的代理冲突和信息不对称的角度对隐瞒环境信息的动机进行解释。

一、环境信息披露的涵盖内容

环境信息披露是企业定期对外公开披露的非财务信息披露的重要组成部分,一般企业的环境信息披露于企业社会责任报告之中,能够为各方利益相关者提供对其决策有用的环境会计信息。根据会计信息的可核算性,可以将环境会计信息分为三类:文字记叙性信息、非货币量化信息和货币量化信息,研究者们普遍认为这三类信息披露质量依次由低到高。从当前的环境信息披露研究来看,我国企业的环境会计信息中,以记叙性信息即定性信息为主,定量信息为辅;而在定量信息中,又以非货币量化信息为主,货币量化信息为辅,整体披露水平偏低。环境信息披露是环境会计的报告环节,不仅向股东、债权人、政府、社会公众等利益相关者反映企业履行环境责任的情况,而且也为其投资决策提供了有用的信息,满足投资决策时的信息需求。Kreuze et al. (1996)提出应当把环境信息披露的内容涵盖附录表 2 所示的 9 个大类。

1998 年 2 月联合国会计和报告国际准则政府间专家工作组第 15 次会议,将环境信息披露内容归纳为与环境保护相关的成本、环境负债、环境负债和环境成本的确认标准与计量基础和其他事项 4 个方面。环境保护部也陆续出台了一些法律法规来推动企业的环境信息披露工作。2010 年 9 月 14 日环境保护部发布的《上市公司环境信息披露指南》(征求意见稿)中规定,上市公司环境信息披露分为临时披露和定期披露两类。重污染行业上市公司应当发布年度环境报告,鼓励其他行业的上市公司参照该指南要求披露环境信息。

二、企业环境信息披露水平量化方法

企业环境信息披露的质量可以通过检查披露报告中提供的内容和细节程度来评估(Hughes et al., 2001;Meng, Zeng et al., 2014)。根据以往研究,测量企业环境信息披露水平主要有两种方式,第一种是基于内容分析来评估环境披露的程度(Hughes et al., 2001);第二种方法依赖于专业评估机构或外部数据库,如 TRI 数据库(Clarkson et al., 2008)或 MSCIKLD 社会绩效排名(Cho，Patten，2007)。本部分研究参考 Huang 和 Kung(2010)信息披露评分方法，基于内容分析法对上市公司信息披露程度进行评估，这是该领域最常用的方法。

遵循 Villiers，Chris，Staden(2006)的内容分析法，使用清单作为工具在企业社会责任(CSR)报告中识别企业的环境信息披露程度，根据清单中的主题对企业社会责任报告中的内容进行分析和评分。该清单是根据国家环保局 2007 年发布的《企业环境信息披露标准》中的九项内容发展而来的。按照环保局对重污染行业上市公司环境信息公开的规定，并结合上市公司社会责任报告的披露特点，样本公司环境信息披露的得分指数被分为侧重于环境信息不同方面的五个类别，如表 13.1 所示。

表 13.1　评分指标与政策匹配情况

<table>
<tr><th>《环境信息公开办法(试行)》</th><th>评分指标</th></tr>
<tr><td>企业环境保护方针、年度环境保护目标及成效</td><td>Objective：环境保护方针、年度环境保护目标及成效</td></tr>
<tr><td>企业年度资源消耗总量</td><td>Consumption：资源消耗情况</td></tr>
<tr><td>企业环保投资和环境技术开发情况</td><td rowspan="2">Operation：环保投资和环境技术开发情况、环保设施的建设和运行情况</td></tr>
<tr><td>企业环保设施的建设和运行情况</td></tr>
<tr><td>企业排放污染物种类、数量、浓度和去向</td><td rowspan="2">Emission：排放污染物种类、数量、浓度和去向及污染物处理情况</td></tr>
<tr><td>企业在生产过程中产生的废物的处理、处置情况废弃产品的回收、综合利用情况</td></tr>
<tr><td>与环保部门签订的改善环境行为的自愿协议</td><td rowspan="3">Others：其他(如：政府下发的节能补助、企业发生的环境污染事故等)</td></tr>
<tr><td>企业履行社会责任的情况</td></tr>
<tr><td>企业自愿公开的其他环境信息</td></tr>
</table>

资料来源：根据《环境信息公开办法(试行)》整理

由于会计法规、政府行为等方面的差异，环境信息披露也存在国家或地区差异(Jenkins and Yakovleva，2006；Villiers，Chris，Staden，2006)，环境会计信息一般可分为三类：货币信息、非货币信息和以会计为基础的描述性信息。从目前我国上市公司的企业环境信息披露来看，定量与定性信息并存，但后者占主导；定量信息包括货币和非货币信息，但后者占主导地位。参考 Cormier 和 Magnan（2003，2007）的编码工具制定一套详细的评级方案，该评级基于 0 到 3 在三个维度中的得分，即根据信息披露的显著性、量化性和时间性来反映信息质量。企业社会责任报告的文本信息被匹配到这三个维度来识别企业环境信息披露。使用相同的标尺来量化企业环境信息披露具有以下一些关键的优势。首先，该评级方案允许将所有环境信息整合到一个单一的综合数字中，这使得环境信息披露水平在不同公司和时期具有可比性。其次，使用量表的环境报告评级至少在某种程度上是客观的，因为它们依赖于上市公司环境报告提供的信息。各指标的评分范围为 0～9 分，各公司在特定年份的评分范围为 0～45 分，评分维度及赋值如表 13.2 所示。

表 13.2　评分维度及赋值

维度	程度	赋值	意　　义
显著性	高	3	环境信息以图表和非图表部分公开
	中	2	环境资料以图表形式公布
	低	1	环境资料以非图表部分披露
量化性	高	3	环境信息的披露是一种货币性的量化信息
	中	2	环境信息的披露是量化信息，并且是非货币性信息
	低	1	环境信息的披露只是文字上的描述
时间性	高	3	对当前和过去的环境信息进行比较
	中	2	披露一些未来的环境信息
	低	1	只披露现有环境信息

三、环境信息披露水平测度

本研究的数据和样本来自在我国证券交易所上市的 20 个污染行业中的 214 家公司年报和社会责任报告。企业年度报告是重要的组织传递其业务信息给公众的披露文件（Hughes et al.，2001；Villiers，Chris，Staden，2006）。各公司的环境信息提取自巨潮资讯、从沪深证券交易所下载的企业社会责任报告和年报。所有样本企业按照以下四个标准进行数据清洗：

(1)剔除2011年至2015年未能持续发布社会责任报告的企业;(2)只选择2011年以前上市的公司;(3)删除因信息披露要求不同而被中信证券归类为非银金融业的企业;(4)被ST的公司。因此,最终数据集包括204家公司在2011年至2015年期间的1020个观测值。

表13.3列出了样本企业在2011年至2015年按行业划分的平均环境信息披露报告得分。从表13.3中我们可以看到,所有样本公司的平均报告得分稳定在14.17左右,在13.57和14.98之间波动。这些模式因行业而异。平均而言,橡胶、塑料制品和纸制品行业报告的环境管理信息较少,而煤炭开采和洗涤以及石油和天然气开采行业报告的环境信息更多。从总体上看,不同行业的环境信息披露没有明显的增减趋势。在所有工业部门中,采矿业的平均企业环境信息披露水平最高。

表13.3　分行业环境信息披露水平平均得分

部门	2011	2012	2013	2014	2015	环保报告平均得分(2011—2015)
1. 黑色金属的开采和选矿	15.60	15.64	15.68	14.16	15.24	15.12
2. 黑色金属的冶炼和轧制	10.33	12.67	11.00	11.33	11.73	13.33
3. 电力和热力生产和供应	17.09	16.55	16.55	14.36	13.46	15.60
4. 纺织工业	8.500	8.500	9.000	10.00	14.50	10.10
5. 非金属矿产品工业	18.75	18.92	18.75	18.42	17.25	18.62
6. 化纤工业	18.33	14.67	21.00	16.33	13.67	16.80
7. 化工原料及制品工业	16.00	14.33	12.96	14.21	12.46	13.99
8. 金属制品工业	10.33	10.33	9.667	10.67	11.27	15.33
9. 酒、饮料及精茶制造	17.92	16.00	18.67	15.00	14.92	16.50
10. 采矿辅助活动	14.00	16.00	18.67	16.33	15.33	11.67
11. 煤矿开采和洗矿	19.45	18.45	18.82	19.45	18.55	18.95
12. 汽车工业	13.69	13.75	14.13	15.75	14.22	13.81
13. 煤气生产和供应行业	15.00	13.50	10.50	10.50	14.50	12.80
14. 油气开采	21.33	14.00	17.33	15.00	20.67	17.67

（续　表）

部门	2011	2012	2013	2014	2015	环保报告平均得分（2011—2015）
15. 石油、焦化和核燃料加工工业	12.25	15.25	20.25	17.25	14.00	15.80
16. 橡胶和塑料制品工业	8.00	8.286	8.429	7.143	6.571	7.686
17. 医药制造业	12.93	10.37	11.19	12.30	12.52	11.86
18. 有色金属矿业	14.00	15.29	12.86	13.29	11.86	13.46
19. 有色金属冶炼与轧制	13.50	14.09	12.04	10.82	11.32	12.36
20. 纸制品行业	13.00	10.00	8.800	10.00	9.600	10.28
平均	14.98	14.20	14.18	13.91	13.57	14.17

四、变量定义

本部分对我国重污染行业上市公司的环境信息披露和再融资动机关系进行考察。为检验再融资需求对环境信息披露的影响，因变量为企业环境信息披露水平（*EID*），主要解释变量是再融资需求（*RFD*），这一变量测算方法参考 Shyam-Sunder 和 Myers（1999）；为了检验环境信息披露对债务融资成本的影响，我们使用利息支出占总资产比例（*CoC_D*）衡量债务融资成本，其他控制变量如下：

（1）区位（*Location*）：反映企业位置的虚拟变量，即东部沿海地区为 1，其他地区为 0。我国东部沿海地区企业在经济发展水平、法律意识和环境意识等方面与其他省份企业存在较大差异。改革开放之初，以东部沿海地区和现代工业为经济发展重点的战略，导致了很大的区域差异（Laffont and Qian，1999；Lee et al.，2012）。一般认为，在外部压力下，沿海地区企业可能会披露更多的环境信息。

（2）所有制（*State*）：反映控股股东的类型（即国有或非国有所有权）的虚拟变量，描述被控制企业的最大所有者身份。当企业国有或国家控股，则 *State* 为 1，否则为 0。研究表明，通常国有企业披露环境信息的政治意愿较强（Meng，Zeng et al.，2014）。

（3）盈利能力（*Roe*）：盈利能力较强的公司通常有更多的资源和能力，执行更严格的环境标准。这里使用变量 *Roe* 来反映公司的财务业绩和盈利能力。

（4）年龄（*Age*）：是指截至特定年份的年底，公司在中国证券交易所上市的时长，这是反映公司资历和稳定性的变量。

（5）股权集中度（*Governance*）：反映企业股权集中度，一般来说集中度越高，大股东越有可能鼓励管理层披露信息。Jankensgard（2017）指出，缺乏控股股东的企业披露的信息较少，这里的变量 *Governance* 用第一大股东的持股比例来表示。

此外，参考公司治理文献（Karamanou and Vafeas，2005；Kothari et al.，2009；Uzun et al.，2004），在分析中通过包括管理层持股（*Mgthold*）、董事会规模（*Bsize*）和董事会与管理层分离（*Sbg*）来作为控制公司治理结构的变量。所有变量定义见表 13.4。

表 13.4　变量定义

变量	含义	测算方法	参考文献
EID	环境披露水平	评分依据内容	Zeng et al.（2012）和 Meng and Zeng et al.（2014）
RFD	再融资需求	（长期投资变动＋固定资产投资＋营运资金流动＋股息－营运现金流量＋当期财务成本）/初始总资产	Shyam-Sunder and Myers（1999）
Location	公司的位置	公司位于东部沿海地区为 1，其他为 0	Liu and Anbumozhi（2009）
State	所有制	国有制企业为 1，其他为 0	Zeng et al.（2012）
Roe	经营绩效	税后净利润除以股东权益	Liu and Anbumozhi（2009）
Age	上市公司的年龄	公司在股票市场上市的年数	Liu and Anbumozhi（2009）
Governance	所有权集中	第一大股东的比例	Jankensgard（2017）

（续　表）

变量	含义	测算方法	参考文献
CoC_D	债务融资成本	利息支出成本除以总资产	Shyam-Sunder and Myers (1999)
Mgthold	管理层持股	管理层持股比例	Kothari et al. (2009)
Bsize	董事会规模	董事人数	Uzun et al. (2004)
Sbg	董事会与管理层分离	虚拟变量，当同一个人同时担任公司的董事长和CEO 时等于 1，否则等于 0	Karamanou and Vafeas (2005)
Cashadeq	现金流充足率	经营活动的现金净流量/(用于购买固定资产、无形资产和其他长期资产的现金＋用于支付利息费用和分配股息的现金)	Giacomino and Mielke(1993)

为了消除异常值影响，在最高和最低的 1%对 *Roe* 和 *RFD* 进行缩尾处理，表 13.5 是各变量的描述性统计，由表 13.5 可知，样本企业的平均环境信息披露水平为 14.17。*Others* 这一项包括企业节能和环境污染事故的政府补贴信息。平均来看，*Operation* 类别的信息披露水平最高，这意味着企业更愿意披露更多的环境投资信息以及环保设施的技术开发、建设和运营信息。自变量再融资需求(*RFD*)最小为－31.64，最大为 47.87，均值为－2.957，说明上市公司再融资需求差异较大。变量 *Location* 和 *State* 的描述性统计结果表明，约有一半(58.8%)的样本企业位于东部沿海省份，近四分之三(72.5%)的样本企业是国有企业。作为盈利能力的衡量方法，*Roe* 的结果表明样本公司的盈利能力范围很广，最小值为－43.78%，最大值为 38.70%，平均值为 8.096%。样本公司的 *Age* 范围从最小 0 年到最大 23 年，平均为约 12 年。变量 *Governance* 作为衡量第一大股东股权集中度的指标，其均值为约 41%，范围在 3%至 86%之间，这表明样本公司存在不同的治理结构。管理层的平均持股比例为约 0.3%。平均每个董事会有 9 名董事，董事会与管理层分离的公司在上市公司中占 86.4%。

表 13.5　变量描述性统计

Variable	N	Mean	SD	Min	Median	Max
EID	1020	14.17	6.031	0	14	34
Consumption	1020	3.210	2.696	0	4	9
Operation	1020	3.775	1.732	0	4	9
Emission	1020	3.405	2.273	0	4	9
Objective	1020	2.763	1.081	0	3	7
Others	1020	1.028	1.588	0	0	8
RFD	1020	−2.957	12.95	−31.64	−4.580	47.87
Location	1020	0.588	0.492	0	1	1
State	1020	0.725	0.446	0	1	1
Roe	1020	8.096	12.22	−43.78	8.095	38.70
Age	1020	11.98	4.993	0	13	23
Governance	1020	41.27	16.16	3	42	86
Mgthold	1020	0.292	1.034	0	0	7.297
Bsize	1020	9.740	2.183	4	9	18
Sbg	1020	0.136	0.343	0	0	1

五、模型估计与分析

(一) *EID* 与融资需求

我们首先研究公司在需要融资时是否倾向于隐瞒环境信息。表 13.6 显示了控制回归中行业固定效应的估计结果。列(2)变量 *RFD* 的系数在 5%的统计水平下显著为负，表明若再融资需求上升 1%，环境信息披露水平 *EID* 下降 13.2%，这与管理者在寻求融资时倾向于对外界隐瞒环境信息的假设相一致。这一结果为 Jankensgard(2017)的解释提供了明确的支持，即管理者有动机隐藏负面信息。

$$EID_{it} = \beta_0 + \beta_1 RFD_{it} + \beta_2 Location_{it} + \beta_3 State_{it} + \beta_4 Roe_{it} + \beta_5 Age_{it} + \beta_6 Governance_{it} + \beta_7 mgthold_{it} + \beta_8 bsize_{it} + \beta_9 sbg_{it} + \varepsilon_{it} \tag{13.1}$$

表 13.6 环境信息披露与再融资需求

	(1)	(2)	(3)	(4)
	EID	*EID*	*EID_select*	*EID_dis*
RFD	−0.211*** (0.057)	−0.132** (0.061)	−0.110** (0.054)	−0.018 (0.017)
Location	1.773** (0.673)	2.078*** (0.683)	2.001*** (0.605)	0.110 (0.019)
State	2.288*** (0.871)	1.612* (0.921)	1.756*** (0.816)	−0.201 (0.257)
Roe	−0.019 (0.035)	0.011 (0.040)	0.015 (0.035)	−0.003 (0.011)
Age	0.100 (0.076)	0.088 (0.078)	0.101 (0.069)	−0.019 (0.022)
Governance	0.059*** (0.022)	0.037 (0.024)	0.033 (0.021)	0.002 (0.007)
Mgthold	0.265 (0.401)	0.173 (0.422)	0.158 (0.374)	−0.015 (0.118)
Bsize	0.438** (0.164)	0.438** (0.171)	0.398*** (0.151)	0.040 (0.048)
Sbg	−0.272 (1.163)	0.143 (1.170)	0.099 (1.036)	0.015 (0.326)
_cons	3.052 (2.215)	4.277* (2.577)	0.207 (2.282)	4.248*** (0.718)
Sector	No	Yes	Yes	Yes
N	1 020	1 020	1 020	1 020
Num of firms	204	204	204	204
R^2	0.260	0.383	0.383	0.296

注:第 1、2 列以环境披露的得分指标为因变量,第 3、4 列分别以敏感环境披露(*EID_select*)和非敏感环境披露(*EID_dis*)为因变量,在列 2 至 4 中包括行业固定效应。括号中为标准误。* 表示在 10%统计水平下显著,** 表示在 5%统计水平下显著,*** 表示在 1%统计水平下显著

经验证据表明,管理人员有动机通过自愿披露他们的积极行为让投资者和其他利益相关者知情,如环境保护目标等,以区别于环境绩效不佳的企

业(Clarkson et al.，2008)，也会避免负面环境信息的披露，如违规行为和相关处罚等(Meng，Zeng et al.，2014)。表 13.1 中显示了侧重于不同方面的五种环境信息披露。一般来说，消费(*Consumption*)、运营(*Operation*)和排放(*Emission*)等类别包含特别具体和关键的信息。

如前文所述，当面临再融资需求时，企业有动机隐瞒坏消息，以避免对再融资的负面影响。为了检验这一关系，我们取环境信息披露中用于衡量敏感环境信息的消费(*Consumption*)、运营(*Operation*)和排放(*Emission*)三类的总披露水平(*EID_select*)。目标(*Objective*)和其他(*Others*)的总和衡量的是非敏感环境信息披露(*EID_dis*)。进行这样分类的理由是，关于消费、运营和排放的环境信息类别包含更具体、敏感和关键的信息，对融资产生的负面影响可能比其他两个类别大。

$$EID_{select_{it}} = Consumption_{it} + Operation_{it} + Emission_{it} \tag{13.2}$$

$$EID_{dis_{it}} = Objective_{it} + Others_{it} \tag{13.3}$$

然后进行如下回归：

$$EID_{select_{it}} = \beta_0 + \beta_1 RFD_{it} + \beta_2 Location_{it} + \beta_3 State_{it} + \beta_4 Roe_{it} + \beta_5 Age_{it} + \beta_6 Governance_{it} + \beta_7 Mgthold_{it} + \beta_8 Bsize_{it} + \beta_9 Sbg_{it} + \varepsilon_{it} \tag{13.4}$$

$$EID_{dis_{it}} = \beta_0 + \beta_1 RFD_{it} + \beta_2 Location_{it} + \beta_3 State_{it} + \beta_4 Roe_{it} + \beta_5 Age_{it} + \beta_6 Governance_{it} + \beta_7 Mgthold_{it} + \beta_8 Bsize_{it} + \beta_9 Sbg_{it} + \varepsilon_{it} \tag{13.5}$$

表 13.6 的结果显示，列(3)的再融资需求变量 *RFD* 的系数显著为负，而列(4)的 *RFD* 的系数不显著为负，这说明企业在需要再融资时倾向于隐瞒负面信息。这可以解释为上市公司更不愿意披露与资源消耗、环境设施运营、污染物排放和处理相关的环境信息。正如 Nagar et al. (2003)所指出的那样，自私自利的管理者不愿意透露可能会令投资者讨厌的信息。Peters 和 Romi(2013)强调，即使信息披露是强制性的，如果后续检测的预期成本较低，企业可能会隐瞒负面信息。从本质上讲，审慎的环境信息披露是一个管理代理问题，因为披露更具体的环境信息不会得到政府的奖励，反而可能引起公众的关注。

此外,控制变量区位(*Location*)在 5%的统计水平下显著为正,表明我国的上市公司污染环境信息披露质量和水平存在区域差异;东部沿海地区企业的 *EID* 值高于其他地区,且更愿意披露能源消费、环境设施运营和排放等环境信息。这一区域差距与我国区域经济发展的不平衡是一致的,自经济改革以来,东部沿海地区和现代工业一直是我国经济发展的重点(Lee et al., 2012)。

国有制(*State*)也与环境信息披露水平和敏感性环境信息披露水平显著正相关,表明国有企业在环境信息披露方面优于民营企业,在敏感环境信息披露方面优于非国有企业。这可以解释为国有企业需要承担更多的社会责任(Meng, Zeng et al., 2014),国有企业往往是新法规实施的先行者(Zeng et al.,2012)。

此外,研究结果表明,公司治理结构也显著影响了环境信息披露水平。最大股东的比例(*Governance*)和董事会规模(*Bsize*)与环境信息披露水平和敏感性环境信息披露水平显著正相关,说明完善公司治理结构有助于提高环境信息披露水平,董事会能够有效促进敏感环境信息披露。

(二) 债务融资成本和环境信息披露

在前一部分我们发现,企业的再融资需求与环境披露显著负相关,这表明当面临再融资需求时,企业倾向于隐瞒负面和敏感的环境信息。那么,当面临再融资需求时,企业为什么倾向于降低环境信息披露,并故意隐瞒敏感的环境信息呢?

我们通过考察环境信息披露对债务融资成本的影响来研究这个问题。表 13.7 中 *EID* 的系数显示环境信息披露水平与债务融资成本显著正相关,表明高水平环境信息披露将增加约 7.45%的债务融资成本,这也许可以解释为什么管理层在需要再融资时倾向于降低环境信息披露水平。

$$CoC_{D_{it}} = \beta_0 + \beta_1 EID_{it} + \beta_2 RFD_{it} + \beta_3 Location_{it} + \beta_4 State_{it} + \beta_5 Roe_{it} + \beta_6 Age_{it} + \beta_7 Governance_{it} + \beta_8 Mgthold_{it} + \beta_9 Bsize_{it} + \beta_{10} Sbg_{it} + \varepsilon_{it} \tag{13.6}$$

此外,通过对敏感环境信息和非敏感环境信息的分类,进一步研究环境信息披露对债务成本的影响。表 13.7 列(3)和列(4)的结果表明,较高水平的敏感环境信息披露(*EID_select*)对债务融资的成本是有影响的。例如,资源消耗、环境设施运营、污染物排放和处理等环境信息披露越具体,债务成本就会显著增加，而非敏感环境信息披露（*EID_dis*）对债务融资成本的影响则不显著。这些结果支持了这样一个事实，即企业有动机隐瞒坏消息，或许是为了避免敏感的环境信息披露在有再融资需求时带来负面影响。

表 13.7　融资成本与 *EID*

	(1)	(2)	(3)	(4)
	CoC_D	*CoC_D*	*CoC_D*	*CoC_D*
EID	6.476*** (2.308)	7.449*** (2.214)		
EID_select			7.869*** (2.510)	
EID_dis				15.434* (8.116)
RFD	−2.761 (1.905)	−0.880 (1.817)	−0.998 (1.822)	−1.582 (1.838)
Location	44.963** (22.018)	46.969** (20.529)	46.703** (20.706)	60.750*** (20.456)
State	34.194 (28.502)	43.256 (27.215)	41.439 (27.446)	58.357** (27.607)
Roe	−0.835 (1.129)	0.059 (1.166)	0.022 (1.171)	0.180 (1.191)
Age	−4.161* (2.468)	−3.624 (2.286)	−3.767 (2.301)	−2.682 (2.331)
Governance	1.010 (0.729)	0.049 (0.700)	0.066 (0.703)	0.288 (0.710)
Mgthold	−3.096 (12.889)	−3.017 (12.363)	−2.971 (12.413)	−1.489 (12.623)
Bsize	15.040*** (5.379)	8.668* (5.094)	8.797* (5.120)	11.310** (5.119)
Sbg	−22.714 (37.396)	0.312 (34.265)	0.596 (34.403)	1.151 (34.999)
Constant	−215.216*** (71.542)	−53.626 (76.054)	−23.389 (75.770)	−87.325 (84.442)
Sector	No	Yes	Yes	Yes

（续　表）

	(1)	(2)	(3)	(4)
	CoC_D	*CoC_D*	*CoC_D*	*CoC_D*
N	1 020	1 020	1 020	1 020
Num of firms	204	204	204	204
R^2	0.229	0.467	0.462	0.444

注：第 1、2 列以环境披露的评分指标为自变量，第 3、4 列分别为敏感环境披露结果（*EID_select*）和非敏感环境披露结果（*EID_dis*）。该回归估计基于 2011—2015 年期间 204 家企业的 1 020 次观察。我们在回归(2)～(4)中包括行业固定效应。标准误显示在括号中。* 表示在 10%水平下显著。** 表示在 5%水平下显著。*** 表示在 1%水平下显著

接下来，进一步研究环境信息披露类别对债务融资成本的影响，结果见表 13.8。列(2)和列(4)的消费（*Consumption*）和排放（*Emission*）系数均显著为正，表明消费和排放相关的环境信息披露水平越高，债务融资成本越高。这一结果与直觉一致，即消费、运营和排放的类别比其他两个包含更多具体和关键的信息。企业有保留敏感环境信息的动机，以减轻对融资成本的负面影响。

表 13.8　融资成本与敏感环境信息披露

	(1)	(2)	(3)	(4)	(5)
	CoC_D	CoC_D	CoC_D	CoC_D	CoC_D
Objective	17.604 (14.886)				
Consumption		16.417*** (4.830)			
Operation			−4.472 (8.688)		
Emission				23.482*** (6.098)	
Others					16.293 (10.324)
RFD	−1.642 (1.853)	−1.058 (1.808)	−2.002 (1.870)	−1.183 (1.785)	−1.768 (1.839)

（续　表）

	(1)	(2)	(3)	(4)	(5)
	CoC_D	CoC_D	CoC_D	CoC_D	CoC_D
Location	60.485*** (20.632)	49.112** (20.376)	64.661*** (21.075)	46.158** (20.267)	62.472*** (20.502)
State	56.867** (27.766)	40.195 (27.325)	56.784** (27.980)	43.567 (26.900)	57.042** (27.670)
Roe	0.104 (1.199)	−0.085 (1.167)	0.142 (1.202)	0.118 (1.155)	0.216 (1.196)
Age	−3.005 (2.341)	−3.438 (2.280)	−2.860 (2.358)	−4.108* (2.276)	−2.633 (2.344)
Governance	0.296 (0.715)	0.150 (0.696)	0.372 (0.722)	0.053 (0.692)	0.312 (0.712)
Mgthold	−2.683 (12.727)	−3.608 (12.362)	−1.638 (12.744)	−2.278 (12.242)	−0.591 (12.683)
Bsize	11.371** (5.162)	9.118* (5.066)	12.235** (5.191)	8.213 (5.047)	11.792** (5.125)
Sbg	2.906 (35.244)	−3.994 (34.279)	0.481 (35.377)	2.030 (33.945)	−0.277 (35.126)
Constant	−63.695 (85.288)	−9.162 (75.507)	−16.726 (78.433)	−18.189 (74.764)	−52.164 (79.691)
Sector	Yes	Yes	Yes	Yes	Yes
N	1020	1020	1020	1020	1020
Num of firms	204	204	204	204	204
R^2	0.437	0.467	0.433	0.477	0.440

注：该回归估计基于2011—2015年204家企业的1020次观测。我们在回归中纳入了行业固定效应。标准误显示在括号中。*表示在10%水平下显著。**表示在5%水平下显著。***表示在1%水平下显著

为了检验结果的稳健性，我们使用滞后一阶的*EID*作为自变量来检验环境信息披露对债务成本的影响，并发现较高的环境信息披露水平会增加债务成本，与前面结果一致。特别是资源消耗、环境设施运营、污染物排放和处理等信息的选择性披露会显著增加债务融资成本，而其他环境信息的披露对债务融资成本的影响较小（见表13.9）。

表 13.9 一阶滞后的稳健性检验

	(1)	(2)	(3)	(4)
	CoC_D	*CoC_D*	*CoC_D*	*CoC_D*
L. EID	7.054*** (2.214)	7.923*** (2.165)		
L. EID_select			8.735*** (2.477)	
L. EID_dis				14.506* (7.780)
RFD	−2.336 (1.621)	−0.670 (1.524)	−0.724 (1.527)	−1.224 (1.556)
Location	48.744** (22.907)	50.197** (21.258)	50.013** (21.357)	63.915*** (21.403)
State	36.931 (29.475)	45.975 (28.296)	43.884 (28.482)	61.982** (28.786)
Roe	−0.317 (1.092)	0.363 (1.150)	0.358 (1.153)	0.503 (1.181)
Age	−4.301* (2.531)	−3.725 (2.345)	−3.869 (2.355)	−2.896 (2.404)
Governance	0.946 (0.745)	−0.070 (0.716)	−0.079 (0.719)	0.198 (0.731)
Mgthold	−7.724 (13.780)	−4.704 (13.228)	−4.405 (13.261)	−4.513 (13.593)
Bsize	14.669*** (5.455)	8.569* (5.162)	8.606* (5.179)	11.372** (5.226)
Sbg	−20.413 (37.015)	1.923 (33.937)	1.509 (34.027)	4.671 (34.867)
Constant	−216.379*** (73.501)	−52.877 (78.067)	−20.234 (77.674)	−78.775 (86.086)
Sector	No	Yes	Yes	Yes
N	816	816	816	816
Num of firms	204	204	204	204
R^2	0.228	0.467	0.464	0.437

注:括号中为标准误。* 表示在 10%水平下显著。** 表示在 5%水平下显著。*** 表示在 1%水平下显著

（三）管理层持股和需要再融资时的环境信息保留

此外，我们进一步研究当企业面临再融资需求时降低环境信息披露水平的动机。大量证据表明，受自身利益驱动的公司管理层不愿披露信息，尽管受到投资者和监管机构的压力，但是出于对自身职业的关注会促使管理者对投资者隐瞒坏消息（Hemingway and Maclagan，2004；Nagar et al.，2003）。Healy 和 Palepu(2001)指出，财务报告和披露的需求缘于信息不对称和管理者与外部投资者之间的代理冲突。Kothari et al.（2009）还认为，管理者隐瞒坏消息的倾向可能缘于代理问题，即管理层的披露偏好与股东的披露偏好不一致。他们发现，当管理者面临更大的职业危机、更大的个人财富风险和更大的信息不对称时，他们隐瞒坏消息的倾向会加剧。

大量相关文献表明，在面临融资需求时，管理层持股比例越高，隐瞒环境信息（特别是敏感的环境信息）的动机就越大。为了进一步检验这一命题，我们根据管理层持股程度将公司样本分为两组。当管理层持股比例（*Mgthold*）高于行业中位数时，公司被分配到“高”组。然后，分别对高和低管理层持股组进行分组回归分析。

表 13.10 列(1)的结果显示，当需要再融资时，管理层持股比例高的公司会减少环境信息披露。列(2)的再融资需求系数（*RFD*）为正但不显著，说明仅在管理层持股比例高的组中，环境信息披露的保留效应在统计上显著。这些结果表明，面临再融资的管理者可能会选择隐瞒环境信息。

我们还研究了管理层持股比例高是否会影响敏感性环境信息披露。具体而言，通过分组回归分别对管理层持股比例高和管理层持股比例低的企业进行分析，研究再融资需求（*RFD*）对敏感性环境信息披露（*EID_select*）和不敏感环境信息披露（*EID_dis*）的影响。我们发现如果管理层所有权更高，在有融资需求时，公司倾向于有选择地保留敏感环境信息，而根据列(3)和列(4)，管理者持股低的公司没有显著影响环境信息的选择性保留。列(5)至列(6)的结果表明，融资需求对管理层的高所有权或低所有权的非敏感 *EID* 都没有显著影响。

（四）信息透明和融资需求下的环境信息披露保留

当管理者在面对更大的信息不对称时，更有动机隐瞒坏消息（Kothari et al.，2009）。因此，我们推断，在透明度较低的公司中，管理者更有可能隐瞒环境信息。我们使用可操控性应计利润（discretionary accruals）作为信息透明度的一种度量，根据琼斯模型计算如下：

表 13.10 管理层持股及再融资需求对敏感 *EID* 的影响

	High-ownership group	Low-ownership group	High-ownership group	Low-ownership group	High-ownership group	Low-ownership group
	(1)	(2)	(3)	(4)	(5)	(6)
	EID	*EID*	*EID_select*	*EID_select*	*EID_dis*	*EID_dis*
RFD	−0.159** (0.071)	0.039 (0.053)	−0.132** (0.058)	0.035 (0.047)	0.002 (0.023)	0.005 (0.014)
Location	2.470** (1.003)	2.304** (0.916)	2.496*** (0.819)	2.216*** (0.810)	0.228 (0.328)	0.108 (0.247)
State	2.171* (1.221)	0.962 (1.304)	1.879* (0.998)	1.098 (1.152)	−0.066 (0.399)	−0.165 (0.351)
Roe	−0.004 (0.052)	0.037 (0.046)	−0.001 (0.042)	0.042 (0.040)	0.002 (0.017)	−0.004 (0.012)
Age	0.087 (0.116)	0.132 (0.100)	0.111 (0.095)	0.132 (0.088)	−0.043 (0.038)	−0.002 (0.027)
Governance	8.697*** (3.168)	2.657 (3.438)	6.721** (2.588)	2.191 (3.037)	1.160 (1.036)	0.350 (0.926)
Mgthold	−14.235 (50.398)	11.853 (479.681)	−11.172 (41.175)	−69.923 (423.774)	−16.302 (16.477)	79.371 (129.221)

（续　表）

	High-ownership group	Low-ownership group	High-ownership group	Low-ownership group	High-ownership group	Low-ownership group
Bsize	0.508** (0.223)	0.345 (0.230)	0.417** (0.182)	0.397* (0.203)	0.115 (0.073)	−0.051 (0.062)
Sbg	0.675 (1.473)	0.264 (1.562)	0.207 (1.204)	0.409 (1.380)	0.297 (0.482)	−0.157 (0.421)
Constant	2.193 (3.366)	5.580 (3.608)	−0.734 (2.750)	0.723 (3.187)	3.490*** (1.101)	4.945*** (0.972)
Sector	Yes	Yes	Yes	Yes	Yes	Yes
N	476	544	476	544	476	544
groups	121	135	121	135	121	135
R^2	0.545	0.315	0.559	0.348	0.380	0.276

注：括号中为标准误。* 表示在10%水平下显著。** 表示在5%水平下显著。*** 表示在1%水平下显著

$$\frac{TA_{i,t}}{A_{i,t-1}}=\alpha_1\frac{1}{A_{i,t-1}}+\alpha_2\frac{\Delta REV_{i,t}-\Delta REC_{i,t}}{A_{i,t-1}}+\alpha_3\frac{PPE_{i,t}}{A_{i,t-1}}+\varepsilon_{i,t} \tag{13.7}$$

应计利润总额 $TA_{i,t}$ 定义为公司 i 在会计年度 t，特别项目和停止经营前的收益减去经营现金流，$TA_{i,t}=NI_{i,t}-CFO_{i,t}$，$A_{i,t-1}$ 为 $t-1$ 年末的总资产；$\Delta REV_{i,t}$ 是从 $t-1$ 年到 t 年销售收入的变化量；$\Delta REC_{i,t}$ 即从第 $t-1$ 年到第 t 年应收账款的变化；$PPE_{i,t}$ 是第 $t-1$ 年末的财产、厂房和设备的总价值。在这里，公司特定年度的可操控性应计利润为回归模型(13.7)中的残差，即由 $t-1$ 年总资产所调整得到的 t 年异常应计利润。我们以可操控性应计利润的绝对值作为盈余管理的代理变量，盈余管理越高，信息透明度越低。

然后根据本会计年度行业的中位数将样本分为高盈余管理组和低盈余管理组，并对这两组进行分组回归分析。如果公司的信息透明度较低，会更有动机操纵信息，因此倾向于隐瞒环境信息披露。回归结果见表 13.11，其中，列(1)的 *RFD* 系数在高盈余管理组显著为负，而在列(2)低盈余管理组的系数为正但不显著。这表明，当企业处于低信息透明度状态时，在需要再融资时隐瞒环境信息的情况更为普遍。

当企业面临再融资需求时，我们还研究了企业透明度是否会影响敏感性 *EID*。通过对高盈余管理和低收益管理组进行分组回归，我们检验了再融资需求(*RFD*)对敏感性环境信息披露(*EID_select*)和非敏感环境信息披露(*EID_dis*)的影响。结果表明，公司在有融资需求时会倾向于选择性地保留敏感环境信息，特别是在信息透明度较低时；而根据列(3)至列(6)，在高盈余管理或低盈余管理组中，再融资需求都对非敏感环境信息披露没有影响。

(五) 信息不对称和再融资需求下的环境信息保留

我们还研究了信息不对称对再融资需求时环境信息披露的影响。参照 Lang 和 Lundholm(1996)，使用分析师预测离散度(analyst forecasting dispersion)作为信息不对称的度量：

$$AnalystSD_{i,t}=\mathrm{Ln}\left(\frac{1}{N_{i,t}}\sum_j(eps_{Fi,j,t}-\overline{eps_{Fi,t}})^2\right) \tag{13.8}$$

$eps_{Fi,j,t}$ 为分析师 j 对 i 公司 t 年的每股收益预测，$\overline{eps_{Fi,t}}$ 是所有分析师对 i 公司 t 年每股收益预估的平均值。$N_{i,t}$ 是公司 i 在 t 年的分析师总

表 13.11　信息透明及再融资需求对敏感 *EID* 的影响

	High-earning management	Low-earning management	High-earning management	Low-earning management	High-earning management	Low-earning management
	(1)	(2)	(3)	(4)	(5)	(6)
	EID	*EID*	*EID_select*	*EID_select*	*EID_dis*	*EID_dis*
RFD	−0.096*** (0.036)	0.018 (0.031)	−0.088*** (0.031)	0.031 (0.028)	−0.005 (0.012)	−0.012 (0.009)
Location	0.994 (0.787)	2.270*** (0.762)	0.967 (0.683)	2.058*** (0.681)	0.064 (0.257)	0.245 (0.230)
State	1.660 (1.021)	1.963* (1.043)	1.644* (0.886)	2.131** (0.932)	−0.077 (0.334)	−0.223 (0.314)
Roe	0.014 (0.021)	0.046 (0.031)	0.013 (0.018)	0.047* (0.028)	0.002 (0.007)	−0.001 (0.009)
Age	0.065 (0.087)	0.023 (0.086)	0.090 (0.075)	0.052 (0.077)	−0.031 (0.028)	−0.033 (0.026)
Governance	0.047* (0.027)	0.030 (0.026)	0.028 (0.023)	0.039* (0.023)	0.017* (0.009)	−0.011 (0.008)
Mgthold	0.168 (0.459)	0.046 (0.473)	0.172 (0.398)	0.099 (0.422)	−0.043 (0.150)	−0.077 (0.143)

（续　表）

	High-earning management	Low-earning management	High-earning management	Low-earning management	High-earning management	Low-earning management
Bsize	0. 308 (0. 194)	0. 397** (0. 180)	0. 322* (0. 168)	0. 322** (0. 161)	−0. 010 (0. 063)	0. 075 (0. 054)
Sbg	0. 217 (1. 141)	−0. 554 (1. 352)	0. 190 (0. 991)	−0. 440 (1. 208)	−0. 002 (0. 373)	−0. 135 (0. 408)
Constant	6. 173** (2. 951)	6. 084** (2. 791)	2. 420 (2. 561)	1. 581 (2. 495)	3. 978*** (0. 965)	4. 655*** (0. 842)
Sector	Yes	Yes	Yes	Yes	Yes	Yes
N	480	540	480	540	480	540
Groups	189	196	189	196	189	196
R^2	0. 337	0. 343	0. 332	0. 345	0. 273	0. 291

注：括号中为标准误。* 表示在 10%水平下显著。** 表示在 5%水平下显著。*** 表示在 1%水平下显著

数。正如 Lang 和 Lundholm(1996)所指出的，分析师预测的离散度越大，企业的信息不对称程度越高。

根据每个财政年度行业分析师预测离散度的中位数，将样本分为高信息不对称组和低信息不对称组，并进行分组回归，结果如表 13.12 所示。如果一家公司具有较高的信息不对称，管理者将更有动机保留环境信息披露。与此假设相一致的是，第 1 列和第 2 列结果表明，在信息不对称程度高的群体中，*RFD* 的系数显著为负，即当企业信息不对称程度较高，面临再融资需求时，更倾向于隐瞒环境信息的披露。

那么，管理者在需要再融资时是否更有动机选择性地披露环境信息，特别是对于信息不对称程度较高的公司？接下来将分组回归分析应用于信息不对称程度高和低的群组。表 13.12 列(3)至列(6)显示了当有再融资需求时，信息不对称对敏感环境信息披露影响的实证结果。列(3)和列(4)的 *RFD* 系数为负，表明当企业面临再融资需求时，特别是在信息高度不对称的情况下，企业倾向于选择性地保留敏感的环境信息披露。如列(5)和列(6)所示，在信息不对称程度高或低的情况下，再融资需求对非敏感环境信息披露没有显著影响。

(六) 内生问题的稳健性检验

前面的研究结果表明，在融资需求压力下，管理者倾向于隐瞒环境信息披露，特别是敏感环境信息，因为敏感环境信息的披露会显著增加债务融资成本。而再融资需求低的公司通常拥有良好的现金流和运营水平，同时也可能拥有较高的环境信息披露水平。

为了解决潜在重要变量的遗漏而导致内生性问题，我们首先使用一期滞后的再融资需求(*L.RFD*)作为工具变量(IV)，因为公司的一期滞后再融资需求与当期融资需求相关，但与线性回归模型中的残差不相关，估计结果见表 13.13。从表 13.13 列(2)的第一阶段回归中可以看出，一期滞后再融资需求(*L.RFD*)的系数在 1%统计性水平下显著为正。在列(3)的第二阶段回归中，再融资需求(*RFD*)的系数在 1%的水平下显著为负，这一结果为企业在面临再融资需求时环境信息保留性披露提供了支持。我们也在表 13.13 的列(1)报告了普通最小二乘法的回归结果，在列(4)给出了 IV 方法与普通最小二乘回归差异的 Hausman 检验。Hausman 检验的 Chi2(1)统计量为 2.52，p 值为 0.112 4，不能拒绝系数差异非系统性的原假设。Hausman 检验结果表明，预测变量与误差项之间不存在相关性，与我们的普通最小二乘法回归(OLS)结果是一致的。

表 13.12 信息不对称及再融资需求对敏感 *EID* 的影响

	High-information asymmetry	Low-information asymmetry	High-information asymmetry	Low-information asymmetry	High-information asymmetry	Low-information asymmetry
	(1)	(2)	(3)	(4)	(5)	(6)
	EID	*EID*	*EID_select*	*EID_select*	*EID_dis*	*EID_dis*
RFD	−0.075** (0.037)	−0.058* (0.034)	−0.079** (0.032)	−0.048 (0.030)	0.004 (0.012)	−0.010 (0.010)
Location	2.171*** (0.748)	2.208*** (0.789)	1.950*** (0.649)	2.068*** (0.699)	0.221 (0.252)	0.183 (0.244)
State	2.675** (1.046)	0.737 (1.055)	3.067*** (0.908)	1.095 (0.934)	−0.392 (0.353)	−0.407 (0.326)
Roe	0.027 (0.020)	−0.020 (0.050)	0.020 (0.018)	−0.008 (0.044)	0.006 (0.007)	−0.010 (0.016)
Age	0.127 (0.088)	0.048 (0.087)	0.144* (0.076)	0.043 (0.077)	−0.016 (0.030)	−0.000 (0.027)
Governance	0.017 (0.026)	0.055** (0.028)	0.013 (0.022)	0.050** (0.024)	0.004 (0.009)	0.003 (0.009)
Mgthold	0.431 (0.466)	−0.383 (0.455)	0.561 (0.404)	−0.351 (0.403)	−0.130 (0.157)	−0.058 (0.141)

（续　表）

	High-information asymmetry	Low-information asymmetry	High-information asymmetry	Low-information asymmetry	High-information asymmetry	Low-information asymmetry
Bsize	0.536*** (0.186)	0.270 (0.197)	0.423*** (0.162)	0.282 (0.175)	0.112* (0.063)	−0.011 (0.061)
Sbg	−0.289 (1.250)	0.832 (1.333)	−0.286 (1.085)	0.486 (1.180)	−0.002 (0.422)	0.314 (0.412)
Constant	2.328 (2.880)	7.120** (2.982)	−1.429 (2.500)	2.782 (2.640)	3.758*** (0.972)	4.527*** (0.922)
Sector	Yes	Yes	Yes	Yes	Yes	Yes
N	528	492	528	492	528	492
Groups	185	179	185	179	185	179
R^2	0.411	0.362	0.426	0.370	0.286	0.201

注：括号中为标准误。*表示在10%水平下显著。**表示在5%水平下显著。***表示在1%水平下显著

表 13.13 内生性问题的稳健性检验：IV 和 OLS 回归结果

	OLS	IV first stage	IV second stage	IV-OLS
	(1)	(2)	(3)	(4)
	EID	*RFD*	*EID*	*Difference*
RFD	−0.136*** (0.050)		−0.215*** (0.071)	−0.079 (0.050)
L. RFP		0.765*** (0.055)		
Location	2.051*** (0.707)	2.304*** (0.710)	2.223*** (0.720)	0.172 (0.109)
State	2.672*** (0.906)	0.223 (0.922)	2.780*** (0.914)	0.108 (0.068)
Roe	−0.024 (0.034)	−0.017 (0.035)	−0.024 (0.034)	−0.000 (0.000)
Age	0.081 (0.079)	0.123 (0.080)	0.098 (0.080)	0.017 (0.011)
Governance	0.060*** (0.023)	−0.033 (0.023)	0.053** (0.024)	−0.007 (0.004)
Mgthold	0.055 (0.432)	−0.656 (0.443)	0.076 (0.435)	0.021 (0.014)
Bsize	0.413** (0.168)	0.007 (0.171)	0.398** (0.169)	−0.015 (0.009)
Sbg	−0.558 (1.159)	−0.438 (1.187)	−0.396 (1.171)	0.161 (0.102)
Constant	3.209 (2.290)	−1.798 (2.325)	3.009 (2.308)	−0.199 (0.126)
Sector	Yes	Yes	Yes	
N	816	816	816	
Groups	204	204	204	
R^2	0.236	0.545	0.226	

注：为了进行 Hausman 检验，我们在第 1 列 OLS 回归中使用相同的观测量，第 2 列和第 3 列为 IV 第一阶段和第二阶段回归。我们在第 4 列对 IV 系数和 OLS 系数的差值进行 Hausman 检验。标准误显示在括号中。Hausman 检验的 Chi2(1)统计量为 2.52，p 值为 0.1124。** 表示在 5%水平下显著。*** 表示在 1%水平下显著

此外，由于企业的融资需求在很大程度上取决于企业的现金流状况，我们还研究了由企业现金流状况引起的 *RFD* 和 *EID* 伪相关性的问题。参考 Giacomino 和 Mielke(1993)，计算现金流充足率(*Cashadeq*)，并在控制了现金流充足率(*Cashadeq*)后对方程(13.1)、(13.4)和(13.5)重新估计。结果见表 13.14。我们发现，列(1)至列(3)的再融资需求系数(*RFD*)在 5%的水平下显著为负，而在列(4)不显著，这表明即使在控制公司现金流情况后，在需要再融资时，环境信息保留的剩余效应依然存在。综上所述，这些证据为需要再融资时的隐瞒环境信息，并选择性地隐瞒敏感环境信息的行为提供了支持。

表 13.14　稳健性检验：排除其他解释

	(1)	(2)	(3)	(4)
	EID	*EID*	*EID_select*	*EID_dis*
RFD	−0.231*** (0.061)	−0.144** (0.064)	−0.123** (0.057)	−0.015 (0.018)
Location	1.800*** (0.673)	2.095*** (0.685)	2.020*** (0.606)	0.106 (0.191)
State	2.373*** (0.875)	1.716* (0.938)	1.875** (0.830)	−0.222 (0.261)
Roe	−0.001 (0.039)	0.024 (0.045)	0.030 (0.040)	−0.005 (0.013)
Age	0.104 (0.077)	0.089 (0.078)	0.102 (0.069)	−0.019 (0.022)
Governance	0.059*** (0.022)	0.037 (0.024)	0.033 (0.021)	0.002 (0.007)
Mgthold	0.240 (0.401)	0.153 (0.424)	0.135 (0.375)	−0.011 (0.118)
Bsize	0.396** (0.169)	0.412** (0.176)	0.368** (0.156)	0.045 (0.049)
Sbg	−0.193 (1.166)	0.179 (1.173)	0.140 (1.039)	0.007 (0.327)
Cashadeq	−0.563 (0.540)	−0.361 (0.572)	−0.408 (0.506)	0.075 (0.159)

（续　表）

	(1)	(2)	(3)	(4)
	EID	*EID*	*EID_select*	*EID_dis*
Constant	3.528 (2.261)	4.545* (2.261)	0.509 (2.315)	4.192*** (0.729)
Sector	No	Yes	Yes	Yes
N	1020	1020	1020	1020
Groups	204	204	204	204
R^2	0.264	0.385	0.386	0.297

注：括号中为标准误。* 表示在10%水平下显著。** 表示在5%水平下显著。*** 表示在1%水平下显著

第四节　基于环境信息披露的重污染企业环境监管策略

供给侧结构性改革是一项长期的制度变革，是进一步完善体制机制，包括环境监管制度的改革“长跑”。要实现经济的提质增效，需要专注于供给侧的结构性优化，包括推进重污染行业的绿色发展。针对重污染企业面临的环境监管问题，我们从信息披露的视角提出以下几点监管策略。

第一，加强各部门的监管协作，有效提高环境信息披露监管水平。地方政府、各环境监管机构应建立完善的监管协作机制，强化环境信息披露监管的有效性。一方面要强化信息互通机制，及时披露辖区重污染企业的重大环境信息，针对重大环境事件，探索多部门协同处理路径，提高对重大环境事件的风险防范和处置能力；另一方面是充分发挥环境信用评价体系的引导和约束功能，推动重污染行业中的上市公司发挥示范引领效应。

第二，以环境信息披露监管为抓手，着力提升重污染企业环境信息披露的质量和透明度。本研究结果表明，管理层有动机披露积极的环境信息，而规避负面环境信息的披露，如违规行为和相关处罚等。环境信息披露是对企业环境保护行为的督促和监管的手段之一，因此，应根据监管部门的披露法规，严格要求重点排污上市公司做好环境信息披露。同时，对于出现环境信息披露违规行为的企业，应严厉打击。加强对上市公司年报或企业社会责任报告中环境信息披露的监管，持续推动重污染行业上市公司环境信息透明度提

升。以严监管为手段，促进企业树立新发展理念，切实承担环境保护责任。

第三，将企业的再融资成本与其环境信用评价得分结合起来，促使企业主动积极地承担环境责任。当面临再融资需求时，企业往往有动机隐瞒坏消息，如不愿意披露与资源消耗、环境设施运营、污染物排放和处理相关的负面敏感环境信息，以避免对再融资带来不利影响。实证研究表明，环境信息披露水平与债务融资成本显著正相关，表明高水平环境信息披露将增加企业的债务融资成本，这解释了管理层在需要再融资时倾向于降低环境信息披露水平。因此，对于提出再融资需求的重污染企业，其环境信息披露的质量需要给予重点关注，并加强督查以确保其披露信息的充分度和真实性，对于隐瞒环境信息的重污染企业，应基于环境信用评价体系，降低其环境信用得分，使其承担更高的再融资成本。

第四，完善上市公司治理结构，制定上市公司、中介机构及其有关人员的诚信评价制度。研究表明，在面临融资需求时，管理层持股比例越高，隐瞒环境信息（特别是敏感的环境信息）的动机就越强。如果公司的信息透明度较低，管理层也会更有动机操纵信息，倾向于隐瞒环境信息披露。完善公司治理结构有助于提高环境信息披露水平，董事会能够有效促进敏感环境信息披露。因此，需要通过制度建设，完善诚信评价机制。

第五节　本章小结

本章从管理者与外部投资者之间的代理冲突和信息不对称角度研究了再融资时隐瞒环境信息的动机。这与 Hemingway 和 Maclagan（2004）以及 Cheng et al.（2013）的研究结果一致，即管理者出于自私的目的会战略性地选择信息披露的水平。我们发现再融资需求与环境信息披露水平之间存在负相关关系，管理者在面临再融资需求时存在隐瞒环境信息的倾向。企业会选择性地披露环境信息，并故意隐瞒与资源消耗、环境设施运营、污染物排放和处理相关的负面敏感信息，倾向于向投资者披露积极的环境行为。企业在面对财务压力时倾向于选择性地保留敏感的环境信息，特别是当管理层持股比例较高时。此外，我们发现更具体的环境信息披露，特别是敏感的环境信息披露，可以显著增加债务融资的成本。这些结果与假设一致，即管理者在面临融资需求时，会战略性地选择有利于自己的环境信息披露水平。

本章还考察了企业透明度和信息不对称对管理者在需要再融资时隐瞒环境信息倾向的影响。我们发现,当企业的信息透明度较低或信息不对称程度较高时,企业在再融资时更有可能隐瞒环境信息,并有选择性地披露敏感的环境信息,这可能是因为企业透明度较低和信息不对称程度较高会加剧管理者的机会主义行为。本研究的分析表明,管理层动机可以影响他们的信息隐瞒倾向,进一步加深我们对与环境信息披露相关的管理决策过程的理解。本研究结果对于监管机构具有重要意义。证监会可以从再融资的角度来制定环境信息披露要求,对于环境信息披露和社会责任披露越具体的企业,给予更多的再融资机会。另外,我国监管机构应加大对中西部企业和非国有企业的监管力度。基于制度的供给侧结构性改革背景,本章从信息披露的视角针对重污染企业提出几点监管建议。

第十四章　供给侧改革下资源再配置对宏观经济的短期冲击和长期影响

以绿色发展为目标,供给侧结构性改革有利于促进资源再配置降低资源错配水平、实现全要素生产率的提升和产业结构的优化。本章首先从微观、中观、宏观三个层面分析绿色发展目标下资源再配置对宏观经济的影响路径、作用机制,以及短期冲击和长期影响效应。然后,进一步实证分析环境规制对短期经济波动和长期经济增长的影响。

第一节　供给侧改革下资源再配置对经济发展的作用机理

资源再配置会影响经济的潜在生产能力,绿色发展目标下的资源再配置是一个长期的动态调整过程,在这一过程中资源的更优配置会促进技术创新、优化经济结构、提升经济效率,从而影响经济增长率。

一是微观层面,实现生产要素的合理配置,并促进企业的自主创新。资源再配置导致微观层面不同类型的企业在市场中的比较优势地位发生改变,例如资源型、污染型企业在环境成本比较低廉的环境下,尽管生产过程中产生较大的负外部性,对生态环境有较大的破坏作用,但是由于规制力度不够,无法使外部成本内部化,因此这些企业具有低环境成本下的比较优势。通过供给侧结构性改革实现资源的再配置,可以使高污染企业承担更大的环境成本,促使其加快绿色转型或者退出市场,将更多的资源留给低污染环保型企业。企业的绿色转型对经济产生的直接影响是,适度的环境规制使企业增加环保设备的投资,随着环境规制程度的提升,会倒逼企业进行绿色技术的创新投入,不管是环保设备的投资还是绿色技术创新的投入,都会通过扩大投资的方式促进经济增长。长期来看,绿色技术创新既可以降低污染排放、节约资源，又能提高生产效率，实现经济增长与环境保护的双赢。

二是中观层面，实现产业结构的优化。很多地区普遍存在着传统产业产能过剩，高端产品供给不足的问题，产业结构处于低端失衡状态。通过结构性改革，以资源再配置的方式有助于推动产业结构的优化，并发挥积聚经济的作用。研究表明，产业结构的高级化及合理化对经济增长有显著影响。结构性改革加快了高耗能高污染企业的转型与淘汰，促进产业向绿色清洁化方向发展。当一个产业面临严格的环境规制时，往往首先通过降低产出的方式将非期望产出控制在环境规制标准以内，然后增加绿色技术研发投入形成创新补偿，来应对环境规制，增加绿色技术的研发在短期内会降低产出，加剧经济的波动，但长期会促进经济绿色增长。

产业的结构优化主要通过创新产出（专利技术）、创新主体（人才/先进劳动力）、创新活力三个方面来实现。首先，产业绿色专利数量的增加有助于提高绿色全要素生产率。同时，节能减排的技术创新具有路径依赖的特点，可以节约成本，保护环境，促进经济发展。其次，随着产业不断升级转型，区域内的产业集群、研发机构形成创新网络体系，可以有效降低成本，形成知识溢出、激活资源，形成良好的创新驱动氛围，促进经济发展。最后，产业结构的变化表现为由劳动密集型向资本和技术密集型转变，提高产业能级，从而提升长期潜在增长率。

三是宏观层面，通过资源再配置提升经济效率。研究证实，资源错配会导致全要素生产率的损失，因此以绿色可持续发展为目标的资源再配置，通过发挥市场机制在资源配置中的决定性作用，纠正要素市场扭曲，从而提升经济运行效率。理论与实践证明，当要素按照市场价格配置时，不仅使整体资源的配置效率得到改善，而且每个经济主体的收入得到提高，积极性与创造性得到激发。

第二节　供给侧改革下资源再配置对经济的冲击效应

从绿色可持续发展的目标来看，环境规制政策的制定和实施是政府促使企业绿色转型、实现资源再配置和绿色发展目标的重要抓手。保持环境规制与经济发展的平衡，对于绿色发展目标的实现具有重要意义。环境与经济发展关系的研究始于 Grossman 和 Krueger(1995) 基于跨国面板数据发现的经验规律——环境库兹涅茨曲线，即环境污染程度随着一国经济发展水平的变化先升高后降低。那么，通过环境规制实现资源再配置会给经济带来怎样的冲击？

一、短期冲击："合规成本效应"

根据"合规成本效应"假说，一部分学者认为环境规制会阻碍经济增长。如 Jorgenson 和 Wilcoxen(1990)利用美国统计数据对比测算分析了环境规制条件和非规制条件下美国经济的增长情况，发现提升环境规制的标准会额外增加企业的负担，导致生产成本大幅上升，而且来自环境规制的压力会促使企业增加治污投资，从而阻碍经济的发展。Jaffe et al. (1995)和 Joshi et al. (2001)的研究表明，环境规制一方面使企业经营成本上升，从而削弱企业的市场竞争力；另一方面会迫使企业为了达到环境标准而扭曲生产成本和投入分配，对企业发展形成阻力，从而抑制经济的发展。Du et al. (2020)也证实了类似的结论，发现合规成本包括监管部门的罚款、污染税和控制污染排放的环境投资支出等，这意味着环境规制政策将降低资本的边际收益，从而诱导企业减少污染密集型产业的生产要素投入，最终降低产能并影响增长。这些研究说明，环境规制的加强，导致重污染企业"关、停、并、转"，留存的企业会增加环保投资导致成本支出上升，在短期会带来经济的波动和抑制企业的增长。

二、长期影响："创新补偿效应"

基于"波特假说"提出环境规制的"创新补偿效应"意味着，环境规制不仅不会抑制企业的发展，反而会因环保压力倒逼企业进行技术创新，从而提高它们的竞争优势，实现企业的转型升级并增加未来的运营收益，同时有效保护生态环境。Pearce (1991)研究发现，虽然大部分税种会扭曲激励，但环境税能够缓解扭曲并促进经济绿色增长。基于美国制造业的面板数据，学者们通过对环境规制与企业技术创新关系的研究后发现，环境规制的滞后支出与企业的研发支出之间存在显著的正相关性，企业用于治理环境污染而增加的成本能够倒逼其进行技术创新，加快企业转型(Jaffe and Palmer, 1997; Brunnermeier and Cohen, 2003)。Lee et al. (2011)提出了来自汽车工业的证据支持"创新补偿效应"假说的成立，研究表明，汽车排放法规刺激了美国上下游企业的技术创新。然而，Liu, Li et al.(2018)研究表明，由于现有设备和技术对原有生产模式产生锁定效应，环境监管会阻碍创新并降低企业财务绩效。张丹和陈乐一(2019)的研究发现，环境规制与经济波动之间存在着倒U形的非线性关系，且环境规制对产业结构升级及经济波动的影响与技术创新水平有关，即存在着技术创新的门槛效应，当技术创新水平超过门槛阈值之后，更严格的环境规制有助于推动产业结构的优化升级，从而降低经济波动的程度。关于产业结构在其中的调节作用，彭冲等(2013)提供了进一步的证据，他们利用面板向量自回归模型，实证研究了产业结构变迁对经济波动的影响，发现产业结构的合理化有助于缓解经济的波动，而产业结构的高级化则加剧经济波动。

综上所述，根据环境规制的“合规成本效应”假说和“创新补偿效应”假说，企业因环境规制压力而加大投入治理环境污染并增加创新支出，短期会加重企业经营负担，成本支出增加，对企业经营绩效有一定的抑制作用，甚至对宏观经济的产出、就业和出口等带来负面的冲击，从而加剧经济波动；但是通过研发新产品形成竞争优势，在长期可以减缓经济波动。

第三节 绿色发展目标下环境规制对经济波动和经济增长的影响

一、模型设定

为了检验环境规制与经济波动的关系，设定如下模型：

$$vgdp_{it} = \alpha_0 + \alpha_1 \times regu_{it} + \alpha_2 \times regu_{it}^2 + X_{it}^T\beta + \mu_i + \varepsilon_{it} \quad (14.1)$$

其中，$vgdp_{it}$ 为经济波动，$regu_{it}$ 为环境规制强度，$regu_{it}^2$ 为环境规制强度的二次项。X_{it}^T 为控制变量向量，主要包括人口密度 $dens_{it}$、社会消费水平 $cons_{it}$、金融发展水平 fin_{it}、资源禀赋 res_{it}、政府参与度 gov_{it} 以及人力资本水平 lab_{it}。μ_i 代表地区效应，ε_{it} 表示随机干扰项。为了探究不同产业结构水平下环境规制对经济波动影响的差异性，引入产业结构与环境规制的交叉项，模型设定如下：

$$vgdp_{it}=\alpha_0+(\alpha_1+\gamma_1\times ind_{it})\times regu_{it}+\alpha_2\times regu_{it}^2+\varphi_1 ind_{it}+X_{it}^T\beta+\mu_i+\varepsilon_{it} \tag{14.2}$$

其中 ind_{it} 为产业结构变量。

为检验环境规制是否影响经济增长，设定如下模型：

$$rgdp_{it}=\alpha_0+\alpha_1\times regu_{it}+\alpha_2\times regu_{it}^2+X_{it}^T\beta+\mu_i+\varepsilon_{it} \tag{14.3}$$

其中，$rgdp_{it}$ 为经济波动，$regu_{it}$ 为环境规制强度，$regu_{it}^2$ 为环境规制强度的二次项。X_{it}^T 为控制变量向量，主要包括人口密度 $dens_{it}$、社会消费水平 $cons_{it}$、金融发展水平 fin_{it}、资源禀赋 res_{it}、政府参与度 gov_{it} 以及人力资本水平 lab_{it}。μ_i 代表地区效应，ε_{it} 表示随机干扰项。再次引入产业结构水平变量进行分析，将模型拓展如下：

$$rgdp_{it}=\alpha_0+(\alpha_1+\gamma_1\times ind_{it})\times regu_{it}+\alpha_2\times regu_{it}^2+\varphi_1 ind_{it}+X_{it}^T\beta+\mu_i+\varepsilon_{it} \tag{14.4}$$

其中 ind_{it} 为产业结构水平变量。

为研究经济增长与经济波动之间的关系，以及环境规制和产业结构水平变化对这种关系的影响，首先设定最简单的基本模型：

$$rgdp_{it}=\alpha_0+\alpha_1\times vgdp_{it}+X_{it}^T\beta+\mu_i+\varepsilon_{it} \tag{14.5}$$

其中，$rgdp_{it}$ 为经济增速的均值，$vgdp_{it}$ 代表经济波动。X_{it}^T 为控制变量集合，主要包括人口密度 $dens_{it}$、社会消费水平 $cons_{it}$、金融发展水平 fin_{it}、资源禀赋 res_{it}、政府参与度 gov_{it} 以及人力资本水平 lab_{it}。μ_i 代表地区效应，ε_{it} 表示随机干扰项。

引入环境规制变量，将模型拓展如下：

$$rgdp_{it}=\alpha_0+(\alpha_1+\gamma_1\times regu_{it})\times vgdp_{it}+\varphi_1 regu_{it}+X_{it}^T\beta+\mu_i+\varepsilon_{it} \tag{14.6}$$

其中 $regu_{it}$ 为环境规制变量。为了进一步探究产业结构水平变化对经济增长和经济波动之间关系的影响，再次引入产业结构水平变量 ind_{it}，将模型拓展如下：

$$rgdp_{it} = \alpha_0 + (\alpha_1 + \gamma_1 \times regu_{it} + \gamma_2 \times ind_{it}) \times vgdp_{it} + \varphi_1 regu_{it} + \varphi_2 ind_{it} + X_{it}^T \beta + \mu_i + \varepsilon_{it} \tag{14.7}$$

其中 ind_{it} 为产业结构水平变量。

二、数据描述与变量说明

考虑到政策实行的时间和地区数据的可得性与可比性，使用我国 28 个省份 2003—2017 年地级市的面板数据进行实证分析。数据来源于 EPS 数据库、CSMAR 数据库、《中国统计年鉴》和《中国城市统计年鉴》。以 2000 年价格为基期价格，对人均地区 GDP 指数进行调整，并使用插值方法填补部分缺失的数据，具体的变量说明如下。

（一）被解释变量

（1）经济增长 $rgdp_{it}$：参考方福前、邢炜和王康（2017）一文中的思路，采用 $t-k+1$ 到 t 期的一个滚动时间段内，i 地区不变价人均地区生产总值指数来计算经济平均增长速度，计算公式为 $rgdp_{it} = \ln(s_{i,\,t-k+1} * \cdots * s_{i,\,t})/k$，其中 $s_{i,\,t}$ 为 t 期 i 地区人均生产总值指数。以 $k=3$ 为区间长度进行分析。

（2）经济波动 $vgdp_{it}$：经济波动的计算方法有很多，目前已有的研究主要采用经济增长率的标准差和产出缺口标准差来度量经济波动。参考卢二坡和曾五一（2008）一文中的思路，采用经济增长率的标准差作为经济波动的度量指标，具体为 $t-k+1$ 到 t 期 i 地区人均地区生产总值指数的对数的标准差，计算公式为：$vgdp_{it} = sqrt(\ln s_{i-k+1,\,t} * \cdots * \ln s_{i,\,t})$，以 $k=4$ 为区间长度进行分析。

（二）解释变量

（1）环境规制强度 $regu_{it}$：借鉴李虹等（2018）的方法，利用熵值法对各城市工业烟（粉）尘去除率、工业二氧化硫去除率、生活垃圾无害化处理率和污水厂集中处理率共五个指标构造出环境规制综合指数。该综合指数越高，表示环境规制越严格。

（2）人口密度 $dens_{it}$：以各地区年末人口与区域面积之比来衡量。

（3）社会消费水平 $cons_{it}$：以各市社会消费品零售总额占地方生产总值的比重衡量社会消费水平，消费水平高的地区将消耗更多的资源和能源，产生更多的污染物，需要较强的环境规制。

（4）金融发展水平 fin_{it}：以各市金融机构存贷款总额占地区 GDP 的比例衡量。

（5）资源禀赋 res_{it}：采用各城市采掘业人员占全部从业人员的比重来表征。

（6）政府参与度 gov_{it}：采用各地财政支出与 GDP 之比来表示。

（7）人力资本水平 lab_{it}：一般采用本科及以上学历人数占总人口比例或者每万人拥有的大学生数量来表示，但是由于数据无法获得，因此用各城市第三产业就业人数占全部就业人数比重来表示人力资本水平。

（8）产业结构 ind_{it}：以第三产业产值占 GDP 的比重来表示，该比值越高，说明第三产业在国民经济中的地位越高，该地区的产业结构也就越高级。

变量的描述性统计见表 14.1。

表 14.1　各变量描述性统计

Variable	Obs	Mean	Std. Dev.	Min	Max
rgdp	4170	0.105	0.037	−0.030	0.275
vgdp	4170	0.129	0.055	0.002	0.370
regu	4170	0.725	0.154	0.154	0.987
dens	4170	427.858	323.292	4.774	2648.256
consu	4170	0.353	0.105	0.041	1.730
fin	4170	2.064	1.014	0.560	13.909
res	4170	0.055	0.092	0.000	0.581
gov	4170	0.066	0.029	0.018	0.288
lab	4155	0.526	0.129	0.099	1.080
ind	3887	0.366	0.085	0.086	0.853

表 14.2 给出了各变量方差膨胀系数的测试结果，以检验是否存在多重共线性的现象。所有变量的最大 VIF 为 2.18，显著小于 10，因此变量之间不存在多重共线性。

表 14.2 解释变量的方差膨胀因子

Variable	*fin*	*ind*	*gov*	*consu*	*regu*	*dens*	*lab*	*res*	Mean
VIF	2.1900	2.1100	1.7200	1.5300	1.3800	1.2400	1.2200	1.2000	1.5700
1/*VIF*	0.4562	0.4740	0.5831	0.6547	0.7263	0.8065	0.8219	0.8314	0.6693

三、模型估计与结果分析

首先针对模型(14.1)、模型(14.2)进行估计,得到的结果如表 14.3 所示。先将环境规制及其平方项作为解释变量对经济波动进行回归得到结果为列(1),由此可见,在 1%显著性水平下,环境规制的一次项与经济波动呈正相关,二次项与经济波动呈负相关,表明环境规制与经济波动之间的关系呈非线性的倒 U 形形状。当环境规制强度低于临界值 0.5670[0.499/(0.44× 2)]时,环境规制会加剧经济波动;当环境规制强度高于临界值 0.5670 时,环境规制会减缓经济波动,此时有效的环境规制起到了作用。这也从侧面说明了政策实行初期确实会给经济带来一定程度的波动,但随着政策实行时间的延长,其对经济波动的影响有限。

列(2)的结果为引入其他控制变量的结果,环境规制变量的系数略有变化,但基本结论与前面一致,而控制变量与经济波动大多呈现负相关关系。在表 14.3 的列(3)引入了环境规制强度和产业结构水平的交叉项,其在 1%显著性水平下显著,回归结果显示该交叉系数为负,这说明总体来看产业水平越高级,环境规制和经济波动越偏向负相关,即产业结构越高级,一定强度的环境规制可以实现经济的稳定。

表 14.3 环境规制对经济波动影响的回归结果

	(1)	(2)	(3)	(4)	(5)	(6)
	vgdp	*vgdp*	*vgdp*	*vgdp*	*vgdp*	*vgdp*
regu	0.499*** (0.038)	0.441*** (0.036)	0.483*** (0.042)	0.613*** (0.053)	0.419*** (0.055)	0.351*** (0.035)
$regu^2$	−0.440*** (0.028)	−0.387*** (0.027)	−0.336*** (0.029)	−0.548*** (0.039)	−0.374*** (0.042)	−0.268*** (0.024)
dens		0.000** (0.000)	0.000 (0.000)		0.000 (0.000)	0.000*** (0.000)

（续　表）

	(1)	(2)	(3)	(4)	(5)	(6)
	vgdp	*vgdp*	*vgdp*	*vgdp*	*vgdp*	*vgdp*
consu		−0.079*** (0.009)	−0.063*** (0.010)		−0.177*** (0.031)	−0.128*** (0.016)
fin		−0.012*** (0.001)	−0.011*** (0.001)		−0.011*** (0.003)	−0.012*** (0.002)
res		−0.093*** (0.009)	−0.100*** (0.009)		0.218*** (0.062)	0.166*** (0.028)
gov		−0.006 (0.034)	0.043 (0.036)		0.081 (0.065)	0.023 (0.039)
lab		−0.042*** (0.006)	−0.036*** (0.007)		−0.016 (0.018)	−0.009 (0.011)
ind			0.143*** (0.050)			−0.156*** (0.045)
*regu * ind*			−0.266*** (0.068)			−0.126** (0.057)
_cons	0.009 (0.013)	0.099*** (0.013)	0.048** (0.021)	−0.014 (0.018)	0.089*** (0.028)	0.140*** (0.022)
FE	No	No	No	Yes	Yes	Yes
Obs.	4170	4155	3873	4170	4155	3873
R-squared	0.124	0.237	0.197	0.242	0.365	0.352

注：括号内数字为标准误，* 表示在 10%的水平下显著，** 表示在 5%的水平下显著，*** 表示在 1%的水平下显著

而后 3 列是前 3 列考虑地区固定效应的估计结果，得到的结论基本与前面一致，即环境规制与经济波动之间存在着非线性关系，当环境规制强度低于拐点时加剧经济波动，高于拐点时减缓经济波动。而人口密度对于经济波动影响不大，社会消费水平和经济发展水平与经济波动呈现负相关，政府参与度和人力资本水平影响不显著。

其次，我们对模型（14.3）、模型（14.4）进行估计，以检验环境规制对经济增长的影响，结果见表 14.4。先不加入其他控制变量，将环境规制及其平方项作为解释变量对经济增长进行回归，得到结果为列（1）。由此可见，

在 1%显著性水平下，环境规制的一次项与经济增速呈正相关，二次项为负相关，这说明环境规制与经济增速之间也存在着一种倒 U 形关系。当环境规制强度低于临界值 0.569 6[0.393/(0.345×2)]时，环境规制会加快经济增长，因为合理的环境规制降低了企业对资源的依赖，倒逼企业进行有效改革以符合一定的环境标准，从而增加了企业的经济效益；而当环境规制强度高于临界值 0.569 6 时，环境规制会减缓经济增速，此时过高的环境规制显著提高了企业的生产成本和研发成本，企业难以在短期内实现企业的成功转型。这也从侧面说明了环境规制本身并不会影响到经济的增长，但对于经济增速具有非线性影响。

列(2)为引入其他控制变量的结果，环境规制变量的系数有所变化，但基本结论与前面一致，而控制变量与经济增长大多呈现负相关关系。在表 14.4 的列(3)引入了环境规制强度和产业结构水平的交叉项，其在 1%显著性水平下显著，回归结果显示该交叉系数为负，这说明从总体来看，产业水平越高级，环境规制与经济增长越偏向负相关。即当产业结构水平达到一定高度后，过高的环境规制强度反而会降低经济的增速，因为产业结构已无法再实现向合理化和高级化的转变。

表 14.4 的后 3 列是考虑固定效应的结果，得到的结论基本与前面一致：环境规制与经济增长速度之间存在非线性关系，当环境规制强度低于拐点时适度环境规制会加快经济增长，高于拐点时抑制经济增长。而社会消费水平和金融发展水平与经济增长呈现负相关，人口密度与经济增速呈现正相关。

表 14.4 环境规制对经济增长影响的回归结果

	(1)	(2)	(3)	(4)	(5)	(6)
	rgdp	*rgdp*	*rgdp*	*rgdp*	*rgdp*	*rgdp*
regu	0.393*** (0.025)	0.351*** (0.024)	0.373*** (0.027)	0.499*** (0.040)	0.346*** (0.043)	0.291*** (0.027)
$regu^2$	−0.345*** (0.018)	−0.303*** (0.018)	−0.258*** (0.018)	−0.449*** (0.029)	−0.311*** (0.033)	−0.221*** (0.019)
res		−0.025*** (0.006)	−0.027*** (0.006)		0.148*** (0.048)	0.104*** (0.022)

（续　表）

	(1)	(2)	(3)	(4)	(5)	(6)
	rgdp	*rgdp*	*rgdp*	*rgdp*	*rgdp*	*rgdp*
dens		0.106*** (0.017)	0.079*** (0.017)		0.336* (0.203)	0.757*** (0.133)
consu		−0.075*** (0.006)	−0.064*** (0.006)		−0.145*** (0.026)	−0.107*** (0.012)
fin		−0.006*** (0.001)	−0.005*** (0.001)		−0.010*** (0.003)	−0.011*** (0.001)
gov		−0.069*** (0.022)	−0.040* (0.023)		0.063 (0.052)	0.012 (0.030)
lab		−0.010** (0.004)	−0.006 (0.004)		−0.030** (0.015)	−0.024*** (0.008)
ind			0.106*** (0.032)			−0.128*** (0.035)
regu * *ind*			−0.189*** (0.043)			−0.118*** (0.044)
_cons	0.010 (0.008)	0.063*** (0.008)	0.027* (0.014)	−0.010 (0.014)	0.085*** (0.022)	0.128*** (0.017)
FE	No	No	No	Yes	Yes	Yes
Obs.	4 170	4 155	3 873	4 170	4 155	3 873
R-squared	0.164	0.271	0.218	0.264	0.398	0.398

注：括号内数字为标准误，* 表示在 10%的水平下显著，** 表示在 5%的水平下显著，*** 表示在 1%的水平下显著

最后，针对模型(14.5)、模型(14.6)的回归结果表 14.5 反映了经济波动对经济增长的影响，结果显示各模型的可决系数都较高，说明模型的设定较为合理。表 14.5 中列(1)为经济波动作为唯一解释变量对经济增长回归的结果。可以发现，经济波动与经济增长呈正相关关系，而且在 1%统计水平下显著，说明在经济增长的同时往往会伴随着经济波动。这一点与方福前等(2017)中的观点是一致的。然后，在列(1)的回归基础上加入资源禀赋变量作进一步回归，得到结果为表 14.5 中列(2)。可以看出资源禀赋对经济增长的影响不显著，而且经济波动变量的系数变化不大。这从侧面说明

了一个地区的经济增长状况与本地区的资源总量没有直接的因果关系，而伴随着中国经济发展模式从“粗放式增长”向“集约式增长”的转型，这种关系将被进一步弱化。

进一步在回归方程中加入其他控制变量，得到结果为列(3)和列(4)。与列(1)、列(2)结果相比，增加控制变量后经济波动和经济增长之间仍然呈显著的正相关关系，且经济波动变量系数变化不大。而且综合来看资源禀赋的结果仍然不显著，说明前面的回归结果是稳健的。而人力资本变量的系数是负的，这表明当国家的人力资本水平达到一定的高度后，其对经济增长的促进作用将减缓。

表 14.5 的列(5)引入了环境规制和经济波动的交叉项，回归结果显示环境规制变量在 1%水平下显著为负，说明环境规制本身对经济增长有抑制作用，但两者的交叉系数显著为正，这说明总体来看环境规制越严格，经济波动和经济增长之间越偏向正相关。我们在列(6)进一步引入产业结构水平与经济波动项的交叉项，回归结果在 1%的统计水平下显著为正，这说明产业结构水平的高低会影响经济波动和经济增长之间的关系。伴随着产业结构水平走向合理化和高级化，经济增速会走向放缓趋势；但产业水平越高级，国家经济发展越能承受住经济的波动，并在波动之后实现新一轮的经济增长。

表 14.5　经济波动对经济增长影响的回归结果

	(1)	(2)	(3)	(4)	(5)	(6)
	rgdp	*rgdp*	*rgdp*	*rgdp*	*rgdp*	*rgdp*
vgdp	0.770*** (0.007)	0.769*** (0.007)	0.744*** (0.010)	0.745*** (0.010)	0.497*** (0.066)	0.466*** (0.072)
res		0.005 (0.015)		−0.006 (0.015)	−0.007 (0.014)	−0.008 (0.013)
dens			−0.000 (0.000)	−0.000 (0.000)	0.000 (0.000)	0.000 (0.000)
consu			−0.019** (0.009)	−0.019** (0.009)	−0.009 (0.007)	−0.009 (0.011)
fin			−0.001 (0.001)	−0.001 (0.001)	−0.001* (0.001)	−0.002* (0.001)

（续　表）

	(1)	(2)	(3)	(4)	(5)	(6)
	rgdp	*rgdp*	*rgdp*	*rgdp*	*rgdp*	*rgdp*
gov			−0.026* (0.014)	−0.026* (0.014)	0.001 (0.017)	−0.007 (0.017)
lab			−0.014*** (0.005)	−0.015*** (0.005)	−0.015*** (0.005)	−0.014*** (0.005)
regu					−0.051*** (0.012)	−0.039*** (0.011)
regu * *vgdp*					0.336*** (0.080)	0.258*** (0.074)
ind						−0.055*** (0.017)
ind * *vgdp*						0.235*** (0.081)
_cons	0.006*** (0.001)	0.005*** (0.001)	0.031*** (0.007)	0.031*** (0.007)	0.059*** (0.010)	0.068*** (0.011)
Obs.	4 170	4 170	4 155	4 155	4 155	3 873
R-squared	0.932	0.932	0.935	0.935	0.940	0.936

注：括号内为标准误，* 表示在 10%的水平下显著，** 表示在 5%的水平下显著，*** 表示在 1%的水平下显著

四、稳健性分析

模型的回归结果可能会因我们选取的样本和选取的参数不同而发生变化，为了检验我们设定模型的稳健性，根据不同地区资源禀赋的差异进行分类再次进行回归。在我国经济发展阶段和城市化进程中，资源型城市和非资源型城市存在着明显差异。根据国务院发布的全国资源城市名单，我们将样本中的 278 个城市分成 111 个资源型城市和 167 个非资源型城市。利用面板数据的固定效应模型，进一步探讨经济波动和环境规制的关系以及经济波动对于经济增长的影响。

表 14.6 中资源型城市以及非资源型城市的估算结果与总样本 278 个城市的估算得出的主要结论一致。对于资源型城市，分开来看，列(1)和列(2)

表 14.6 资源型城市和非资源型城市回归结果

	资源型城市				非资源型城市			
	(1)	(2)	(3)	(4)	(5)	(6)	(7)	(8)
	vgdp	*vgdp*	*rgdp*	*rgdp*	*vgdp*	*vgdp*	*rgdp*	*rgdp*
regu	0.643*** (0.082)	0.393*** (0.060)		−0.050*** (0.012)	0.617*** (0.073)	0.345*** (0.047)		−0.018*** (0.004)
$regu^2$	−0.585*** (0.062)	−0.303*** (0.039)			−0.541*** (0.052)	−0.248*** (0.031)		
dens		0.000*** (0.000)		−0.000 (0.000)		0.000*** (0.000)		0.000** (0.000)
consu		−0.159*** (0.026)		−0.024 (0.015)		−0.098*** (0.021)		0.009* (0.005)
fin		−0.005** (0.003)		−0.002* (0.001)		−0.017*** (0.002)		−0.002*** (0.001)
res		0.131*** (0.032)		−0.019 (0.014)		0.491*** (0.080)		0.032* (0.018)
gov		0.083 (0.061)		0.046 (0.029)		−0.011 (0.051)		−0.050*** (0.011)
lab		0.021 (0.020)		−0.016 (0.011)		−0.009 (0.013)		−0.007*** (0.003)

（续　表）

	资源型城市				非资源型城市			
	(1)	(2)	(3)	(4)	(5)	(6)	(7)	(8)
	vgdp	*vgdp*	*rgdp*	*rgdp*	*vgdp*	*vgdp*	*rgdp*	*rgdp*
ind		−0.140* (0.075)		−0.102*** (0.034)		−0.111* (0.062)		−0.037*** (0.008)
regu * *ind*		−0.182* (0.105)				−0.140* (0.074)		
vgdp			0.782*** (0.006)	0.338*** (0.101)			0.760*** (0.011)	0.555*** (0.023)
regu * *vgdp*				0.281*** (0.067)				0.174*** (0.028)
ind * *vgdp*				0.545*** (0.183)				0.157*** (0.047)
_*cons*	−0.022 (0.026)	0.050 (0.036)	0.006*** (0.001)	0.109*** (0.020)	−0.018 (0.025)	0.143*** (0.031)	0.006*** (0.001)	0.039*** (0.004)
Obs.	1 665	1 538	1 665	1 538	2 505	2 335	2 505	2 335
R-squared	0.252	0.394	0.912	0.933	0.239	0.338	0.949	0.945

注：括号内为标准误，* 表示在 10%的水平下显著，** 表示在 5%的水平下显著，*** 表示在 1%的水平下显著

的结果显示在1%的显著水平下，环境规制强度变量的一次项都为正，二次项都为负，这说明环境规制和经济波动呈倒U形关系。当环境规制强度低于临界值0.549 6[0.643/(0.585×2)]时，环境规制将加剧经济波动；超过临界值时，环境规制将具有减缓经济波动的作用。此外在10%的显著性水平下，环境规制与产业结构水平交叉项的系数为负，再次验证了产业结构水平越高，环境规制与经济波动越趋向负相关。列(3)和列(4)的结果说明经济波动和经济增长呈正相关关系，且环境规制和经济波动的交叉项以及产业结构与经济波动的交叉项在1%水平下显著为正，说明：环境规制强度越高，经济波动和经济增长越偏向正相关；同样地，产业结构水平越高，经济波动和经济增长也越偏向正相关。

对于非资源型城市，从列(5)和列(6)的结果来看，在1%的显著性水平下，环境规制和经济波动也存在显著的倒U形关系，其临界值0.570 2[0.617/(0.541×2)]略高于资源型城市的临界值0.549 6，说明资源型城市中环境规制对经济波动的影响强于非资源型城市。对比产业结构水平和环境规制强度的交叉项系数的绝对值，我们可以明显看出，资源型城市中产业结构水平对于环境规制和经济波动关系的影响显著大于非资源型城市(0.182>0.140)。列(7)和列(8)的结果和资源型城市的结论一致，再次验证了经济波动和经济增长呈正相关关系，且环境规制强度越高，经济波动和经济增长越偏向正相关，产业结构水平也显著增强了二者之间的联系。

第四节　本章小结

随着我国新型工业化的不断推进和新型城镇化的逐步推广，对生态环境的修复也在有条不紊地进行，民众对环境保护和污染治理的呼声日益高涨，这意味着我国在经济发展上不应只注重发展的速度，更需要注重发展的质量，建立严格的环境规制体系和有效的环境规制政策是我国在供给侧改革背景下实现经济绿色发展的重要保障。但是，如何平衡环境规制和经济发展之间的关系，如何有效利用资源实现经济和环境的稳定升级是我们目前亟需解决的问题。本部分深入探究了绿色发展背景下环境规制对经济发展的影响，得到以下结论。

第一，环境规制和经济波动之间存在显著的倒U形关系，即：当环境规制强度低于临界值时，环境规制与经济波动呈正相关关系；而当环境规制强度超过临界值时，则表现出负相关关系，即环境规制的加强可以减缓经济波动。因此，政府不能因环境规制暂时给经济带来的负面影响而放弃对环境的规制，因为环境规制的真实效果具有一定的时滞性。

第二，环境规制对经济发展有直接和间接的影响：一方面，环境规制可以直接造成经济上的波动，而经济波动会对经济增长产生正向影响；另一方面，环境规制可以实现要素投入上的调整以形成资源上的重新配置，进而倒逼企业的改革和创新，实现产业结构的优化升级，以实现对经济增长的促进作用。

第三，资源型城市和非资源型城市的检验结果存在差异：资源型城市对于环境规制更加敏感，因为环境规制主要集中在高污染高排放的行业，而这些行业主要集中在资源型城市，因此资源型城市的环境规制措施对经济发展的影响强于非资源型城市。因此，政府实行环境规制政策要因地而异，采用不同标准以利于不同地区的经济发展。

我国的环境法规和政策力度在不断加大，其对经济的发展有正面影响和负面影响，短期内会加剧经济的波动，降低经济的增速，但长期来看可以加速企业的转型升级和科技创新，实现经济的高质量发展。因此，我国应继续加强环境法规和政策的实施，加强对污染企业的监管；同时因地制宜、因人而异制定多样化的环境法规和政策以适应不同地区不同企业的发展模式，充分调动企业的创新积极性，实现绿色经济的快速转型。

鉴于在更高级的产业结构下，环境规制对经济波动和经济增长的冲击越小，因此，政府在制定和执行环境规制的同时，应加强产业结构的升级，以缓冲环境规制对经济的负面影响。经济发展的目标应该从单纯的 GDP 转变为绿色 GDP，同时兼顾经济增长和生态效率，对于资源型城市，不断加强环境法规和政策，逐步降低对资源的依赖，创造经济发展的新引擎；而对于非资源型城市，政府可适当调整相关法规政策，加大资金扶持，鼓励企业进行创新，向高端制造业和高端服务业发展。

第十五章　总结与建议

本研究基于供给侧改革的视角，在多部门非均衡增长模型中，通过引入资源再配置和污染产出等因素进行理论和实证研究，为我国当前结构性改革与实现绿色可持续发展提供理论依据和实证支持。具体包括：构建“供给侧改革-资源再配置-绿色发展”的分析框架，为绿色发展和环境治理的研究提供新视角和理论基础；定量分析资源错配和要素市场扭曲对污染排放和环境效率的负面影响；评估资源再配置对污染排放的潜在影响和环境质量的提升效应，并分行业和分地区研究其对环境效率的影响效应，促进非平衡发展理论与环境经济学的交叉研究；从资源再配置的视角提出我国供给侧改革背景下绿色发展的对策，提升改革的绿色效应。本研究得到如下重要观点或政策建议。

第一，在环境治理和绿色发展上，需要在供给侧结构性改革的大背景下通过优化资源再配置，探索绿色可持续发展的新思路。

环境污染问题本质上是经济发展方式的问题，是经济发展质量和资源环境效率的外在表现。在传统经济学中环境污染被作为外部效应来处理，通过监管和行政管制与处罚等政府干预措施来应对，这些措施依然遵循传统的“先污染、后治理”思路，并未从根本上解决工业污染问题，虽然必要但远远不够。只有从污染的源头把关，回归环境治理的本原，才是解决污染问题的最好办法。

尽管我国经济已经过了高速增长期，但是未来相当长的时期内仍将保持中高速增长，城镇化尚未完成，依然会面临资源大量消耗和生态环境的压力。环境保护部门应及时调整“以问题为导向、工程主义、技术至上”的传统环境管理思路，从问题导向转变为问题导向与目标导向并重，环境治理思路需从传统的“先污染、后治理”向源头把关转变。

研究表明，纠正要素扭曲有助于提升环境效率，降低污染排放。一方面，通过资源的有效配置，在供给侧结构性改革中培育和发展绿色产业；另一方面，在供给侧改革中激发创新活力，通过技术创新、生产工艺改进等措施，以提高环境效率和污染排放强度为核心，对传统产业进行绿色生态化改造。因此，新形势下需要以供给侧结构性改革为抓手，依托资源再配置的手段，从源头探索绿色可持续发展的新思路。

第二，发挥市场机制的资源配置功能，推进要素市场供给侧结构性改革，纠正资源错配和要素扭曲。

要素市场的改革是供给侧结构性改革的重中之重，通过开放要素市场，打通要素流动渠道，优化资源配置，全面提高要素生产率。党的十九届四中全会通过的《中共中央关于坚持和完善中国特色社会主义制度推进国家治理体系和治理能力现代化若干重大问题的决定》，明确提出要深入推进要素市场制度层面的建设，发挥市场机制在要素市场中的作用，实现要素价格由市场供求决定，要素实现自主有序地流动和高效公平的配置。具体而言，重点改革领域包括以下几个方面。

一是加快行政性垄断行业改革。通过降低行政壁垒，减少部门和行业垄断，准许私有资本进入更多产业领域，从而减小资本扭曲程度和提高资本配置效率。尤其在行政垄断问题突出的领域，如能源、电力、通信、铁路、医疗、教育等领域，扩大这些产业的开放并实现自由进出，从而形成更加公平的竞争环境。

二是逐步清除劳动力流动的体制性障碍，提升劳动力市场的配置效率。加强劳动力市场的制度建设，充分遵循市场规律和发挥市场配置资源的决定性作用，激发劳动力的潜能。促进人力资本的投资，提升高端技术型人才的比例，对于劳动力过剩的行业，增加资本对劳动力的适度替代以提高劳动生产率。

三是推进金融供给侧改革，一方面减少金融领域的信贷干预，另一方面加强银行业的金融产品创新。我国政府对金融体系的干预主要表现在以下两个方面：一方面信贷投放较多地集中于房地产领域和地方政府偏向的工业项目，从而造成行业间资源错配；另一方面信贷投放更多倾向于国有企业和政府项目而不是生产效率高的私有企业，造成金融资源在不同所有制企业间的错配。因此，建议对政府主导的带有金融垄断性质的投融资体制进行改革，提高银行在信贷决策中的独立性，降低金融抑制，促进资本在不同部门、企业和地区之间流动，建立多层次、公平的金融市场体系，降低金融错配程度,促进产业结构优化,改善环境质量。同时,加强银行业的金融产品创新,根据不同企业特点和项目需求,匹配合适的金融产品。

四是消除偏向性政策,建立公平的竞争环境。偏向性政策会造成资源配置效率的损失,如偏向性政府补贴引起企业间的资源错配。政府应当通过完善财政补贴制度,明确财政补贴对象所需满足的标准,通过创新性的制度来确保财政补贴的合理和高效使用,使资本得到更有效的配置。

五是推进能源市场的结构性改革,在能源市场形成需求牵引供给、供给创造需求的更高水平的动态平衡。在供给侧改革基调下,顺应经济"双循环"战略,大力发展新能源产业,降低经济对传统能源的依赖,尤其是煤炭在能源消耗中的比重,大力推进太阳能、风能等清洁能源的发展和对传统能源的替代。

第三,通过供给侧结构性改革,优化产业的空间再配置,发挥产业空间集聚效应和环境治理的规模效应。

由于自然、历史、资源禀赋等诸多因素的影响,区域间经济发展的差异化和不平衡具有常态化特征,是经济发展过程中的正常现象。过分地追求区域间的均衡发展,会抑制经济的整体运行效率。在供给侧结构性改革过程中,应遵从地区间的比较优势差异,将资金、人才、技术等稀缺资源引导至更具发展潜力的地区,优化资源和产业的空间再配置,充分发挥地区的比较优势,形成绿色可持续发展的增长极,并通过扩散效应带动不发达地区经济的发展。供给侧改革中资源要素和公共设施的投入要顺应人口流动的趋势,实现供给和需求的"空间匹配"。

在优化产业空间布局上,应从可持续发展的目标出发,对于发达地区首先要抓住新产业革命的机遇,充分发挥人才储备、技术领先、市场规模等优势,培育壮大新动能,加快经济发展的新旧动能转换。顺应供给侧结构性改革的战略,加快空间资源再配置以适应新产业革命的要求。其次,对于存量产业需加快绿色升级,通过污染末端治理,促进清洁生产,实现循环经济与产业共生,提升生态环境对商业周期下外部刺激的抗冲击能力。最后,部分产业通过空间转移,实现集中治理和发展,在产业转移过程中,应强化环境准入标准对产业的空间再配置约束,打破以牺牲环境换取经济增长的传统发展模式。

针对落后产业或高污染产业,从碳减排的视角结合供给侧改革的大背景,需要产业升级与产业淘汰两手抓。落后产能的长期存在,主要在于一系列的非市场化因素扭曲了资源配置的机制，从而导致市场机制无法发挥“市场出清”的作用。在供给侧改革的大背景下，发达地区往往要实现“腾笼换鸟”式的产业转型，而将这些产业向落后地区转移往往成为部门或企业的选择，这必然伴随着污染的跨地区转移。因此，从绿色发展目标的角度来看，针对高污染产业，在产业升级的基础上进行产业转移，或者在产业升级不现实的情况下直接倒逼落后产能退出，从而引导全局范围内的供给侧产能减量和结构调整，提高生态质量。

研究表明，产业空间集聚是降低地区碳排放强度的有效方式。因此，一方面地方政府应积极创造有利于产业集聚的环境，促进全产业链的纵向集聚和全生态圈的横向集聚；另一方面是通过人才、科技等政策促进产业集聚的绿色效应发挥，提升集聚产业的能级，促进其向产业链高端攀升。另外，由于碳排放强度在空间分布上具有明显的集群特征。因此，区域碳减排政策应充分考虑地区间存在的经济关联、产业互动、资源禀赋互补等因素，既要体现差异化，又要加强统筹协调。产业集聚不只是提升经济效率和环境效率，而且会促进环境规制的规模效应发挥，提升环境规制效率，更有利于实现绿色发展。

供给侧改革中还需增加绿色制度的供给，对于碳转移中出现的显著空间特征，政府应制定差别化的区域碳减排政策，如东部沿海等地区应以加强出口贸易升级减排为重点，西北等地区则应以升级消费驱动产业承接减排为主要对象。另外，我国区域资源环境禀赋分布不均，造成区域间经济差异巨大。因此，在区域碳排放、产业转移伴随的碳转移等问题上，应从全局出发，产业转移应服从于全局范围的碳减排目标，产业承接区域在考虑经济效应的基础上，适当提高产业转入的碳排放标准和环境规制策略，以利于产业转移过程中的减排工作。

第四，深化供给侧改革，促进技术创新和产业链、价值链升级，提升产业的环境效率和绿色发展水平。

供给侧改革既包括纠正要素市场扭曲、缓解资源错配、优化产业空间配置，还包括制度创新和技术创新。创新既是供给侧改革的关键，也是供给侧改革的目标。不管是结构的优化还是要素的升级，都离不开创新。为缓解供需的结构性失衡，需要技术创新、管理创新和制度创新来提升供给能力。只有将创新融入供给侧改革的方方面面，才能形成“以创新深化改革，以改革促进创新”的正反馈激励。

根据世界知识产权组织数据，我国的全球创新指数排名已经升至第 17 位，成为具有重要影响力的科技大国，但是还存在着许多薄弱环节和深层次的问题。因此，要在供给侧改革中解决这些制约创新的深层次问题，提升我国产业的技术创新水平。具体在操作层面上，需要体制机制的保障和要素集聚的支撑。也就是说，凭借供给侧改革的战略部署，增加有利于创新的制度供给和引导促进创新的要素集聚。首先，需要营造市场化、法治化、国际化的营商环境，形成统一、开放、竞争、有序的市场，建立起支持激励创新和创业的体制去推动技术的创新和产业价值链的升级。其次，要建立高效有活力的技术创新体系，在该体系中，让企业成为创新的主体，以市场需求引导创新方向，产学研紧密结合推动联合创新，引导创新要素向企业集聚。企业创新能力的提升，既要依靠自身的技术积累，还要吸收大学、科研机构和社会其他技术创新要素，因此需要加强产学研合作。

营造有利于创新发展的制度和政策环境，对于我国的产业链升级和经济绿色发展具有重要意义。通过“弥补制度短板、完善激励机制、优化创新体系、健全要素高效配置的新体制”，为创新经济发展和产业的全球价值链升级提供制度保障，从而提升各产业的环境效率。作为贸易大国，我国创新发展和产业的价值链升级均有助于提升贸易部门的碳减排空间。

第五，推进贸易部门供给侧改革，发挥贸易减排的巨大空间。

以绿色发展为导向，优化出口结构并充分发挥进口减排的巨大空间。对于出口真实隐含碳排放总量大且碳排放强度高的行业，若处于非基础性的部门，采取“关、停、并、转”的方式降低对环境的损害，若处于基础性的重要部门，则加强技术改造和创新，提升该产业在全球价值链的地位和在国内生产的碳排放效率，降低出口真实隐含碳。

积极转变外贸发展模式，提升产业在全球生产价值链上的国际分工地位。以供给侧改革为抓手，提升并整改传统的劳动密集型产业，积极融入全球价值链，并参与专业化的国际合作分工体系，通过技术创新和吸收价值链上的外部技术溢出效应，提升产业在全球价值链上的地位，规避被低端锁定的风险。同时，增加技术和知识要素对产业的渗透，大力发展具有较高附加值的知识密集型产业，形成新的出口竞争优势。在“一带一路”倡议的框架下加强与其他沿线国家的贸易合作，一方面提升我国在 GVC 分工体系中的地位，另一方面也有利于“一带一路”沿线各国实现共同的碳减排目标。

第六，推动环境污染源头治理，针对重污染行业加强环境监管和环境信息披露，实行“谁污染谁修复”的建设性环境治理新思路。

推动污染源头治理实现减污降碳是碳达峰、碳中和的重要路径。一方面应严格控制高耗能、高排放项目建设，另一方面在加快产业结构转型升级的基础上，对于高污染企业加强监管，建立环评管理、生态损害赔偿和排污权交易等制度。污染排放企业应当承担调查评估、风险管控和修复的责任，做到“谁污染谁修复”，既回归到环境保护的本质，又促使违法者承担污染治理的直接责任，促使他们成为环境保护的自觉遵守者。

加强重污染企业环境信息披露监管，地方政府、各环境监管机构应建立完善的监管协作机制，强化环境信息披露监管的有效性。以环境信息披露监管为抓手，着力提升重污染企业环境信息披露的质量和透明度。应根据监管部门的披露法规，严格要求重点排污上市公司做好环境信息披露。同时，严厉打击环境信息披露违规行为。将环境信息披露作为年报和企业社会责任报告监管的重点领域，持续推动企业提升环境信息透明度。

将企业的再融资成本与其环境信用评价得分结合起来，促使企业主动积极地承担环境责任。当面临再融资需求时，企业往往有动机隐瞒坏消息。因此，对于提出再融资需求的重污染企业，其环境信息披露的质量需要给予重点关注，并加强督查以确保其披露信息的充分度和真实性，对于隐瞒环境信息的重污染企业，应基于环境信用评价体系，降低其环境信用得分，使其承担更高的再融资成本。

完善上市公司治理结构，制定上市公司、中介机构及其有关人员的诚信评价制度。完善公司治理结构有助于提高环境信息披露水平，董事会能够有效促进敏感环境信息披露。因此，需要通过制度建设，使诚信评价机制和诚信责任落实到人，并使这一工作机制成为日常监管的重要内容。

中文参考文献

[1] 白俊红,卞元超,2016.要素市场扭曲与中国创新生产的效率损失[J].中国工业经济,(11):39-55.

[2] 岑丽君,2015.中国在全球生产网络中的分工与贸易地位——基于TiVA数据与GVC指数的研究[J].国际贸易问题,(01):3-13+131.

[3] 陈斌开,金箫,欧阳涤非,2015.住房价格、资源错配与中国工业企业生产率[J].世界经济,38(04):77-98.

[4] 陈德敏,张瑞,2012.环境规制对中国全要素能源效率的影响——基于省际面板数据的实证检验[J].经济科学,(04):49-65.

[5] 陈建军,胡晨光,2008.产业集聚的集聚效应——以长江三角洲次区域为例的理论和实证分析[J].管理世界,(06):68-83.

[6] 陈楠,刘学敏,2016.垂直专业化下中日贸易"隐含碳"实证研究[J].统计研究,33(03):80-87.

[7] 陈诗一,陈登科,2017.中国资源配置效率动态演化——纳入能源要素的新视角[J].中国社会科学,(04):67-83+206-207.

[8] 陈雯,2012.中国水污染治理的动态CGE模型构建与政策评估研究[D].湖南大学.

[9] 陈永伟,胡伟民,2011.价格扭曲、要素错配和效率损失:理论和应用[J].经济学(季刊),10(04):1401-1422.

[10] 陈勇,柏喆,2020.地区工资不平等的演化特征:基于中国省际数据的经验研究[J].中央财经大学学报,(07):91-103.

[11] 初善冰,黄安平,2012.外商直接投资对区域生态效率的影响——基于中国省际面板数据的检验[J].国际贸易问题,(11):128-144.

[12] 丛晓男,王铮,郭晓飞,2013.全球贸易隐含碳的核算及其地缘结构分

析[J]. 财经研究,39(01):112-121.

[13] 崔兴华,林明裕,2019. FDI 如何影响企业的绿色全要素生产率?——基于 Malmquist-Luenberger 指数和 PSM-DID 的实证分析[J]. 经济管理,41(03):38-55.

[14] 单豪杰,2008. 中国资本存量 K 的再估算:1952～2006 年[J]. 数量经济技术经济研究,25(10):17-31.

[15] 邓晓兰,鄢哲明,2014. 资源错配对中国工业低碳生产率影响的实证分析[J]. 财经科学,(05):74-83.

[16] 丁哲,燕丽,雷宇,贺晋瑜,汪旭颖,2016."十二五"大气污染防治成效及对策建议[J]. 环境与可持续发展,41(06):57-60.

[17] 董直庆,胡晟明,2020. 创新要素空间错配及其创新效率损失:模型分解与中国证据[J]. 华东师范大学学报(哲学社会科学版),52(01):162-178+200.

[18] 窦勇,2010. 开放进程中要素市场扭曲与宏观经济失衡[D]. 中共中央党校.

[19] 杜运苏,张为付,2012. 中国出口贸易隐含碳排放增长及其驱动因素研究[J]. 国际贸易问题,(03):97-107.

[20] 段文斌,2009. 30 年经济增长累积的问题[J]. 经济研究参考,(12):8+22.

[21] 范小云,张景松,王博,2015. 金融危机及其应对政策对我国宏观经济的影响——基于金融 CGE 模型的模拟分析[J]. 金融研究,(09):50-65.

[22] 方福前,邢炜,王康,2017. 中国经济短期波动对长期增长的影响——资源在企业间重新配置的视角[J]. 管理世界,(01):30-50.

[23] 盖庆恩,朱喜,史清华,2013. 劳动力市场扭曲、结构转变和中国劳动生产率[J]. 经济研究,48(05):87-97+111.

[24] 高传伦,林涛,2016. 资本扩张扭曲的经济基础:理论与经验证据[J]. 财经科学,(06):1-11.

[25] 高会旺,陈金玲,陈静,2014. 中国城市空气污染指数的区域分布特征[J]. 中国海洋大学学报(自然科学版),44(10):25-34.

[26] 高开娟,2017. 股票市场开放、盈余管理及资本配置效率研究[D]. 中南财经政法大学.

[27] 高文静，任雪荻，康旭华，赵国浩，2018. 工业碳生产率提升的资源优化配置路径分析[J]. 宏观经济研究，(05)：166 - 175.

[28] 巩爱凌，2013. 中国制造业在全球价值链分工中的地位与出口隐含碳研究[J]. 经济与管理，27(08)：72 - 76.

[29] 郭妍，张立光，2015. 环境规制对全要素生产率的直接与间接效应[J]. 管理学报，12(06)：903 - 910.

[30] 韩汉君，燕麟，2017. 我国股票市场价格机制与资金配置效率研究[J]. 上海经济研究，(02)：95 - 105＋128.

[31] 韩剑，郑秋玲，2014. 政府干预如何导致地区资源错配——基于行业内和行业间错配的分解[J]. 中国工业经济，(11)：69 - 81.

[32] 胡晓珍，杨龙，2011. 中国区域绿色全要素生产率增长差异及收敛分析[J]. 财经研究，37(04)：123 - 134.

[33] 胡元林，郑文，2018. 环境规制对企业绩效的影响[M]. 北京：经济管理出版社.

[34] 黄群慧，2016. 论中国工业的供给侧结构性改革[J]. 中国工业经济，(09)：5 - 23.

[35] 黄益平，陶坤玉，2011. 中国外部失衡的原因与对策：要素市场扭曲的角色[J]. 新金融，(06)：7 - 13.

[36] 计志英，赖小锋，贾利军，2016. 家庭部门生活能源消费碳排放：测度与驱动因素研究[J]. 中国人口·资源与环境，26(05)：64 - 72.

[37] 贾净雪，2017. 基于增加值贸易的中国贸易隐含碳核算分析[J]. 商业研究，(11)：67 - 75.

[38] 贾康，2015. 供给侧改革的核心内涵是解放生产力[J]. 中国经济周刊，(49)：78 - 79.

[39] 贾康，2016. 供给侧改革与中国经济发展[J]. 求是学刊，(06)：41 - 52.

[40] 简泽，2011. 市场扭曲、跨企业的资源配置与制造业部门的生产率[J]. 中国工业经济，(01)：58 - 68.

[41] 姜学勤，2009. 要素市场扭曲与中国宏观经济失衡[J]. 长江大学学报(社会科学版)，32(01)：59 - 62.

[42] 蒋含明，2016. 要素市场扭曲如何影响我国城镇居民收入分配？——基于 CHIP 微观数据的实证研究[J]. 南开经济研究，(05)：132 - 144＋153.

[43] 靳来群,林金忠,丁诗诗,2015. 行政垄断对所有制差异所致资源错配的影响[J]. 中国工业经济,(04):31-43.
[44] 靳来群,2015. 所有制歧视下金融资源错配的两条途径[J]. 经济与管理研究,36(07):36-43.
[45] 柯善咨,向娟,2012. 1996—2009年中国城市固定资本存量估算[J]. 统计研究,29(07):19-24.
[46] 劳尔·普雷维什,1990. 外围资本主义——危机与改造[M]. 北京:商务印书馆.
[47] 李宝礼,邵帅,张学斌,2020. 中国土地供给的空间错配与环境污染转移——来自城市层面的经验证据[J]. 中南大学学报(社会科学版),26(06):103-118.
[48] 李德山,张郑秋,2020. 环境规制对城市绿色全要素生产率的影响[J]. 北京理工大学学报(社会科学版),22(04):39-48.
[49] 李虹,邹庆,2018. 环境规制、资源禀赋与城市产业转型研究——基于资源型城市与非资源型城市的对比分析[J]. 经济研究,53(11):182-198.
[50] 李建平,周磊,孙宁华,2019. 劳动力市场扭曲与产业结构合理化[J]. 经济经纬,36(04):86-93.
[51] 李健,盘宇章,2018. 要素市场扭曲和中国创新能力——基于中国省级面板数据分析[J]. 中央财经大学学报,(03):87-99.
[52] 李金凯,程立燕,张同斌,2017. 外商直接投资是否具有"污染光环"效应?[J]. 中国人口·资源与环境,27(10):74-83.
[53] 李娟伟,刚翠翠,2017. 供给侧结构性改革提高经济增长质量的机制、路径与政策[J]. 黑龙江社会科学,(01):57-62.
[54] 李名升,张建辉,张殷俊,周磊,李茜,陈远航,2013. 近10年中国大气PM10污染时空格局演变[J]. 地理学报,68(11):1504-1512.
[55] 李平,季永宝,2014. 政策导向转化、要素市场扭曲与FDI技术溢出[J]. 南开经济研究,(06):125-137.
[56] 李茜,宋金平,张建辉,于伟,胡昊,2013. 中国城市化对环境空气质量影响的演化规律研究[J]. 环境科学学报,33(09):2402-2411.
[57] 李树,陈刚,2013. 环境管制与生产率增长——以APPCL2000的修订为例[J]. 经济研究,48(01):17-31.

[58] 李顺毅，王双进，2014. 产业集聚对我国工业污染排放影响的实证检验[J]. 统计与决策，(08)：128－130.

[59] 李伟娜，杨永福，王珍珍，2010. 制造业集聚、大气污染与节能减排[J]. 经济管理，(09)：36－44.

[60] 李文溥，李静，2011. 要素比价扭曲、过度资本深化与劳动报酬比重下降[J]. 学术月刊，43(02)：68－77.

[61] 李系，刘学文，王勇，2014. 一个中国经济发展的模型[J]. 经济学报，1(04)：1－48.

[62] 李小建，2002. 经济地理学[M]. 北京：高等教育出版社.

[63] 李欣泽，陈言，2018. 金融摩擦与资源错配研究新进展[J]. 经济学动态，(09)：100－114.

[64] 李言，2020. 中国要素价格扭曲的成因、测度与经济效应[J]. 当代经济管理，42(07)：1－8.

[65] 李勇刚，张鹏，2013. 产业集聚加剧了中国的环境污染吗——来自中国省级层面的经验证据[J]. 华中科技大学学报(社会科学版)，27(05)：97－106.

[66] 李真，2014. 进口真实碳福利视角下的中国贸易碳减排研究——基于非竞争型投入产出模型[J]. 中国工业经济，(12)：18－30.

[67] 李志青，2016. 绿色发展视角下的供给侧改革[J]. 环境经济，(Z2)：50－53.

[68] 李佐军，2015. 正确理解供给侧结构性改革[J]. 企业管理实践与思考，(011)：10－11.

[69] 梁琦，陈强远，王如玉，2013. 户籍改革、劳动力流动与城市层级体系优化[J]. 中国社会科学，(12)：36－59.

[70] 林伯强，杜克锐，2013. 要素市场扭曲对能源效率的影响[J]. 经济研究，48(09)：125－136.

[71] 林伯强，邹楚沅，2014. 发展阶段变迁与中国环境政策选择[J]. 中国社会科学，(05)：81－95＋205－206.

[72] 林毅夫，蔡昉，李周，1994. 中国的奇迹：发展战略与经济改革[M]. 上海：上海人民出版社.

[73] 蔺雪芹，王岱，2016. 中国城市空气质量时空演化特征及社会经济驱动力[J]. 地理学报，71(08)：1357－1371.

[74] 刘红光,刘卫东,范晓梅,唐志鹏,2010. 全球 CO_2 排放研究趋势及其对我国的启示[J]. 中国人口·资源与环境,20(02):84-91.

[75] 刘华军,杜广杰,2016. 中国城市大气污染的空间格局与分布动态演进——基于161个城市AQI及6种分项污染物的实证[J]. 经济地理,36(10):33-38.

[76] 刘俊伶,王克,邹骥,2014. 中国贸易隐含碳净出口的流向及原因分析[J]. 资源科学,36(05):979-987.

[77] 刘强,庄幸,姜克隽,韩文科,2008. 中国出口贸易中的载能量及碳排放量分析[J]. 中国工业经济,(08):46-55.

[78] 刘胜,2015. 要素市场扭曲、出口技术复杂度与地区环境污染——基于中国省际面板数据的实证研究[J]. 经济问题探索,(09):24-31.

[79] 刘世锦,2016. 供给侧改革的主战场是要素市场改革[J]. 智慧中国,(9):3.

[80] 刘卫红,2016. 供给侧改革与经济转型升级路径探析[J]. 四川行政学院学报,(05):83-86.

[81] 刘伟,2017. 坚持新发展理念,推动现代化经济体系建设——学习习近平新时代中国特色社会主义思想关于新发展理念的体会[J]. 管理世界,(12):1-7.

[82] 刘元春,2016. 中国宏观经济发展与经济政策转型[J]. 中国人民大学学报,(05):1.

[83] 刘志彪,2017. 政府的制度供给和创新:供给侧结构性改革的关键[J]. 学习与探索,(02):83-87.

[84] 楼东玮,2013. 资源错配视角下的产业结构失衡研究——关于错配指数的测度与分解[J]. 云南财经大学学报,29(04):52-60.

[85] 卢二坡,曾五一,2008. 转型期中国经济短期波动对长期增长影响的实证研究[J]. 管理世界,(12):10-23+187.

[86] 卢梅,王科,2019. 中国工业两位数行业经济能源环境数据估算[J]. 环境经济研究,4(04):28-46.

[87] 卢平平,龚唯平,2015. 国际贸易隐含碳测量方法研究进展述评[J]. 产业经济评论,(06):82-90.

[88] 陆铭,冯皓,2014. 集聚与减排:城市规模差距影响工业污染强度的经验研究[J]. 世界经济,37(07):86-114.

[89] 陆铭,2019.中国经济的症结是空间错配[J].深圳大学学报(人文社会科学版),36(01):77-85.
[90] 罗德明,李晔,史晋川,2012.要素市场扭曲、资源错置与生产率[J].经济研究,47(03):4-14+39.
[91] 马黎,梁伟,2017.中国城市空气污染的空间特征与影响因素研究——来自地级市的经验证据[J].山东社会科学,(10):138-145.
[92] 马述忠,陈颖,2010.进出口贸易对中国隐含碳排放量的影响:2000—2009年——基于国内消费视角的单区域投入产出模型分析[J].财贸经济,(12):82-89+145.
[93] 麦金农,1998. 经济发展中的货币与资本[M]. 上海:上海三联出版社.
[94] 毛其淋,2013.要素市场扭曲与中国工业企业生产率——基于贸易自由化视角的分析[J].金融研究,(02):156-169.
[95] 乜敏,赵洪海,2013.产业集聚是否促进了低碳发展——来自中国制造业的证据[J].经济与管理,27(06):70-75.
[96] 聂辉华,贾瑞雪,2011.中国制造业企业生产率与资源误置[J].世界经济,34(07):27-42.
[97] 聂聆,2016.全球价值链分工地位的研究进展及评述[J].中南财经政法大学学报,(06):102-112.
[98] 潘安,2017.全球价值链分工对中国对外贸易隐含碳排放的影响[J].国际经贸探索,33(03):14-26.
[99] 潘安,2018.全球价值链视角下的中美贸易隐含碳研究[J].统计研究,35(01):53-64.
[100] 潘安,吴肖丽,2018.全球价值链分工下的中日贸易隐含碳排放研究[J].现代日本经济,37(02):40-52.
[101] 庞军,张浚哲,2014.中欧贸易隐含碳排放及其影响因素——基于MRIO模型和LMDI方法的分析[J].国际经贸探索,30(11):51-65.
[102] 庞瑞芝,李鹏,2011.中国新型工业化增长绩效的区域差异及动态演进[J].经济研究,(11):36-47+59.
[103] 彭冲,李春风,李玉双,2013.产业结构变迁对经济波动的动态影响研究[J].产业经济研究,(03):91-100.

[104] 邱斌,杨帅,辛培江,2008. FDI 技术溢出渠道与中国制造业生产率增长研究:基于面板数据的分析[J]. 世界经济,(08):20-31.

[105] 邱士雷,王子龙,刘帅,董会忠,2018. 非期望产出约束下环境规制对环境绩效的异质性效应研究[J]. 中国人口·资源与环境,28(12):40-51.

[106] 任保平,2017. 我国供给侧结构性改革的本质:体制改革[J]. 社会科学辑刊,(02):21-28.

[107] 上官绪明,葛斌华,2020. 科技创新、环境规制与经济高质量发展——来自中国 278 个地级及以上城市的经验证据[J]. 中国人口·资源与环境,30(06):95-104.

[108] 邵军,徐康宁,2010. 我国城市的生产率增长、效率改进与技术进步[J]. 数量经济技术经济研究,(01):58-66+106.

[109] 邵宜航,步晓宁,张天华,2013. 资源配置扭曲与中国工业全要素生产率——基于工业企业数据库再测算[J]. 中国工业经济,(12):39-51.

[110] 沈坤荣,2016. 供给侧结构性改革是经济治理思路的重大调整[J]. 南京社会科学,(02):1-3.

[111] 沈能,王群伟,2015. 考虑异质性技术的环境效率评价及空间效应[J]. 管理工程学报,29(01):162-168.

[112] 沈小波,戴平生,2011. 中国碳强度的影响因素[J]. 气候变化研究进展,7(01):54-58.

[113] 沈艳,蔡剑,2009. 企业社会责任意识与企业融资关系研究[J]. 金融研究,(12):127-136.

[114] 盛斌,吕越,2012. 外国直接投资对中国环境的影响——来自工业行业面板数据的实证研究[J]. 中国社会科学,(05):54-75+205-206.

[115] 盛朝迅,2020. "十四五"时期推进新旧动能转换的思路与策略[J]. 改革,(02):5-19.

[116] 石奇,张继良,2007. 区际产业转移与欠发达地区工业化的协调性[J]. 产业经济研究,(01):38-44.

[117] 宋大强,皮建才,2020. 要素价格扭曲的经济效应:一个文献综述[J]. 经济社会体制比较,(03):171-181.

[118] 宋马林,张琳玲,宋峰,2012. 中国入世以来的对外贸易与环境效率——基于分省面板数据的统计分析[J]. 中国软科学,(08):130 - 142.

[119] 宋全启,1992. 论资源再配置机制[J]. 经济改革,(4):15 - 18.

[120] 孙欣,张可蒙,2014. 中国碳排放强度影响因素实证分析[J]. 统计研究,31(02):61 - 67.

[121] 孙耀华,仲伟周,2014. 基于 LMDI 的能源富集地区碳排放影响因素研究[J]. 软科学,(06):131 - 135.

[122] 谭娟,陈鸣,2015. 基于多区域投入产出模型的中欧贸易隐含碳测算及分析[J]. 经济学家,(02):72 - 81.

[123] 唐东波,2013. 贸易开放、垂直专业化分工与产业升级[J]. 世界经济,36(04):47 - 68.

[124] 唐荣,黄抒田,2021. 产业政策、资源配置与制造业升级:基于价值链的视角[J]. 经济学家,(01):63 - 72.

[125] 汪丁丁,2016. 长期雾霾的多重效应[J]. 新理财(政府理财),(01):30 - 31.

[126] 王必锋,2013. 要素市场扭曲对中国经济外部失衡的影响研究[D]. 辽宁大学.

[127] 王菲,李娟,2012. 中国对日本出口贸易中的隐含碳排放及结构分解分析[J]. 经济经纬,(04):61 - 65.

[128] 王海宁,陈媛媛,2010. 产业集聚效应与工业能源效率研究——基于中国 25 个工业行业的实证分析[J]. 财经研究,36(09):69 - 79.

[129] 王火根,滕玉华,2013. 经济发展与环境污染空间面板数据分析[J]. 技术经济与管理研究,(02):85 - 89.

[130] 王金南,宁淼,孙亚梅,2012. 区域大气污染联防联控的理论与方法分析[J]. 环境与可持续发展,37(05):5 - 10.

[131] 王磊,朱帆,2018. 要素市场扭曲、生产率与企业进入退出[J]. 浙江社会科学,(10):55 - 64.

[132] 王林辉,袁礼,2012. 要素结构变迁对要素生产率的影响——技术进步偏态的视角[J]. 财经研究,38(11):38 - 48.

[133] 王宁,2016. 生产要素市场扭曲的结构效应分析[D]. 浙江大学.

[134] 王宁,史晋川,2015. 要素价格扭曲对中国投资消费结构的影响分析

[J]. 财贸经济,(04):121-133.
[135] 王树功,周永章,2002. 大城市群(圈)资源环境一体化与区域可持续发展研究——以珠江三角洲城市群为例[J]. 中国人口·资源与环境,(03):54-59.
[136] 王庭东,2007. 要素价格扭曲,利益流失与比较优势的不稳定[J]. 改革,(007):84-89.
[137] 王文举,向其凤,2011. 国际贸易中的隐含碳排放核算及责任分配[J]. 中国工业经济,(10):56-64.
[138] 王文,孙早,牛泽东,2014. 产业政策、市场竞争与资源错配[J]. 经济学家,(09):22-32.
[139] 王熙麟,2017. 中国人力资源错配问题研究[D]. 华东师范大学.
[140] 王先庆,1998. 产业扩张[M]. 广州:广东经济出版社.
[141] 王小鲁,胡李鹏,樊纲,2015. 中国分省份市场化指数报告[M],北京:社会科学文献出版社.
[142] 王新成,王斌之,黄建毅,2014. 基于空间自相关的水污染空间聚类研究[J]. 环境工程技术学报,4(04):293-298.
[143] 王育宝,何宇鹏,2021. 增加值视角下中国省域净碳转移权责分配[J]. 中国人口.资源与环境,31 (1):15-25.
[144] 王钰,张连城,2015. 中国制造业向低碳经济型增长方式转变的影响因素及机制研究——基于 STIRPAT 模型对制造业 28 个行业动态面板数据的分析[J]. 经济学动态,(04):35-41.
[145] 王媛,王丽丽,何彧,程曦,王文琴,2012. 国际贸易中隐含碳计算方法的比较——以 2007 年中国为例[J]. 资源科学,34(10):1845-1854.
[146] 魏后凯,2003. 产业转移的发展趋势及其对竞争力的影响[J]. 福建论坛(经济社会版),(04):11-15.
[147] 魏鹏飞,魏新月,2017. 要素市场扭曲相关研究综述[J]. 湖北经济学院学报,15(05):42-48.
[148] 吴敬琏,2016. 中国经济面临的挑战与选择[J]. 中共浙江省委党校学报,32(01):5-11.
[149] 吴磊,贾晓燕,吴超,彭甲超,2020. 异质型环境规制对中国绿色全要素生产率的影响[J]. 中国人口·资源与环境,30(10):82-92.
[150] 吴翔宇,2006. 上市公司自愿性信息披露的动机分析[J]. 大众科技,

(01):136 - 137.
[151] 吴英娜,姚静,2012.中美进出口贸易中隐含碳的研究——基于贸易污染条件的分析[J].宏观经济研究,(12):86 - 92.
[152] 伍格致,游达明,2019.环境规制对技术创新与绿色全要素生产率的影响机制:基于财政分权的调节作用[J].管理工程学报,33(01):37 - 50.
[153] 武俊奎,姜惠敏,王桂新,2012.城市规模扩张对碳排放的影响机制研究——基于产业集聚的视角[J].产经评论,3(04):23 - 35.
[154] 夏晓华,李进一,2012.要素价格异质性扭曲与产业结构动态调整[J].南京大学学报(哲学.人文科学.社会科学版),49(03):40 - 48.
[155] 向堃,宋德勇,2015.中国省域PM2.5污染的空间实证研究[J].中国人口·资源与环境,25(09):153 - 159.
[156] 向书坚,温婷,2014.中国对外贸易隐含碳排放的重估算——基于新附加值贸易统计视角[J].国际经贸探索,30(12):17 - 29.
[157] 小岛清,1991.对外贸易论[M].天津:南开大学出版社.
[158] 肖黎姗,王润,杨德伟,孙艳伟,刘健,2011.中国省际碳排放极化格局研究[J].中国人口·资源与环境,21(11):21 - 27.
[159] 肖巍,2018.绿色发展研究[M].北京:高等教育出版社.
[160] 肖雁飞,廖双红,张琼,2014.中部地区承接沿海产业转移经济承载规模预测[J].系统工程,32(05):144 - 149.
[161] 肖悦,田永中,许文轩,吴晶晶,田林,刘瑾,2017.近10年中国空气质量时空分布特征[J].生态环境学报,26(02):243 - 252.
[162] 徐国泉,刘则渊,姜照华,2006.中国碳排放的因素分解模型及实证分析:1995—2004[J].中国人口·资源与环境,16(06):158 - 161.
[163] 许经勇,2007.转型中我国农业劳动力的两种转移模式——从西方经济学的两种要素配置模型引起的思考[J].经济经纬,(04):99 - 101.
[164] 许培源,王韬,2014.中英货物贸易中的隐含碳分析与探究[J].国际经贸探索,30(05):16 - 28.
[165] 许正松,孔凡斌,2014.经济发展水平、产业结构与环境污染——基于江西省的实证分析[J].当代财经,(08):15 - 20.
[166] 闫逢柱,苏李,乔娟,2011.产业集聚发展与环境污染关系的考察——来自中国制造业的证据[J].科学学研究,29(01):79 - 83+120.

[167] 闫云凤,常荣平,2017. 全球价值链下的中美贸易利益核算:基于隐含碳的视角[J]. 国际商务(对外经济贸易大学学报),(03):17-26.
[168] 闫云凤,黄灿,2015. 全球价值链下我国碳排放的追踪与溯源——基于增加值贸易的研究[J]. 大连理工大学学报(社会科学版),36(03):21-27.
[169] 闫云凤,赵忠秀,王苒,2012. 中欧贸易隐含碳及政策启示——基于投入产出模型的实证研究[J]. 财贸研究,23(02):76-82.
[170] 严雅雪,齐绍洲,2017. 外商直接投资对中国城市雾霾(PM_(2.5))污染的时空效应检验[J]. 中国人口·资源与环境,(04):68-77.
[171] 阳晓伟,2013. 劳动力市场分割对我国劳动力流动的影响研究[D]. 云南财经大学.
[172] 杨其静,2011. 企业成长:政治关联还是能力建设?[J]. 经济研究,46(10):54-66+94.
[173] 杨昕,2015. 二元户籍制度下农村劳动力转移对劳动收入占比变动的影响[J]. 人口研究,39(05):100-112.
[174] 姚奕,倪勤,2011. 中国地区碳强度与 FDI 的空间计量分析——基于空间面板模型的实证研究[J]. 经济地理,31(09):1432-1438.
[175] 姚战琪,2009. 生产率增长与要素再配置效应:中国的经验研究[J]. 经济研究,44(11):130-143.
[176] 叶翠红,张建华,2016. 创新资源再配置对工业生产率增长的影响研究——MP 方法的拓展及来自中国工业的证据[J]. 研究与发展管理,28(05):100-108.
[177] 叶汉雄,2011. 基于跨域治理的梁子湖水污染防治研究[D]. 武汉大学.
[178] 殷宝庆,肖文,刘洋,2018. 绿色研发投入与"中国制造"在全球价值链的攀升[J]. 科学学研究,36(08):1395-1403+1504.
[179] 尹显萍,程茗,2010. 中美商品贸易中的内涵碳分析及其政策含义[J]. 中国工业经济,(08):45-55.
[180] 于峰,齐建国,2007. 开放经济下环境污染的分解分析——基于1990~2003 年间我国各省市的面板数据[J]. 统计研究,(01):47-53.
[181] 余泳泽,刘凤娟,张少辉,2017. 中国工业分行业资本存量测算:1985—2014[J]. 产业经济评论,(06):5-15.

[182] 余泳泽，宋晨晨，容开建，2018. 土地资源错配与环境污染[J]. 财经问题研究，(09)：43－51.

[183] 俞立平，周曙东，王艾敏，2006. 中国城市经济效率测度研究[J]. 中国人口科学，(04)：51－56＋96.

[184] 袁志刚，解栋栋，2011. 中国劳动力错配对 TFP 的影响分析[J]. 经济研究，46(07)：4－17.

[185] 原毅军，谢荣辉，2015. 产业集聚、技术创新与环境污染的内在联系[J]. 科学学研究，33(09)：1340－1347.

[186] 岳书敬，邹玉琳，胡姚雨，2015. 产业集聚对中国城市绿色发展效率的影响[J]. 城市问题，(10)：49－54.

[187] 詹晶，叶静，2014. 中美贸易隐含碳测度及影响因素研究[J]. 广东财经大学学报，29(04)：36－42.

[188] 张兵兵，徐康宁，陈庭强，2014. 技术进步对二氧化碳排放强度的影响研究[J]. 资源科学，36(03)：567－576.

[189] 张成，陆旸，郭路，于同申，2011. 环境规制强度和生产技术进步[J]. 经济研究，46(02)：113－124.

[190] 张丹，陈乐一，2019. 环境规制、产业结构升级与经济波动——基于动态面板门槛模型的实证研究[J]. 环境经济研究，(02)：92－109.

[191] 张杰，周晓艳，李勇，2011. 要素市场扭曲抑制了中国企业 R&D?[J]. 经济研究，46(08)：78－91.

[192] 张静，段扬，张伟，蒋洪强，2018. 京津冀区域工业水污染排放空间密度特征研究[J]. 生态环境学报，27(01)：115－121.

[193] 张军，吴桂英，张吉鹏，2004. 中国省际物质资本存量估算：1952—2000[J]. 经济研究，(10)：35－44.

[194] 张可，汪东芳，2014. 经济集聚与环境污染的交互影响及空间溢出[J]. 中国工业经济，(06)：70－82.

[195] 张佩，马弘，2012. 借贷约束与资源错配——来自中国的经验证据[J]. 清华大学学报(自然科学版)，52(09)：1303－1308.

[196] 张淑翠，许正中，2017. 供给侧结构性改革下财税政策调控的着力点及创新路径[J]. 长白学刊，(03)：103－108.

[197] 张颖，2013. 中国流域水污染规制研究[D]. 辽宁大学.

[198] 张友国，2010. 经济发展方式变化对中国碳排放强度的影响[J]. 经济

研究,45(04):120－133.

[199] 张宇,蒋殿春,2014. FDI、政府监管与中国水污染——基于产业结构与技术进步分解指标的实证检验[J]. 经济学(季刊),13(02):491－514.

[200] 张政,李雪松,王冲,2020. 劳动力价格扭曲与绿色经济效率损失[J]. 云南财经大学学报,36(04):51－63.

[201] 张志元,李维邦,2018. 金融供给侧改革培育经济新动能:山东的实践与探索[J], 山东财经大学学报,(01):10－16.

[202] 张宗新,张晓荣,廖士光,2005. 上市公司自愿性信息披露行为有效吗? ——基于1998—2003年中国证券市场的检验[J]. 经济学(季刊),(01):369－386.

[203] 赵海霞,王梅,段学军,2012. 水环境容量约束下的太湖流域产业集聚空间优化[J]. 中国环境科学,32(08):1530－1536.

[204] 赵君丽,2015. 国际金融危机下中国纺织产业升级研究:基于日韩产业升级的经验借鉴[M]. 上海:上海财经大学出版社.

[205] 赵领娣,徐乐,2019. 投入产出视角下工业技术创新的环境规制协同效应[J]. 北京理工大学学报(社会科学版),21(04):1－12.

[206] 赵荣钦,秦明周,2007. 中国沿海地区农田生态系统部分碳源/汇时空差异[J]. 生态与农村环境学报,(02):1－6＋11.

[207] 赵玉焕,李洁超,2013. 基于技术异质性的中美贸易隐含碳问题研究[J]. 中国人口·资源与环境,23(12):28－34.

[208] 赵玉焕,刘月,2011. 基于投入产出法的中国出口产品隐含碳测算[J]. 中国人口·资源与环境,21(12):8－14.

[209] 赵玉焕,王淞,2014. 基于技术异质性的中日贸易隐含碳测算及分析[J]. 北京理工大学学报(社会科学版),16(01):12－18＋26.

[210] 钟廷勇,安烨,2014. 要素错配与全要素生产率损失前沿文献评述[J]. 税务与经济,(02):25－30.

[211] 周黎安,赵鹰妍,李力雄,2013. 资源错配与政治周期[J]. 金融研究,(03):15－29.

[212] 周黎安,2007. 中国地方官员的晋升锦标赛模式研究[J]. 经济研究,(07):36－50.

[213] 周密,朱俊丰,郭佳宏,2018. 供给侧结构性改革的实施条件与动力机

制研究[J]. 管理世界,34(03):11 - 26+37.
[214] 周睿,2016. 不同所有制企业的资本回报率研究[D]. 南京大学.
[215] 周叔莲,郭克莎,1993. 资源配置方式与我国经济体制改革[J]. 中国社会科学,(03):19 - 32.
[216] 周五七,聂鸣,2012. 中国碳排放强度影响因素的动态计量检验[J]. 管理科学,25(05):99 - 107.
[217] 朱平辉,袁加军,曾五一,2010. 中国工业环境库兹涅茨曲线分析——基于空间面板模型的经验研究[J]. 中国工业经济,(06):65 - 74.
[218] 踪家峰,周亮,2013. 市场分割、要素扭曲与产业升级——来自中国的证据(1998～2007)[J]. 经济管理,35(01):23 - 33.

英文参考文献

[1] ABDULLAH M, HAMZAH N, ALI M H, TSENG M L, BRANDER M, 2020. The Southeast Asian haze: the quality of environmental disclosures and firm performance[J]. Journal of Cleaner Production, 246(10): 1-11.

[2] AERTS W, CORMIER D, MAGNAN M, 2008. Corporate environmental disclosure, financial markets and the media: An international perspective[J]. Ecological economics, 64(3): 643-659.

[3] AGARWAL S, HAUSWALD R, 2020. Information Disclosure and the Choice between Arm's-Length and Inside Debt[J]. Journal of Monetary Economics, 117: 1008-1022.

[4] AHMAD N, ARAUJO S, 2011. Measuring trade in value-added and income using firm-level data[C]. The Fragmentation of Global Production and Trade in Value-Added: Developing New Measures of Cross Border Trade.

[5] AHMAD N, WYCKOFF A, 2003. Carbon Dioxide Emissions Embodied in International Trade of Goods[R]. OECD Science, Technology and Industry Working Papers.

[6] ALFARO L, CHARLTON A, KANCZUK F, 2008. Plant-size distribution and cross-country income differences[R]. National Bureau of Economic Research.

[7] ALLEN F, QIAN J, QIAN M, 2005. Law, finance, and economic growth in China[J]. Journal of financial economics, 77(1): 57-116.

[8] AMORE M D, SCHNEIDER C, ŽALDOKAS A, 2013. Credit

supply and corporate innovation[J]. Journal of Financial Economics, 109(3): 835 - 855.

[9] ANG B W, ZHANG F Q, 2000. A survey of index decomposition analysis in energy and environmental studies[J]. Energy, 25(12): 1149 - 1176.

[10] ANSELIN L, 2013. Spatial econometrics: methods and models[M]. Springer Science & Business Media.

[11] ANTRÀS P, CHOR D, FALLY T, HILLBERRY R. ,2012. Measuring the upstreamness of production and trade flows[J]. American Economic Review, 102(3): 412 - 16.

[12] ANTWEILER W, COPELAND B R, TAYLOR M S, 2001. Is Free Trade Good for the Environment? [J]. American Economic Review, (91):877 - 907.

[13] AOKI S, 2012. A simple accounting framework for the effect of resource misallocation on aggregate productivity[J]. Journal of the Japanese and International Economies, 26(4): 473 - 494.

[14] ATKINSON S E, HALVORSEN R, 1980. A test of relative and absolute price efficiency in regulated utilities [J]. Review of Economics and Statistics, 62(1): 81 - 88.

[15] BANERJEE A V, MOLL B,2010. Why does misallocation persist? [J]. American Economic Journal: Macroeconomics, 2(1): 189 - 206.

[16] BARTELSMAN E, HALTIWANGER J, SCARPETTA S, 2013. Cross-country differences in productivity: The role of allocation and selection[J]. American economic review, 103(1): 305 - 34.

[17] BAUMOL W J, OATES W E, 1988. The theory of environmental policy[M]. Cambridge university press.

[18] BECKMAN J S, BECKMAN T W, CHEN J, MARSHALL P A, FREEMAN B A, 1990. Apparent hydroxyl radical production by peroxynitrite: implications for endothelial injury from nitric oxide and superoxide [J]. Proceedings of the National Academy of Sciences, 87(4): 1620 - 1624.

[19] BERMAN E, BUI L T M, 2001. Environmental regulation and productivity: evidence from oil refineries[J]. Review of Economics and Statistics, 83(3): 498 - 510.

[20] BETTS T K, SUPER J F, NORTH J, 2018. Exploring the influence of institutional pressures and production capability on the environmental practices-Environmental performance relationship in advanced and developing economies[J]. Journal of Cleaner Production, 187: 1082 - 1093.

[21] BEYER A, COHEN D A, LYS T Z, WALTHER B R, 2010. The financial reporting environment: Review of the recent literature[J]. Journal of accounting and economics, 50(2): 296 - 343.

[22] BHATTACHARYYA S C, MATSUMURA W, 2010. Changes in the GHG emission intensity in EU-15: Lessons from a decomposition analysis[J]. Energy, 35(8): 3315 - 3322.

[23] BIAN Y, SONG K, BAI J, 2019. Market segmentation, resource misallocation and environmental pollution[J]. Journal of Cleaner Production, 228: 376 - 387.

[24] BI K, WANG X, 2015. Study on the performance of Chinese manufacturing low-carbon technology innovation in the global value chain[C]. Proceedings of the 21st International Conference on Industrial Engineering and Engineering Management. Atlantis Press.

[25] BLECK A, LIU X, 2018. Credit expansion and credit misallocation [J]. Journal of Monetary economics, 94: 27 - 40.

[26] BONETTI P, CHO C H, MICHELON G, 2015. Environmental disclosure and the cost of capital: Evidence from the Fukushima nuclear disaster[Z]. Social Science Electronic Publishing.

[27] BOUBAKRI N, GUEDHAMI O, MISHRA D, 2012. Political connections and the cost of equity capital[J]. Journal of corporate finance, 18(3): 541 - 559.

[28] BRANDT L, TOMBE T, ZHU X, 2013. Factor market distortions across time, space and sectors in China[J]. Review of Economic

Dynamics, 16(1): 39 - 58.

[29] BRANDT L, VAN BIESEBROECK J, ZHANG Y, 2012. Creative accounting or creative destruction? Firm-level productivity growth in Chinese manufacturing[J]. Journal of development economics, 97 (2): 339 - 351.

[30] BRUNNERMEIER S B, COHEN M A, 2003. Determinants of environmental innovation in US manufacturing industries [J]. Journal of environmental economics and management, 45(2): 278 - 293.

[31] BUERA F J, KABOSKI J P, SHIN Y, 2011. Finance and development: A tale of two sectors[J]. American economic review, 101(5): 1964 - 2002.

[32] BU M, LI S, JIANG L, 2019. Foreign direct investment and energy intensity in China: Firm-level evidence[J]. Energy Economics, 80: 366 - 376.

[33] CASELLI F, GENNAIOLI N, 2013. Dynastic management[J]. Economic Inquiry, 51(1): 971 - 996.

[34] CHACHOLIADES M, 1978. International Trade Theory and Policy [M]. New York: Mcgraw-Hill.

[35] CHENG H, WANG Z, PENG D, KONG Q X, 2020. Firm's outward foreign direct investment and efficiency loss of factor price distortion: Evidence from Chinese firms[J]. International Review of Economics & Finance, 67: 176 - 188.

[36] CHENG Q, LUO T, YUE H, 2013. Managerial incentives and management forecast precision[J]. The Accounting Review, 88(5): 1575 - 1602.

[37] CHEN L, JIA G, 2017. Environmental efficiency analysis of China's regional industry: a data envelopment analysis (DEA) based approach[J]. Journal of Cleaner Production, 142: 846 - 853.

[38] CHEN X, YI N, ZHANG L, LI D, 2018. Does institutional pressure foster corporate green innovation? Evidence from China's top 100 companies[J]. Journal of cleaner production, 188: 304 - 311.

[39] CHERP A, KOPTEVA I, MNATSAKANIAN R, 2003. Economic transition and environmental sustainability: effects of economic restructuring on air pollution in the Russian Federation[J]. Journal of Environmental Management, 68(2): 141 - 151.

[40] CHO C H, PATTEN D M, 2007. The role of environmental disclosures as tools of legitimacy: A research note[J]. Accounting, organizations and society, 32(7 - 8): 639 - 647.

[41] CHRISTIE K M, RAWNSLEY R P, ECKARD R J, 2011. A whole farm systems analysis of greenhouse gas emissions of 60 Tasmanian dairy farms[J]. Animal Feed Science and Technology, 166: 653 - 662.

[42] CHUNG Y H, FÄRE R, GROSSKOPF S, 1997. Productivity and undesirable outputs: a directional distance function approach[J]. Journal of Environmental Management, 51(3): 229 - 240.

[43] CHU X, GENG H, GUO W, 2019. How does energy misallocation affect carbon emission efficiency in China? An empirical study based on the spatial econometric model[J]. Sustainability, 11(7): 1 - 16.

[44] CLARKSON P, FANG X, LI Y, RICHARDSON G D, 2013. The relevance of environmental disclosures for investors and other stakeholder groups: are such disclosures incrementally informative? [J]. Journal of Accounting and Public Policy, 32(5): 410 - 431.

[45] CLARKSON P, LI Y, RICHARDSON G D, VASVARI F P, 2008. Revisiting the relation between environmental performance and environmental disclosure: An empirical analysis[J]. Accounting, organizations and society, 33(4 - 5): 303 - 327.

[46] CLÒ S, FERRARIS M, FLORIO M, 2017. Ownership and environmental regulation: evidence from the European electricity industry[J]. Energy Economics, 61: 298 - 312.

[47] COLE M A, ELLIOTT R J R, FREDRIKSSON P G, 2006. Endogenous pollution havens: Does FDI influence environmental regulations? [J]. Scandinavian Journal of Economics, 108(1): 157 - 178.

[48] COPELAND B R, TAYLOR M S, 2004. Trade, Growth and Environment[J]. Journal of Economic Literature, 42(1):7 - 71.

[49] CORMIER D, MAGNAN M, 2003. Environmental reporting management: a continental European perspective[J]. Journal of Accounting and public Policy, 22(1): 43 - 62.

[50] CORMIER D, MAGNAN M, 2007. The revisited contribution of environmental reporting to investors' valuation of a firm's earnings: An international perspective[J]. Ecological economics, 62(3 - 4): 613 - 626.

[51] CUBIZOL D, 2018. Transition and capital misallocation: the Chinese case[J]. Journal of International Money and Finance, 81: 88 - 115.

[52] DAI X, CHENG L, 2016. Market distortions and aggregate productivity: Evidence from Chinese energy enterprises[J]. Energy Policy, 95: 304 - 313.

[53] DAVIS W B, SANSTAD A H, KOOMEY J G, 2003. Contributions of weather and fuel mix to recent declines in US energy and carbon intensity[J]. Energy Economics, 25(4): 375 - 396.

[54] DEAN, J M., FUNG, K C. AND WANG, Z, 2011. Measuring vertical specialization: case of China[J]. Review of the International Economics, 19(04): 609 - 625.

[55] DEAN J M, LOVELY M E, WANG H, 2009. Are foreign investors attracted to weak environmental regulations? evaluating the evidence from china. Journal of Development Economics, 90(1): 1 - 13.

[56] DENNIS B N, iŞCAN T B, 2011. Agricultural distortions, structural change, and economic growth: A cross-country analysis [J]. American Journal of Agricultural Economics, 93(3): 885 - 905.

[57] DICKENS W T, LANG K, 1985. A Test of Dual Labor Market Theory[J]. The American Economic Review, 75(4): 792 - 805.

[58] DICKENS W T, LANG K, 1988. The reemergence of segmented labor market theory[J]. The American Economic Review, 78(2):

129－134.

[59] DIETZENBACHER E, PEI J, YANG C, 2012. Trade, production fragmentation, and China's carbon dioxide emissions[J]. Journal of Environmental Economics and Management, 64(1): 88－101.

[60] DOERINGER P, PIORE M, 1971. Internal labor markets and manpower analysis[M]. Lexington Mass.

[61] DOLLAR D, WEI S J, 2007. Underutilized capital[J]. Finance and Development, 44(2): 1－9.

[62] DONG F, YU B, HADACHIN T, DAI Y, WANG Y, ZHANG S, LONG R, 2018. Drivers of carbon emission intensity change in China[J]. Resources, Conservation and Recycling, 129: 187－201.

[63] DONG H, GENG Y, XI F, FUJITA T, 2013. Carbon footprint evaluation at industrial park level: A hybrid life cycle assessment approach[J], Energy Policy, 57(07):298－307.

[64] DONG Y, ISHIKAWA M, LIU X, WANG C, 2010. An analysis of the driving forces of CO2 emissions embodied in Japan-China trade [J], Energy Policy, 38(11):6784－6792.

[65] DUH J D, SHANDAS V, CHANG H, George L A, 2008. Rates of urbanization and the resiliency of air and water quality[J]. Science of the Total Environment, 400(1－3): 238－256.

[66] DUH J D, SHANDAS V, CHANG H, GEORGE L, 2008. Rates of urbanisation and the resiliency of air and water quality[J]. Science of the total environment, 400(03): 238－256.

[67] DU W, WANG F, LI M, 2020. Effects of environmental regulation on capacity utilization: Evidence from energy enterprises in China [J]. Ecological Indicators, 113: 106217.

[68] EBOHON O J, IKEME A J, 2006. Decomposition analysis of CO2 emission intensity between oil-producing and non-oil-producing sub-Saharan African countries [J]. Energy Policy, 34(18): 3599－3611.

[69] ESTY D C, GERADIN D, 1997. Market access, competitiveness, and harmonization: environmental protection in regional trade agreements [J]. Harvard Environmental Law Review, 21(2): 265－

336.

[70] EVANS M F, GILPATRIC S M, LIU L, 2009. Regulation with direct benefits of information disclosure and imperfect monitoring [J]. Journal of Environmental Economics and Management, 57(3): 284 - 292.

[71] FACCIO M, 2010. Differences between politically connected and nonconnected firms: A cross - country analysis[J]. Financial management, 39(3): 905 - 928.

[72] FANG C, LIU H, LI G, SUN G, MIAO D, ZHUANG M, 2015. Estimating the impact of urbanization on air quality in china using spatial regression models [J]. Sustainability, 11(7): 15570 - 15592.

[73] FAN M, SHAO S, YANG L, 2015. Combining global Malmquist-Luenberger index and generalized method of moments to investigate industrial total factor CO2 emission performance: A case of Shanghai (China)[J]. Energy Policy, 79: 189 - 201.

[74] FATTOUH B, EL-KATIRI L, 2013. Energy subsidies in the middle East and North Africa[J]. Energy Strategy Reviews, 2(1): 108 - 115.

[75] FEENSTRA R C, LI Z, YU M, 2014. Exports and credit constraints under incomplete information: Theory and evidence from China[J]. Review of Economics and Statistics, 96(4): 729 - 744.

[76] FEENSTRA, R C, 2006. New evidence on the gains from trade[J]. Review of World Economics, 142(04):617 - 641.

[77] FEENSTRA R C, 1994. New product varieties and the measurement of international prices[J]. American Economic Review, 84(01): 157 - 177.

[78] FONTAGNE L, GAULIER G. , ZIGNAGO S, 2007. Specialization across varieties within producis and north south competition[Z]. CEPII Working Paper, No 6.

[79] FOSTER L, HALTIWANGER J, SYVERSON C, 2008. Reallocation, firm turnover, and efficiency: Selection on productivity or profitability? [J]. American Economic Review, 98(1): 394 - 425.

[80] FRANCO C, MARIN G, 2014. The effect of within-sector, upstream and downstream energy taxes on innovation and productivity[Z]. SEEDS Working Papers, 97(9):1-31.

[81] FRANK A, 2001. Urban air quality in larger conurbations in the European Union [J]. Environmental Modeling and Software, 16 (4): 399-414.

[82] FÄRE R, GROSSKOPF S, TYTECA D, 1996. An activity analysis model of the environmental performance of firms-application to fossil-fuel-fired electric utilities[J]. Ecological Economics. 18:161-175.

[83] FU J, SHIMAMOTO D, TODO Y, 2017. Can firms with political connections borrow more than those without? Evidence from firm-level data for Indonesia[J]. Journal of Asian Economics, 52: 45-55.

[84] GIACOMINO D E, MIELKE D E, 1993. Cash flows: Another approach to ratio analysis[J]. Journal of Accountancy, 175(3): 55-58.

[85] GREENING L A, 2004. Effects of human behavior on aggregate carbon intensity of personal transportation: comparison of 10 OECD countries for the period 1970—1993[J]. Energy Economics, 26(1): 1-30.

[86] GREY K., BRANK D, 2002. Environmental Issues in Policy- Based Competition for Investment: A Literature Review [D]. ENV/EPOC/GSP.

[87] GROSSMAN G M, KRUEGER A B, 1995. Economic growth and the environment[J]. The quarterly journal of economics, 110(2): 353-377.

[88] GROSSMAN G M, KRUEGER A B, 1991. Environmental Impacts of the North American Free Trade Agreement[Z]. NBER Working Pape.

[89] GUO J T, IZUMI Y, TSAI Y C, 2019. Resource misallocation and aggregate productivity under progressive taxation [J]. Journal of Macroeconomics, 60: 123-137.

[90] HADRI K, 2000. Testing for stationarity in heterogeneous panel data[J]. The Econometrics Journal, 3(2): 148 - 161.
[91] HALL R E, JONES C I, 1999. Why do some countries produce so much more output per worker than others? [J]. The quarterly journal of economics, 114(1): 83 - 116.
[92] HANSEN B E, 2000. Sample splitting and threshold estimation [J]. Econometrica, 68(3): 575 - 603.
[93] HAUSMANN D, HWANG J, RODRIK D, 2007. What you export matters[J]. Journal of Economic Growth, 12:433 - 443.
[94] HAUSMANN R, PRITCHETT L, RODRIK D, 2005. Growth accelerations[J]. Journal of economic growth, 10(4): 303 - 329.
[95] HEALY P M, 1999. Discussion of earnings-based bonus plans and earnings management by business unit managers[J]. Journal of Accounting and Economics, 26(1 - 3): 143 - 147.
[96] HEALY P M, PALEPU K G, 2001. Information asymmetry, corporate disclosure, and the capital markets: A review of the empirical disclosure literature [J]. Journal of accounting and economics, 31(1 - 3): 405 - 440.
[97] HE C, HUANG Z, YE X, 2014. Spatial heterogeneity of economic development and industrial pollution in urban China[J]. Stochastic environmental research and risk assessment, 28(4): 767 - 781.
[98] HE C, MAO X, ZHU X, 2018. Industrial dynamics and environmental performance in urban China[J]. Journal of Cleaner Production, 195: 1512 - 1522.
[99] HE J, 2006. Pollution haven hypothesis and environmental impacts of foreign direct investment: The case of industrial emission of sulfur dioxide (SO2) in Chinese provinces [J]. Ecological economics, 60(1): 228 - 245.
[100] HEMINGWAY C A, MACLAGAN P W, 2004. Managers' personal values as drivers of corporate social responsibility[J]. Journal of business ethics, 50(1): 33 - 44.
[101] HERING L, PONCET S, 2014. Environmental policy and exports:

Evidence from Chinese cities[J]. Journal of Environmental Economics and Management，68(2)：296－318.

[102] HILLE E，SHAHBAZ M，MOOSA I，2019. The impact of FDI on regional air pollution in the Republic of Korea：a way ahead to achieve the green growth strategy? [J]. Energy Economics，81：308－326.

[103] HILLMAN A J，WITHERS M C，COLLINS B J，2009. Resource dependence theory：A review[J]. Journal of management，35(6)：1404－1427.

[104] HIRAKATA N，SUNAKAWA T，2019. Financial frictions，capital misallocation and structural change [J]. Journal of Macroeconomics，61：103－127.

[105] HIRST D E，KOONCE L，VENKATARAMAN S，2008. Management earnings forecasts：A review and framework [J]. Accounting horizons，22(3)：315－338.

[106] HSIEH CT，KLENOW P J，2009. Misallocation and Manufacturing TFP in China and India [J]. Quarterly Journal of Economics，124(4)：1403－48.

[107] HSU P H，TIAN X，XU Y，2014. Financial development and innovation：Cross-country evidence [J]. Journal of financial economics，112(1)：116－135.

[108] HUANG C H，CHANG H F，2019. Ownership and environmental pollution：Firm-level evidence in China [J]. Asia Pacific Management Review，24(1)：37－43.

[109] HUANG C L，KUNG F H，2010. Drivers of environmental disclosure and stakeholder expectation：Evidence from Taiwan[J]. Journal of Business Ethics，96(3)：435－451.

[110] HUANG Z，DU X，2017. Government intervention and land misallocation：Evidence from China[J]. Cities，60：323－332.

[111] HUGHES S B，ANDERSON A，GOLDEN S，2001. Corporate environmental disclosures：are they useful in determining environmental performance? [J]. Journal of accounting and public

policy, 20(3): 217 - 240.

[112] HUMMELS D, ISHII J, YI K, 2001. The nature and growth of vertical specialization in world trade[J]. Journal of International Economics, 54(01):75 - 96.

[113] IATRIDIS G E, 2013. Environmental disclosure quality: Evidence on environmental performance, corporate governance and value relevance[J]. Emerging Markets Review, 14: 55 - 75.

[114] IM K S, PESARAN M H, SHIN Y, 2003. Testing for unit roots in heterogeneous panels[J]. Journal of econometrics, 115(1): 53 - 74.

[115] JAFFE A B, PALMER K, 1997. Environmental regulation and innovation: a panel data study[J]. Review of economics and statistics, 79(4): 610 - 619.

[116] JAFFE A B, PETERSON S R, 1995. Environmental regulation and the competitiveness of US manufacturing: what does the evidence tell us? [J]. Journal of Economic literature, 33(1): 132 - 163.

[117] JANKENSGARD H. 2018. Between a rock and a hard place: New evidence on the relationship between ownership and voluntary disclosure [J]. International Review of Financial Analysis, 56, 281 - 291.

[118] JENKINS H, YAKOVLEVA N, 2006. Corporate social responsibility in the mining industry: Exploring trends in social and environmental disclosure[J]. Journal of cleaner production, 14(3 - 4): 271 - 284.

[119] JIANG L, LIN C, LIN P, 2014. The determinants of pollution levels: Firm-level evidence from Chinese manufacturing[J]. Journal of Comparative Economics, 42(1): 118 - 142.

[120] JI X , LIU Y , HAN M , MENG J, 2020. The mutual benefits from Sino-Africa trade: Evidence on emission transfer along the global supply chain[J]. Journal of Environmental Management, 263:110332.

[121] JORGENSON D W, WILCOXEN P J, 1990. Environmental regulation and US economic growth[J]. The Rand Journal of

Economics, 21(2): 314 - 340.

[122] JOSHI S, KRISHNAN R, LAVE L, 2001. Estimating the hidden costs of environmental regulation[J]. The Accounting Review, 76 (2): 171 - 198.

[123] JOTZO F, PEZZEY J C V, 2007. Optimal intensity targets for greenhouse gas emissions trading under uncertainty [J]. Environmental and Resource Economics, 38(2): 259 - 284.

[124] KAMEI K, 2020. Voluntary disclosure of information and cooperation in simultaneous-move economic interactions [J]. Journal of Economic Behavior and Organization, 171: 234 - 246.

[125] KARAMANOU I, VAFEAS N, 2005. The association between corporate boards, audit committees, and management earnings forecasts: An empirical analysis [J]. Journal of Accounting research, 43(3): 453 - 486.

[126] KLENOW P J, RODRIGUEZ-CLARE A, 1997. The neoclassical revival in growth economics: Has it gone too far? [J]. The Economic Journal, 113, 34 - 63.

[127] KOOPMAN R, POWERS W, WANG Z, WEI S J, 2010. Give credit where credit is due: Tracing value added in global production chains[Z]. NBER Working Paper.

[128] KOOPMAN R, WANG Z, WEI S J, 2008. How much of Chinese exports is really made in China? Assessing domestic value-added when processing trade is pervasive[Z]. NBER Working Paper, 2008, No. 14109.

[129] KOOPMAN R, WANG Z, WEI S J, 2014. Tracing value-added and double counting in gross exports[J]. American Economic Review, 104(02): 459 - 494.

[130] KORNAI J, 1986. The Soft Budget Constraint[J]. Kyklos, 39 (1): 3 - 30.

[131] KOTHARI S P, SHU S, WYSOCKI P D, 2009. Do managers withhold bad news? [J]. Journal of Accounting research, 47(1): 241 - 276.

[132] KREUZE J G, NEWELL G E, NEWELL S J, 1996. What companies are reporting[J]. Management Accounting (USA), 78 (1): 37 - 43.

[133] KUZNETS S, 1973. Modern Economic Growth: Findings and Reflections[J]. American Economic Review. 63(3):247 - 58.

[134] LAFFONT J J, QIAN Y, 1999. The dynamics of reform and development in China: a political economy perspective [J]. European Economic Review, 43(4 - 6): 1105 - 1114.

[135] LAHOUEL B B, GAIES B, ZAIED Y B, et al, 2019. Accounting for endogeneity and the dynamics of corporate social-corporate financial performance relationship [J]. Journal of Cleaner Production, 230: 352 - 364.

[136] LANG M H, LUNDHOLM R J, 1996. Corporate disclosure policy and analyst behavior[J]. Accounting review, 71(4): 467 - 492.

[137] LANG M H, LUNDHOLM R J, 2000. Voluntary disclosure and equity offerings: reducing information asymmetry or hyping the stock? [J]. Contemporary accounting research, 17(4): 623 - 662.

[138] LANG M, LUNDHOLM R, 1993. Cross-sectional determinants of analyst ratings of corporate disclosures[J]. Journal of accounting research, 31(2): 246 - 271.

[139] Lau L J, Yotopoulos P A, 1971. A Test for Relative Efficiency and Application to Indian Agriculture[J]. American Economic Review, 61 (1): 94 - 109.

[140] LEE B S, PENG J, LI G, HE J, 2012. Regional economic disparity, financial disparity, and national economic growth: Evidence from China[J]. Review of Development Economics, 16 (2): 342 - 358.

[141] LEE J, VELOSO F M, HOUNSHELL D A, 2011. Linking induced technological change, and environmental regulation: Evidence from patenting in the US auto industry[J]. Research policy, 40(9): 1240 - 1252.

[142] LEVIN A, LIN C F, CHU C S J, 2002. Unit root tests in panel

data: asymptotic and finite-sample properties [J]. Journal of econometrics, 108(1): 1-24.

[143] LIANG F H, 2014. Does foreign direct investment harm the host country's environment? Evidence from China[J]. Current Topics in Management, 17: 105-121.

[144] LIANG S, LI H, LIU X, SCHUCKERT M, 2019. Motivators behind information disclosure: Evidence from Airbnb hosts[J]. Annals of Tourism Research, 76:305-319.

[145] LI B, WU S, 2017. Effects of local and civil environmental regulation on green total factor productivity in China: A spatial Durbin econometric analysis[J]. Journal of Cleaner Production, 153: 342-353.

[146] LI J, LIN B. Inter-factor/inter-fuel substitution, carbon intensity, and energy-related CO_2 reduction: Empirical evidence from China [J]. Energy Economics, 2016, 56: 483-494.

[147] LI L, LIU X, YUAN D, YU M, 2017. Does outward FDI generate higher productivity for emerging economy MNEs? —Micro-level evidence from Chinese manufacturing firms [J]. International Business Review, 26(5): 839-854.

[148] LI M, Y GAO, MENG B, YANG Z, 2021. Managing the mitigation: Analysis of the effectiveness of target-based policies on China's provincial carbon emission and transfer [J]. Energy Policy, 151:112189.

[149] LIN B, CHEN Z, 2018. Does factor market distortion inhibit the green total factor productivity in China? [J]. Journal of Cleaner Production, 197: 25-33.

[150] LIN B, DU K, 2013. The energy effect of factor market distortion in China[J]. Economic Research Journal, 9: 125-136.

[151] LIN B, SUN C, 2010. Evaluating carbon dioxide emissions in international trade of China[J]. Energy policy, 38(1): 613-621.

[152] LIN B, TIAN P, 2017. Energy conservation in China's light industry sector: evidence from inter-factor and inter-fuel substitution[J]. Journal

of Cleaner Production, 152: 125 - 133.

[153] LIN M, KWAN Y K, 2016. FDI technology spillovers, geography, and spatial diffusion[J]. International Review of Economics & Finance, 43: 257 - 274.

[154] LI T, HAN Y, LI Y, ZHAO P, 2016. Urgency, development stage and coordination degree analysis to support differentiation management of water pollution emission control and economic development in the eastern coastal area of China[J]. Ecological Indicators, 71: 406 - 415.

[155] LIU H, LI J, LONG H, LI Z, LE C, 2018. Promoting energy and environmental efficiency within a positive feedback loop: Insights from global value chain[J]. Energy Policy, 121: 175 - 184.

[156] LIU H, LIN B, 2017. Energy substitution, efficiency, and the effects of carbon taxation: evidence from China's building construction industry[J]. Journal of Cleaner Production, 141: 1134 - 1144.

[157] LIU K, LIN B, 2019. Research on influencing factors of environmental pollution in China: A spatial econometric analysis[J]. Journal of cleaner production, 206: 356 - 364.

[158] LIU T, ZHANG Y, LIANG D, 2019. Can ownership structure improve environmental performance in Chinese manufacturing firms? The moderating effect of financial performance[J]. Journal of cleaner production, 225: 58 - 71.

[159] LIU W, ZHAN J, WANG C, LI S, ZHANG F, 2018. Environmentally sensitive productivity growth of industrial sectors in the Pearl River Delta[J]. Resources, Conservation and Recycling, 139: 50 - 63.

[160] LIU X, ANBUMOZHI V, 2009. Determinant factors of corporate environmental information disclosure: an empirical study of Chinese listed companies[J]. Journal of cleaner production, 17(6): 593 - 600.

[161] LIU X, ISHIKAWA M, WANG C, DONG Y, LIU W, 2010.

Analyses of CO2 emissions embodied in Japan-China trade[J]. Energy Policy, 38(3): 1510 - 1518.

[162] LIU Y, GRIFFIN J, TAO S, 2021. Is the Chinese Anti-Corruption Campaign Authentic? Evidence from Corporate Investigations[J] , Management Science. 68(10):7248 - 7273.

[163] LI X, CHAN C G W, 2016. Who pollutes? Ownership type and environmental performance of Chinese firms [J]. Journal of Contemporary China, 25(98): 248 - 263.

[164] LI Y, HEWITT C, 2008. The effect of trade between China and the UK on national and global carbon dioxide emissions[J]. Energy Policy, 36(06):1907 - 1914.

[165] LU J, LI B, LI H, ZHANG Y, 2019. Sustainability of enterprise export expansion from the perspective of environmental information disclosure[J]. Journal of Cleaner Production, 252:119839.

[166] Luo W, Guo X, Zhong S ,WANG J, 2019. Environmental information disclosure quality, media attention and debt financing costs: evidence from chinese heavy polluting listed companies[J]. Journal of Cleaner Production, 231:268 - 277.

[167] LU Y, ABEYSEKERA I, 2014. Stakeholders' power, corporate characteristics, and social and environmental disclosure: evidence from China[J]. Journal of cleaner production, 64: 426 - 436.

[168] LYON T P, MAXWELL J W, 2011. Greenwash: Corporate environmental disclosure under threat of audit [J]. Journal of Economics & Management Strategy, 20(1): 3 - 41.

[169] LYU K, BIAN Y, YU A, 2018. Environmental efficiency evaluation of industrial sector in China by incorporating learning effects[J]. Journal of Cleaner Production, 172: 2464 - 2474.

[170] MACHADO G, SCHAEFFER R, WORRELL E, 2001. Energy and carbon embodied in the international trade of Brazil: an input-output approach[J]. Ecological Economics, 39(03):409 - 424.

[171] MADDISON A, 1952. Productivity in an expanding economy[J]. The Economic Journal. 62:584 - 94.

[172] MAGEE S P, 1971. Factor market distortions, production, distribution, and the pure theory of international trade[J]. The Quarterly Journal of Economics, 4: 623 - 643.
[173] MA H, OXLEY L, GIBSON J, 2009. Substitution possibilities and determinants of energy intensity for China[J]. Energy Policy, 37(5): 1793 - 1804.
[174] MARQUARDT C A, WIEDMAN C I, 1998. Voluntary disclosure, information asymmetry, and insider selling through secondary equity offerings[J]. Contemporary accounting research, 15(4): 505 - 537.
[175] MATTHEWS H S, 2007. Embodied Environmental Emissions in US International Trade, 1997 - 2004[J]. Environmental Science & Technology, 14(41): 4875 - 4881.
[176] MAUNG M, WILSON C, TANG X, 2016. Political connections and industrial pollution: Evidence based on state ownership and environmental levies in China[J]. Journal of Business Ethics, 138 (4): 649 - 659.
[177] MENG B, PETERS G, WANG Z, 2014. Tracing CO2 Emissions in Global Value Chains[M]. Social Science Electronic Publishing.
[178] MENG X, ZENG S, SHI J, et al, 2014. The relationship between corporate environmental performance and environmental disclosure: An empirical study in China [J]. Journal of environmental management, 145: 357 - 367.
[179] MEYER A, PAC G, 2013. Environmental performance of state-owned and privatized eastern European energy utilities[J]. Energy Economics, 36: 205 - 214.
[180] MEZA F, PRATAP S, URRUTIA C, 2019. Credit, misallocation and productivity growth: A disaggregated analysis[J]. Review of Economic Dynamics, 34: 61 - 86.
[181] MICHAELY M, 1986. Trade, income levels, and dependence[J]. Journal of Development Economics, 21 (2):383 - 386.
[182] MILANI S, 2017. The impact of environmental policy stringency on industrial R&D conditional on pollution intensity and relocation

costs[J]. Environmental and resource economics, 68(3): 595-620.

[183] MINX J C, BAIOCCHI G, PETERS G P, CHRISTOPHER L W, GUAN D, HUBACEK K, 2011. A "carbonizing dragon": China's fast growing CO2 emissions revisited[J]. Environmental science & technology, 45(21): 9144-9153.

[184] MUNKSGAARD J, PEDERSEN K A, 2001. CO2 accounts for open economies: producer or consumer responsibility? [J]. Energy policy, 29(4): 327-334.

[185] MYERS S C, MAJLUF N S, 1984. Corporate financing and investment decisions when firms have information that investors do not have[J]. Journal of financial economics, 13(2): 187-221.

[186] NAGAR V, NANDA D, WYSOCKI P, 2003. Discretionary disclosure and stock-based incentives[J]. Journal of accounting and economics, 34(1-3): 283-309.

[187] NING L, WANG F, 2018. Does FDI bring environmental knowledge spillovers to developing countries? The role of the local industrial structure[J]. Environmental and Resource Economics, 71(2): 381-405.

[188] OBERFIELD E, 2013. Productivity and misallocation during a crisis: Evidence from the Chilean crisis of 1982[J]. Review of Economic Dynamics, 16(1): 100-119.

[189] OBERNDORFER U, SCHMIDT P, WAGNER M, ZIEGLER A, 2013. Does the stock market value the inclusion in a sustainability stock index? An event study analysis for German firms[J]. Journal of Environmental Economics and Management, 66(3): 497-509.

[190] ORLIC E, HASHI I, HISARCIKLILAR M, 2018. Cross sectoral FDI spillovers and their impact on manufacturing productivity[J]. International Business Review, 27(4): 777-796.

[191] OUYANG X, SUN C, 2015. Energy savings potential in China's industrial sector: from the perspectives of factor price distortion and allocative inefficiency[J]. Energy Economics, 48: 117-126.

[192] OUYANG X, WEI X, SUN C, DU G, 2018. Impact of factor price distortions on energy efficiency: Evidence from provincial-level panel data in China[J]. Energy Policy, 118: 573 - 583.

[193] PAN J, PHILLIPS J, CHEN Y, 2008. China's balance of emissions embodied in trade: approaches to measurement and allocating international responsibility[J]. Oxford Review of Economic Policy, 24 (2): 354 - 376.

[194] PEARCE D, 1991. The role of carbon taxes in adjusting to global warming[J]. The economic journal, 101(407): 938 - 948.

[195] PEEK J, ROSENGREN E S, 2005. Unnatural selection: Perverse incentives and the misallocation of credit in Japan[J]. American Economic Review, 95(4): 1144 - 1166.

[196] PETERS G F, ROMI A M, 2013. Discretionary compliance with mandatory environmental disclosures: Evidence from SEC filings [J]. Journal of Accounting and Public Policy, 32(4): 213 - 236.

[197] PETERS G P, DAVIS S J, ANDREW R, 2012. A synthesis of carbon in international trade[J]. Biogeosciences, 9(8): 3247 - 3276.

[198] PETERS G P, HERTWICH E G, 2008. CO2 embodied in international trade with implications for global climate policy [J]. Environmental Science and Technology, 42(5): 1401 - 1407.

[199] PIAO S R, LI J, TING C J, 2019. Assessing regional environmental efficiency in China with distinguishing weak and strong disposability of undesirable outputs[J]. Journal of Cleaner Production, 227: 748 - 759.

[200] PI J, CHEN X, 2016. The impacts of capital market distortion on wage inequality, urban unemployment, and welfare in developing countries[J]. International Review of Economics & Finance, 42: 103 - 115.

[201] PLUMLEE M, BROWN D, HAYES R M, MARSHALL S, 2015. Voluntary environmental disclosure quality and firm value: Further evidence[J]. Journal of accounting and public policy, 34(4): 336 - 361.

[202] POPLI M, LADKANI R M, GAUR A S, 2017. Business group affiliation and post-acquisition performance: An extended resource-based view[J]. Journal of Business Research, 81: 21 - 30.

[203] PORTER G, 1999. Trade competition and pollution standards: "race to the bottom" or "stuck at the bottom"[J]. The Journal of Environment & Development, 8(2): 133 - 151.

[204] PORTER M E, ADVANTAGE C, 1985. Creating and sustaining superior performance[J]. Competitive advantage, 167: 167 - 206.

[205] PUGLIESE A, MINICHILLI A, ZATTONI A, 2014. Integrating agency and resource dependence theory: Firm profitability, industry regulation, and board task performance[J]. Journal of Business Research, 67(6): 1189 - 1200.

[206] QIAN W, CHEN X, 2020. Corporate Environmental Disclosure and Political Connection in Regulatory and Leadership Changes: The Case of China [J]. The British Accounting Review, 53 (1):100935.

[207] QIN Q, JIAO Y, GAN X, LIU Y, 2020. Environmental efficiency and market segmentation: An empirical analysis of China's thermal power industry[J]. Journal of Cleaner Production, 242: 118560.

[208] QUE W, ZHANG Y, LIU S, YANG C, 2018. The spatial effect of fiscal decentralization and factor market segmentation on environmental pollution[J]. Journal of Cleaner Production, 184: 402 - 413.

[209] QU W J, ARIMOTO R, ZHANG X Y, WANG H C, SHENG Q Y, 2010. Spatial distribution and interannual variation of surface PM 10 concentrations over eighty-six Chinese cities [J]. Atmospheric Chemistry and Physics, 10(12): 5641 - 5662.

[210] RANASINGHE A, 2014. Impact of policy distortions on firm-level innovation, productivity dynamics and TFP [J]. Journal of Economic Dynamics and control, 46: 114 - 129.

[211] REINSDORF M, COVER M, 2005. Measurement of capital stocks, consumption of fixed capital, and capital services [R].

Report on a presentation to the Central American Ad Hoc Group on National Accounts, Santo Domingo, Dominican Republic.

[212] REN W, ZHONG Y, MELIGRANA J, ANDERSON B, EDGAR W W, 2003. Urbanization, land use, and water quality in Shanghai: 1947—1996[J]. Environment international, 29(5): 649 - 659.

[213] RESTUCCIA D, ROGERSON R, 2013. Misallocation and productivity[J]. Review of Economic Dynamics, 16(1): 1 - 10.

[214] RESTUCCIA D, ROGERSON R, 2008. Policy distortions and aggregate productivity with heterogeneous establishments [J]. Review of Economic dynamics, 11(4): 707 - 720.

[215] ROCK M T, 1996. Pollution intensity of GDP and trade policy: can the World Bank be wrong? [J]. World development, 24(3): 471 - 479.

[216] ROGERS J L, 2008. Disclosure quality and management trading incentives[J]. Journal of Accounting Research, 46 (5): 1265 - 1296.

[217] RYZHENKOV M, 2016. Resource misallocation and manufacturing productivity: The case of Ukraine[J]. Journal of Comparative Economics, 44(1): 41 - 55.

[218] SCHAEFFER R, SÁ A D L, 1996. The embodiment of carbon associated with Brazilian imports and exports [J]. Energy Conversion and Management, 37(6 - 8): 955 - 960.

[219] SHAN H J, 2008. Reestimating the capital stock of China: 1952—2006[J]. The Journal of Quantitative & Technical Economics, 10 (1): 17 - 31.

[220] SHAW R P, 1992. The impact of population growth on environment: The debate heats up[J]. Environmental Impact Assessment Review, 12: 11 - 36.

[221] SHEN N, LIAO H, DENG R, Wang Q, 2019. Different types of environmental regulations and the heterogeneous influence on the environmental total factor productivity: Empirical analysis of China's industry[J]. Journal of Cleaner Production, 211: 171 -

184.
[222] SHUI B, HARRISS R C, 2006. The role of CO2 embodiment in US-China trade[J]. Energy policy, 34(18): 4063 - 4068.
[223] SHYAM-SUNDER L, MYERS S C, 1999. Testing static tradeoff against pecking order models of capital structure[J]. Journal of financial economics, 51(2): 219 - 244.
[224] SKINNER D J, 1994. Why firms voluntarily disclose bad news[J]. Journal of accounting research, 32(1): 38 - 60.
[225] SONG Z, STORESLETTEN K, ZILIBOTTI F, 2011. Growing like china[J]. American economic review, 101(1): 196 - 233.
[226] SOUZA S P D, PACCA S, ÁVILA M T D, BORGES J L B, 2010. Greenhouse gas emissions and energy balance of palm oil biofuel [J]. Renewable energy, 35(11): 2552 - 2561.
[227] STERN D I, JOTZO F, 2010. How ambitious are China and India's emissions intensity targets? [J]. Energy Policy, 38(11): 6776 - 6783.
[228] SU B, ANG B W, 2013. Input-output analysis of CO2 emissions embodied in trade: competitive versus non-competitive imports[J]. Energy Policy, 56: 83 - 87.
[229] SUH S, LENZEN M, TRELOAR G J, 2004. System boundary selection in life-cycle inventories using hybrid approaches [J]. Environmental science & technology, 38(3): 657 - 664.
[230] SUN X, LOH L, CHEN Z, 2020. Effect of market fragmentation on ecological efficiency: evidence from environmental pollution in China[J]. Environmental Science and Pollution Research, 27(5): 4944 - 4957.
[231] SYVERSON C, 2011. What determines productivity? [J]. Journal of Economic literature, 49(2): 326 - 65.
[232] TAN R, LIN B, LIU X, 2019. Impacts of eliminating the factor distortions on energy efficiency—A focus on China's secondary industry[J]. Energy, 183: 693 - 701.
[233] TAN R, XU M, SUN C, 2021. The impacts of energy reallocation

on economic output and CO2 emissions in China[J]. Energy Economics, 94: 105-62.

[234] TONE K, 2001. A slacks-based measure of efficiency in data envelopment analysis[J]. European Journal of Operational Research, 130:498-509.

[235] UPWARD R, WANG Z, ZHENG J, 2013. Weighing China's export basket: The domestic content and technology intensity of Chinese exports[J]. Journal of Comparative Economics, 41(2): 527-543.

[236] URAS B R, 2014. Corporate financial structure, misallocation and total factor productivity[J]. Journal of Banking & Finance, 39: 177-191.

[237] UZUN H, SZEWCZYK S H, VARMA R, 2004. Board composition and corporate fraud[J]. Financial Analysts Journal, 60(3): 33-43.

[238] VILLIERS C D, CHRIS J, STADEN V, 2006. Can less environmental disclosure have a legitimising effect? Evidence from Africa [J]. Accounting, organizations and society, 31(8): 763-781.

[239] VIRKANEN J, 1998. Effect of urbanization on metal deposition in the bay of Töölönlahti, Southern Finland[J]. Marine Pollution Bulletin, 36(9): 729-738.

[240] VOLLRATH D, 2009. How important are dual economy effects for aggregate productivity? [J]. Journal of development economics, 88(2): 325-334.

[241] WANG D T, CHEN W Y, 2014. Foreign direct investment, institutional development, and environmental externalities: Evidence from China[J]. Journal of environmental management, 135: 81-90.

[242] WANG K L, PANG S Q, DING L L, MIAO Z, 2020. Combining the biennial Malmquist-Luenberger index and panel quantile regression to analyze the green total factor productivity of the industrial sector in China[J]. Science of The Total Environment,

739: 140280.

[243] WANG Q, YUAN B, 2018. Air pollution control intensity and ecological total-factor energy efficiency: The moderating effect of ownership structure[J]. Journal of Cleaner Production, 186: 373 - 387.

[244] WANG S, ZHAO D, CHEN H, 2020. Government corruption, resource misallocation, and ecological efficiency [J]. Energy Economics, 85: 104573.

[245] WANG T, WATSON J, 2008. China's carbon emissions and international trade: implications for post—2012 policy[J]. Climate policy, 8(6): 577 - 587.

[246] WANG W, HU Y, 2020. The measurement and influencing factors of carbon transfers embodied in inter-provincial trade in China[J]. Journal of Cleaner Production, 270(1):122460.

[247] WANG Y, WANG J, 2019. Does industrial agglomeration facilitate environmental performance: new evidence from urban China? [J]. Journal of environmental management, 248: 109244.

[248] WANG Z, WEI S J, 2010. What accounts for the rising sophistication of China's exports? [M] China's growing role in world trade. University of Chicago Press.

[249] WEBER C L, PETERS G P, GUAN D, HUBACEK K, 2008. The contribution of Chinese exports to climate change [J]. Energy Policy, 36(9): 3572 - 3577.

[250] WEI C, LI C Z, 2017. Resource misallocation in Chinese manufacturing enterprises: evidence from firm-level data [J]. Journal of cleaner production, 142: 837 - 845.

[251] WIEBE K S, BRUCKNER M, GILJUM S, LUTZ C, 2012. Calculating energy-related CO2 emissions embodied in international trade using a global input-output model[J]. Economic Systems Research, 24(2): 113 - 139.

[252] WINTOKI M B, LINCK J S, NETTER J M, 2012. Endogeneity and the dynamics of internal corporate governance[J]. Journal of

financial economics, 105(3): 581-606.

[253] WOOLDRIDGE J M, 2003. Further results on instrumental variables estimation of average treatment effects in the correlated random coefficient model[J]. Economics letters, 79(2): 185-191.

[254] WU G L, 2018. Capital misallocation in China: Financial frictions or policy distortions? [J]. Journal of Development Economics, 130: 203-223.

[255] Wu X, Li C, Guo J, Wu X, Meng J, Chen G, 2021. Extended carbon footprint and emission transfer of world regions: With both primary and intermediate inputs into account[J]. Science of The Total Environment, 775: 145578.

[256] XIAO S S, PARK B I, 2018. Bring institutions into FDI spillover research: Exploring the impact of ownership restructuring and institutional development in emerging economies[J]. International Business Review, 27(1): 289-308.

[257] XU M, ALLENBY B, CHEN W, 2009. Energy and air emissions embodied in China- US trade: eastbound assessment using adjusted bilateral trade data[J]. Environmental science & technology, 43(9): 3378-3384.

[258] XU M, TAN R, 2021. Removing energy allocation distortion to increase economic output and energy efficiency in China[J]. Energy Policy, 150: 112110.

[259] YANG C, DIETZENBACHER E, PEI J, CHEN X, ZHU K, 2015. Processing trade biases the measurement of vertical specialization in China[J]. Economic Systems Research, 27(1): 60-76.

[260] YANG M J, 2011. Micro-level misallocation and selection: Estimation and aggregate implications[R]. New York, NY, USA: Mimeo, UC Berkeley.

[261] YANG M, YANG F, SUN C, 2018. Factor market distortion correction, resource reallocation and potential productivity gains: An empirical study on China's heavy industry sector[J]. Energy

economics, 69: 270 - 279.

[262] YIN J, WANG S, GONG L, 2018. The effects of factor market distortion and technical innovation on China's electricity consumption[J]. Journal of cleaner production, 188: 195 - 202.

[263] YIN J, WANG S, 2018. The effects of corporate environmental disclosure on environmental innovation from stakeholder perspectives[J]. Applied Economics, 50(8): 905 - 919.

[264] YOUNG A, 2003. Gold into base metals: Productivity growth in the People's Republic of China during the reform period [J]. Journal of political economy, 111(6): 1220 - 1261.

[265] ZENG D Z, ZHAO L, 2009. Pollution havens and industrial agglomeration [J]. Journal of Environmental Economics and Management, 58(2): 141 - 153.

[266] ZENG S X, XU X D, YIN H T, 2012. Factors that drive Chinese listed companies in voluntary disclosure of environmental information[J]. Journal of Business Ethics, 109(3): 309 - 321.

[267] ZHANG B, YANG Y, BI J, 2011. Tracking the implementation of green credit policy in China: Top-down perspective and bottom-up reform[J]. Journal of environmental management, 2011, 92(4): 1321 - 1327.

[268] ZHANG D, DU W, ZHUGE L, TONG Z, FREEMAN R B, 2019. Do financial constraints curb firms' efforts to control pollution? Evidence from Chinese manufacturing firms[J]. Journal of cleaner production, 215: 1052 - 1058.

[269] ZHANG L, ADOM P K, AN Y, 2018. Regulation-induced structural break and the long-run drivers of industrial pollution intensity in China [J]. Journal of cleaner production, 198: 121 - 132.

[270] ZHANG W, LI G, UDDIN M K, GUO S, 2020. Environmental regulation, foreign investment behavior, and carbon emissions for 30 provinces in China [J]. Journal of Cleaner Production, 248: 119 - 208.

[271] ZHAO M, LIU F, SUN W, TAO X, 2020. The relationship

between environmental regulation and green total factor productivity in China: An empirical study based on the panel data of 177 cities[J]. International Journal of Environmental Research and Public Health, 17(15): 52 - 87.

[272] ZHAO Y, 2002. Earnings differentials between state and non-state enterprises in urban China[J]. Pacific Economic Review, 7(1): 181 - 197.

[273] Zheng Y, Ge C, Li X , DUAN X, YU T, 2020. Configurational analysis of environmental information disclosure: Evidence from China's key pollutant-discharge listed companies[J]. Journal of Environmental Management, 270:110671.

[274] Zhong Z, Guo Z, Zhang J, 2021. Does the participation in global value chains promote interregional carbon emissions transferring via trade? Evidence from 39 major economies[J]. Technological Forecasting and Social Change, 169:120806.

[275] ZHONG Z, ZHANG X, BAO Z, 2019. Spatial characteristics and driving factors of global energy-related sulfur oxides emissions transferring via international trade[J]. Journal of Environmental Management, 249:109370.

[276] ZHOU H, PING W, WANG Y, et al, 2021. China's initial allocation of interprovincial carbon emission rights considering historical carbon transfers: Program design and efficiency evaluation[J]. Ecological Indicators, 121:106918.

[277] ZHOU Z, NIE L, JI H, ZENG H, CHEN X, 2020. Does a firm's low-carbon awareness promote low-carbon behaviors? Empirical evidence from China[J]. Journal of Cleaner Production, 244: 118903.

[278] ZHU J, RUTH M, 2015. Relocation or reallocation: Impacts of differentiated energy saving regulation on manufacturing industries in China[J]. Ecological Economics, 110: 119 - 133.

附　　录

表1　17个产业部门的具体行业

序号	部门	行业
1	农业	农、林、牧、渔、水利业
2	采选业	煤炭开采和洗选业；石油和天然气开采业；黑色金属矿采选业；有色金属矿采选业；非金属矿采选业；其他采矿业
3	食品制造及烟草加工业	农副食品加工业；食品制造业；饮料制造业；烟草制品业
4	纺织服装业	纺织业；纺织服装、鞋、帽制造业；皮革、毛皮、羽毛(绒)及其制品业
5	木材加工及家具制造业	木材加工及木、竹、藤、棕、草制品业；家具制造业
6	造纸印刷及文教用品制造业	造纸及纸制品业；印刷业和记录媒介的复制；文教体育用品制造业
7	石化工业	石油加工、炼焦及核燃料加工业；化学原料及化学制品制造业；医药制造业；化学纤维制造业；橡胶制品业；塑料制品业
8	非金属矿物制品业	非金属矿物制品业
9	金属冶炼及制品业	黑色金属冶炼及压延加工业；有色金属冶炼及压延加工业；金属制品业
10	机械工业	通用设备制造业；专用设备制造业
11	交通运输设备制造业	交通运输设备制造业
12	电气机械及电子通信设备制造业	电气机械及器材制造业；通信设备、计算机及其他电子设备制造业；仪器仪表及文化、办公用机械制造业

（续　表）

序号	部门	行业
13	其他制造业	工艺品及其他制造业；废弃资源和废旧材料回收加工业
14	电力蒸汽热水、煤气、自来水生产供应业	电力、热力的生产和供应业；燃气生产和供应业；水的生产和供应业
15	建筑业	建筑业
16	商业、运输业	交通运输、仓储和邮政业；批发、零售业和住宿、餐饮业
17	其他服务业	其他行业

资料来源：根据《中国区域间投入产出表》整理

表 2　环境信息内容分类

编号	内容分类
1	与公司相关的环境法规简介
2	公司现在和将来要承担的环境义务与责任，包括由于环境事故引起的诉讼案件，提供环境事故的详尽信息
3	阐述公司如何解决环境问题的计划或策略
4	说明履行环境义务或责任所发生的成本支出及其构成
5	指出与已发生环境事故有关的保险赔偿金额
6	说明由于企业履行环境责任引起的环境成本的增加以及对企业财务状况和经营成果可能产生的影响
7	说明企业从产品设计、原材料采购、生产组织到产品成型销售全过程对环境造成的影响
8	描述企业在节能降耗、废水废气废碴的处理回收等方面所采取的措施以及这些措施的执行情况
9	披露企业得到的环境保护方面的奖励等在环境保护方面已得到的认可

资料来源：Kreuze(1996)